U0784886

社会工作概论

Introduction to Social Work

高等院校社会工作专业
精编通用教材

社会工作概论

主　编　于晶利
副主编　杨洪斌
　　　　张　剑

Introduction to Social Work

山东人民出版社
全国百佳图书出版单位　一级出版社

总 序

社会工作作为专门化职业和专业学科，致力于实现社会福利、社会进步和社会正义。社会工作实务和研究有助于改善生活质量，发展个人、团体和社区的潜能。社会工作者把直接服务、社区发展、政策倡导、教育和研究作为介入方法，促进人们与社会环境的互动。随着中国经济的快速发展和社会转型的逐步深入，社会问题和社会需求日趋复杂化和多样化，建立一支专业化的社会工作人才队伍成为必然选择。在这一时代背景下，社会工作专业方法的优势凸显，社会工作专业教育快速发展起来。特别是从2000年到2010年，社会工作专业教育在数量和质量上都有很大突破，由教育部批准和予以备案的开设社会工作专业的院校从27所增加到252所，另有几十所院校开办专科、高职层次的专业教育。① 自2009年社会工作专业硕士(MSW)教育被正式纳入高校研究生专业教育体系以来，共有58所大学和研究机构开设了社会工作专业硕士研究生课程计划。同时，社会工作专业博士点的设置也被纳入国家学科规划和建设的议事日程。在这一阶段，社会工作专业学科和教育体系开始在中国逐渐建立起来。

中国专业社会工作事业在很大程度上是从专业教育起步的。由于整体上专业化社会服务事业的弱小甚至缺失，专业教育长期缺少坚实的社会基础。然而，中国学者和教学工作者立足于中国社会的现实基础，努力学习和借鉴国际上社会工作的发展成果，初步建构了具有科学性和系统性的社会工作专业知识。比如，在一个很长时间内，中国社会工作的视角曾经局限于社会问题和社会管理取向，随着社会工作专业理论知识的引用和普及，越来越多的教育和服务工作者开始自觉地掌握"能力"、"增权"、"权利"、"福利"、"公正"等更广阔的视角和方法。由于国情和文化的差异，借鉴国外现代知识体系和教育方法需要一个本土化的过程，不断编写和更新适合国情的专业教材，是逐步提高社会工作教育和专业化(职业化)水平的必由之路。

---

① 中国社会工作教育协会:《中国社会工作教育通讯》,2004年第21期;中国社会工作教育协会:《关于开展社会工作专业评估的通知》(协会文〔2011〕001),2010年2月28日。

在过去十几年中，社会工作专业教材建设经历了一个不断提升的过程。在专业教育出现早期，国内同仁在文献资料极为有限的条件下编写出版了一些教材，初步介绍社会工作专业理论和知识，填补了专业教材的空白。随着高校社会工作专业教育规模的日益扩大，需要加快教材建设，以应对课程开设的急需。于是，中国社会工作教育协会组织国内最早开办社会工作专业的高校骨干老师，编写出版了普通高等学院社会工作专业主干和实务课程系列教材，代表着专业教材建设系列化、规范化的新开端，并全面展示了当时中国社会工作专业教学和研究的水平。此后，国内陆续出版了多套社会工作专业教材以及国外经典译丛，在社会工作教育和学科建设中发挥了积极作用。当前社会工作职业化进程加快的大环境对高校专业学生培养和教材建设提出了更高要求：即在已有教材建设基础上，不断更新、充实专业内容，编写出理论知识体系更全、更新和实务操作性更强的教材。在这种情况下，山东人民出版社策划并组织了这套“高等院校社会工作专业精编通用教材”的编写，以期出版一套更接近时代需要和专业教育要求的教材。

教材的编写力求遵循以下原则：

1. 通用性。其中基础课教材主要根据《社会工作专业主干课程教学基本要求》（教育部高教司，2004）、《全国社会工作师职业水平考试大纲》（教材编写组，2010）、《全国 MSW 考试指导范围》（2010）等指导性文件规定的大纲编写，教材内容在较大程度上与国内已经发布的指导性大纲相吻合，可满足全国社会工作师职业水平考试和社会工作专业硕士入学考试的需要。

2. 完整性。在编写过程中，要求参编老师充分掌握现有国内同类教材的出版信息，借鉴和吸收已有成果，注重学科知识体系涵盖全面，保证学科体系的相对完整性，避免以不同院校的教学时数限制和编写者的个人偏好对大纲内容进行取舍。各教材的章节内容相互衔接和协调，知识要点齐全。

3. 专业性。准确和全面体现社会工作专业视角，避免仅以“问题”、“案主”、“管理”为取向，而忽视“需求”、“环境”、“结构”、“过程”以及“能力”、“增权”等多重视角。内容设计有所遵行，基于充分和可靠的文献依据。对理论、问题和工作模式等内容方面的编写，根据专业视角进行层次和类型划分或展开设计，避免简单罗列其他学科教材或出版物上的内容。

4. 实务性。比国内已有教材更加注重介绍相关实务模式和操作技巧，并加大实务技巧内容篇幅。在体例设计上，力求突出实务知识，特别是那些在本土化过程中积累的经验知识。在教材文本上，增加本土的适当案例介绍和扩展阅读，并且在练习题部分中提供本土的场景设计，引导对学生专业方法能力的训练。

5. 先进性。尽量吸收国内外最新教材的优点，反映最新的实务模式或方法。

在实务模式和方法介绍中，努力将理论、过程、社会工作者的角色与技巧、以证据为基础的成效评估等内容有机衔接、整合。

社会工作是一个新兴专业，需要对很多理论和实务知识进行不断研究和探索。中国社会工作教育协会会长、北京大学王思斌教授曾指出，编写高水平的专业教材谈何容易。毕竟中国内地的社会工作专业教育恢复重建时间不久，要拿出相对成熟的教材，需要众多学者同仁的不懈努力。但是学无止境，社会工作专业的快速发展使得人们又不能再等下去①。本套教材的编者大都是社会工作专业的中青年教师，他们结合已有的教学和实践经验，对相关问题进行了有益探索。在各分册教材主编的悉心统稿和具体组织下，多易其稿，反复修订。教材编者们通过查阅大量专业文献和相互切磋，大都经历了一个新的专业提升和积累的过程，并将所收获的知识信息和技能再转化为新的教科书文本。当对社会工作知识和技能所知不多时，编者们往往对专业上的"学无止境"没有更深的体会和敬畏心理；在更多地了解和掌握社会工作知识的时候，编者们反而更加清楚地体会到自身的专业知识水平与先进的专业知识水平之间所存在的差距。由于能力积累和资料收集等方面的局限，本套教材难免存在许多不足之处，希望专业同仁、学生和其他读者能够给予批评指正，以期不断改进教材的内容和质量。

中国社会工作教育协会会长、北京大学王思斌教授认真审阅了本套教材的部分初稿，提出一系列体现社会工作专业本质要求的指导意见。加拿大多伦多大学社会工作学院曾家达教授、不列颠哥伦比亚大学社会工作学院殷妙仲教授对部分教材大纲的修订和充实提出诸多建设性建议，使编者们受益匪浅。山东人民出版社原社长金明善先生、现任社长郭海涛先生和副总编辑丁莉女士对于本套教材的编写始终给予大力支持。本套教材的出版策划和责任编辑王海玲和马洁女士怀着对社会工作的满腔热情，积极参与整套教材编写的组织协调工作，认真细致地对待每一个细节，每一章教材的完稿都浸透着她们辛勤的汗水。总之，本套教材的面世是大家共同协作和努力的结果，愿它成为中国社会工作教育和实务事业的一块新铺路石。

高鉴国

2011 年 8 月于山东大学

---

① 王思斌主编：《社会工作导论》，北京：高等教育出版社，2004 年，《总序》。

目 录

第一章　社会工作概述

社会工作作为一门学科，作为一个助人的专业，起源于西方国家，至今已有一百年左右的历史，是社会发展到一定历史阶段的产物。由于各个国家的政治、经济、文化背景的不同，有的国家将社会工作称之为社会福利，有的国家将社会工作称之为社会服务，有的国家称之为社会救助等等。20 世纪 80 年代以来，中国的社会工作发展迅速，近年来势头更加强劲，这个新兴的学科也正在变得越来越重要。

第一节　社会工作的内涵与特点

社会工作是一种助人的专业性社会服务，主要用来帮助那些缺乏社会生活适应能力、社会功能失调的个人、群体和社区解决问题和预防问题，推动和促进人的发展，社会的和谐与进步。为了深入理解什么是社会工作，首先要清楚社会工作的内涵及特点。

一、 社会工作的内涵

（一）对社会工作的不同定义

现代意义上的社会工作是伴随着资本主义现代化的发展，为了解决社会存在的问题，通过有效实践，不断建立起来的一门学科。社会工作成为一门新兴的学科和专业，是近百年的事。它首先发端于西方社会，但由于各国的政治、经济和文化背景的差异，社会工作在各国的存在方式和表现形式有很大的差异，反映在对其概念的理解上也各不相同。综合来看，有三种认识：第一，个人扶助社会贫困者与不幸者的专门事业。第二，政府、社会团体为解决社会上失业、贫困、疾病、衰老、孤苦、身心障碍、精神病患及其他问题而进行的有组织的活动。第三，政府、社会团体为全体社会成员改善生活而举办的专业服务。总之，普遍认为社会工作就是在一定价值观指导下给有困难的人提供帮助，使之走出困境的专业活动。

英国社会学家G.邓肯·米切尔(G. Duncan Mitchell)认为:“社会工作是指各种有组织的方法,它们能帮助人们获得仅靠自己的努力无法得到的东西。19世纪,这些有组织的方法在英、美两国获得了发展。当时对人们的关心主要集中在穷人的经济情况上。后来将这种关心扩大到促进精神和感情的健康上。”①

美国出版的《世界社会科学百科全书》(1972年)提出:“社会工作的目标是帮助社会上受到损害的个人、家庭、社区和群体,为他们创造条件,恢复和帮助人们适应和改善社会制度。职业社会工作者的任务是采取各种适当的措施援助那些由于贫困、疾病、失业、冲突,和由于个人、家庭或社会群体在经济上和社会环境中失调而陷于困难的人。”②台湾学者龙冠海认为,社会工作“作为一种事业,它的内容包括各种福利设施与社会服务,其实施的方法着重于调整人与人、团体与团体、人与社会环境的关系。社会工作以科学的方法、人道的观念、组织的力量及合作的步骤,来协助个人和团体获得安定而健全的生活,促进社会的进步。社会工作就其目标、技术、学习、应用和工作人员的身份而言,已经成为一种专业,它与医生、律师、护士等具有同等的价值与功能,其地位值得社会给予同等的重视”③。《中国大百科全书·社会学卷》对社会工作的具体解释是:国家和社会解决并预防社会成员因缺乏社会生活适应能力,社会功能失调而产生的社会问题的一项专门事业和一门学科。它的性能是通过社会服务和社会管理,调整社会关系,改善社会制度,推进社会建设,促进社会稳定发展。

王思斌在《社会工作概论》中对社会工作的定义是:社会工作是以利他主义为指导,以科学的知识为基础,运用科学的方法进行的助人服务活动。④ 这一定义中指出,社会工作的本质是一种助人活动,其特征是提供服务。社会工作是充分考虑到服务对象的需要及主体性,运用尽可能有效的方法帮助服务对象满足需要、摆脱困境的活动与过程。李迎生在《社会工作导论》中指出:社会工作是社会工作者运用专业知识与方法帮助社会上处于不利地位的个人、群体和社区,克服困难、解决问题并预防问题的发生,恢复、改善和发展其功能,以适应和进行正常的社会生活的服务活动。⑤

这些定义的内容和出发点虽有所不同,但是对于理解社会工作提供了理论上

---

① 〔英〕G.邓肯·米切尔主编,蔡振扬等译:《新社会学词典》,上海:上海译文出版社,1987年,第344页。

② 转引自隋玉杰:《社会工作——理论、方法、实务》,北京:中国社会科学出版社,1996年,第5页。

③ 参见白秀雄:《社会工作》,台北:台湾三民书局,1986年,第5~6页。

④ 王思斌主编:《社会工作概论》,北京:高等教育出版社,2006年,第12页。

⑤ 李迎生主编:《社会工作概论》,北京:中国人民大学出版社,2004年,第6页。

的帮助、借鉴和指导。它们从人道主义、职业化、制度建设、助人服务等不同侧面界定了社会工作的基本内涵。

（二）社会工作内涵的具体阐释

综合对社会工作的不同理解，可以认为，社会工作是一种助人的专业性社会服务，它是以个案、小组、社区、行政工作的方法开展的助人活动，主要用来帮助那些缺乏社会生活适应能力、社会功能失调的个人、群体和社区解决问题和预防问题。目的是借助社会服务和社会管理的方式，调节社会关系，推动和促进人的发展和社会的和谐与进步。助人自助是社会工作最基本的理念，社会工作者提供服务和帮助，逐渐达到服务对象能应付困难、面对生活以致预防新问题出现的状态。具体可以从以下几个方面来理解：

第一，它是专业性的工作，以帮助人们发掘自身的内在潜力，并且借助外在的资源来获得基本的生活需要为目的。所以，社会工作针对那些因外部、自身和结构性原因不能进行正常的社会生活的个人和群体提供有效的帮助。这种帮助，应建立在运用专业知识和技能的基础上去解决实际困难，如恢复社会关系、提高生活质量、确保社会稳定、实现和谐发展。具体而言，社会工作是现代社会中一个独特的专业领域，它以社会学和心理学等学科为背景，以解决社区生活中的特殊问题，减除与缓解个人生活的逆境和压力为目的。

第二，它是助人的过程与方法。社会工作是一个过程，并有一套系统的专业方法。它是以个案、小组、社区、行政工作的方法来解决和预防社会成员因缺乏社会生活适应能力、社会功能失调而产生的社会问题的学科。社会工作的过程，不仅强调通过提供助人的服务，增强个人与群体的人际关系和社会生活功能，而且更重视人们和其所在环境的互动。

第三，社会工作的主体既包括政府部门、社会团体，也包括个人。在中国，社会团体包括工会、共青团、妇联等社会性组织，还包括一些非政府组织（NGO），如慈善基金会、各种行会、会所、俱乐部等。在西方国家，个人作为社会工作的主体是常见的。因此，在中国现阶段，对于一切有愿望助人的个人，应创造有利条件，积极培养，使之成为社会工作主体的重要组成部分。

第四，弱势群体是社会工作的主要服务对象，尤其是弱势群体中那些不能维持正常社会生活、需要他人帮助的个人或群体。从各国的社会工作实践来看，社会工作的重点是生活有困难的个人和群体，即因贫穷、精神紧张、心理疾病等不能适应社会的弱势群体，以及由于特殊原因处于困难阶段、需要帮助的个人。当然，对弱势群体之外的正常人群的预防和发展，也是社会工作关注的部分。因此，社会工作对象有日益扩大的趋势。

第五，社会工作的目标是促进社会的和谐与稳定，其实质是增进全体社会成员的幸福。从某种意义上说，社会工作就是一种协助人们去预防和解决社会问题，恢复并增强人们社会生活功能的一种社会制度化方法，促进人的发展同时也带来社会的和谐与稳定。

（三）社会工作的基本要素

如果将社会工作理解为以利他主义为原则，有意识、有目的的助人活动，那么，社会工作者、服务对象、价值观、助人方法和社会互动等就构成了社会工作的基本要素。社会工作者是主体，服务对象不是简单的客体与对象，从一定意义上说，服务对象也是行动的主体，要有意识、有目的地参与整个服务过程，并影响这一过程。

1. 社会工作者

社会工作的助人目标是通过社会工作者来实现的，社会工作者是服务和帮助的提供者，没有社会工作者，社会工作活动就无从谈起，所以社会工作者是社会工作的基本要素。在社会工作过程中，社会工作者通过了解、评估服务对象的困难与需要，去设计和实施助人活动，通过与对方的相互配合与合作，达到助人的目的。这个过程中，社会工作者是助人行动的主体，设计并引导助人过程的进行。没有社会工作者，社会工作就不会发生。需要强调的是，社会工作者是接受过一定的专业教育或培训，从事职业化社会服务的人。社会工作者的素质、能力和经验直接影响着社会工作的进程和成效。社会工作者不仅仅是指单个的个人，也指一个机构或者一个团队。

2. 服务对象

服务对象也称受助者、案主或工作对象，一些专门领域也称为当事人，是社会工作直接服务或帮助的对象。服务对象这一概念反映的是社会工作者向对方提供帮助，对方是遇到困难、自己不能解决并愿意接受社会工作者帮助的人或群体。服务对象的存在是社会工作得以发生的基本前提。没有服务对象，没有他们遇到的问题，社会工作就失去了必要性。所以，服务对象同样是社会工作的基本要素。需要指出的是，社会工作的服务对象不仅是个人，还可以是家庭、群体或社区。同时还要注意，不应把服务对象看做被动接受帮助的人，而应该把他们看做有主动性、有潜能的人。

3. 社会工作价值观

社会工作价值观是社会工作者持有的助人观念，它包括社会工作对助人活动的看法、对自己和服务对象的看法。社会工作的价值观是利他主义，即以帮助他人、服务他人、促进社会福利和社会公正为自己行动的目标。价值观是社会工作的灵魂，因为社会工作是在社会工作价值观的指导下进行的。社会工作作为专业的、职业的助人活动，只有在牢固的价值观的指导下才能自觉地、持久地进行，才会尽最大可能去帮助他人、服务于服务对象，所以利他主义的价值观十分重要。价值观不仅表现在社会工作者对自己工作的看法上，更反映在他的全部工作之中。

4. 专业助人方法

社会工作是专门的助人活动，助人方法作为达到助人目的的手段和措施，在服务过程中占有十分重要的地位。社会工作的助人方法不仅仅指在实际工作中所使用的一般方法，还包括社会工作者群体在长期的助人实践中形成的、经过实践检验的行之有效的方法，并被社会工作者共享，有效地支持社会工作的实践。科学的助人方法是现代社会工作的核心组成部分，以至于有相当多的社会工作者认为社会工作的核心就是一整套助人的方法。特别是在微观社会工作中，助人方法更凸显其重要性。社会工作的方法主要有个案工作、小组工作和社区工作等。专业助人方法是社会工作者的基本功，也是社会工作者区别于一般助人者的明显之处。

5. 助人活动

助人活动是社会工作者依据其价值观向服务对象提供帮助或服务的行动，也是社会工作者与服务对象的互动及合作过程。助人或服务活动将服务对象的需要与社会工作者的服务活动连接起来，并通过活动去实现社会工作的目标。由此看来，助人活动是社会工作最核心的部分，没有助人活动将各种要素连接起来就没有社会工作。对于助人活动我们不能将其简单地理解为社会工作者对服务对象的单向支持。实际上，助人活动是双方围绕解决困难与问题而展开的持续性互动。在助人活动中，社会工作者分析服务对象的问题，选择科学的、适合服务对象需要的服务方法，向对方提供服务。而服务对象则根据自己的需要和对来自社会工作者的帮助行为进行理解和作出反应。在这种互动过程中，双方相互理解对方的行动，相互合作，共同克服困难、解决问题。助人活动反映价值观与工作方法，是社会工作的基本实践活动。

二、社会工作的特点

（一）社会工作的相关概念

社会工作与社会福利、社会服务、社会福利服务、公共福利、公共救济以及社会保障等概念的含义基本接近，但有时也会有所不同，这里仅就社会工作与社会保障、社会福利进行简要区分，进而理解社会工作的特点。

1. 社会工作与社会保障

制度化的社会工作,在现代社会中是一项助人的专业活动,它的理论体系可以有效地指导社会实践工作。它是基于人的权利与尊严、社会的公平与进步等一系列理念的理性的助人活动。所以,社会工作不能等同于社会保障。社会工作与社会保障的区别在于:第一,社会保障基本上是由国家法律规范的援救措施与制度,社会工作则是具体、直接地提供社会援助。第二,社会保障属于收入和物质的帮助,社会工作不仅提供物质上的帮助,而且提供精神上的援助。第三,社会保障的直接目的是通过保障机制维持有困难者的基本生活,所以也称为社会安全。社会工作既要救助又要帮助服务对象提高能力,以完成自身发展的任务。第四,社会保障针对的是个人和家庭问题,社会工作针对的不仅是个人和家庭,还有社区的问题。第五,社会保障的主体主要由国家和政府构成,社会工作是社会工作者的社会活动,是社会工作者和服务对象之间的合作,政府可以通过购买社会工作的专业服务来实现某些社会保障的功能。

总体而言,社会保障是现代国家以政府为主体,经过立法程序,通过动员社会资金,或用再分配国民收入的办法,对社会上的弱势群体进行救助,使他们能够享有最低生活;对劳动者暂时或永远失去工资收入后给予一定程度的收入补偿,使他们能够维持基本生活;以及为城乡全体居民举办福利措施,而赖以维护社会安定、促进经济成长和增进公民生活福利的一种制度或社会事业。

2. 社会工作与社会福利

《中国大百科全书·社会学》对社会福利的定义是:国家和社会为增进成员尤其是困难者的社会生活的一种制度。旨在通过提供资金和服务,保证社会成员一定的生活水平并尽可能地提高他们的生活质量。广义的社会福利是指,为了改善和提高全体社会成员的物质生活和精神生活的各种社会服务措施。狭义的社会福利是指,当社会成员因年老、疾病、生理或心理缺陷而丧失劳动能力、出现生活困难时向其提供的服务措施。与社会保障比较而言,一种观点是将社会福利广义化,将社会保障作为社会福利的一部分;一种是将社会福利狭义化,将社会福利作为社会保障的一部分,主要是看相对的是广义的社会福利概念还是狭义的社会福利概念。

提高人们的社会福利水平,是社会工作者所追求的目标。但是,社会福利不能等同于社会工作。在社会生活中,通过社会福利可以向成员提供各种服务设施和服务活动,但某些成员可能因为各种障碍不能享用,这时,这些成员就需要社会工作提供特殊服务。从社会工作的发展趋势看,社会工作和广义的社会福利的覆盖对象是逐渐重合的,社会工作也是现代社会福利制度的一个重要组成部分。但是,社会福利属于社会政策范畴,而社会工作则是具体服务的提供,是实现社会福利的手段。

（二）社会工作的特点

与一般的助人活动相比，社会工作是复杂的帮助有困难的人及群体的活动，它有许多特点。专业性、职业性、价值取向、实务取向、多方协同等都体现了社会工作的特点。

1. 社会工作的专业性

社会工作的专业性实际上就是从经验到理论，再由理论到经验的循环往复发展过程的结果。现代社会工作是理论、价值与方法的统一，社会工作是专业的助人活动，是社会工作者在专业理论、价值与方法指导下的社会服务。具体而言，社会工作者的服务是在通过专业教育和培训，掌握专业知识与技能基础上开展的服务，不同于一般的扶老携幼、济贫助弱。特别是经过长期的实践和积累，社会工作形成了个案工作、小组工作、社区工作等多种专业方法，有效地支持了社会工作者的专业实践。另外，社会工作的专业性也体现其整体性的要求，内涵是极其丰富的，是一个知识、能力、关系、沟通、使用等方面的集合。

2. 社会工作的职业性

社会工作是由专门化的服务机构和专职化的工作者提供的。具体而言，社会工作与一般的做好事、志愿服务不同，在性质上，它不是以营利为目的，而是服务于有困难的群体的、以利他为目的的职业活动。实现社会工作的职业性，要从建立社会工作者职业资格认定制度、设置社会工作职业岗位、构建社会工作职业和薪酬体系以及建立社会工作者培训制度和管理机构等方面入手。

3. 社会工作的价值取向性

如果说社会工作的职业性和专业性是社会工作的基础和前提，那么社会工作的专业价值就是社会工作的灵魂。社会工作本身就是一项以价值为本的专业，社会工作理论和实践中都离不开价值。具体而言，社会工作的价值就是社会工作专业或者社会工作者基于社会公平价值、平等、和谐、公正的理想和人类基本需求而奉行的一套理念、态度及行为准则的总和。它为社会工作的发展指明了方向，对社会工作的目标、理念、工作态度和工作方法均有指向性的作用，对社会工作的存在和发展具有特别重要的意义。

4. 社会工作的实务取向性

实务即实践。社会工作具有十分明显的实务取向，社会工作本质上就是实践。社会工作就是通过对专业方法的运用，与服务对象一起帮助他们改变自己的困境，增进其社会功能。简单地说，社会工作就是要具体地去做、去行动，这是与其他理论性社会科学学科所不同的。实务取向要求社会工作者有很强的实践能力，有根据情况的变化不断改变工作方法与技巧的能力，要有理论联系实际的能力。社会工作的这一特点也对社会工作教育提出了具体而明确的要求。随着社会工作专业服务的发展，如何将社会工作教育与社会工作实践有机结合起来，如何将专业服务的过程性、过程的安全性等贯穿于专业的教学与实践当中，对提高专业服务的有效性都具有非常重要的意义。

5. 社会工作的双方合作与多方协同性

社会工作是社会工作者帮助有困难、有需要的人克服困难的过程。这一过程并不是社会工作者单向地给予服务对象某种服务，而是社会工作者与服务对象双方合作，共同面对困难、分析问题与解决问题的过程，是社会工作者与服务对象双方互动的过程。同时，社会工作也是工作者之间、工作者与其他专业人员之间多方协同的过程，团队支持与协作是社会工作项目有效开展的前提条件。可见，多方协同、共同努力解决问题是社会工作的一个特征。

第二节　社会工作的领域、功能及过程

社会工作的领域相当广泛，面向社会各个阶层和社会生活的各个方面，特别是社会弱势群体。社会工作的功能涉及个人的发展和社会的和谐与进步等方面。社会工作的过程是实现工作目标的过程，要经历多个阶段。

一、社会工作的领域

(一) 社会工作领域及其拓展

社会工作领域也称社会工作范围，是指社会工作在社会生活中实施并起作用的范围。社会工作领域可以分为理想的社会工作领域和实际的社会工作领域两种。理想的社会工作领域是按照人类的理想应该进行干预并对之进行改变的社会问题的发生领域。其中包括社会工作者已经涉入其中的和由于社会工作者在认识、能力等方面的不足而暂时未能进行干预的领域。与之相对应，把社会工作者已经涉入其中的领域称为实际的社会工作领域。随着社会的进步与发展，社会工作领域正以前所未有的速度在拓展。

社会工作领域从困难人群向有需要人群扩展。随着社会变化和新问题的出现，社会工作领域在不断扩展，即它所关注的人群范围在扩大。应该指出，社会工作首要的服务对象是困难群体和弱势群体。帮助他们摆脱困境，解决他们基本生活方面的问题，是社会工作的本质要求。除此之外，近年来社会工作在促进人的发

展方面也有越来越多的触及，面对有需要的人群提供服务，拓展了社会工作的范围。比如社会工作可以在青少年能力发展方面开展工作，也可以在进城务工人员适应城市生活及能力提升方面有所作为。不管是谁，只要他们在正常的生活中遇到困难并且难以正常地生活下去，都可以成为社会工作的服务对象。

社会工作领域从关注问题到关注社会的和谐与发展。在传统上社会工作以关注社会问题、解决社会问题、促进社会公正为己任。至今，这一传统仍然表现得十分明显。现代社会工作除了关注社会问题，还特别关注社会和谐与社会发展。一方面，对社会问题的解决有助于促进社会的和谐与稳定，能在一定程度上化解社会矛盾与冲突，有助于社会整合；另一方面，通过完善社会政策也可以从整体上改善贫弱群体的生存状况，促进社会认同。关注社会和谐是当代社会工作的一个特点。应该指出的是，关注社会和谐并不是弱化了对社会问题、社会不公平的关注，而是说社会工作在关注社会问题的同时，也关注各类社会群体正常需要的满足，关注人们共享社会进步的成果，促进各类群体的社会团结。

（二）社会工作领域的划分

通过前面的介绍，我们知道社会工作的领域相当广泛，并且在不断地拓展。根据社会工作所面临的社会问题与服务对象不同，将社会工作的服务领域划分为两大类：一类是以社会问题为导向的服务领域，如在失业、贫困、疾病、吸毒、犯罪等领域中开展社会工作；另一类是以服务对象为导向的服务领域，如儿童社会工作、青少年社会工作、妇女社会工作、老年社会工作、残疾人社会工作和医务社会工作等。当然这两种划分也是相对的，两者之间存在交叉性。

1. 以社会问题为导向的服务领域

社会问题是社会学的一个重要研究对象，也是社会工作服务的一个重要领域。一般来讲，社会问题至少应包括以下四个基本要素：首先，它是一种客观存在的非正常状态；其次，这种状态相对于一部分社会成员有害或者不利；再次，引起公众的普遍关注；最后，需要社会共同努力才能得以控制。社会问题的构成要件主要是它的“问题性”与“社会性”。“问题性”是指它偏离了社会系统运行的正常状态，具有“紊乱性”和“破坏性”；“社会性”是指它的起源、发展和结果均具有社会性。社会问题体现了“问题性”与“社会性”的统一。

社会工作的基本功能就是预防和解决社会问题，调适人和社会的互动关系，提高人们的生活质量和社会整体的福利水平，以创造和谐、稳定的社会环境。以社会问题为导向的社会工作服务领域主要涉及失业、贫困、疾病、吸毒、犯罪、流浪等多个方面，关注社会问题是社会工作的应有之意。

2. 以服务对象为导向的服务领域

以服务对象为导向来划分社会工作的服务领域是目前最为普遍的一种方法。具体可以有以下几种情况的划分：一种是以服务对象的年龄为视角来划分社会工作领域，如儿童社会工作、青少年社会工作、老年社会工作等；另一种是以服务对象的机构为视角来划分的社会工作领域，如学校社会工作、医务社会工作、司法社会工作、企业社会工作等；还有以服务对象的某些特殊性为视角的社会工作领域，如残障社会工作、矫正社会工作等等。以服务对象为导向的划分成为一种普遍的划分方法，与中国社会工作职业化的发展和中国单位体制的类型特点是直接相关的。

(1) 青少年社会工作

青少年社会工作是在社会工作专业价值观的指导下，社会工作者根据青少年的心理特点、兴趣爱好、动机需求、家庭背景等情况，充分运用专业的理论、方法和技巧对青少年进行个别或小组辅导，以帮助其解决问题、恢复功能和获得全面发展的一种服务活动和服务过程。青少年社会工作的服务内容相当广泛，包括思想道德品格辅导、心理及认知辅导、生涯发展辅导、就业就学辅导、生活方式辅导、社会交往辅导、行为偏差及犯罪青少年矫正服务、弱势青少年保障服务等。

(2) 老年社会工作

老年社会工作是整合社会老年学的理论与知识，科学运用社会工作的专业价值观、理论知识、方法技巧，充分发掘和利用各种可能的社会资源，通过推行与老年人相关的各项社会政策，以解决老年人日常生活中的各种问题和满足其需要的实践过程。广义的老年社会工作是指，为满足老年个人及群体社会安全的需要而推行的有关老年社会福利政策及措施，如与老年人的经济保障、医疗保健、家庭、就业、再教育、休闲娱乐、交通等相关的宏观政策和制度，它与国家的政治结构、社会变迁、文化传统和经济状况密切相关。狭义的老年社会工作是指按照老年社会福利的政策和制度规定，通过社会工作的助人过程，帮助老年个人或群体，特别是社会中的弱势老年人，解决其日常生活中的各种问题，可以说是一个满足老年人需求、提高其生活质量的具体实践过程。

(3) 残障社会工作

残障社会工作是以残疾人个人、家庭或残疾人群体为服务对象的社会服务工作，目的是通过广泛运用专业知识帮助残疾人，防止对残疾人可能增加的伤害，把残疾人的功能丧失降至最低，最大限度地提高残疾人的生理功能，增进残疾人对于困难情境的自我处理和自我照顾能力，以及与他人沟通的能力。以此同时，还要帮助残障人获得充分的情绪支持，并培养其社会适应能力，最终促使残疾人贡献于社会、服务于社会。残障社会工作包括三大内容：即预防残疾、残疾人的康复及最大限度地实现残疾人群在社会生活中的机会均等，其中残疾人的康复是最重要的一个方面。

（4）妇女社会工作

妇女社会工作是针对妇女在自我成长过程中，在参与政治、经济、社会、文化和家庭生活过程中遇到的个体或群体问题而开展的社会服务工作。其目的是为妇女的全面发展创造有利的社会条件和社会环境。妇女社会工作的内容可以从微观和宏观两个方面来划分。微观方面，妇女社会工作可以帮助妇女个体或群体解决困难，谋求发展，挖掘潜能和提升能力；宏观而言，妇女社会工作可以在社区及社会等各种环境中倡导男女平等、维护妇女的合法权益，促进妇女在政治、经济、社会、文化各种社会领域中的全面参与，并通过参与有关妇女政策的制定来为妇女争取更多的权利和更多的发展机会。

（5）家庭社会工作

家庭社会工作是将社会工作的专业知识、方法和技巧运用于家庭体系当中，通过动员社会及家庭各方资源，为家庭提供支持，改变家庭成员的人际关系，促进家庭功能的正常发挥，提高家庭生活质量的社会福利服务。家庭社会工作的目标在于帮助家庭发掘自身及社会资源，增进家庭功能；帮助家庭成员胜任自己的角色承担，提升家庭成员解决问题的能力，帮助家庭解决困难并提升其生活质量。家庭社会工作的最大特征就是以家庭整体作为问题的中心和取向，从家庭整体的角度观察个人、理解个人、帮助家庭各成员充分发挥其所担当的家庭角色的功能。家庭社会工作的主要内容有家庭服务与家庭治疗两个方面。其中，家庭服务又包括家庭生活教育、家事管理服务、心理卫生服务、幼儿学前教育及老年人健康服务等。家庭治疗主要适用于范围广泛的精神卫生问题和婚姻家庭问题。

（6）医务社会工作

医务社会工作是配合医护人员从事预防、医疗和伤残康复等工作，运用社会工作价值理念与专业方法来协助病人解决与其有关的社会、经济、家庭、职业、心理等问题，以提高医护人员的医疗效果的专业服务活动。其具体服务内容包括：第一，协助患者对医疗过程加以了解与适应；第二，帮助患者的出入院安置；第三，帮助患者适应医院环境，了解相关规定；第四，帮助患者及家庭成员正确认识压力，并帮助其采取相应的应对方式，以及帮助改善患者与家庭成员的关系；第五，在经济方面对患者进行医疗救助；第六，运用相应的社区资源对患者进行社会支持；第七，协调医患关系等。

(7) 矫治社会工作

矫治社会工作是运用社会工作的价值观和理念，将社会工作的专业理论和方法实施到犯罪矫治体系之中，协助犯罪者在审判、服刑、缓刑、刑满释放或社区矫正期间自我了解、改变行为模式、积极发挥潜能，并帮助其重建符合社会规范的社会生活方式的专业福利服务。矫治社会工作的功能表现有：第一，协助犯罪者增强向上的动机；第二，接纳犯罪者的感受，缓解其情绪；第三，提供信息并进行咨询，帮助其认知自己的处境，促使其理性地思考因犯罪带来的就业、家庭责任等方面的问题；第四，帮助其进行自我决定，帮助其进行家人与社会环境的调适；第五，进行转介工作等。矫治社会工作的工作内容包括司法审判前的工作、机构处置服务和社区矫正服务等。

二、 社会工作的功能

关于社会工作的功能，不同学者的观点也有所不同。柏伊姆(Boehm)将社会工作的功能概括为：复原的功能，包括治疗性和康复性功能；提供资源的功能，组织协调社会资源为服务对象服务；预防的功能，预防社会功能的失调。徐震、林万亿将社会工作的功能概括为：恢复的功能、预防的功能和发展的功能。另外，王思斌将社会工作的功能概括为：解决困难和问题；预防问题的产生，增强社会预应力；开发社会资源，促进人的发展；促进社会稳定和社会进步等四种功能。社会工作的目的是协调个人和社会解决问题，并发展个人和社会的潜能，以增进个人和社会的福利，促进人的发展和社会进步。可见，社会工作的功能主要体现在个人与社会两个层面上，即个人的发展与社会的和谐进步。

(一) 对服务对象的功能

助人是社会工作的基本功能。社会工作通过对服务对象的帮助可以达到促进其正常生活，促进其与社会环境相互适应。

1. 促进服务对象正常生活

由于社会变迁、家庭或个人原因，有些人可能会一时或较长时间地陷入贫困，从而难以正常地生活。对于生活上有困难的人予以帮助是社会工作的重要任务，社会工作的功能则是通过专业服务来恢复和促进困难群体、有需要群体的正常生活。正常生活是大多数人的基本要求，是现代社会公民应有的基本权利，也是维持社会秩序、促进社会和谐的基础。社会工作在物质帮助、心理和社会支持方面提供的援助是具体而有效的。实际上，促进服务对象正常的生活就是增强他们的能力和权利，就是增进他们的社会功能，就是增进他们的尊严和促进他们生活于其中的社会环境的改善，从而使他们走向正常的生活。

2. 促进服务对象与社会环境的相互适应

社会工作分析问题的基本视角是“人在情境中”，服务对象的问题与困境不仅与个人的生理、心理、个人经验、能力相关，而且也与家庭、社区、工作单位和社会制度安排等社会因素相关。人与社会环境之间是相互依存的。社会环境为人的成长与发展提供适宜的条件；个人也有责任发挥自己的能力，经营自己的生活，并为社会发展作贡献。人与社会环境的相互协调和适应是社会工作者分析和处理问题的基本出发点。因此，致力于服务对象能力的发展及其外部环境的改善是更为重要的目标和方向。具体而言，社会工作要通过解决问题和增强能力，使服务对象有能力应对环境的压力和挑战；通过调动环境中的资源和改善环境，向人们提供更多的支持。总之，促进人与社会环境的相互适应和良性互动是社会工作希望发挥也能够发挥的作用和功能。

（二）社会工作的社会功能

社会工作是现代社会制度体系不可或缺的组成部分，是社会稳定和发展的保障机制。它通过提供服务、解决社会问题对社会运行发挥重要的影响，具有积极的作用。

1. 维持社会秩序

社会秩序是社会关系协调、社会稳定的状态，是人和社会都极力追求的。社会工作最一般的意义就是解决具体社会问题的专业活动，不但可以给有困难的人以实际的帮助，而且由于这些问题的解决可以减少因问题激化而可能产生的对社会秩序的冲击，所以有助于社会稳定。在这里，社会工作通过提供服务而间接地起到社会管理的功能。

社会工作维持社会秩序的功能与一般的行政管理有所不同。行政管理倾向于用行政的力量，即自上而下的行政系统和权力解决问题，维持社会稳定是其直接的目标。社会工作则是通过服务化解矛盾，解决问题，从而达到维持社会稳定的效果。在解决问题的方法上，社会工作不但强调社会秩序的重要性，也强调不尽合理的社会结构和制度环境会造成社会问题，因而要通过改变环境、完善制度来解决问题。所以，社会工作可以从更深层次上发挥维持社会秩序的功能。

2. 促进社会和谐

社会和谐是社会各构成要素之间的良性互动，社会成员之间相互接纳、平等相处的生活状态。人们之间具有良好的关系和社会支持是健康社会的标志。和谐社会是一个“民主法治、公平正义、诚信友爱、充满活力、安定有序、人与自然和谐相处”的社会。和谐社会是人类福祉的一种表现。社会工作以人为本，致力于社会成员之间建立相互支持的关系，致力于建立一个相互关怀的社会。它不但可以改善人们生活的具体社会环境，也有利于社会的和谐与发展。构建和谐社会需要在社会事业、社会保障与社会福利制度建设方面做更多的努力，同时也需要在解决具体问题方面做细致的、有效的工作。社会工作所擅长的、面对面的、人性化的服务在化解矛盾和冲突时所产生的促进社会和谐的作用，是一般行政方法所不能比拟的。社会工作作为专门的助人职业，能够通过具体服务为和谐社会建设作出重要贡献。不但如此，社会工作通过自己的服务，也可以在社会上弘扬服务和慈善精神，促进互助关爱的良好社会风气的形成，促进社会和谐。

3. 维护公平正义

公平正义是人类社会文明进步的重要标志。公平正义，就是社会各方面的利益关系得到妥善协调，人民内部矛盾和其他社会矛盾得到正确处理，社会公平和正义得到切实维护和实现。当前社会不公平主要表现在以下几个方面：(1) 不断扩大的收入差距；(2) 明显的财产分配差距；(3) 就业与劳动报酬中的歧视因素；(4) 教育机会和教育资源分配不平等；(5) 公共卫生资源分配和健康的不平等；(6) 社会保障权利的不平等；(7) 财政体制再分配功能的弱化引起的城乡之间、地区之间的公共物品提供上的差异性，等等。这些问题的解决要综合运用多种手段，依法逐步建立以权利公平、机会公平、规则公平、分配公平为主要内容的社会公平保障体系。社会工作是一个以利他主义为指导、以实现社会公平正义为宗旨的专业，社会工作者被称为“道德实践者”。这种强烈的价值关涉性和伦理特质，必然要求在维护社会正义、促进社会公平方面发挥其应有的作用。

三、社会工作的过程

社会工作是一个过程，这个过程就是社会工作者运用各种知识与资源，与各方共同努力，通过一系列具体的工作，实现工作目标的过程。其中建立专业关系、连接与传递各种资源、循序渐进的深入与目标的达成是这个过程的主要内容。

（一）社会工作专业关系的建立

为使社会工作过程有效运行，工作者必须与服务对象建立良好的、有效的专业关系。专业关系是为达成特定目标而结成的关系，特定目标一旦达成，专业关系就告一段落。良好的专业关系的建立是达成助人目标的基础，尤其在过程的早期阶段建立良好的专业关系会起到事半功倍的作用。一方面，使双方的相互沟通更加顺畅，促进服务对象自我开放的心态；另一方面，可以增加工作者对服务对象的影响力，使服务对象产生积极的意愿，增进改变的效果。如果双方关系是负面的，工作者将无法引发服务对象改变的意愿和动机，无法达到改变的目的。

建立良好的专业关系，需要一定的条件。其中工作者对服务对象同感的了解、温暖和接纳、真挚和诚实以及专业的能力是建立良好专业关系的基本条件。这些基本条件不仅仅表现在技术层面，更表现出工作者的态度，需要自始至终地贯彻于整个社会工作过程之中。

（二）社会工作是一个资源连接与传递的过程

社会工作是运用科学方法的助人活动，是一种目标导向的活动过程。在建立专业关系的基础上，就是一个资源连接与传递的过程。收集、组织、协调各种资源和有效传递资源是社会工作的核心任务。对于社会工作来说，助人所需要的资源是多种多样的，包括所需要的物资、机会、合理的政策与社会支持等，收集和传递这些资源为服务对象服务是社会工作助人过程的重要准则。特别是在社会工作实务中，资源的连接与传递始终是社会工作者有效解决问题的关键。

（三）社会工作的通用过程

一般来说，社会工作过程要经历：接案、预估、计划、介入（实施）、评估和结案阶段。当然，具体的社会工作服务过程具有个别化的意义，但基本流程具有通用性，所以一般也称为社会工作的通用过程。

1. 接案

接案是社会工作助人活动的开端，是社会工作者与潜在的服务对象开始接触、了解其需要、帮助其成为服务对象并接受服务的过程；是社会工作者与潜在的服务对象通过沟通达成共同解决问题初步协议的整个助人过程的开始。因此，接案是整个助人过程的基础和起点，也是专业助人活动成功的前提。接案期的工作非常重要，它的目标是通过与服务对象的接触，在社会工作者和服务对象之间建立起一个彼此信任的、良好的专业关系，为后续工作打下良好的基础。

这个阶段的主要任务就是了解服务对象的来源、认定服务对象的类型、了解服务对象的求助过程、使潜在的服务对象成为现实的服务对象。

2. 预估

预估是社会工作过程中的关键环节，它是在接案的基础上，收集服务对象的相关资料，并对服务对象的问题、服务对象的系统功能、服务对象与环境的互动等方面进行综合的分析判断，形成暂时性的评估结论的过程。预估为设定解决问题的目标和相应的介入奠定基础。因此，预估同样也是社会工作者需要掌握的重要专业技巧之一。

预估是一个决定问题性质、原因、程度及牵涉于其中的个性和情形的过程，社会工作的功能在于获得对问题及其成因的了解，并能够找出解决问题或把问题减到最小的办法。预估作为社会工作实务过程中的重要环节，需要对服务对象系统进行全面的了解，在了解的基础上作出较正确的判断，因此，预估是一个较为复杂的过程。无论服务对象系统是个人、家庭、团体，还是社区，都需要运用科学的方法进行评估，进而为介入计划的制订和实施打下基础。

3. 计划

计划是预估和介入改变行动的桥梁。当工作者完成了预估后，自然就转入计划阶段。计划是在预估的基础上为解决服务对象的问题而进行的一系列解决方案的思考和决策过程。计划阶段的重点在于介入的目标、实现这些目标有哪些可能的方案、选择最合适和有效的方案、和服务对象达成服务协议共同努力去实现这些目标。计划是一个十分复杂的过程，工作者和服务对象在不断的磋商中明确努力的方向和具体任务，以及各自应该承担的责任的具体化。从某种意义上讲，好的计划是成功介入的必要前提。

4. 介入(实施)

计划之后的介入是助人过程的关键环节，介入阶段又称为实施，能否完成预设的目标，解决服务对象的问题，就取决于工作者与服务对象在此阶段能否有效地合作来采取一系列行动，完成相应的任务；也取决于能否有效地利用所有可用的资源和服务。工作者在此阶段中需要熟练运用社会工作的方法和介入技巧，注重增强服务对象自身的力量，并着力于改善环境和拓展资源，为服务对象的成功转变创造条件。

5. 评估

评估是在介入实施之后的又一个重要阶段，主要是评估介入结果的过程，它通常在结案之前进行。评估不仅可以检查社会工作介入的效果，反思介入过程的成败得失，找到未来工作的方向，而且，对社会工作本身也是一个总结和提高的过程。评估可以帮助我们了解：服务对象的期望有没有实现？社工助人的目的有没有达成？这是社会工作者对服务对象和社会工作机构的一种责任，也是一种对服务质量、效果的客观评判活动，评估还有助于社会工作者进行科学研究，检验现有的理论与方法，不断总结经验与教训，并通过评估及时加以改进，为以后的实践提供宝贵的经验。

6. 结案

结案是社会工作助人过程的最后阶段，当评估结果已经显示实现了设定的目标，社工的任务就是妥善地处理和服务对象终结服务关系的各种事项。这一阶段也非常重要，它关系到服务对象能否在结案后继续成长和进步。理想的结案是社工和服务对象遵循服务协议的指引，不仅完成了预定的目标，而且能一起回顾取得的进步，澄清结案的理由，并有计划地把这种专业助人过程推向成功的终点。结案不仅仅代表着助人关系进入结束阶段，从成功介入的角度而言，结案也标志着服务对象从此可以在没有专业人员的帮助下独立地开始新生活。结案的过程也是处理离别情绪的过程，实践中，妥善处理服务对象的某些情绪反应，朝着有利于服务对象个人成长的方向积极引领是一个特别要面对和解决的问题。

社会工作通用过程的六个阶段，呈现其服务过程思路与逻辑，对社会工作实务意义深远。应该指出，这个过程不是绝对的，几个阶段也会相互渗透，实践中需要学会弹性运用。

第三节　社会工作者及其角色

社会工作者是遵循社会工作价值准则，运用社会工作专业方法从事职业性社会服务的人员。社会工作过程中社会工作者扮演着多重角色，实际上，也只有承担多重角色，才能使社会工作取得更丰富的成果。

一、社会工作者的由来

社会工作者的发展经历了从志愿者向专业工作者转变的过程。最初从事贫穷救济和慈善事业的人员，其助人精神多来源于教会之教义，他们助人行为的主要动力和热情来自于他们个人的价值和宗教信仰。志愿者们并没有任何报酬，也没有明确的社会约束。1900 年，西蒙·帕顿(Simon N. Patten)提出，“社会工作者”包括了“友善访问员(friend visitors)”和“社区睦邻工作者(settlement house residents)”，这时的“社会工作者”还不能被称为专业工作者，他们所从事的工作主要是社会救济物品的分发。在当时的社会，这种物质上的救济援助有一定的功效，并且能够适应社会的需要。“友善访问员”、“社区睦邻工作者”是社会工作者的雏形。

随着社会的发展，经济、政治、自然、生理等各种因素相互作用，社会问题日益增多，并呈现出复杂性和多样性。个人的、无组织的社会救助工作愈来愈无法满足社会复杂化的需求。首先，社会成员的需要不仅囿于生活上物质资料的短缺，而且更加倾向于寻找精神上的理解与帮助。随着社会需求的多样化和复杂化，仅凭个人的生活阅历和可以利用的社会资源已无法有效地帮助社会成员解决问题。并且，社会工作已经不再仅仅局限于简单的物质层面，开始从宏观的角度及产生社会问题的根源上研究和解决问题。社会工作内容的拓展与深入使社会对社会工作者的要求也相应提高。从事社会救助的人员必须经过专门的技能训练，掌握相关的专业知识，才可能对遇到的问题进行正确的分析，运用自身具有的技巧，找到有效解决问题的方案并加以实施，从而达到社会工作助人的任务与目的。在这一时期，欧美等国家相继出现了以方法教育为主的社会工作教育。社会工作成为一种职业，作为专业人员的社会工作者也出现了。

二、 社会工作者的界定

美国社会工作者协会对社会工作者的界定是：毕业于社会工作学院，运用他们的知识和技巧为个人、家庭、社区、组织和社会提供社会服务的人员。社会工作者帮助人们提高解决问题的能力，帮助人们获得所需求的资源，促进人们与环境的互动，促使组织负起对社会的责任，影响社会政策。英国社会工作协会对社会工作者的定义是：受雇于社会服务机构或相关组织，在其雇佣契约中明确规定其社会工作者身份，在社会工作实务领域内履行义务的专业工作者。可以看出，社会工作者有别于一般利用业余时间从事志愿服务的志愿者。并不是任何一个为他人服务，给他人提供帮助的人都可以称为“社会工作者”。真正的社会工作者是有一定的资格要求的。

在美国，社会工作者协会的会员是具有社会工作硕士学位的人。1970 年，美国社会工作协会（NASW）才承认完成了由美国社会工作教育联会（CSWE）认证批准的社会工作专业学业的，持有社会工作硕士学位的人拥有会员资格。在英国，从事社会工作的人员必须在经英国中央社会工作教育与训练委员会（CCETSW）审核批准能够在社会工作文凭训练课程的院校中进行两年“社会工作文凭”的课程训练，方可取得社会工作者的资格。在香港地区，有专门的注册局为社会工作者办理注册，注册的社会工作者必须有学士学位，并接受香港注册社会工作者工作守则的约束。

通常，国际社会工作界认可的“社会工作者”应符合以下要求：第一，以需要帮助的个人、家庭或社区为主要工作对象；第二，持有社会工作执业证照；第三，必须具有社会工作的专业教育背景；第四，受社会工作道德伦理和职业守则的制约；第五，从属于社会工作专业组织或协会的成员；第六，以社会工作为一种职业生涯。

王思斌在《社会工作概论》中，将社会工作者定义为：社会工作者是遵循社会工作价值准则，运用社会工作专业方法从事职业性社会服务的人员。[①] 可见，社会工作者是认同并遵循社会工作的价值原则，从事社会福利服务的人员，他们掌握一定的社会工作专业方法，在一定的组织架构内开展职业性的助人活动。社会工作者可分为一线社会工作者和社会行政人员两大类。社会工作者的素质、能力和经验直接影响着社会工作的进程和成就。社会工作者与慈善人士、政府官员、志愿者是不同的。

三、 社会工作者的主要角色

角色是指与人们在社会关系体系中所处位置相适应的一整套的行为规范，是反映社会位置的一套行为模式。它指出处于社会某一位置上的人应该如何去做，它反映了处于该地位的社会成员的责任、权利、义务和行为方式，是社会对处于特定位置上的人们行为的期待。社会工作者的角色主要有直接服务角色和间接服务角色两种。

（一）社会工作者的直接服务角色

社会工作是社会工作者针对服务对象的需要而展开的、帮助其解决和克服困难的活动。直接服务是指社会工作者面对面地接触外在情境中的服务对象，提供直接服务，以帮助解决困难和问题的社会工作服务方式。社会工作者的直接服务角色主要包括：

1. 服务提供者

社会工作者首先是向服务对象提供服务的人，这里的服务既包括提供心理辅导，也包括提供物质帮助和劳务服务，还包括提供政策信息。由于社会工作者首先面对的是有困难的弱势人群，所以提供物质、劳务和心理方面的服务和帮助是社会工作者的首要职责，并希望这些服务能够缓解服务对象的困境。社会工作者提供的服务不是简单的给予，而是在充分了解服务对象需求的基础上的一种服务。这种服务是平等的，而不是给予怜悯和慈善。社会工作者提供的服务既可以是直接的服务，也可以是间接的服务。这种服务有时是社会工作者个人可以解决的，在更多的情况下要通过他人和政府、服务机构才能实现。

2. 支持者

社会工作者面对服务对象不但要提供直接服务或帮助，也要鼓励其在可能的

---

① 王思斌主编：《社会工作概论》，北京：高等教育出版社，2006 年，第 21 页。

情况下自强自立，克服困难，自我决策，即“助人自助”。社会工作者扮演支持者的角色，就是用一种恰当的方式表达对服务对象的理解和支持，让他们感觉到社会工作者愿意与他一起面对和解决问题。社会工作者应特别注意自己的态度，不应使服务对象感受到威胁与贬抑。社会工作者应该成为服务对象积极反映的支持者、鼓励者，并应尽量创造条件使服务对象自立或自我发展。这里的支持是在认真评估了服务对象需要、能力和可能性的基础上而作出的。支持者的角色就是激发服务对象的能力和克服困难的信心，从而更好、更有效地解决问题。

社会工作的一项主要目的是增能（英文为 empowerment，又称增权、赋权）——通过改变服务对象的情况，帮助个人、家庭、群体、组织和社区增强其经济、社会和政治的力量与影响。增能者致力于提高服务对象的这些能力：理解自己生活于其中的环境，作出适当的选择，承受所作出选择可能带来的结果，通过呼吁和有组织的活动改善自己的生活环境。增能者还致力于在不同的群体之间公平地分配资源与权利，而这正是社会工作的鲜明特色。增强服务对象的权能是社会工作者支持角色的重要组成部分。

3. 倡导者

在社会工作发展的历史中，始终关注着违反人类尊严以及非正义的社会现象。社会工作者与社会中其他人士，共同致力于改变和消除社会结构或规范对人的歧视或贬低人的价值的负面影响，并对社会中的弱势群体特别加以关注。倡导者的角色就是矫正社会问题，从而帮助建立一个保证所有成员尊严的公正的社会。

倡导是社会工作者直接向服务对象提倡某种行为。在服务对象必须采取新的行动才能有助于走出困境但又对新的行动不了解时，社会工作者应该成为服务对象采取某种行动的倡导者。即向服务对象倡导某种合理的行为，以使他们获得改变。当然，这里的倡导不是不顾服务对象感受的强行推动，而是在认真评估了他们的能力和状况，评价了社会工作者对他的支持和效果的基础上作出的。合适的倡导可以增强服务对象的信心和勇气。

（二）社会工作者的间接服务角色

社会工作者不但要面向服务对象提供直接服务，还要进行间接服务。间接服务是社会工作者作为服务对象的代表去争取资源、改进服务的输送方式，或创造新的服务，以满足其社会需要的过程。社会工作者间接服务的角色主要包括：

1. 管理者

在社会工作过程中，社会工作者应该对整个过程进行有效控制，即对助人过程有一个科学的设计，并力图使实际过程更合理、有效。同时，也必须对与助人相关的诸多资源、信息进行协调、安排和管理，以实现该过程的高效率。社会工作是一个复杂的过程，需要对其进行科学的管理，这种管理不但对调配多种资源的社会行政十分重要，而且对个案工作、小组工作和社区工作也同样重要，因为后面这些服务活动也需要在评估的基础上对服务进行设计，而设计的实施就需要管理。

2. 资源争取者

社会工作帮助服务对象争取需要的资源，这些资源是为解决服务对象的困难和问题所需要的物品和劳务服务等。有时社会工作者并不占有这些资源，为了有效助人，社会工作者常常需要联络政府有关部门、福利服务机构的负责人及同事、志愿者组织甚至广大社会，向他们争取所需资源，并将它们传递到服务对象的手中，从而解决问题。为服务的顺利开展争取资源是社会工作者的重要责任，而且社会工作者应该有能力争取到相关方面的支持，否则他们就难以开展工作。

3. 政策影响者

社会工作者是在政策的范围内开展工作的。社会工作本身也常常是在落实某些社会政策。一项符合实际的、及时的社会政策可以解决许多问题，然而，并不是所有的政策都是有效的。原有的社会政策可能因环境的变化而变得不切实际，社会工作者在从事具体的服务中最容易发现问题，也最可能发现某些社会政策缺失。当在服务过程中，发现某些问题具有普遍性时，就可能和应该向政策制定部门或执行政策的责任部门提出建议，修订、完善政策。在这种情况下，社会工作者就扮演着政策影响者的角色。

4. 研究者

社会工作者要有效地解决问题，就必须科学地评估问题、合理地设计服务方案，准确地理解服务对象的行为，这些都需要社会工作者认真思考问题，对面对的事实给予正确的判断，这些都是需要研究的问题。从这个意义上来说，每一个社会工作者都是研究者。另外，社会工作者对自己的实践经验进行研究，可以提高专业服务水平，发展社会工作专业知识与理论，为社会政策提供依据。

另外，照顾者、使能者、协调者、促进者和经纪人同样也都是社会工作者需要承担的角色。社会工作者应该尽量承担多种角色，也只有承担多重角色，才能使社会工作取得更丰富的成果。应该指出，社会工作者角色的承担与表达，是建立在一定的专业知识与能力要求基础上的。其中，社会工作者的基础知识主要包括学科知识、政策知识、技术知识、文化知识等方面，社会工作者的能力要求主要包括技术能力、文化能力、心理素质、持续学习的能力等方面。随着社会工作专业化与职业化的发展，社会工作者的知识与能力日益成为社会工作者的核心竞争力，是发挥其角色的重要支撑。

A 本章小结

1. 社会工作起源于西方国家，至今已有一百年左右的历史。20 世纪 80 年代以来，中国社会工作发展迅速，特别是近年来这个新兴的学科正在变得越来越重要。

2. 社会工作是一种助人的专业性社会服务，它是以个案、小组、社区、行政工作的方法开展的助人活动，主要用来帮助那些缺乏社会生活适应能力、社会功能失调的个人、群体和社区解决问题和预防问题。目的是借助社会服务和社会管理的方式，调节社会关系，推动和促进人的发展和社会的和谐与进步。

3. 社会工作的基本要素包括社会工作者、服务对象、价值观、助人方法和社会互动等。

4. 与一般的助人活动相比，社会工作具有专业性、职业性、价值取向、实务取向、多方协同等特点。

5. 社会工作的服务领域划分为两大类：一类是以社会问题为导向的服务领域，另一类是以服务对象为导向的服务领域。

6. 社会工作的通用过程一般要经历：接案、预估、计划、介入、评估、结案等六个阶段。

7. 在社会工作过程中，社会工作者扮演着服务提供者、支持者、倡导者、管理者、资源争取者、政策倡导人、研究者等直接与间接服务等多重角色。

B 主要术语

社会工作(Social Work)：是以利他主义为指导，以科学的知识为基础，运用科学的方法进行的助人服务活动。

社会工作者(Social Worker)：是遵循社会工作价值准则，运用社会工作专业方法从事职业性社会服务的人员。

服务对象(Client)：是社会工作直接服务或帮助的对象，也称受助者、案主或工作对象。

助人自助(Help People Help Themselves)：是指社会工作者向服务对象提供服

务和帮助，逐渐达到服务对象能应付困难、面对生活以致预防新问题出现的状态。

通用过程（General Process）：指社会工作实务过程所经历的接案、预估、计划、介入、评估、结案等六个阶段。

专业关系（Professional Relationship）：专业关系是为达成特定目标而结成的关系，特定目标一旦达成，专业关系就告一段落。

直接服务（Direct Service）：是指社会工作者面对面地接触外在情境中的服务对象，提供直接服务，以帮助解决困难和问题的社会工作服务的方式。

间接服务（Indirect Service）：是社会工作者作为服务对象的代表去争取资源，改进服务的输送方式，或创造新的服务，以满足其社会需要。

C　练习题

1. 课堂讨论：以10名同学为单位划分小组，讨论对“社会工作”的理解，最后每个小组派一名同学代表总结汇报小组讨论结果。

2. 课堂讨论：以小组为单位，讨论社会工作者的角色特征，并汇报各自小组的讨论结果。

D　思考题

1. 简述对社会工作内涵的理解。
2. 社会工作的基本要素有哪些？
3. 社会工作领域的基本原则是什么？是如何划分的？
4. 社会工作的功能表现在哪些方面？
5. 简述社会工作者的角色特征。

E　阅读文献

1. 顾东辉主编：《社会工作概论》，上海：复旦大学出版社，2008年。

2. 李迎生主编：《社会工作概论》，北京：中国人民大学出版社，2004年，第3～33页。

3. 李增禄主编：《社会工作概论》，台北：巨流图书公司，1995年。

4. 〔美〕Paula Allen Farley，Scott W. Boyle 著，隋玉杰等译：《社会工作概论（第九版）》，北京：中国人民大学出版社，2005 年。

5. 全国社会工作者职业水平考试教材编写组编：《社会工作综合能力（中级）》，北京：中国社会出版社，2007 年，第 1～40 页。

6. 王思斌主编：《社会工作概论》，北京：高等教育出版社，2006 年，第 3～32 页。

第二章　社会工作的产生和发展

社会工作的发展是一个连续的历史过程，是对社会变迁与发展过程中人类自身的困境与需要的回应。在社会工作一百余年的发展历程中，其发展脉络大致可分为三个阶段，即早期以慈善救济为主的准社会工作阶段，专业社会工作初步确立阶段和专业整合与深入发展阶段。本章分别从欧美国家早期社会工作的起源与演变、专业社会工作的发展和中国社会工作的发展等角度进行介绍。

第一节　欧美国家早期社会工作的起源与演变

欧美国家社会工作的产生源于近现代社会发展进程，其中，欧洲的思想传统为社会工作的发展提供了深厚的理论基础，为社会工作专业所主张的利他主义、社会公正提供了深厚的文化土壤。直接推动社会工作专业发展的是英国工业革命及其引发的社会经济问题。同时，由宗教团体和政府所开展的扶贫济困活动，则成为社会工作专业持续发展的最直接的实践基础。

一、欧美国家早期社会工作产生的历史背景

（一）欧美国家早期社会工作产生的思想基础

现代意义的社会工作首先发端于西方社会，作为尊重人并致力于人的发展的社会工作与西方的文化传统及社会思想有关。

首先，古代的哲学思想和社会观念是欧美国家早期社会工作形成和发展的思想源头。例如，古希腊人认为幸福是与他人分享财富得来的，古罗马的责任观也倡导富人帮助穷人是一种责任；希伯莱则提倡既考虑个人贡献，又考虑公平的正义观。

其次，基督宗教的慈善思想是社会工作形成和发展的直接思想根源之一。基督教文明宣扬利他、奉献、救世救人等“博爱”思想，以及重视家庭、天下一家、理想

社会等观念。在欧洲，早期的救助活动基本上由慈善团体和教会承担，主要是从慈善和恩赐的角度来解决贫困问题，对穷人的救助是本着宗教精神来完成的。例如法国从中世纪起，一直是由教会主办慈善事业，建立孤儿院、济贫院等机构，并对贫民发放救济金等。至18世纪末，慈善机构仍是唯一的救济机构。这些教会组织把救苦救难作为自己的一项职责，教徒则把善行当做自己的必修功课。受宗教信仰的驱使，早期的宗教非专业化的慈善救济活动的实施者多为社会上层人士，实施对象主要是社会的贫困不幸者，实施的物质来源主要是社会捐助和宗教收入。这些思想观念促成了传统社会工作的产生。

再次，近代资产阶级人道主义价值观念是社会工作产生与发展的最直接的思想根源。西方社会有崇尚个人价值的传统，但是黑暗的中世纪抬高神而贬低人，使人的尊严受到损害，人的发展受到压抑。以文艺复兴为先导的资产阶级思想革命主张恢复古代世俗的思想文化，主张以人为中心，一切为了人的利益。法国资产阶级革命进一步张扬了人道主义，把天赋人权、自由、平等、博爱写到了自己的旗帜上。人道主义的价值观宣扬天赋人权，人生而自由，每个人都有生存权利和尊严，每个人都有获得幸福生活和自我发展的权利等等。资产阶级人道主义作为西方社会的一种意识形态，与宗教伦理一起为后来兴起的慈善活动和广泛的助人活动以及社会工作的兴起奠定了思想基础。

（二）工业革命及其引发的经济与社会问题

18世纪60年代，英国首先完成了工业革命，到19世纪30年代，法国、德国也相继完成了产业革命。工业革命极大地促进了经济的发展，不但使这些国家的经济结构发生了变化，而且也对社会关系、社会结构产生了深刻的影响和巨大的冲击。主要表现在：第一，整个社会日益被划分为两大阶级，即资本家阶级和工人阶级，阶级的分化使财富和贫困、特权和无权向两极不断累积，资本家阶级是财富和特权的占有者，工人阶级则是贫穷的和无权的阶级，而且两个阶级日益尖锐地对立起来。第二，资本主义经济的高速发展打破了封建时代封闭的农村经济，也迫使农业劳动力转化为大工业劳动力的出卖者。他们走出农村进入城市，大规模的社会流动破坏了农村的社会结构和家庭结构。第三，资本主义经济的发展及其价值的蔓延冲击着以往传统的人际关系和社会关系，它使人与人之间的关系变为赤裸裸的利害关系，利己主义得到了充分扩张。第四，社会问题大量出现，在资本主义的发展中，自由竞争使得竞争中的失败者沦为贫困、无助的人。贫穷、饥饿、失业、堕落充斥于社会之中。

一系列的社会问题引起了许多思想家、政治家及社会人士的关注，并使他们致力于解决这些问题，以使社会摆脱病态，弱者免于痛苦。社会工作就是这众多尝试中的一种。

二、欧美国家的早期社会工作实践

（一）英国的伊丽莎白《济贫法》及其对社会工作的影响

16至17世纪，欧洲地主贵族通过大规模圈地运动剥夺农民的土地，使大批农民离乡，并沦为乞丐和流浪者，由此而引发了新的社会矛盾和冲突，饥饿和贫困成为当时主要的社会问题。

1601年，伊丽莎白女王颁布了《济贫法》(*Elizabethan Poor Laws*)，史称旧《济贫法》，该法旨在对贫民进行救济和干预。其基本内容有：济贫事业属于教区的义务，每一教区设若干监察员，处理济贫行政，对于无依无靠儿童负有教养、代谋职业的责任，中央政府则设立监督人员；每一教区向地方征收济贫税；有工作能力的成年人必须给以相当的工作，参加劳动，不得行乞游荡；教区设贫民习艺所，配给原料及工具，强迫有劳动能力者从事生产；确系没有工作能力的贫民如患病者、老人、残疾人等，则设救济院收容，所有济贫经费均从济贫税中支付。简言之，伊丽莎白《济贫法》包含了征税、设立机构、工作换救济、强迫游民工作、人民有救济其家人和亲属的义务、贫民分类和对应的救济方案等内容。

伊丽莎白《济贫法》对现代社会工作专业的形成产生了积极的影响，可概括为以下几个方面：

第一，政府负起了社会救助的责任，并直接参与了社会救助。这是社会保障理念的巨大进步，标志着社会政策由教会慈善救济制度、地方贫困救济制度、同业互助制度转变为政府的行政管理事务，标志着非正式慈善事业开始步入正式的社会保障的轨道。

第二，《济贫法》从立法的角度确立了助人自助的观念，这既是一个救助原则，又是一个救助理念，使社会资源得以有效利用，同时也可以避免刺激一些人的“懒汉”思想。

第三，对社会工作专业的发展来说，最重要的还在于它确立了由专门人员从事济贫救助活动。

第四，它所实施的院外救济也是社会工作提供服务的一种基本形式。

第五，分类别救助理念的提出助推了社会工作个别化原则的形式。

当然，在救助穷人的同时，《济贫法》也开始附带一些条件，使受助者常常受到耻辱的苛刻条件的限制，这种情形一直延续到20世纪初。

(二) 德国的汉堡制与爱尔伯福制

1. 汉堡制

汉堡制是对济贫事务进行管理的一种制度,因起源于德国的汉堡市而得名。工业革命后,汉堡市的人口骤增,贫富差距加大,由失业等原因导致乞丐与贫民的人数渐增,甚至出现过乞丐列队街市、沿门乞讨的现象,成为汉堡市一个最严重的社会问题。1788 年,根据布什(Busch)教授草拟的方案,汉堡市为使议会推选出的志愿委员会能顺利开展工作,对个别贫民进行调查和救济,遂采用了分区域管理济贫事务的制度,将全市划分为 60 个区,每区设 1 名监督员,并设市级中央办事机构,综理全市的济贫业务。汉堡制的具体措施包括:为失业者介绍工作、向贫困者提供救济、将贫苦儿童送往工艺学校学习就业技能及语文、把患病者送往医院诊治、规定对沿门乞讨者不准任意施舍等,并联络各社会救济机关协同工作。

汉堡制共实行了 13 年,收效很大,汉堡市的社会状况为之改观。汉堡制的精神和做法为许多国家所仿效,影响很大,是公共救助与社会工作史上的里程碑。

2. 爱尔伯福制

爱尔伯福制是一种对社会救济事务进行管理的制度,因始于德国的小城市爱尔伯福市而闻名,于 1852 年开始实施。具体实施情况如下:将爱尔伯福市按约 300 居民为一段(其中贫民不得超过 4 人),划分为 564 段,每 14 段为一个赈济区,各区联合组成有 9 名委员的中央委员会,形成三级管理体制。其中,段为基层组织,每段设一名赈济员,统管全段的济贫工作。需要救助的人必须先找赈济员,由他到家中作实地调查,确认需要后再予以救济,此后每两星期还要进行一次追踪调查。为杜绝受助者养成依赖心理,发给的救济款是法律所规定的最低限度。赈济员还负责办理有关预防贫穷的工作。赈济员是志愿工作者,由政府委派地方热心人士担任。区为中层组织,每区设一名监察员,领导区内各段赈济员,并由区内 14 段联合组成赈济委员会,定期开会,由监察员任会议主席,讨论全区济贫工作,并形成报告或提交给上级组织。中央委员会是全市济贫工作的最高管理机构,管理全市的济贫所、医院及院外救济事项,定期开会。

爱尔伯福制的特点在于:(1) 行政权力集中,监督严密,容易做到指挥灵活,因此行政效率较高。(2) 赈济人员由地方人士义务充任,并且可以连任,因而可以节省经费,提倡志愿服务精神,并且有利于积累经验。(3) 赈济员管理的区域不大,贫民的人数也不多,因此可以做到照顾较为周到。经常性开会,也有助于搜集信息,了解全局。(4) 济贫工作不仅注重消极的救助,而且还扶助贫民自主与自立。(5) 赈济员在接受受助者申请和实施救助之前,都必须作家庭访问调查,有详细的记录,经常开会讨论问题,这些做法虽然都是个案工作的做法,但是在城市内,通过分段和分区，由志愿人员负责解决社区问题，这也很符合社区社会工作的精神与做法。

爱尔伯福制在济贫事务管理方面为后来的社会工作者积累了宝贵的经验。此外，该制度对受助者状况进行深入细致调查并予以记录的做法，为现代个案工作方法的产生奠定了基础。

（三）慈善组织会社

当公共救助满足不了社会需求时，欧美国家的各种慈善组织纷纷出现。在发展过程中，为克服各个慈善组织缺乏协调、相互冲突和重复浪费等现象，经索里牧师建议，第一个慈善组织会社于1869年在伦敦成立，该会社的基本理论主张是：个人应对其贫困负责；接受公共救济，将摧毁贫民之自尊心、进取心及道德意识，贫民应尽其所能维持自身的生活；强调以道德的影响来改变贫民的生活；鼓励私人对贫民的救济行为。强调对个人和家庭进行"调查"，以保证提供的经济救助给予那些"值得救济的贫民"，至于那些"不值得救济的贫民"则应强迫他们在救济院或习艺所内改变他们的生活方式。慈善组织会社强调预防重复申请、重复救济，机构间彼此熟悉合作，协助自立自助，预防贫穷文化等。

其具体做法如下：(1) 成立中央的管理与联系机构，并将伦敦划分为若干区，每区成立一个分支机构，每区设有志愿委员会，主持救济分配工作。(2) 各区办理区内所有救济机构受理申请救助案件的总登记，另特设询问部，供济贫法监护人、各慈善组织及个别慈善家搜集有关申请救助者的资料，使同时向多个机构求助的职业乞丐暴露真相。(3) 各区派员对所有申请案件进行个别详细调查。(4) 提高救济款物配额，使其能满足申请人的生活需要。

自1869年伦敦成立第一个慈善组织会社之后，英国其他大城市纷纷仿效，其影响甚至远至美国。1877年，美国的水牛城(Buffalo)成立全美第一家慈善组织会社。

慈善组织会社对社会工作的产生有很大贡献。一方面，会社"友善访问员(friendly visitors)"访问申请者，以了解其社会背景和确定应采取的措施。它强调调查后按个别情况对每一案件分别予以处理。这种个别化做法促进了个案工作的产生。另一方面，会社促进了各救济机构、慈善组织为解决社区问题采取协调合作的步骤，也为社区组织的发展及工作的开展奠定了基础。

（四）睦邻组织运动

睦邻组织运动是19世纪80年代出现的一场社区改良运动，以知识界人士(大学师生)广泛深入地参与社区生活,调动并运用各种社区资源解决各种社区问题为特色,为社区工作的发展奠定了基础。1884 年,毕业于牛津大学、身为伦敦市东伦敦教区牧师的巴涅特(Samuel A. Barnett)成立了第一个社区睦邻服务中心,为纪念亡友汤因比,命名为"汤因比馆(Toynbee Hall)"。

作为一个社区服务中心,汤因比馆有如下特点:(1) 设于贫民区,备有宿舍,工作人员与贫民共同生活。(2) 没有既定工作计划,视居民实际需要而开展工作。(3) 尽量发动当地人力,培养其自觉的互助合作的精神,为地方社区服务。(4) 除成为当地的服务中心外,尽量设法将本国及外国的文化介绍给当地居民,使之同时成为当地的文化中心。

睦邻组织运动对于整个社会工作发展的贡献在于:(1) 将救助工作从物质救济扩展为对受助人的精神关怀和社区环境的改善,由此说明社会工作之目的在于追求个人与社会生活之改善,工作方式应从个人与社会两个方面同时入手。(2) 社会工作应随时依据社区实际需要计划工作,并应发动、组织或配合社会力量共同工作。(3) 社会工作应以整个社区为工作对象,并以促进全面的社区福利为目的。(4) 服务工作的方法不仅运用了个案工作方法,更发展了社会团体工作与社区组织两种方法。

汤因比馆成立后,睦邻组织运动迅速得到认同和推广,进而引发了世界许多国家的社区改造运动。1889 年简·亚当斯(Jane Addams)在美国的芝加哥创办的"霍尔馆(Hull House)"十分著名,她也成为社会工作的杰出奠基者之一。至 1939 年,全美社区睦邻服务中心多达 500 余所。

第二节　专业社会工作的产生和发展

现代社会工作是社会服务实践的产物,是在解决社会问题的过程中不断发展起来的。对社会工作是否是一门专业的讨论,指引了社会工作专业的发展方向;行业性社会工作的出现,推动社会工作的独立与分化;社会工作先驱们的努力,促成了社会工作专业的最终建立。

一、社会工作作为一门专业的依据

社会变迁产生了诸多社会问题,人们采用在一定历史时期和特定条件下适用的方法去应付这些问题,其后是人们不断探究更加有效、合理的解决问题的方法,并从中总结出一些经验,可以说,现代社会工作是长期以来助人实践经验积累的结果，无论社会工作的价值观念还是社会工作的方法都是在实践基础上形成与发展的。与此同时，随着各国社会保障和社会福利制度的建立，社会工作已成为维持社会正常运转、造福于社会的不可或缺的职业。

社会工作发展的历程和现代社会工作的形成表明，社会工作需要明确的价值观和理论指导，需要一套行之有效的工作方法和技巧，需要有应付新问题的能力。这是现代专业社会工作的特点。那么，如何判断社会工作已经是一门专业了呢？判断是否成为专业的依据至少有“特质论”和“过程论”两种理论表述。

作为特质论者，格林伍德（E. Greenwood）于 1957 年提出作为专业需具备五个方面的基本特征，即：

（1）共同信守的伦理，即有一套共同信守的专业工作守则或信条；

（2）社会的认可，即社会人士和公众承认该专业在特定范围内的权利与特权；

（3）一套理论体系，即有一套系统的理论体系或专业知识、技术等；

（4）专业的权威，专业人员对服务对象拥有判断的专利权，服务对象也可由这种专业权威获得安全感；

（5）专业的文化，包括专业的价值观、象征符号、行为规范等。

威伦斯基（H. Wilensky）是过程论的代表人物之一，他于 1964 年撰文提出每个专业的发展都有一般的发展阶段，这几个阶段分别是：

（1）开始出现全职的工作需要；

（2）训练的要求出现；

（3）专业结社出现；

（4）立法以保护专业利益；

（5）伦理守则的制定。

结合国际社会工作一百年来的专业化发展历程来看，社会工作已创办了指导专业成长与发展的独立协会，制定了专业行为的伦理守则，兴办了以大学为基础的研究生层次的专业学院，并使教育方案获得认可，成功地在一些国家取得了社会工作实践的执照，引导着公共教育运动把社会工作传播给公众，实现了社会工作在助人专业中的地位，所以，社会工作已经是一门比较成熟的专业。

二、专业社会工作的初步发展

（一）行业性社会工作的形成

19 世纪末至 20 世纪初，在世界范围内的慈善组织会社和睦邻组织运动快速发展的过程中，行业性的社会工作出现。这意味着一个要求有系统的服务体系、服务人员需有一定的方法和技巧、追求服务效果的现代社会工作逐步成形。行业性社会工作形成的原因主要有三个方面:(1) 社会问题如失业或低度就业问题,家庭问题,都市化发展过程中出现的犯罪、流浪及其他问题剧增,大量的社会问题更需要受薪人员来解决,受薪的行业性社会工作随之出现。(2) 1877 年成立的布法罗慈善组织会社在使用了数年"友善访问员"后,开始使用受训人员与服务对象建立联系。(3) 1886 年睦邻组织运动在美国兴起之后,人们开始总结睦邻组织运动的影响,认为在与穷人友好接触时,工作者不仅需要知识,而且要理解普通大众的生活和痛苦。

随着行业性社会工作的发展和行业协会的成立,作为行业的社会工作与关心社会福利尤其是弱势群体福祉的慈善志愿群体也开始区分开来。

(二) 专业社会工作的产生

专业社会工作形成于 19 世纪末期,其形成有其历史必然性。

首先,在理论方面,社会工作受社会科学、行为科学乃至自然科学发展的影响。人们假定,社会工作者的任务是寻找问题的原因,原因一旦确定,解决方法也随之出现,社会病态也就可以消除。一部分社会工作者在长期实践的基础上,也开始了对社会工作进行理论总结和社会工作专业知识体系的建设。1898 年,芮奇蒙德(Mary E. Richmond)出版了《贫民中的友善访问》(*Friendly Visiting Among the Poor*),开始对社会工作理论进行总结。1917 年她出版了《社会诊断》(*Social Diagnosis*)一书,这是第一本针对社会工作理论和方法的教科书,其宗旨是使个案社会工作的方法成为一门独立的知识,使社会工作的技术成为一种可传递的技术,因而书的重点是工作者应当如何对个人进行干预,书中提出的研究、诊断、预后以及治疗计划等程序沿用至今天。该书的出版被看做社会工作专业的里程碑,标志着专业社会工作的诞生,芮奇蒙德也因此被人们誉为专业社会工作的创始人之一。同时代的社会工作杰出人物一起努力,共同推动了社会工作专业知识体系的建立。

其次,社会工作训练和教育的初步发展。社会工作教育一方面成为社会工作作为一个专业的标志,另一方面也是社会工作专业化必不可少的制度性前提。19 世纪末期,社会工作教育也逐渐发展。1898 年纽约慈善组织会社(1962 年成为哥伦比亚大学社会工作学院)提出了一项 6 个星期的夏季训练计划,短期的培训比较注重实务工作,但随着次数的增加,人们发现短期培训是远远不够的,人们希望长期的、比较系统的训练能开展起来,由此一些大学开办了系统的社会工作培训课程,一些学院纷纷开设社会工作相关课程,为社会工作从行业性工作向专业性工作的转变提供了理论和知识的储备。1919 年,美国已有 17 所高校开设了社会工作课程,并成立了全国社会工作培训教育协会。20 世纪 50 年代中期特别是 20 世纪 60

年代以来，社会工作教育在规模和内容上都发生了很大变化，诸多社会工作学院开始讲授统一的社会工作理论与实务课程。

再次，各类社会工作专业组织快速发展。社会工作专业组织一方面确立了社会工作的专业地位，另一方面也进一步强化了社会工作专业化的发展进程。例如美国社会工作学院协会于1919年成立，并于1932年颁布了社会工作教育的最低限度课程。此后，该协会陆续制定了一些重要教育政策，重新确定了社会工作的基本知识，直接推动了社会工作教育的发展。

三、社会工作专业方法相继形成

19世纪末20世纪初，社会工作在西方已进入专业发展阶段，它表现为社会工作专业培训和教育的发展及社会工作的科学化。1917年芮奇蒙德在《社会诊断》一书中，试图使社会工作方法成为一套独立的知识。此后她又出版《什么是个案工作》一书，使个案工作作为一种专业方法被社会工作者普遍接受。从20世纪20年代开始，小组工作被纳入社会工作训练课程，到40年代中期，小组工作作为社会工作的专业方法之一被接受。另外，社区工作作为一种专业工作方法也逐步发展起来。到60年代，社区工作已被正式列为社会工作专业的一个基本方法。

社会工作专业方法的发展是社会工作知识和经验不断积累和发展的反映，也是其工作领域不断扩大和解决问题的方法不断增加的过程。个案工作、小组工作、社区工作三个基本方法被分别确立，以及社会工作行政、社会工作督导等间接方法的日益成熟，标志着社会工作专业的发展进入了一个新阶段。

四、当代西方社会工作的专业整合和深入发展

进入20世纪60年代以后，伴随着西方社会高度工业化、城市化及科学技术的突飞猛进，传统的价值观念及宗教信仰发生变化，个人主义及享乐主义盛行，加上黑人暴动、妇女运动、学生运动，形成了诸如失业、吸毒、离婚等许多社会问题。

对此，以传统个案工作方法为主的社会工作已无法适应形势，而小组工作和社区工作因其具有整体性、综合性解决社会问题的优势而得到发展。社会工作也更加注重预防工作，通过政府立法，以社会保障制度全面解决社会问题。社会工作还更加注重理论研究，各种理论模式纷纷创立，社会工作研究由描述性的报告进入到数量化、经验性的实证研究。过去那种单纯依靠某一种方法解决服务对象问题的做法受到了质疑，各个专业方法过于分化的弊端日益显现，将社会工作专业方法有机整合与灵活运用的呼声与日俱增。而这又促进与导致了社会工作教育的变革，

使之向培养具有更加全面、综合能力的社会工作者的目标而不断努力。

回顾欧美国家社会工作专业的发展历程，可以发现影响社会工作专业发展的诸多共性因素，简单归纳如下：

其一，社会环境、社会问题与社会变迁，是最重要的影响因素，社会工作也必须及时对此做出积极主动的回应。

其二，政府政策的影响。在美国，一些法律如精神健康方面的条例规定，精神病人需受到好的照顾，因此促进了社会工作在该领域的相关教育及就业。所以一些法律条例等的制定与实施，也在不同层面影响社会工作与教育的发展。

其三，财政来源的影响。主要表现为政府在社会工作教育上投入，将直接影响社会工作教育的发展步伐。

其四，就业机会的影响。比方在美国有许多的私立社会工作机构，许多社会工作者面对个体需求（咨询、心理治疗），较容易在社会上自主择业。所以一些大学的培训也注重个人理疗、心理治疗等方面的培训。

其五，社会工作专业群体和社会工作教育群体取向的影响。以美国为例，其社会工作发展长期受到专业团体的影响，甚至影响了社会工作教育的发展方向。

最后，相关社会工作院校的主动性和创新性。外在因素固然重要，内在因素更不容忽视，其中，社会工作教育工作者的作用十分重要。

第三节　中国社会工作的发展

本节将从两个层面来考察社会工作在中国的发展历史：一是作为一般性助人活动的社会工作在中国的发展，二是专业意义上的社会工作在中国的发展。

一、中国古代的社会福利思想与实践

（一）中国古代的社会福利思想

中国古代有着丰富的社会福利思想。在中国古代的社会福利思想中，对贫弱者的救助被看做统治者德政的重要组成部分，在民间，守望相助则被看做一种理想的生活方式，而在实践层面上政府和民间都有着大量的救贫互助活动。从某种意义上说，中国古代的社会福利思想和实践为现代社会工作专业在中国的发展提供了丰厚的文化基础和实践经验。

在中国，慈善事业的思想最早可追溯到西周时期的民本主义思想，后发展至春秋战国时期的诸子百家学说。例如，孔子主张“老有所终，壮有所用，幼有所长，鳏

寡孤独……”，孟子提倡“老吾老，以及人之老……”，墨子则希望“饥者得食，寒者得衣，劳者得息”。

佛教传入中国后，中国慈善事业思想融合了佛教的慈悲观念和因果报应说，后来又融合了道教思想。以利他平等为旨趣的佛教道德对中国慈善事业产生了较大影响，布施为众多穷人提供了生存机会，这种行为完全出于怜悯心、同情心和慈悲心，不带任何功利目的。

(二) 中国古代的社会福利实践

在中国古代，由于受儒家“民本”、“仁政”和“大同”济贫思想的影响，政府很早就开始了济贫方面的实践。在当时的自然经济条件下，济贫思想的实践主要是以丰补歉的储粮度荒。从汉朝开始，中国就有了由朝廷兴办、名为“常平仓”的仓储制度；到了隋朝，又有了以地方劝募为主的“义仓”；到了南宋年间，则出现了主要由社区管理，居民普遍加入，带有一定社会保险意义的“社仓”。

除了仓廒制度外，中国古代还有济贫、养老和育幼等慈善事业。最早可追溯到南北朝的六疾馆和孤独园，更为著名的则是唐宋年间的悲田养病坊。

在宋朝年间，出现了完全由民间乃至个人兴办、而且没有宗教背景的慈善事业，最著名的有范仲淹的“义田”和刘宰的“粥局”。前者是一个以庇护和造福宗族为宗旨的“家庭扩大化”模式的慈善事业；而后者则以社区居民为对象，以社区组织的方式进行慈善活动。这些组织主要为乡绅所掌握，并得到官府的认可和支持。到明朝年间，出现了最早的以民间互助为主的慈善社团——同善会。

儒家的济贫思想注重的是社会整体和国家控制，因此较少强调个人权利和国家义务。同时，中国古代的济贫实践在传统上较为注重运用政府行政手段，而没有采用立法手段，这不能不说是一个重大的缺憾。

二、 近代中国的社会救济与社会工作教育的发展

(一) 近代中国的社会救济

中国近代史上的国家济贫制度形成于 20 世纪初，1915 年，政府便仿照英国的伊丽莎白《济贫法》颁布了《游民习艺所章程》。1928 年和 1929 年，政府又颁布了《管理各地方私立慈善机构规则》和《监督慈善团体法》。1930 年，在全国推行救灾准备金制度。1943 年《社会救济法》公布实施，这是中国历史上第一部国家济贫大法。但是，遗憾的是，在国民党统治时期，上述法律法规并没有得到认真贯彻。在实践中，政府只是敷衍了事，措施不力，尤其是救济机构在相当长的时间内只是沿

袭封建时代的旧制和做派，难有作为。

在民间，也开展了一些社会救助方面的试验和探索。1921 年，燕京大学成立了社会学系，广泛开展社会调查和社会救助的实践。在他们的推动下，一批知识分子在中国发起了“乡村建设运动”。其中，以梁漱溟为代表的“乡村建设派”和以晏阳初为代表的“平民教育促进派”最为著名，他们分别在山东邹平和河北定县进行了实验。但是，由于当时社会环境恶劣，中国知识分子进行社会改良的尝试都没有取得预期的效果。但晏阳初、陶行知、梁漱溟、李景汉等进行的改造乡村社区、开展平民教育、推动乡村建设的实验，开了中国近代社区工作的先声。

民族实业家张謇(1853～1926)认为：“人在一方，事业在一方，则其地之实业、教育、慈善皆吾责也。”因此，他坚持以经商所得回报社会，创办了师范学校、纺织学校、盲哑学校、南通博物苑、刺绣艺术馆、更俗剧场等，建设了图书馆、体育场、公园、幼儿园、养老院等公共设施。

当时，国外的教会和慈善机构也曾在中国开办了一些慈善活动。教会组织中最有代表性的是基督教青年会(YMCA)。在 20 世纪 30 至 40 年代，美国的一些慈善组织，如红十字会、救世军等，来华进行了较大规模的赈灾活动。他们一度雄心勃勃，试图以善举解决中国的社会问题。但是不久以后就发现，中国的问题非常复杂，不是外国慈善家们所能够解决的。

综上所述，在旧中国始终是“剩余型”济贫思想占据主导地位。因为处在政府腐败、战争频仍、灾荒连年的历史环境下，即使是“剩余型”的济贫也无法实现。

(二) 近代中国的社会工作教育

1925 年，燕京大学社会学系改称“社会学与社会服务系”，开设“个案工作”、“精神健康社会工作”、“团体工作”、“社会行政”等课程。1948 年，南京金陵大学成立了社会福利行政系，成为中国唯一的独立的社会工作系。之后，苏州东吴大学、金陵女子文理学院、复旦大学、山东齐鲁大学、北京清华大学、辅仁大学等许多大学的课程都设置了社会工作。[①] 这一时期著名的代表人物朱友渔，是中国赴美留学生中较早进行社会工作研究的代表人物之一，1911 年获哥伦比亚大学社会学系哲学博士，博士论文为《中国慈善事业》，回国后曾在上海圣约翰大学任社会学教授。1917 年朱友渔主持创立“沪东公社”，在上海杨树浦一带工人社区从事社会服务工作，涉及职业指导和职业介绍、卫生运动、个人家庭改良、宗教活动等工作。

---

① 张敏杰：《二十世纪中国社会工作的学科发展进程》，《浙江学刊》，2001 年第 2 期。

三、 中国内地社会工作教育的恢复与发展

1952年的“院系调整”取消了社会学系和社会福利行政系，从此社会学和社会工作的课程在大学里消失了。虽然民政等部门和工会、青年团、妇联等社会团体一直在从事一部分与社会工作内容相近的实践工作，但社会工作的专业教育和研究实际上被中断。到1979年，社会工作专业在中国内地中断了近30年。1981年，由费孝通指导和主持，在组织编写《社会学概论》的过程中，决定在书中增写“社会工作”作为独立的一章，开了中国恢复社会工作教育的先声。

(一) 中国内地社会工作教育恢复与发展的背景

改革开放以来，中国进入了快速的社会转型时期，剧烈的社会变迁及其引发的社会问题引起了全社会的高度关注。

就社会福利制度而言，当前中国面临的直接社会问题主要表现在：

第一，城乡贫困人口和社会救助问题；

第二，城镇失业人员的安置和新增劳动力的就业安排问题；

第三，城市农民工的就业和权益保障问题；

第四，城镇离退休职工和农村老年人口的养老保障问题；

第五，新社会问题的涌现，诸如吸毒和艾滋病人群的蔓延、家庭暴力案件的增加等。

对中国政府来说，社会福利制度改革不仅要解决因经济体制改革和市场经济本身导致的社会问题，也要应对因急剧社会变迁和生活方式变化带来的新问题。随着改革开放的进一步深入和社会主义市场经济的快速发展，各种社会矛盾和社会问题日益显现出来。社会问题加剧和社会弱势群体大量出现，原来的社会保障机制已不能完全适应新情况的要求。在计划经济年代，中国发展出一种特有的以行政为主导的问题解决模式，在理念上强调政治思想上的统一和政治目标的优先性，在政策推行上主要是采取自上而下的方式来保证上级政府的行政命令与相关措施的执行。但这种工作已经越来越难以适应社会发展的新形势，难以回应广大人民群众日益增长的多样化的社会需要。在这一背景下，社会工作专业教育的恢复发展及所需人才的培养提到了日程上来，可谓应运而生。培养大量掌握专业社会工作知识、具备专业价值理念的专门人才成为当时社会的要求。

(二) 转型期中国专业社会工作的发展

1987年9月，民政部邀请国家教委以及一些高校的专家学者在位于北京马甸

的对外经济交流中心举行了社会工作教育发展论证会，史称“马甸会议”。此次会议重新确认了社会工作专业的学科地位，为社会工作专业教育在中国的恢复和发展奠定了基础，标志着新时期中国社会工作专业教育的开端。

1987 年马甸会议参加者合影①

1987 年，国家教委批准北京大学、中国人民大学、吉林大学、厦门大学等高校设立社会工作与管理专业。1988 年，民政部资助北京大学 100 万元设立社会工作专业，成为改革开放后第一家设立的社会工作专业，开启了中国内地专业社会工作恢复和重建的新阶段。1989 年，北京大学招收首届社会工作与管理专业本科生。90 年代，中国的社会工作教育获得进一步发展，并出现了社会工作系。截至 2011 年，内地已有 252 所高校设立社会工作本科专业。

2002 年在上海浦东成立了首家从事社会工作专业实务的非营利组织——“上海乐群社会工作服务社”，是中国有组织的社会工作实务的开始。2003 年 3 月，上海出台了《上海市社会工作者职业资格论证暂行办法》，同年 11 月，开始社会工作者资格考试，这些都标志着社会工作者的资格开始在中国实行。2004 年 6 月，劳动和社会保障部颁发了《国家职业标准——社会工作者（试行）》，该标准成为中国社会工作专业化的重要象征，标志着中国社会工作经过近 20 年的发展，已从教育领域逐步发展到实务领域，并在国家层面和全国范围开始推广。2006 年 7 月 20 日，人事部、民政部联合发布了《社会工作职业水平评价暂行规定》和《助理社会工作师、社会工作师职业水平考试实施办法》（国人部发[2006]71 号）。（见附录二）2006

① 图片来源：社会工作网，2007-12-22，http://sw.mca.gov.cn/article/tbgz/200801/20080100009386.shtml.

年10月11日，十六届六中全会做出《中共中央关于构建社会主义和谐社会若干重大问题的决定》，指出“建设宏大的社会工作人才队伍”成为构建社会主义和谐社会的迫切需要。2007年8月20日，深圳通过社会工作“1+7”文件，社会工作专业化在深圳获得迅速发展。2007年10月，民政部确定75个地区和90个民政事业单位为民政部社会工作人才队伍建设试点单位。2007年12月21日，纪念马甸会议召开二十周年座谈会在北京举行，会上发表了《纪念马甸会议20周年宣言》。2008年6月，进行了首次全国社会工作者职业水平考试。13.3万名考生参加了考试，2万多人取得助理社会工作师职业水平证书，4105人取得社会工作师职业水平证书。2009年，国务院学位委员会办公室发文《关于开展社会工作硕士专业学位教育试点工作的通知》(学位办[2009]44号)，确定全国首批开展社会工作硕士专业学位教育试点工作的研究生培养单位33所。

2011年11月8日，中央组织部、中央政法委、民政部等18个部门和组织联合发布了《关于加强社会工作专业人才队伍建设的意见》(见附录一)。这是中央第一个关于社会工作专业人才的专门文件，是当前和今后一个时期全国社会工作专业人才队伍建设的指导性纲领，在中国社会工作事业发展史上具有里程碑的意义。

社会工作恢复以来，中国社会工作专业协会的建立也随之起步。目前，中国全国性的社会工作协会有两个，分别是中国社会工作协会和中国社会工作教育协会。

中国社会工作协会是经过中国社会团体登记机关核准登记、国家民政部直属主管的全国性专业社会团体，成立于1991年7月，1992年7月加入国际社会工作者联合会，成为正式会员。目前下设14个工作(行业)委员会、8支专项基金、1个代表机构、6个办事机构、3个直属机构、2个直属单位、3个合作单位。中国社会工作协会在民政部的领导下，坚持科学发展观，促进和谐社会构建，开展了一系列有影响的社会活动。中国社会工作协会的任务是在政府的指导下，推动社会工作的专业化、职业化建设；整合社会资源，开展以社会福利服务及社会公益活动为主体的专业性的社会服务，加速社会工作社会化进程；加强理论研究与实践创新，开展社会工作教育，不断优化社会工作效能；倡导社会工作理念，维护社会公平，促进社会和谐，推动社会进步。

社会工作专业恢复招生以来，中国社会工作专业教育机构即开始着手筹建自己的专业组织，以互相支持，共同发展社会工作教育事业。1994年经民政部注册成立中国社会工作教育协会(China Association for Social Work Education，英文简称CASWE)。中国社会工作教育协会是一个以推进社会工作教育和专业社会工作发展为目的的非营利组织，属于全国性一级学术社团。团体会员皆为开办社会工作专业的院校或专业，个人会员为该领域的资深学者和专家。协会成立后，以“团结国内从事社会工作教育的教学、科研和实际工作者,同心同德,互相合作,促进中国的社会工作教育事业发展"为宗旨。协会的职能是加强国内社会工作各界人士的学术交流和联系;与国外社会工作教育团体和个人建立联系,开展国际间的学术交流;举办国内和国际社会工作教育学术会议和专业教育培训及相关学术活动,编辑出版有关学术著作;建立专业规范体系和评估指标体系等。在上述方面,协会做了大量富有建设性和卓有成效的工作。

通过回顾 20 世纪 80 年代以来中国社会工作的发展过程,中国内地社会工作所呈现的快速发展趋势和取得的成绩是有目共睹的。但是,与发达国家和地区相比,中国内地社会工作的出现也有自身特点。具体表现在:第一,社会工作专业教育先于专业实践,而离开了专业实践的反哺,专业教育的发展呈现出虚化,也难以及时回应现实社会发展的需要;第二,同中国文化相适应的社会工作知识体系尚未成熟,适合社会和文化的本土理论构建任重道远;第三,本土行政性社会工作与专业社会工作在理念和实践模式上的衔接还存在制度上的制约,二者并行发展过程中如何契合,将是一个需长期面对的问题;第四,近年来,社会工作职业化进程已有规模地展开,但同现行政府行政管理体制的冲突也十分明显;等等。在这种社会背景下,社会工作如何既传承社会工作的学科与专业特质,又能与中国的传统文化观念相契合;如何既顺应社会稳定发展和建设的需要,又能保持一贯的为弱势人群提供社会服务的本质;如何既经由自身的不懈努力来谋取专业的生存与发展,同时又保持自己的专业性和相对独立性;以及能否跨越这一系列错综复杂的严峻考验,将决定着社会工作在中国的未来。

四、 港台地区社会工作的发展

(一) 香港社会工作的发展

香港社会工作的发展始于 20 世纪 50 年代。当时香港社会经历着剧烈变化,人口激增,住房、贫穷、教育问题纷纷涌现,推动了香港社会福利事业的快速发展。但当时从事这些福利服务工作的从业人员主要是志愿者,受过训练的屈指可数,而且往往是政府派去英国接受短期培训后返回香港的人。香港大学于 1950 年设两年制的全日社会工作课程,60 年代末则设立社会工作文凭课程,主要是吸收已读完大学的毕业生。

进入 20 世纪 70 年代,伴随着香港经济大幅度好转,香港政府加大了社会福利事业的投入力度,针对不同的社会问题,相应发展了许多领域的社会福利工作,来为家庭、青少年、老人等提供多方服务。1972 年香港政府宣布社会工作专业化,规定所有从事社会工作的人士均要有社会工作方面的培训，在社会福利署里一些相应职位的编制是以社会工作教育为前提的。这是一个十分重要的分水岭。受此驱动，香港的社会工作教育进入了迅速发展时期。

经过半个多世纪的发展，目前香港的社会工作教育已形成了文凭、本科、硕士等多层次的专业培训体系；香港大学、香港理工大学、香港中文大学、香港城市大学、香港浸会大学、香港树仁学院等多个高校都在提供不同层次的训练。

1997年金融风暴以来，香港着手进行了社会福利改革，缩减了财政投入力度。受“新公共管理主义”思想的影响，政府追求问责、成本效益及分担福利责任，大力推行私营化、外判服务、提高用者责任（收费）、缩减服务水平、公开竞投服务、服务成效检讨、评审、用者选择等。多年来，香港的社会工作行业不断发展，已经成为年青、女性化、非政府组织为主，家庭、复康及青少年工作为重的行业。

（二）台湾社会工作的发展

台湾社会工作的发展，可追溯至包括清朝在台举办的一些社会救济机构，日据台湾期间社会事业在同化政策后迅速扩张等。

依照时间的推移，可以将台湾社会工作分为以下几个阶段：

第一，二战后社会工作的传续（1945～1970年），表现为延续社会救济与民众的组织培训，以机构式教养为主，兴办社会保险等。社会工作教育则依附于社会学系之下。

第二，社会工作专业化的启动（1971～1980年），表现为政府约聘社会工作员实验；至1980年，台湾已有17个县市设置社会工作员制度，主要参与防治家庭问题、辅导青少年、服务老人、小区发展等。这一时期的社会工作教育采取社会工作分组教学的方式。

第三，社会工作专业化的加速推动（1981～1990年）。这一时期的社会工作专业组织快速发展。1983年，成立“中华民国”医务社会服务协会；1989年，成立“中华民国”社会工作专业人员协会（2000年改名为“台湾社会工作专业人员协会”）。这期间，台湾各高校的社会工作相继独立成系。

第四，社会工作专业建制完成（1991～2000年）。主要表现在1997年《社会工作师法》颁布，社会工作教育快速扩张。

当然，台湾的社会工作也面临着一些发展中的问题，例如社会工作建制完成并不等于专业成熟，建制化不等于专业化；另外，社会工作本土化的尝试推进比较缓慢等。

五、 中国社会工作的未来发展

进入21世纪以来，中国内地社会工作专业化进程开始加快，表现在社会工作教育体系迅速扩大，社会工作职业资格和注册制度开始出现，社会工作实践领域在扩展等多个方面，所呈现的快速发展趋势有目共睹。

但是，与发达国家和地区相比，中国内地社会工作的出现也有自身特点，具体表现在：第一，社会工作专业教育先于专业实践，而离开了专业实践的反哺，专业教育的发展呈现出虚化，也难以及时回应现实社会发展的需要；第二，同中国文化相适应的社会工作知识体系尚未成熟，适合社会和文化的本土理论构建任重道远；第三，本土行政性社会工作与专业社会工作在理念和实践模式上的衔接还存在制度上的制约，二者并行发展过程中如何契合，将是一个需要长期面对的问题；第四，近年来，社会工作职业化进程已有规模地展开，但同现行政府行政管理体制的冲突也非常明显；等等。

在这样的社会背景下，社会工作如何既传承社会工作的学科与专业特质，又能与中国的传统文化观念相契合；如何既顺应社会稳定发展和建设的需要，又能保持一贯的为弱势人群提供社会服务的本质；如何既经由自身的不懈努力来谋取专业的生存与发展，同时又保持自己的专业性和相对独立性，能否超越这一系列错综复杂的严峻考验，将决定着社会工作在中国的未来。

本章小结

1. 欧美国家社会工作的产生源于近现代社会发展进程。其中，欧洲的思想传统为社会工作的发展提供了深厚的理论基础，为社会工作专业所主张的利他主义、社会公正提供了深厚的文化土壤。

2. 英国工业革命及其引发的社会经济问题是推动社会工作专业发展的直接动力；宗教团体和世俗人士所开展的扶贫济困活动，则为社会工作专业的持续发展提供了实践基础。

3. 欧美国家的早期社会工作实践包括伊丽莎白济贫法、德国的汉堡制和爱尔伯福制、慈善组织会社、睦邻组织运动和社会保障制度的建设等，都对社会工作的发展产生重要影响。

4. 专业社会工作形成于19世纪末期有其历史必然性，是长期以来助人实践经验积累的结果。

5. 判断是否成为专业的依据的理论表述至少有“特质论”和“过程论”两种观

点，代表人物分别是格林伍德和威伦斯基。

6. 社会环境、社会政策等诸多因素影响着中国社会工作专业教育的发展，中国社会工作本土化、职业化之路仍有待进一步地探索和拓展。

B　主要术语

伊丽莎白《济贫法》(Elizabethan Poor Laws)：1601年，伊丽莎白女王颁布的旨在对贫民进行救济和干预的法案。

汉堡制(Hamburg System)：1788年，德国汉堡市推出的一种对济贫事务进行管理的制度。

爱尔伯福制(Elberfeld System)：1852年，德国爱尔伯福市推出的一种对社会救济事务进行管理的制度。

慈善组织会社(Charity Organization Society)：19世纪后半叶欧美国家出现的协调慈善组织、避免相互冲突和重复浪费现象的一种组织形式。

睦邻组织运动(the Social Settlement Movement)：19世纪80年代以后出现的旨在调动并运用各种社区资源来解决各种社区问题的社区改良运动。

汤因比馆(Toynbee Hall)：1884年，伦敦市东伦敦教区牧师巴涅特(Samuel A. Barnett)成立的英国第一个社区睦邻服务中心。

C　练习题

1. 了解社会工作的发展历程可以发掘一些有启示性的内容。试结合所学知识，谈谈你从欧美国家社会工作的早期发展历史中所理解的社会工作的使命，并与其他同学分享。

2. 西方专业社会工作发展过程受到了各种因素的影响。结合各自的认识，谈谈中国未来社会工作专业教育的发展前景及可能面临的问题。

D　思考题

1. 试述伊丽莎白《济贫法》颁布的背景、主要内容及其对社会工作专业发展的影响。

2. 试述慈善组织会社的理论主张、具体做法及其对社会工作专业发展的贡献。

3. 如何看待睦邻组织运动及其对社会工作发展的贡献?

4. 试比较格林伍德和威伦斯基关于专业依据的理论表述。

5. 简述中国社会工作的发展历程。

E 阅读文献

1. 〔英〕安东尼·吉登斯著,郑戈译:《第三条道路——社会民主主义的复兴》,北京:北京大学出版社,2000 年。

2. 〔美〕查尔斯·H. 扎斯特罗著,孙唐水译:《社会工作与社会福利导论(第七版)》,北京:中国人民大学出版社,2005 年。

3. 黄黎若莲:《边缘化与中国的社会福利》,香港:商务印书馆,2000 年。

4. 李迎生主编:《社会工作概论(第一版)》,北京:中国人民大学出版社,2004 年,第二章。

5. 阮曾媛琪:《国际社会工作教育发展的趋势及对中国的启示》,《中国青年政治学院学报》,1999 年第 3 期。

6. 〔美〕O. 威廉姆·法利,拉里·L. 史密斯,斯科特·W. 博伊尔著,隋玉杰等译:《社会工作概论(第九版)》,北京:中国人民大学出版社,2005 年。

7. 王思斌主编:《社会工作概论(第二版)》,北京:高等教育出版社,2006 年,第一章。

8. 王思斌:《中国社会工作的嵌入性发展》,《社会科学战线》,2011 年第 2 期。

9. 殷妙仲:《专业、科学、本土化:中国社会工作十年的三个迷思》,《社会科学》,2011 年第 1 期。

第三章 社会福利制度

社会福利制度是社会工作发展的重要基础，社会福利制度的相关知识是社会工作专业基础知识的重要内容之一。社会工作是社会福利制度中的服务传送体系，社会工作服务是在社会福利制度框架下展开的。本章主要介绍社会福利及社会福利制度的概念、特点和功能，社会福利制度的发展，社会福利制度和社会工作之间的相互联系。

第一节 社会福利概述

社会福利是社会发展和进步的重要标志之一，社会福利水平代表着一个国家和地区的社会发展水平。社会福利的含义、特征和主要内容是社会工作者在从事社会工作服务时需要掌握的重要知识基础。

一、社会福利的含义

福利代表着幸福和利益。社会福利是一种美好的社会生活状态，是个体和社会追求的一种社会目标。由于各国的社会福利政策和实践不同，对社会福利的理解和界定也有较大的差异。巴克(Barker)认为，社会福利是一国用来帮助人们以满足经济、社会、教育和健康需要所推行的项目、津贴和服务体系，从而维护社会的正常运行。美国社会工作者协会1977年出版的《社会工作百科全书》中将社会福利界定为：所有由志愿机构和政府推选的，目的在于预防、减轻和解决社会问题的，或是改善个人、团体和社群福祉的有组织的活动。

社会福利有广义和狭义两种不同的理解。广义的社会福利是指国家和社会为改善国民的物质文化生活条件，提高生活质量，向全体国民提供的各种津贴、实物、设施和服务。广义的社会福利与目前使用的社会保障的概念基本相同。狭义的社会福利是指国家和社会为社会中有特殊需要的弱势群体提供的各种津贴、实物、设施和服务。狭义的社会福利属于目前社会保障体系中的一个子系统，与社会保障中的社会保险、社会救助、优抚安置等子系统并列。

二、社会福利的特征

郑功成认为，社会福利具有七项基本特征：(1) 政府主导。社会福利是政府主导的一项社会性的公共事业。(2) 保障对象的全民性。社会福利在性质上是为全民的普遍性的福利，社会福利面向全体社会成员而不只是社会的脆弱群体。(3) 社会福利的公平性。社会福利实现公平的方式：一是强调社会成员参与的机会公平，二是通过提供基本生活保障和解除后顾之忧来维护社会成员参与社会的公平竞争，起到维持社会成员发展起点公平与过程公平的作用。(4) 保障待遇的高层次性。社会福利的根本目的是在满足社会成员基本生活需要的基础上改善和提高其生活质量。(5) 社会福利的服务性。社会福利主要提供福利服务与福利设施，强调以服务来满足社会成员的需求。(6) 实施过程的社会化。社会福利应形成政府、企业、社区、团体、个人和家庭并举的多元格局，建立起政府、企业与民间慈善机构等主体共同分担社会福利责任的机制。(7) 福利标准的不确定性。社会福利水平的高低没有硬性指标规定，不具有法律的强制性。①

史柏年认为社会福利具有三项特征：(1) 覆盖对象的普遍性。社会福利在由狭义向广义发展的过程中，以提高全体社会成员的生活质量为目标，最终将惠及全体社会成员。(2) 保障目标的发展性。社会福利的目标不仅要满足社会弱势群体的基本生活需要，还要为全体社会成员生活质量的改善和提高创造条件，这一目标的实现在时间上是一个持续不断的发展过程。(3) 保障方式的多重性。社会福利要达到保障目标必须运用多种保障方式。这些保障方式包括资金保障、福利性服务保障和各类文化福利设施保障。②

费梅苹认为社会福利的特征表现在五个方面：(1) 社会福利为人们的全面发展提供和创造条件。(2) 社会福利的保障方式主要是为人们提供服务和设施。(3) 社会福利事业的内容具有广泛性。(4) 社会福利体现国家和社会对社会成员的责任，福利费用主要来自国家财政拨款或由企业提留，部分来自私人捐助。(5) 社会福利是消费品分配的一种补充形式，它以服务和物质的形式分配给受益者。③

综合以上学者的论述，可以把社会福利的主要特征归纳为：保障性质的政府主导性，保障对象的全民性，保障内容的广泛性，实施上的公平性和方式的多样性五个方面。

---

① 郑功成主编：《社会保障概论》，上海：复旦大学出版社，2009 年，第 283～284 页。

② 史柏年主编：《社会保障概论》，北京：高等教育出版社，2004 年，第 196 页。

③ 费梅苹编：《社会保障概论》，上海：华东理工大学出版社，2005 年，第 286～287 页。

三、中国社会福利的内容

中国社会福利的内容主要是对社会中有需要的弱势群体提供各种物质帮助和社会服务，主要包括老年人福利、未成年人福利、残疾人福利和妇女福利等。从地域来分，中国的社会福利实行的是一种城乡二元福利模式，在城市，政府主要通过单位向居民提供各种福利；在农村，政府通过农村集体经济组织向有需要的服务对象提供福利服务。

（一）针对特殊人群的社会福利

1. 老年人社会福利

针对老年人的社会福利是社会福利的一个重要内容，包括国家和社会为促进老年人生活的健康和快乐提供的各种服务设施和服务项目。根据中国老年人权益保障法的相关规定，老年人的社会福利主要有四个方面：

（1）老年文化教育

在文化教育方面，老年人依法享有继续教育的权利和享受精神文化生活的权利。国家发展老年教育，鼓励社会办好各类老年学校，为老年人“老有所学”提供便利条件。国家和社会采取措施，开展适合老年人的群众性文化、体育和娱乐活动，丰富老年人的精神文化生活。

（2）老年福利设施

为使老年人受到良好的生活照顾，国家和社会为老年人提供老年福利设施，这些福利设施包括：社会福利院、敬老院、老年公寓和各种老年文化体育活动场所等。地方各级人民政府根据当地的经济发展水平，逐步增加对老年福利事业的投入，兴办老年福利设施。

（3）老年社区服务

国家发展社区服务，为社区里的老年人提供居家养老的服务、医疗服务和文化教育服务，并鼓励、支持志愿者为老年人提供服务。

（4）老年社会优待

地方各级人民政府还要根据当地条件为高龄老年人提供生活津贴；根据当地的条件，在参观、游览、乘坐公共交通工具等方面对老年人给予优待照顾。

2. 未成年人社会福利

（1）未成年人的教育服务

未成年人享有受教育权。学校要实施素质教育，关心爱护学生，要根据未成年人的身心特点，开展社会生活指导、心理健康辅导和青春期教育。学校在开展教育时还要确保未成年人的健康与安全，对严重不良行为的未成年人实施专门教育。

(2) 为未成年人创造良好的环境

这主要包括为未成年人提供多样化的活动场所，如向未成年人免费开放图书馆、青少年宫、儿童活动中心、博物馆、美术馆、文化馆等。还要净化未成年人的生活环境，如未成年人保护法规定中小学校园周边不得设置营业性歌舞娱乐场所、互联网上网服务营业场所等不适宜未成年人活动的场所。

(3) 对未成年人的安置

对特殊未成年人的安置分为五种情况。第一种是委托家庭养育。第二种是由国家建立的儿童福利院集中养育。第三种是按照收养法的规定，对于符合收养条件的未成年人办理收养手续。第四种，对于流浪未成年人，暂时查找不到家的流浪未成年人，可以根据情况延长其在流浪救助机构的援助时间，对于确实无法查明身份的流浪未成年人，可由救助机构或儿童福利机构安置。第五种，对于因父母服刑或其他原因暂时失去依靠的未成年人，可根据法律进行妥善的安置。

3. 残疾人社会福利

(1) 无障碍环境

无障碍环境是残疾人平等参与社会生活的前提条件，包括物理环境无障碍、信息环境无障碍、公共服务无障碍和政治参与无障碍。物理环境无障碍包括：在新建、改建和扩建建筑物、道路、交通设施时，应当符合国家有关无障碍设施工程建设标准。各级人民政府和有关部门应当按照国家无障碍设施工程建设规定，逐步推进已建成设施的改造，优先推进与残疾人日常工作、生活密切相关的公共服务设施的改造，对无障碍设施应当及时维修和保护。信息交流无障碍包括：国家采取措施为残疾人信息交流无障碍创造条件，开发和研制适合残疾人使用的信息交流技术和产品，国家在举办各种考试中如有盲人参加考试的，应当为盲人提供盲文试卷、电子试卷或者由专门的人员予以协助。公共服务无障碍包括：在公共场所为残疾人提供语音和文字提示、手语、盲文等信息交流服务，并提供优先服务和辅助性服务。公共交通工具应当逐步达到无障碍设施的要求，有条件的公共停车场要为残疾人提供专用停车位。政治参与的无障碍包括：组织选举的部门要为残疾人参加选举提供便利条件，如为残疾人提供盲文选票等。

(2) 公共服务

县级以上人民政府对残疾人搭乘公共交通工具，应当根据实际情况给予便利和优惠。残疾人乘车时可以携带必备的辅助器具，盲人持有效证件免费乘坐市内公共汽车、电车、地铁、渡船等公共交通工具。盲文读物邮件免费寄送，电信和广播电视服务的单位对盲人、听力残疾人和言语残疾人给予优惠等。

（3）文化教育

国家和社会通过广播、电影、电视、报刊和图书等形式，反映残疾人生活，为残疾人服务；国家、社会组织和扶持残障人士读物的编写和出版，开办电视手语节目，在部分影像作品中增加字幕和解说，以方便残疾人观看；国家、社会组织和扶持残疾人开展群众性文化、体育和娱乐活动，举办特殊艺术演出和特殊体育运动会，参加重大国际性比赛和交流；在公共活动场所为残疾人提供方便和照顾。

（4）康复

国家保障残疾人享有康复服务的权利，各级人民政府和有关部门要采取措施，为残疾人康复创造条件，建立和完善残疾人康复服务体系，并分阶段实施重点康复项目，帮助残疾人恢复或者补偿功能，增强其参与社会生活的能力。

（5）“三无”残疾人的供养

地方各级人民政府对无劳动能力、无扶养人或者扶养人不具有扶养能力、无生活来源的残疾人，按照规定予以供养。国家鼓励和扶持社会力量举办残疾人供养、托养机构。

4. 妇女社会福利

（1）生育福利

妇女有生育子女的权利，也有不生育子女的自由。妇女在生育时享受生育保险。

（2）特殊职业保障

任何单位都要根据妇女的特点，依法保护妇女在工作和劳动时的安全和健康，不得安排不适合妇女从事的劳动和工作。妇女在经期、孕期、产期和哺乳期受特殊保护，任何单位不得以结婚、怀孕、生育、哺乳等为由，辞退女职工或者单方面解除劳动合同。

（3）保护妇女的就业和工作权利

任何单位在录用职工时，除不适合妇女的工种和岗位外，不得以性别为由拒绝录用妇女或者提高对妇女的录用标准。在晋级、晋职和参与社会保障方面要做到男女平等，不得歧视女职工。

（二）针对不同地域的社会福利

在计划经济时期“二元”社会福利体制的影响下，中国的社会福利在城市和农村具有不同的内容。在城市，主要是通过单位和社区服务把福利传送到城市居民的手中，福利服务的范围较广；而在农村，主要由农村集体经济组织为“五保户”提供有限的福利服务。

1. 城市的社会福利

(1) 企事业单位的集体福利

企事业单位的集体福利是企事业单位为满足本单位职工基本的或特殊的生活需要,提高职工的生活质量而提供的福利设施和服务。福利项目主要有三类:一是以货币支付的各种福利补贴,如生活困难补助、交通补助和取暖补贴等;第二类是集体福利设施,如单位的幼儿园、食堂、浴室和各种体育健身设施等;第三类是单位提供的各种文化生活服务,如单位组织的各种书画、摄影比赛,各种体育、旅游活动等。

(2) 城市社区服务

社区服务是以社区为单位组织的区域性、互助性的社会福利服务。社区服务最早是政府部门为了配合企业改革和满足城市居民日常生活的需要而提出来的。在企业单位进行市场化改革,企业办社会的情况逐渐改变,企业原来的一些福利职能逐渐向社会转移,而社区居民的日常生活服务设施缺乏的情况下,1987 年民政部提出发展城市社区服务。社区服务的对象包括社区内的老年人、残疾人、儿童和优抚对象等特殊群体,也包括社区一般居民。社区服务既包括面向民政对象的福利服务,也包括面对一般社区居民的便民利民性的经营服务。

2. 农村的社会福利

国家对农村居民提供的福利主要是对无劳动能力、无经济收入和无法定或义务抚养人的老年人、未成年人以及生活无人照顾的复员退伍军人等提供"五保"服务。主要的内容是保吃、保穿、保住、保医和保葬(对于未成年人是保教),保障的方式有集中和分散供养两种。集中供养是把"五保"对象集中到敬老院里供养,分散供养是把"五保"对象安排在村里供养,由专人为其提供生活服务。

第二节 社会福利制度的发展与功能

作为保障一个社会发展和进步的重要制度之一,社会福利制度在西方和中国有不同的发展路径,它对一个国家的政治、经济和社会都发挥着重要的作用。

一、社会福利制度的含义

(一) 社会福利制度

社会制度是社会承认的行为模式或行为规范体系,它既是一种行为规范,也是社会结构的重要组成部分,反映了社会生活各个领域的基本需要,是相对持久的社会关系的定型化。社会福利作为一种制度化的存在，是指一套有关提高人类生活质量的理念、资源、机构和人员设置的规范体系。广义的社会福利制度包括一切有利于人类生活质量改善的制度设置，狭义的社会福利制度是指将社会福利资源分配到有需要的服务对象手中的规范体系。

（二）社会福利制度的类型

依据不同的理念和资源分配形式，社会福利制度有不同的分类，主要有二分法和三分法。

1. 社会福利制度的二分法

美国学者威伦斯基（H. Wilensky）和李宾士（Lebeaux）在《工业社会与社会福利》一书中将社会福利划分为两类：第一类是剩余型社会福利，是指个人无法从家庭和市场上获得必需的社会服务时，国家和政府将向其提供福利援助。国家或政府在提供社会福利时一般都进行严格的家庭调查以确定符合享有社会福利的资格。第二类制度型福利，它是指国家和政府为全体国民提供的福利，它通过再分配渠道向社会中所有国民提供相应的福利服务，不以种族、民族、贫富、职业等不同而区别对待。

2. 社会福利制度的三分法

英国学者蒂特姆斯（Richard Titmuss）在《福利的承诺》中将社会福利划分为三种：一是剩余性社会福利，二是财政福利，三是职业福利。在之后出版的《社会政策导论》中他将社会福利划分为剩余型社会福利、制度再分配型社会福利和工业成就—表现型社会福利三种。剩余型社会福利和制度再分配型社会福利与威伦斯基和李宾士的界定基本相同，工业成就—表现型社会福利是指社会福利同经济的发展密切相关，工业的发展和生产力的提高是社会需要满足的前提条件。

丹麦学者艾斯平—安德森（Esping-Andersen）在《福利资本主义的三个世界》一书中将福利国家的社会福利制度划分为三种类型：一是自由主义福利制度，表现为去商品化程度低，低收入者依赖国家，而经济能力较好者可从市场购买服务；二是保守主义福利制度，表现为中等程度的去商品化程度，政府给付的取得资格主要是依据个人过去所缴社会保险费及职业身份；三是社会民主主义福利制度，表现为高度去商品化，普及式的政府给付，高度均等的给付水平。

二、社会福利制度的历史演进

（一）西方社会福利制度的发展

西方国家现代社会福利制度的建立是工业化的产物，最早开始于 19 世纪 80

年代德国社会保障制度的建立。二次世界大战后，英国率先宣布建成福利国家，标志着现代福利制度进入成熟阶段。20 世纪 70 年代石油危机对福利国家制度产生了剧烈的冲击，标志着社会福利进入到改革与完善的新阶段。

1. 现代社会福利制度的建立

19 世纪 80 年代，德国政府一方面受新历史学派政策主张的影响，倾向于国家直接干预经济生活，担负起文明与福利的职责；另一方面，在俾斯麦执政时期，从 1881 年开始，先后制定了疾病保险法、工伤保险法、老年与残疾保险法、孤儿寡妇保险法、帝国矿工保险法、职业介绍和失业保险法，到 1927 年基本建成了完整的社会保障制度。继德国之后，西欧、北欧国家纷纷效仿，先后建立起了各自的社会保障制度。1929 年至 1933 年的世界经济大危机引发了美国经济的全面崩溃，罗斯福当选美国总统后，实行了“新政”，并在 1935 年出台了“社会保障法案”，是美国现代福利体系的基础。

2. 福利国家的建立与发展

福利国家是指由国家提供公益事业和救济保险等福利的国家。英国坎特伯雷大主教威廉·邓普在 1941 年所著的《公民与教徒》一书中首先提出福利国家（Welfare State）一词。二战期间，英国政府委托时任劳工介绍所所长和伦敦经济学院院长的威廉·贝弗里奇（William Beveridge）教授进行社会保险及相关社会服务的调查。1942 年贝弗里奇教授向英国政府递交了著名的《贝弗里奇报告》，确定了实施社会保险的普遍性原则、政府统一管理的原则和全面性原则。战后执政的工党政府全面采纳了《贝弗里奇报告》的建议，先后颁布了《国民保险法》、《国民救济法》等四项法案。1948 年，时任英国首相的艾里德宣布英国已经建成了国民普遍享有社会福利的“福利国家”。此后，瑞典、法国、丹麦、比利时、荷兰、意大利等国也宣布建成“福利国家”。20 世纪 40 年代至 70 年代，随着西方资本主义经济进入黄金发展期，社会福利制度的发展也进入繁荣发展阶段。

3. 福利国家的危机与反思

20 世纪 70 年代爆发了两次石油危机。石油危机使西方国家经济增长速度放缓，政府出现了严重的财政危机。在这样的背景下，各国政府开始对原来的福利国家制度进行改革。1979 年英国撒切尔夫人执政后对英国福利制度进行改革，其他福利国家也纷纷效仿。福利国家改革的主要措施有：第一，削减福利支出。如减少住房补贴、失业救济金和多子女补助费用，提高退休年龄以减少养老金的支出等。第二，调整福利结构。英国提出“改救济为就业”的口号，逐步取消较高收入家庭的儿童补贴和母亲补贴。第三，扩充福利资金来源。如促进经济发展以降低失业率，制定更加严密的税收管理办法以防止偷税漏税行为的发生等。第四，引入市场机制。如英国政府将一系列服务项目向私人承包，鼓励私人养老保险、医疗保险和职业福利的发展等。

面对福利国家的危机，各国政府意识到社会福利不应仅仅由政府独自承担责任，社会福利应该走向多元化。在此背景下，“福利多元主义(Welfare Pluralism)”应运而生。“福利多元主义”也称混合福利经济(the Mixed Economic of Welfare)，主要是指福利的规则、筹资和提供主要由不同部门共同承担。福利多元主义的概念最初出现于英国1978年的《沃尔芬德的志愿组织的未来报告》中。后来罗斯(Rose)在《相同的目标、不同的角色——国家对福利多元组合的贡献》一文中对“福利多元主义”概念进行了详细的论述。罗斯认为国家是社会福利的主要提供者，但不是唯一的提供者，市场和家庭也要提供福利。社会福利的总额由国家、市场和家庭提供的福利构成。国家、市场和家庭提供社会福利都存在一定的缺陷，三个部门在提供社会福利的过程中要相互补充。在福利国家面临危机的时代，罗斯的福利多元主义理论引起人们的重视，后来的学者在分析社会福利时多采用福利多元主义的理论框架进行分析。

(二) 中国社会福利制度的发展

1. 新中国成立初期的社会福利制度

新中国成立之初，百废待兴，面临着繁重的社会重建任务，这一阶段社会福利在城市主要集中在对旧社会福利机构的接收改造和对娼妓、乞丐的社会改造，建立了城市职工以单位为主的福利体系，到1957年底，全国各项职工福利制度与福利设施已经初步建成。[①] 在农村表现为“五保”制度的建立。在农村，当时的内务部(民政部的前身)于1953年制定《农村灾荒救济粮款发放使用办法》，把无劳动能力、无依无靠的孤老残幼定为一等救济户。1956年6月，全国人大通过《高级农业生产合作社示范章程》，建立了“五保”制度，由农业生产合作社对缺乏劳动能力或完全丧失劳动能力的社员、生活没有依靠的老弱孤残社员在生产和生活上进行照顾，为他们提供吃、穿和柴火供应，对儿童安排好教育，在老人去世后负责安葬。

2. 计划经济时期的社会福利制度

计划经济时期的社会福利制度受到国家发展战略的直接影响。[②] 国家采取优先发展重工业的战略，加上户籍制度的影响，造成了城乡之间巨大的不平等，形成了城乡的二元社会结构，城乡二元社会结构导致了中国城乡二元社会福利制度。

---

① 史柏年主编:《社会保障概论》,北京:高等教育出版社,2004年,第199页。

② 王思斌主编:《社会行政》,北京:高等教育出版社,2006年,第231页。

这一时期中国在城市通过单位向职工提供制度性的职工福利，通过民政部门向社会弱势群体提供剩余型的社会福利。

计划经济体制下职工福利制度的内容主要有三个方面的内容：一是为职工建立集体生活福利设施和文化福利设施，并提供相应的服务，如食堂、幼儿园、职工俱乐部和文化宫等。二是为困难职工发放各种福利补贴，包括制度性的补贴和非制度性的补贴。制度性的补贴是指按国家有关部门明文规定发放的福利性津贴与补助，主要有职工探亲假期间的工资补贴和往返路费报销、职工冬季取暖补贴和职工生活困难补助等。非制度性的福利补贴是指各单位为改善职工生活、增加职工收入，在规定的工资和津贴外，不定期地发放给职工的实物和现金补贴。三是职工的福利住房制度。城镇职工的福利住房制度是由国家为主投资建设住房，职工通过所在单位申请分配公有住房，各单位根据自己的房源状况，按职工的职务、工龄、家庭人口等条件将相应的一定面积的住房无偿分配给职工居住，收取低廉的房租，房屋按管理权限所属，由各级房管部门管理和维护。

计划经济体制下我国民政部门实施的社会福利是一种主要针对社会弱势群体的"剩余型"社会福利。在城市主要表现为兴办各类社会福利机构和社会福利企业。在农村，《1956 年到 1967 年全国农业发展纲要》中提出："农业合作社对于社内缺乏劳动力、生活没有依靠的鳏寡孤独的社员，应当统一筹划……在生活上给予适当照顾，做到保吃、保穿、保烧(燃料)、保教(儿童和少年)、保葬，使他们生养死葬都有指靠。"从此，人们便将吃、穿、烧、教、葬这五项保证简称"五保"，将享受"五保"的家庭称为"五保户"。依托农村集体经济组织，对"五保户"进行集中供养和分散供养。

3. 改革开放以来的社会福利制度

随着中国改革开放的推进，特别是有中国特色的社会主义市场经济体制的建立，原来在计划经济体制下形成的社会福利制度已不适应社会的发展，需要进行相应的改革。中国社会福利制度的改革以社会化为方向，在职工福利和民政社会福利领域分别推进。

在职工福利方面，主要是改变原来"企业办社会"的状况，逐步把企业承担的社会性的职工福利职能转由社会来承担，建立规范的、普遍的职业福利制度。职工福利改革的重点和难点是职工福利分房制度改革。福利分房制度改革的目的是要建立与社会主义市场经济体制相适应的新的城镇住房制度，实现住房商品化和社会化，加快住房建设，满足城镇职工不断增长的住房需求。福利分房制度改革的进程经过了十几年的时间。1982 年开始启动福利住房改革试点工作，1991 年，国务院房改领导小组批准了 24 个省、自治区、直辖市的房改方案，房改在全国范围内展开。1994年,国务院出台《关于深化城镇住房制度改革的决定》,全国房改进入一个新的阶段。1998年,国务院决定取消福利分房制度,从此城镇职工福利分房制度正式退出历史舞台。

在民政福利领域,社会福利社会化的改革分为对社会福利机构的改革和对社会福利企业的改革两个方面。在福利机构改革方面,2000年2月国务院办公厅转发了民政部等13个部委《关于加快实现社会福利社会化的意见的通知》,文件确立了社会福利社会化改革的指导思想、目标要求和相关的优惠政策。文件对推进社会福利社会化提出的总体要求主要有四个方面:一是投资主体的多元化。从中国的基本国情出发,推进社会福利社会化采取国家、集体和个人等多渠道投资方式,形成社会福利机构多种所有制形式共同发展的格局。各级政府应根据经济和社会发展的需要,逐年增加对社会福利事业的投入,重点用在一些基础性、示范性社会福利机构的建设上,同时采取民办公助的办法,将一部分资金用于鼓励、支持和资助各种社会力量兴办社会福利机构;适当增加中国福利彩票发行额度,为社会福利事业的发展筹措更多的资金;采取优惠政策,鼓励集体、村(居)民自治组织、社会团体、个人和外资以多种形式捐助或兴办社会福利事业;企事业单位可以根据自身条件自愿捐助社会福利事业,或利用闲置资源投资"面向社区、自主经营、自负盈亏"的社会福利事业;儿童福利机构在今后一段时期仍以政府管理为主,也可吸纳社会资金合办,同时通过收养、寄养、助养和接受捐赠等多种形式,走社会化发展的路子。二是服务对象公众化。社会福利机构除确保国家供养的"三无"对象(无劳动能力、无生活来源、无法定抚养人或赡养人)、孤儿等特困群体的需求外,还要面向全社会老年人、残疾人,拓展服务领域,扩大服务范围和覆盖面,并根据服务对象的不同情况,实行有偿、减免或无偿等多种服务。三是服务方式多样化。社会福利机构和社会除集中养老、助残外,应发挥多种服务功能,为家庭服务提供支持。要大力发展社区福利服务设施和网点,建立社区福利服务体系,因地制宜地为老年人、残疾人、孤儿等特殊困难群体提供各种福利服务。要积极推进单位福利设施社会化。四是服务队伍专业化。要逐步提高社会福利服务队伍的专业化水平,制定岗位专业标准和操作规范,实行职业资格和技术等级管理认证制度;加强社会福利工作系统的专业教育、在职教育及岗位技能培训,建立并完善学科建设和教材体系;大力倡导志愿者服务,加强志愿者服务队伍建设,使志愿者服务制度化、规范化。

社会福利企业的改革主要围绕实现政企分离、转换经营机制、加强企业的内部管理和完善落实对福利企业的优惠政策等方面入手。1990年的《残疾保障法》确立了残疾人按比例就业的制度,扩大了整个社会的残疾人就业量,提高了残疾人就业率和自立的程度,促进了残疾人和整个社会的融合。

三、社会福利制度的功能

关于社会福利制度的功能，学者有不同的观点。熊跃根认为，社会福利制度具有七个方面的功能：一是以不同的方式分配和再分配公民的收入；二是通过社会服务促进社会整合与社会和谐；三是作为社会控制的手段，起到维护和促进社会稳定的作用；四是在出现社会问题时，社会服务为有需要的人提供补偿；五是促进个人和整个社会福利状况的改善；六是社会服务可以当做一种社会投资；七是社会福利可以增加社会中利他主义的助人要素。[①] 郑功成从社会福利的内容角度认为社会福利制度的功能主要体现在五个方面：一是保护妇女儿童的基本权利和健康，二是保护残疾人的基本权益，三是保护老年人的基本权益，四是保护全体公民的受教育权利，五是保护并不断改善公民的居住条件。[②] 本章主要从三个方面来界定社会福利制度的功能：

（一）社会福利制度的政治功能

社会福利制度是整个社会制度体系的一个子系统，对于社会的良性运行具有重要的功能。社会福利制度通过再分配的方式，将社会财富在不同的阶层进行重新分配，极大地缓解了社会矛盾，为社会稳定、和谐的发展创造了条件。

（二）社会福利制度的经济功能

社会福利制度是对市场经济的有益补充，是对市场失灵的有效应对措施。社会福利制度的建立和实施可以有效保障社会成员的生活水平和质量不断提高，从而促进社会的稳定、和谐发展。稳定的社会环境和良好的社会秩序为经济的协调、可持续发展提供长久的动力和支持。

（三）社会福利制度的社会功能

社会福利制度对个人的功能主要体现为维护个人的权益，提升个人的生活质量，促进个人潜能的发挥与全面的发展。通过向个人提供津贴、实物和社会服务，建设各种福利设施，为有需要的个人提供衣、食、住、行等各方面的便利，使个人在一种安全的环境下生活，不必为生活濒临困境而担忧。社会福利制度对于社会中利他主义的形成也具有重要的作用。

---

① 王思斌主编：《社会工作导论》，北京：高等教育出版社，2004 年，第 55 页。
② 郑功成主编：《社会保障概论》，上海：复旦大学出版社，2009 年，第 284 页。

第三节　社会福利制度与社会工作

社会福利制度与社会工作专业有着密切的关系。社会福利制度是社会工作专业发展的基础，社会工作专业是社会福利服务的传送体系，社会工作专业的发展对社会福利制度的完善具有重要的意义。

一、社会福利制度与社会工作的关系

社会工作是以利他主义为指导，以科学的知识为基础，运用科学的方法进行的助人服务活动，社会工作的概念与狭义的社会福利基本相同。夏学銮认为，社会工作与社会福利有着十分密切的关系。这种密切的关系主要体现在四个方面：首先，从起源上看，社会工作和社会福利都是人类对由工业革命所带来的社会问题的制度反应。虽然它们解决这些社会问题的视角和方法不尽相同，但它们都是对人类面临问题的制度化的正式解决。其次，从发展上看，社会工作和社会福利是在相互影响、相互促进的基础上同步发展的。开始，是社会工作专业化发展和人文价值观的传播推动了社会福利制度的发展；后来，社会福利制度的发展反过来又促进了社会工作专业的标准化和规范化。再次，从其性质上讲，社会工作属于社会福利制度的范畴，是社会福利的传送体系。社会福利体系的三个层次，即制度、机构和项目中，都需要专业社会工作人员的参与，通过社会工作的个案、小组、社区和行政方法，使社会福利制度的目标、任务得以贯彻落实。最后，从功能上讲，社会工作和社会福利都会起到稳定社会、造福人民和促进人类全面进步的作用，它们的目标和价值取向是一致的。①

社会福利制度作为一种社会制度，同家庭、社区、非营利组织和国家有着千丝万缕的联系，而社会工作专业则成为社会福利制度中一个必不可少的传送体系。随着一个国家或地区社会福利制度的完善，其社会工作专业的发展水平也相应会得到提高。社会工作专业是社会福利体系的重要组成部分，成为推行社会服务的主要载体，社会工作专业的发展，对社会福利制度的完善有着重要的理论和实践意义。

---

① 夏学銮：《专业社会工作在社会福利中的作用》，《中国社会科学》，1998年第1期。

二、社会福利制度对社会工作的重要性

社会工作是社会福利制度的重要组成部分，是在宏观的社会福利体制下开展具体服务工作的专业。因此，社会福利的相关知识和理论就成为社会工作专业的重要知识基础。阿尔弗雷德·凯杜森（Alfred Kadushin）认为社会工作者在助人过程中需要五个层次的知识：第一，全面性的社会工作知识。主要包括社会福利的政策与服务及社会福利动力，人类行为与社会环境，社会工作实践的方法。第二，某一特定实践领域的知识。主要包括某一特殊服务的政策，它的发展、服务目标、它转化为服务方案的方式、它对服务对象的了解等。第三，某一特定机构的知识。包括对种族和文化的差异，机构对其目标的解释，机构的动力，对机构所在社区有敏锐的洞察力等。第四，某一特定服务对象的知识。包括了解服务对象的需要、动力、问题、长处和潜能。第五，某一特定接触的知识。包括怎样用一个特定的接触去达到一个特殊目标的知识，或用一个特定的接触去产生改变的知识。

美国社会工作教育委员会在 1971 提出一个基本的社会工作课程结构，作为训练社会工作者院校的指南，这个课程结构的主要内容包括三个方面：第一，属于社会福利服务的内容。目的是让学生有所准备，作为有预知、有能力的实践者去行动，去提供服务，并作为参与者或领导者去达到需要有的改变。第二，属于人类行为与社会环境的内容。目的是帮助学生理解人类行为在其中表现和受显著影响的个人、群体、组织、机构和文化处境。第三，属于社会工作实践的内容。目的是帮助学生学习和应用专业价值观和道德相一致的社会工作实践的知识和原则。

从社会工作的基本知识上来看，无论是阿尔弗雷德·凯杜森的归纳，还是美国社会工作教育委员会的指南，都将社会福利的知识列在社会工作专业应掌握的基本知识之列，这充分说明了社会福利知识对社会工作专业的重要性。1998 年教育部高教司在制定社会工作专业主干课程基本教育要求时，也将社会福利思想作为社会工作的 11 门主要课程之一。

社会工作者在实际服务中需要掌握的社会福利知识主要有：第一，社会福利体制和机制。社会福利的体制和运行机制对社会工作有直接的影响，社会工作者要了解自己工作场域的社会体制和具体的运行机制。第二，社会福利政策。社会工作的服务对象多为社会的弱势人群，和狭义上社会福利的救助对象是一致的。社会工作者在开展具体的服务时，一方面要先了解特定的服务对象有哪些相关的福利政策，能够利用何种政策资源来帮助服务对象；另一方面，也要熟悉相关的政策规定，使自己的服务有依据，避免与国家的福利政策和相关的规定相抵触。第三，

社会福利的主要内容。社会福利的主要内容和社会工作的服务领域紧密相关，了解社会福利的主要内容，对于不断拓展社会工作的服务领域，为服务对象提供更好的服务至关重要。

三、社会工作是社会福利服务的传送体系

社会工作是社会福利制度的重要组成部分，是社会福利的传送体系，社会福利中的资源和服务都要通过社会工作者传递到服务对象的手中。从西方的经验看，健全的社会福利传递机制在预防社会问题、化解社会矛盾、增进社会和谐等方面具有极其重要的作用。社会福利政策都是通过一定的社会福利服务项目来实现的，这些社会福利服务项目可以被看成是针对社会成员的公共服务。公共服务能保证所有贫困的个人得到救助，而且每个人的生活水准不低于最低标准。公共服务能重新分配社会资源，促进社会平等，减少私人慈善活动中的污名(stigma)，使福利成为一种权利，而不是施舍。威廉姆·H. 怀特科(William H. Whitaker)等学者认为，与社会福利联系最密切的当属社会工作。社会工作者通过细致而周到的服务努力促进人的幸福，减轻个人烦恼，缓解人际冲突，消灭贫困。自19世纪末20世纪初以来，受过培训的社会工作者的数量快速增长。社会工作者从事的社会福利服务作为西方社会福利政策体系的重要组成部分，承担着推行社会福利政策的责任，有效地执行社会福利政策，有效地通过公民收入的分配与再分配，改善个人和整个社会的福利状况，维护和促进社会的稳定，促进社会整合与社会和谐，充分发挥社会福利政策的功能，健全社会服务成为社会福利的有效发送机制和路径。福利服务的传送在很大程度上依赖着社会工作者，社会福利项目的实施和服务提供主要依靠专业的社会工作者来进行。社会工作是社会福利发送和社会服务的生力军，因为几乎所有的社会工作者都在社会福利领域工作。

社会工作作为社会福利的传送体系，其作用和意义主要体现在四个方面：首先，社会工作在社会福利资源的分配中扮演主要的角色。社会工作在社会福利资源分配中是通过及时发现社会问题，甄别和确定需要救助的服务对象来实现的。其次，社会工作通过专业的方法可以把社会福利资源更有效地传递到服务对象的手中。社会工作拥有一套科学的方法和技术，通过合理地评估服务对象的需要，采用微观和宏观的工作方法，帮助服务对象最大限度地利用资源。再次，社会工作有助于社会福利目标的实现。社会福利政策的实现最终依赖一定的行动。而作为专业助人服务活动的社会工作，可以通过专业化的实践，将社会福利的目标变为现实。最后，社会工作的介入是社会福利制度应对社会变迁的重要手段。社会是不

断变化的，社会工作通过不断更新服务的理念和方法，不断提高社会服务水平，促进社会福利制度能够适应社会的急剧变迁。

正确地理解社会福利政策，有效可靠地发送社会福利资源，使有限的社会福利资源发挥出最大的社会功能，就需要构建具有专业性的福利传送机制，这就需要依托专业性的教育培训基地，对从事和即将投身社会福利政策领域的人员进行严格的训练，使之成为崇尚专业理念、恪守专业精神、把握专业知识、熟知政策意涵、遵守职业操守，具有娴熟专业技术，能够提供优质社会福利服务的社会工作者。

改革开放以来，社会主义市场经济的发展，迫切要求社会福利服务向专业化方向发展，这也是我国的社会工作因此得以恢复重建的因素之一。但是，由于我国在社会工作人才的培养、评价、使用、激励等方面的政策以及制度保障发展滞后，不仅导致社会福利服务专业人才的浪费，也影响了社会福利服务专业化的进程，限制了社会福利服务的水平和质量。这种状况与构建和谐社会极不相称。今后要努力加强社会工作人才队伍的建设，使社会福利服务的传送体系更加完善。

A 本章小结

1. 社会福利具有保障性质的政府主导性、保障对象的全民性、保障内容的广泛性、实施上的公平性和方式的多样性五个方面的特征。

2. 中国社会福利从内容来讲主要是对社会中有需要的弱势群体提供各种物质帮助和社会服务，主要包括老年人福利、儿童福利、残疾人福利和妇女福利等。从地域来分，中国的社会福利实行的是一种城乡二元福利模式。

3. 社会福利制度广义上包括一切有利于人类生活质量改善的制度设置，狭义的社会福利制度是指将社会福利资源分配到有需要的服务对象手中的规范体系。社会福利制度有不同的分类，主要有社会福利的二分法和三分法。

4. 西方国家现代社会福利制度于19世纪80年代建立。二战后，福利国家的建立标志着现代福利制度进入成熟阶段。20世纪70年代后，福利国家进入改革与完善的阶段。

5. 中国社会福利制度建立于20世纪50年代，计划经济时期受到国家发展战略的直接影响，在改革开放后开始以社会化为方向的改革。

6. 社会福利制度具有政治功能、经济功能和社会功能。

7. 社会工作的概念与狭义的社会福利基本相同，与社会福利有着十分密切的关系。

8. 社会工作是社会福利制度的重要组成部分，是在宏观的社会福利体制下开展具体服务工作的专业，社会福利的相关知识和理论是社会工作专业的重要知识基础。

9. 社会工作是社会福利制度的重要组成部分，是社会福利的传送体系，社会福利中的资源和服务都要通过社会工作者传递到服务对象手中的。

B　主要术语

社会福利(Social Welfare)：是指国家和社会为社会中有特殊需要的弱势群体提供的各种津贴、实物、设施和服务。

社区服务(Community Service)：是以社区为单位组织的区域性、互助性的社会福利服务，最早是政府部门为了配合企业改革和满足城市居民日常生活的需要而提出来的。

社会福利制度(Social Welfare System)：广义的社会福利制度包括一切有利于人类生活质量改善的制度设置，狭义的社会福利制度是指将社会福利资源分配到有需要的服务对象手中的规范体系。

剩余型福利(Residual Welfare)：是指个人无法从家庭和市场上获得必需的社会服务时，国家和政府才向其提供福利援助。

制度型福利(Institutional Welfare)：是指国家和政府为全体国民提供的福利，它通过再分配渠道向社会中所有国民提供相应的福利服务。

福利国家(Welfare State)：是指由国家提供公益事业和救济保险等福利的国家。

福利多元主义(Welfare Pluralism)：也称混合福利经济，主要是指福利的规则、筹资和提供主要由不同部门共同承担。

C　练习题

2011 年 10 月 26 日国务院总理温家宝主持召开国务院常务会议，决定启动实施农村义务教育学生营养改善计划，提高农村学生尤其是贫困地区和家庭经济困难学生的健康水平。会议决定，从 2011 年秋季学期起，启动实施农村义务教育学生营养改善计划。第一，在集中连片特殊困难地区开展试点，中央财政按照每生每天 3 元的标准为试点地区农村义务教育阶段学生提供营养膳食补助。试点范围包括 680 个县(市)、约 2600 万在校生。初步测算，国家试点每年需资金 160 多亿元，由中央财政负担。第二,鼓励各地以贫困地区、民族和边疆地区、革命老区等为重点,因地制宜开展营养改善试点。中央财政给予奖补。第三,统筹农村中小学校舍改造,将学生食堂列为重点建设内容,切实改善学生就餐条件。第四,将家庭经济困难寄宿学生生活费补助标准每生每天提高1元,达到小学生每天4元、初中生每天5元。中央财政按一定比例奖补。

阅读以上材料,分析中国当前农村儿童社会福利的主要内容及未来的发展趋势。

D 思考题

1. 如何理解社会福利的含义?
2. 社会福利的主要内容和特征是什么?
3. 简述西方社会福利制度的发展过程。
4. 社会福利制度有哪些功能?
5. 简述社会福利制度和社会工作的关系。

E 阅读文献

1. 窦玉沛:《中国社会福利的改革与发展》,《社会福利》,2006年第10期。

2. 景天魁等:《当代中国社会福利思想与制度》,北京:中国社会出版社,2011年。

3. 〔美〕Neil Gilbert, Paul Terrell 著,黄晨熹等译:《社会福利政策导论》,上海:华东理工大学出版社,2003年,第二章。

4. 彭华民等:《西方社会福利理论前沿——论国家、社会、体制与政策》,北京:中国社会出版社,2009年。

5. 王思斌:《我国适度普惠型社会福利制度的建构》,《北京大学学报》,2009年第3期。

第四章　社会工作的价值与伦理

作为一门学科和职业，社会工作离不开专业价值观与专业伦理的指导。社会工作实务活动依赖社会工作者来完成，社会工作的高度专业性体现在它不能依赖社会工作者个人的价值体验，而必须要有统一的专业价值观和伦理作为行为约束的标准，以保证它的过程的科学性和目标的合理性。

第一节　社会工作价值观

探讨价值观要明确两个问题：第一，价值的类型与层次问题。不同的研究领域对价值的理解是不同的，这实际上形成了价值的不同类型与层次，如行为上的价值、认识上的价值、美学上的价值等。第二，价值的意义问题。虽然理解上有差异，但既然同时标注为价值，就表明它们之间存在共同的本质，这就是价值的意义。

社会工作价值观是社会工作的基础，是社会工作者的精神动力。一方面，在专业价值观的引导下，产生了社会工作的目标和意义，又在目标和意义的基础上发展出了社会工作独特的技巧和方法。另一方面，专业价值观也界定了社会工作者的行为与态度。正是专业价值观使得社会工作有别于其他的助人行为。社会工作的专业价值体系对于社会工作具有统率作用，没有专业价值体系的指导，社会工作就无从谈起。

一、 价值的含义

（一）价值的界定

在科学研究中，人们常常将“价值”与“事实”、“价值研究”与“实证研究”相对应。这时的价值是人的意志的表达，价值相当于人作为主体的主观性或者价值取向，包括人的主观好恶、希冀、理想及其追求等等。

日常生活中，价值的内涵是功用，相当于经济学中的“使用价值”，即某种物品或事物是否会给自己带来利益以及带来怎样的利益。这时的价值强调的是对人的生存和生活的意义，是对价值最实在的理解。

哲学意义上的价值是指事物对于主体的积极意义，即事物所具有的能够满足主体需要的属性和功能。能够满足人们需要的事物就是有价值的，满足的程度越高，价值就越大。哲学的根本问题是人和世界的关系、人在世界上的地位问题。哲学意义上的价值是揭示外部客观世界对于满足人的需要的意义关系的范畴，它涵盖了各个不同领域事物的价值，是对所有具体价值，如功利价值、道德价值、审美价值等高度概括的结果，所以哲学上的价值概念具有最大的普遍性。

综合来看，可以简单地把价值理解为人们对社会中一切事物的是非、善恶、真伪、美丑等的判断或者评价。

（二）社会工作专业价值的界定

专业价值是指一套指导专业行为和认知活动的思想、观念和基本原则，它是与个人价值相对应而言的。价值、专业价值与社会工作专业价值的关系见图 4-1。社会工作的价值就是指社会工作者长期奉行和遵守的一整套指导其实践的原则和理念。史魄林(Sporin)将其表述为：社会工作价值是一种与理想的目标、满足人类基本需要、有益于人群的最终状态相关的态度。李迎生把社会工作的价值界定为："社会工作专业或社会工作者基于社会公平、平等、和谐、公正的理想和人类基本需求的满足等而奉行的一套基本理念、态度及行为准则的总称。"①

根据马斯洛的人的需要理论，人类的基本需要包括生理的需要、安全的需要、归属与爱的需要、尊重的需要、自我价值实现的需要。这些需要能否满足、如何满足及满足的程度如何，都离不开社会条件的制约，即社会文化、社会经济条件、社会公平程度、社会认知等因素的影响。社会工作也只能在这些社会条件下发挥作用。据此，可以把社会工作的价值定义为：一种以人道主义为基础，公平、公正地追求人类基本需求满足的态度倾向和行为准则。

对于社会工作者来说，重要的专业价值包括正义、平等、责任、自我实现、诚信等。社会工作专业价值必须经由系统的学习和长期的训练才能掌握并内化。与其他助人的专业相比，社会工作特别强调价值在专业活动中的作用。

---

① 李迎生主编：《社会工作概论》，北京：中国人民大学出版社，2004 年，第 62 页。

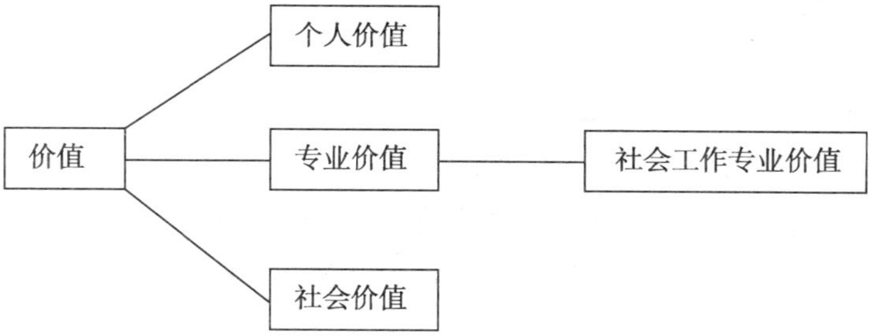

图 4-1 价值与社会工作专业价值的关系

二、 价值对社会工作的意义

价值对于社会工作专业的发展建设和学术研究，以及社会工作实践都具有不可替代的核心作用。社会工作作为一门科学助人的专业，在社会服务实践过程中的价值取向会直接影响专业目标的实现。不同的价值取向，会导致不同的行为选择，也就进一步导致不同的结果。

(一) 价值是社会工作存在的基础

社会工作以“助人自助”为宗旨，被称为社会的“润滑剂”，具有治疗、预防、发展和促进社会整合等功能。而价值是社会工作存在的重要基础，它是构建社会工作理论和方法的哲学基础和社会工作实践的依据，规定了社会工作发展的方向和内容，确立了社会工作的专业特质，使社会工作区别于其他的服务。

美国学者高登斯坦(H. Goldstein)指出：“价值被认为是社会工作定义的基础，它们同时被看做它的唯一基础或不可缺少的基础之一。它们还被认为是社会工作技术的源泉，是对某些人进入某种职业的动机和社会工作者与受助者关系互动的特征、关系的解释。总之，在社会工作的结构中，价值被置于重要的战略地位。”①。列维(Charles Levy)也说：“社会工作是一个以价值为本的专业。它不仅是做事情的一种方式，而且是关于做什么事情是有价值的和它应该如何去做的准则。对于人们，它充盈着理想主义的抱负和关于人们应该如何被对待的理想主义的理念……对普通凡人不能期待的实践和关照却都可以期待于他们(指社会工作者——编者注)。”②

正是社会工作价值所坚持的公平、公正和人道主义，使社会工作者坚信每个人

①② 转引自王思斌：《社会工作概论》，北京：高等教育出版社，2006 年，第 41 页。

都有权利并应该有机会去追求幸福，获得发展，并为实现这一目标而努力奋斗。

（二）价值是社会工作者的支柱

社会工作价值体系是社会工作实践的灵魂，是社会工作者的精神动力。作为一个理想的社会工作者，价值构成了其生命意义的全部，是其行为的准则和动力系统，是促进社会工作者个人成长的有效力量，同时激励和指导着社会工作者的具体工作。

当人们进入到社会工作领域，选择了这个职业，就要受到社会工作价值的制约和引导。只有当他认同社会工作的价值，并将社会工作价值内化为其个人的信念和价值体系时，他才成为社会工作者，才能够真正从事社会工作事业，也才能平衡事业与自己的人生。

作为社会的个体，社会工作者也同时具有其个人的价值目标。但只要他内化了社会工作价值，它的强大引力会促使社会工作者不断协调个人目标和职业目标，最终达成一致，才能使社会工作者从社会工作事业中找到自我价值实现的方式，实现个人的成长。

（三）价值是社会工作方法和技术产生的源泉

对于社会工作助人方法的选择和社会工作专业技术的产生和运用来说，社会工作价值同样起到重要的引导和规范作用。社会工作是一门实践性很强的科学，工作的方法和技术赋予社会工作以生命力，而价值正是社会工作方法和技术产生的源泉之一。英国社会工作者协会在谈到社会工作任务时就曾指出“技术产生于价值”。只有当价值被界定以后，围绕价值实现，才会产生实用的方法和技术，从而使价值可以被评估。反过来说，方法和技术的形成、选择和运用只有在价值的引导下才能实现社会工作的总体目标。方法和技术的独特性正是社会工作区别于其他社会服务的另一个重要因素。

三、 社会工作价值体系

（一）西方社会工作价值基础

人们在心目中对事物的看法和评价的主次、轻重的排列次序，就是价值体系。价值体系是决定人的行为的心理基础。社会工作产生于西方，西方社会工作价值体系植根于西方资产阶级文化中，是西方主流文化价值和社会工作专业独特追求的产物。

1. 人道主义

人道主义起源于欧洲文艺复兴时期，它以个人为着眼点，主张尊重个人的平等和自由权利，提倡关怀人、爱护人、尊重人，法国资产阶级革命时期把人道主义的内涵具体化为“自由”、“平等”、“博爱”等口号。

人道主义是以人的利益和价值为中心的学说，广义的人道主义包括哲学上的人本主义、经济上的自由主义、政治上的民主主义和伦理上的人道主义。其中伦理上的人道主义主张保护人与生俱来的一切权利，其主要内容包括：第一，提倡人的尊严，确认人是最高的价值和社会发展的最终目标；第二，重视人的幸福，确认满足生存和发展的需要；第三，相信人的可教化性和发展能力，要求实现个性的自由和全面发展；第四，追求人际关系的完善，要求建立人与人之间互相尊重的真正人的关系。这些正是社会工作价值体系形成的直接基础。

2. 新教伦理

新教伦理产生于16世纪。韦伯在《新教伦理与资本主义精神》一书中论证了近代资本主义的产生与新教伦理之间内在的联系。他指出，正是新教教义的“天职观”，使教徒把做好世俗世界的工作视为是上帝安排的天职，把工作成就作为对上帝的奉献。这推翻了原来贵族阶级“人的价值是由先天决定的”的观念，不仅推动了资本主义的发展，而且也成为社会工作“自助”和“权利”价值观形成的基础。

新教伦理还主张，只要你信仰上帝，那么不必经由专门的教士传达，人人都可以与上帝对话，人人都能传播福音，而且教徒要相互照顾相助。这就破除了宗教中的等级制度，而且这种效果延伸到世俗社会，产生了“平等”、“民主”、“自由”、“互助”等观念。

新教伦理中的自我负责、劳有所得、助人自助等价值观念，都与当今社会工作专业的一些重要价值具有一致性。

3. 社会福利观念

18世纪中叶后，西方国家资产阶级的工业革命极大地促进了经济的发展，但也给社会结构带来了巨大的冲击，与工业化、城市化相伴的是贫穷、失业、犯罪等日益严重的社会问题，以及劳资冲突等社会矛盾的日益加剧。这使得早先存在的零星无组织的慈善救助的作用日益弱化，无力解决与日俱增的社会问题和福利需求，许多思想家、政治家及社会人士开始关注并致力于寻求新的解决途径。社会福利就是在这种社会背景下产生的。

在18、19世纪，社会福利仍带有施舍的意味。但是到了19世纪末20世纪初，大规模慈善组织运动的兴起和睦邻组织的建立，使社会认识到，在市场经济条件下，弱势群体的产生有其社会根源。社会福利开始被当做政府义不容辞的责任去实现，最终被列入国家制度和社会政策的范畴，产生了普遍的社会福利模式。社会福利观念的转变推动了社会工作价值的发展，社会工作从其诞生起，就是作为社会福利制度在现实社会的代理人，实践着社会福利思想。因此，社会福利的价值观是社会工作的导向。但在实践中，社会工作不断完善服务内容、服务形式、服务组织等，因此发展出了比社会福利制度的价值观丰富得多的社会工作价值体系。

4. 实证主义

实证主义产生于19世纪末20世纪初，其理论精髓在于：重视经验和感性资料在社会认识中的重要作用，否认有不可理解的、超越事实与科学的定律的存在；强调价值中立性，反对进行个人的价值判断，反对个人的情感介入，以保持严格的客观性和科学性；强调科学是唯一有效的知识；强调对现实社会生活进行干预，这是科学的实践功能；重视对社会秩序、社会平衡和社会稳定性的研究。

这些理论在社会工作专业化的发展中起到了重要的指导作用。它使社会工作认识到，真理不能仅仅依靠逻辑推论得出。在宣扬人道主义的同时，必须将人道主义的理念付诸实践，这样才能真正使处于困境中的人和社会弱势群体能享受社会发展的成果，提升其社会能力。这就要求社会工作必须发展自身的专业理论，并取得相关学科的支持。实证主义奠定了社会工作价值体系的科学基础，推动社会工作向制度化、专业化发展。

(二) 西方社会工作价值体系

社会工作是一门实践性专业。西方社会工作在长期的专业实践中，形成了一套完整的价值体系。一些学者从学术上对专业价值体系作出了相关的总结。

1. 戈登的社会工作价值体系

戈登(Gordon)在1965年从哲学的角度对社会工作价值体系作出了陈述，将其概括为六个方面：

(1) 个人应当受到社会的关怀；

(2) 个人与社会是相互依赖的；

(3) 每个人对他人都负有社会责任；

(4) 人类需求有共同性，也有差异性；

(5) 民主社会能使个人的潜能充分地实现，也能使人充分地参与社会，从而实现社会责任；

(6) 社会有责任消除自我实现的障碍，以便个人的自我实现得以完成。

2. 比斯台克的社会工作价值体系

比斯台克(Biestek)在1967年总结的社会工作的价值体系包含九个方面：

(1) 人的潜能：人生而有不同的潜能，包括生理的、心理的、情感的、智能的、社会的、审美的等等。社会工作者不仅要尊重每个人的尊严和价值，还要注重个人潜能的发挥。

(2) 人的责任：人有与生俱来的动力和责任推动潜能的发挥，从而实现社会功能，并实现自我。

(3) 人的权利：人有选择自我实现方式的权利。

(4) 人的基本需要：人有共同的基本需求，这些基本需求的满足依靠社会的保障。

(5) 社会功能：人的社会功能正常发挥才能完成自我实现，社会工作者应促使社会上每个人的社会功能得以发挥。

(6) 社会的责任：社会有责任帮助个人完成自我实现，因而必须建立和维持公正、和平和秩序，并创造和自我实现有关的条件和资源。

(7) 社会的权利：社会有权利要求每一个人贡献自己的力量，以促进社会的健全和繁荣。社会工作应促进个人参与社会发展。

(8) 个人对社会的责任：每个社会成员都有义务在自我实现过程中对公益有所贡献。社会工作的任务是促进受助者的健康发展，以便使其对社会有所贡献。

(9) 人的自我抉择权利：人有自我选择的权利。自我抉择是培养责任、促进成长和实现自我的必要途径。①

3. 泰彻的社会工作价值体系

泰彻(Teicher)将社会工作基本价值归纳为以下六点：

(1) 每一个人都有作为个人的尊严和价值；

(2) 每一个人都应该受到尊重和得到周到的对待；

(3) 每一个人都应该参与影响他本人的决策；

(4) 每一个人都应该自由发展他自己的能力和天赋；

(5) 每一个人都应该公平地分享对货物和服务的控制；

(6) 对于实现理性行为所必需的信息，每一个人都应该具有完全和自由获得的权利。

比较以上三种价值体系可以发现，他们其实代表了社会工作价值的三种取向：以泰彻为代表的是以个人为取向的社会工作价值观点，他们强调社会工作应为“每个人”服务，帮助“每个人”实现目标；以戈登为代表的是以社会为取向的社会工作价值观点，强调“社会”应尽的责任，社会工作要敦促社会功能的实现，并帮助个人获取

---

① 王思斌主编：《社会工作概论》，北京：高等教育出版社，2006年，第48页。

社会权利和社会支持。以比斯台克为代表的是主张从个人与社会的完美结合来讨论社会工作价值，他们强调个人的价值和尊严，同时强调社会对个人权利实现的重要作用，以及社会和个人之间的相互促进关系。

社会工作价值取向的多样性，正说明了个人与社会关系的复杂性。只有达成每一个社会成员彼此之间社会需求的平衡以及社会需求与个人需求的平衡，公平和正义才能实现，每个人才能更好地发展。

四、 中国社会工作价值体系的建构

中国社会工作价值体系在借鉴西方社会工作价值的同时，必须结合中国社会主流价值体系，并在中国社会发展的目标及社会现实的基础上发展。中国长期"家国一体"的社会形态使"家"的观念始终处于社会价值的核心位置，因而社会工作价值体系也必然带有这种传统文化的特点。由于中国独特的社会需要和当前社会工作发展的特点，在中国社会工作价值体系的建构方面还应注重强调社会和谐，保持家庭和谐、稳定是主流的家庭观念，注重服务的人情味，重视道德建设，体现社会发展的要求。①

（一）强调社会和谐

在改革发展的今天，我们不能单纯强调个人、集体或社会环境因素对社会工作的影响，它们之间应该处于一种动态平衡中。个人的价值和尊严应当建立于人们共同发展过程中的平等尊重、相互支持的基础上，应体现于密切的社会关系之中。基于文化传统和社会政治制度，相对于西方社会对个人尊严和自由的推崇，中国应该更加强调社会和谐。

（二）保持家庭和谐、稳定依然是我们社会的主流家庭观念

尽管改革开放以来，我国民众的维权意识日益增强，在处理比较严重的家庭冲突和家庭危机时会诉诸法律，但是多数情况下，人们还是倾向于通过协调家庭内部关系来保持家庭稳定。

西方文化注重个人自由，中国传统文化和现实社会生活比较注重家庭的价值。因此，相比较西方强调人们的个人尊严和权利，我国应更加强调家庭成员之间的彼此宽容、相互支持和相互依赖。

---

① 全国社会工作者职业水平考试材料编写组编：《社会工作综合能力》，北京：中国社会出版社，2009年，第54～55页。

(三) 注重服务的人情味

“人情味”是我国传统文化中很有特色的内容。它以“仁爱”为基础，体现了中国人民自古以来就重视社会交往中的情感支持和情感依赖。当前，在以理性和社会责任为基础的民主建设中，“人情味”将会是当代人类关系特征的重要补充。社会工作关注人的感受，关注人类关系，就不能不重视“人情味”在中国社会工作价值观中的作用。

(四) 重视道德建设

中国是礼仪之邦，是道德社会，特别注重道德的力量。中共中央提出的“八荣八耻”不仅是对社会公德的高度概括，也在一定程度上反映了我国当前社会的意识形态，其价值核心也应当成为社会工作价值观的基础之一。

(五) 体现社会发展的要求

经济社会协调发展是我国社会当前最重要的目标，社会工作价值观也应该对此有所反映。社会工作价值观会随着经济与社会发展、社会意识形态的发展变化而适当调整。要立足本土、着眼发展，才能满足不断出现的新的社会需求和问题。

第二节　社会工作专业伦理

社会工作专业伦理是社会工作专业价值观的具体化，在社会工作的知识结构中，伦理具有重要的战略地位。它不仅对社会工作的过程起指导作用，而且对社会工作者的精神世界同样具有重要的影响。只有把以专业伦理为基础的社会工作和以专业技能为基础的社会工作统一起来，社会工作才会有强大的生命力。

一、伦理的含义

“伦”就是人与人之间的关系，“理”即道理规则。“伦理”原指人伦之理，源于儒家，在中国传统社会家国一体化的制度下，它强调人们之间的尊卑长幼次序。现代社会将其内涵延伸，伦理就是对人们在处理人际关系时所秉持的态度理念和行为准则的期望，它是在长期的社会生活实践中逐渐形成和固定下来的，受到公众的普遍接受和遵从。伦理主要通过个人自律和社会舆论来监督和约束。

伦理是从价值观当中推导出来的，必须与价值观保持一致。但伦理与价值观又是有区别的。价值观是人们所追求的美好的理想，是人们认定为好的、应该并想要拥有的东西或状态,而伦理是人们在追求理想的过程中行为的规范问题,即应该如何去拥有或实现。比如,人有隐私权,每个人都拥有保有自己的私人事务不为他人知晓的权利,是得到普遍认可的社会价值观。从这一价值观推导出来的一个伦理准则就是:在与他人交往中不要随意打探他人的私事,不要随意将你所知道的他人的私事透漏给别人,也不要在有第三人在场时与他人谈论其私事,如需与第三人谈及他人的私事,需要事先征得当事人的同意等等。这是正确的实践方法,是行为的伦理准则。再比如,中国讲求"家和万事兴",这是社会价值观,那么如何去实现"家和"呢?就是要孝敬老人,尊兄重弟,慈抚幼儿,夫妻相敬,这就是伦理规范。

一般来说,可以把伦理分为两个层次,即适用于所有社会成员的普遍社会伦理和适用于某种特定团体成员的特殊行业伦理。普遍社会伦理用于规范每一个人的社会互动行为,使其在人际交往中获得普遍的社会认可,从而维持自己的社会关系。特殊行业伦理用于限定行业从业者的专业人际互动行为,使其在行业互动中得到承认,从而维持其专业关系。特殊行业伦理又称为专业伦理或职业道德。专业伦理是在主流社会伦理指导下,针对某行业的特殊性对从业人员所作出的行为界定。社会工作伦理即属于专业伦理的一种。伦理与社会工作专业伦理的关系如图 4-2 所示。

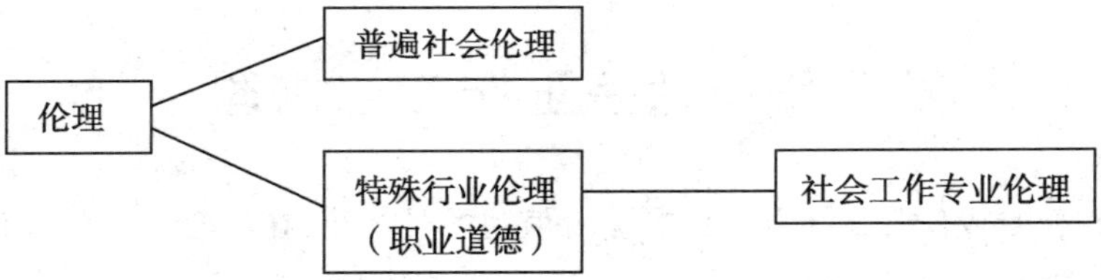

图 4-2　伦理与社会工作伦理的关系

二、社会工作专业伦理的功能

社会工作专业伦理是社会工作价值的具体表现,是社会工作专业本身对社会工作从业人员所作的行为约束。它同时受到社会主流价值和社会工作专业价值的双重限定,它能使社会工作的一般价值理念在实际社会工作中得以具体体现。

社会工作专业伦理作为社会工作价值的集中表现,其功能体现在以下几个方面:

第一,社会工作专业伦理作为该行业的行为准则,规范了从业者的言行,体现了社会工作的专业性。它把社会工作价值具体化为行为准则,使社会工作者在实践中便于理解和把握。它规范了社会工作者与他人的互动行为,是社会工作者自我约束的道德规范，使社会工作者可以在社会道德的范围内，根据专业实践需要，为自己的专业行为进行优先排序，从而保证专业目标的实现。

第二，凭借专业伦理的约束力，可以维护社会工作专业的权威性。社会工作专业伦理是服务对象要求社会工作者协助的依据。当服务对象来求助时，社会工作者或社会工作机构在能力范围内必须提供其所需的服务，这是社会工作存在价值的体现。同时专业伦理也是社会工作者与服务对象间共信合作的基础，它所体现的专业价值使服务对象相信社会工作者的能力可以帮助他解决问题；因为没有既得利益的牵涉，也使服务对象相信社会工作者会保护他的利益，尊重他的选择，从而提高合作的意愿和质量。

第三，专业伦理还可以作为评价工作效果的标准。专业伦理向公众展示了社会工作的价值和使命，使公众可以监督社会工作的成效，同时社会工作者也可以依照专业伦理的要求检测自己的工作是否符合社会工作的价值，从而修正行为，提高实效。

三、 社会工作专业伦理的具体化——社会工作专业守则

在社会工作发展早期，由于专业化程度不高，专业伦理的内容往往也比较简单、抽象。随着专业化程度的不断提高和社会需求的不断变化，专业伦理的内容也在不断地充实和更新。为了规范社会工作者的专业行为，确保专业的一致性和整体性，社会工作专业化发展相对成熟的国家和地区，纷纷制定了社会工作专业守则，把社会工作伦理用有型的文字体现出来。在不同国家和地区制定的社会工作者的专业守则中，规定的专业人员行为的范围基本上是一致的。

(一) 社会工作专业守则的含义

专业守则是专业工作者在职业实践中应该遵守的伦理准则的文字化规定。社会工作专业守则是对社会工作价值更为微观的解析，是各个层次价值理念的具体延伸和运用，是将社会工作的伦理和价值具体化、一致化。具体来说，社会工作专业守则是关于社会工作者基于社会工作价值，在社会工作实践中应该遵守的伦理准则的成文规定。它对社会工作者的行为具有规范和监管的双重作用，保证了社会工作价值目标的实现。

(二) 社会工作专业守则的作用

社会工作专业守则的作用有：保障按要求开展工作；有利于实现工作目标；有

利于维护社会工作的专业形象，提高社会认同；有利于社会工作者的成长等。[①]

1. 保障按专业要求开展工作

专业守则是社会工作价值观和处理社会工作的基本关系经验的总结，它告诉社会工作者应该如何去与相关各方打交道，保障自己的活动符合社会工作的要求。

2. 有利于实现工作目标

专业守则的规定是以恰当、有效地实现社会工作目标为导向的，遵循专业守则有利于社会工作者处理好与服务对象、同行、机构与社会的关系，从而有效地实现工作目标。

3. 有利于维护社会工作的专业形象，提高社会认同

社会工作者虽然强调专业价值观的作用，但是由于他们在工作中会遇到许多具体问题，所以会面临一些困境。专业守则在某些方面可以为处于困境中的社会工作者作出指导。这既可以维护社会工作的专业形象，也可以进一步提高社会对社会工作的认同。

4. 有利于社会工作者的成长

专业守则既是对社会工作者的基本要求，也是对社会工作从业者的职业要求。社会工作实践是常做常新的，专业守则通过指导社会工作者的实践，使其养成社会工作的职业精神，并不断成长。

(三) 社会工作专业守则中体现的社会工作伦理标准

1996 年 8 月，美国社会工作者协会会员大会通过了新的专业伦理守则，该伦理守则共涉及 6 个方面、51 个小项、155 条细则，后来对其进行了几次修订。

美国社会工作伦理守则中包含了 6 个方面的伦理标准，主要内容如下：

1. 社会工作者对受助者的伦理责任

涉及以下方面：受助者利益首要性，受助者的自我决定，知情同意，实践行为能力，文化能力和社会多元性，利益冲突，隐私和保密，查阅记录，性关系，身体的接触，性骚扰，负向语言，服务费用的支付，缺乏自决能力的受助者，服务的中断，服务的终止。

2. 社会工作者对同事的伦理责任

涉及以下方面：尊重，保密，合作，纠纷，咨询，服务的转介，性关系，性骚扰，同事受到的损伤，同事失去工作能力，同事的不道德行为。

---

① 全国社会工作者职业水平考试材料编写组编：《社会工作综合能力》，北京：中国社会出版社，2009 年，第 64 页。

3. 社会工作者对工作机构的伦理责任

涉及以下方面：督导和辅导，教育和培训，评价表现，受助者档案管理，工作表，受助者的转介，行政管理，继续教育和员工发展，对雇主的承诺，劳资纠纷。

4. 社会工作者作为专业人员的伦理责任

涉及以下方面：适当性，服务，能力和专业发展，学问和研究，歧视，个人行为，诚实，损伤，错误言论，恳求，荣誉归属。

5. 社会工作者对社会工作专业的伦理责任

涉及以下方面：专业的完整性，评估和研究。

6. 社会工作者对社会的伦理责任

涉及以下方面：社会福利，公众参与，公共紧急事件，促进普遍责任，社会行动。

美国社会工作者协会提出的6类伦理标准被许多国家和地区所借鉴，但在细则规定方面，各个国家和地区作了不同取舍或变通。这是因为不同国家和地区的社会工作专业化水平不同，同时不同社会的法律、制度和文化也存在差异，社会工作专业伦理在本土化的过程中必须作出适应性的调整。

需要特别指出的是，社会工作伦理并不仅仅是限制社会工作者不要做或禁止做什么，它同样也鼓励社会工作者去做符合专业价值观的具有创造性的工作。

（四）社会工作专业守则的基本内容

社会工作专业守则明确了社会工作者的权利与义务，是社会工作者专业行为的指南，对社会工作从业者具有强制作用。由于对社会工作专业性的广泛认同，不同国家和地区制定的社会工作专业守则有很大的一致性。

据此，可以把社会工作者的核心专业守则总结如下：

（1）尊重受助者的权益；

（2）严守受助者的秘密；

（3）公平服务大众；

（4）重视同事的工作；

（5）共同执行守则；

（6）恪守公私分明；

（7）信守机构政策；

（8）充实社会工作知识和能力；

（9）促进专业发展；

（10）约束不当行为；

（11）增进公众福利；

(12) 维护社会正义。

其中1～3项是社会工作者对受助者的道德责任,4～5项是社会工作者对同事的道德责任,6～7项是社会工作者对雇主与服务机构的道德责任,8～10项是社会工作者对专业社会工作的道德责任,11～12项是社会工作者对社会的道德责任。为了保证社会工作者的行为符合专业守则的要求,社会工作专业团体会设立专门的机构处理违反专业守则的事件或投诉,以保障社会工作的专业品质,并促进社会工作专业人员的素质和服务水平的提升。

第三节 社会工作伦理难题

伦理难题是指伦理所要求的责任与义务发生相互冲突的情形,致使社会工作者陷入难以取舍的境地。

一、社会工作中的伦理难题

虽然各个国家和地区的社会工作伦理对相关伦理原则和标准有比较全面准确的规定,但在实践应用中仍然会遇到一些模糊不清的事实。这是因为:首先,以服务对象利益优先为目标的社会工作专业伦理与社会普遍伦理并不完全一致。其次,社会工作者本身的专业素养和能力会影响其对专业伦理的把握。再次,价值立场是相对的,当社会工作者面对多个服务对象时,会遇到利益相悖的情况,需要作出取舍。最后,社会工作者也是一个独立的个体,其本身的情感需求也会干扰专业伦理的执行。常见的社会工作伦理难题有以下几种:

1. 保密困境

按照社会工作伦理的一般规定,未经授权,社会工作者不得向任何人泄露服务对象的隐私和秘密。但在实践中,总会遇到这样或那样的问题,挑战这一伦理原则。有时为了更好地维护服务对象的利益而不能做到为其绝对保密,如面对未成年人父母的监护权时,社会工作者就面临着维护其隐私权为其保密,还是向其父母提供信息的困境。有时为了第三方的利益,也会面临这样的困境,如在婚姻治疗中丈夫对治疗者说如果妻子提出离婚就会杀了她,这时社会工作者要决定是需要为了确保妻子的安全而选择提醒妻子注意,还是坚决为丈夫保密。

2. 情理法困境

人有情感需求,这种情感经由社会化后,表现为大众化的“人之常情”,具体讲就是亲情、友情、爱情等基于血缘和社交而产生的情感。“理”即社会工作的专业伦理。“法”指社会的法律法规。社会的复杂性，使三者之间并不总是表现一致，经常纠缠在一起，发生冲突，造成社会工作者的困境。

3. 价值中立还是价值介入

价值中立是指社会工作者并不试图改变服务对象的价值观。价值介入则是社会工作者出于维护服务对象利益的目的，影响其接受不同的价值观。出于尊重服务对象的考虑，社会工作者不应强制扭转其本来的价值认识，但有时服务对象明显需要社会工作者提供价值支持，这时社会工作者就会陷入专业伦理困境。

4. 自决原则与助人困境

服务对象有自主决定其行为选择的权利。但有时服务对象的自主选择会妨碍社会工作目标的实现，甚至会使服务对象自身的情况恶化。这时社会工作者是否可以不考虑服务对象的意愿而代其作出符合其需求的决定呢？比如某服务对象在你的精心治疗下，正在逐步改善，但是他自己决定放弃。这时你是否会强迫他继续接受治疗？又或者有时服务对象的决定是与社会伦理或法规相背离的，那么社会工作者是应该阻止还是同意呢？比如医院的社会工作者遇到绝症病人希望接受安乐死的请求时，他是尊重病人的意愿同意，还是遵守法律拒绝呢？

5. 专业关系与朋友关系两难

在实践中，为了保证社会工作的专业效果，要求社会工作者与服务对象只保持专业关系，而不能形成专业关系以外的外交或商业关系。但为了取得服务对象的信任和合作，又要求社会工作者要有同理心。这时在社工与工作对象之间就会不可避免地产生情感。虽然社会工作者可以用专业精神控制个人情感，但服务对象没有受过社会工作的专业训练，会要求社会工作者的情感付出。这会使社会工作者陷入两难境地。

二、社会工作伦理难题的处理原则

处理伦理难题并不仅仅是理性选择问题，不是单纯依靠程序和技术就能解决得了的，它与社会的政治、法律、文化背景以及社会工作者的性格、精神和心理调适能力也有很大关系。

西方社会工作学者洛温伯格和多戈夫提出了以下伦理原则：

1. 保护生命原则

生存权是人最基本的权利，任何权利都不能危及人的生命、健康。社会工作者遇到服务对象的行为危及服务对象本人或他人的生命、健康时，一定要以保护生命原则为最优先，任何时间里，维护人类的生命安全都要优于遵守其他如诚实、保密等原则。这里的“生命”不仅包括服务对象的生命，也包括其他人的生命。如在上述“保密困境”中，妻子的生命安全受到了威胁，首先应该选择通知妻子防范，同时通过工作消除丈夫的偏激想法。

2. 平等与差别平等原则

在资源充分的情况下，社会工作者应该向服务对象提供平等的服务。平等并不等于平均，社会工作者在提供服务时，要视服务对象的实际需求给予其充分的帮助。但如果资源有限，就要区别对待了。比如在社会救助中，应该优先考虑救助那些面临生存危机，经济状况或健康状况更差的服务对象。

3. 自主和自由原则

要坚持服务对象自决的原则，但当服务对象的选择妨碍到他人利益的实现，或者会伤害其自身时，社会工作者要介入干预，但同时要考虑如何将干预风险降到最低。即在尽量遵循服务对象价值的基础上，对服务对象的决定作出调整。

4. 最少伤害原则

当社会工作者面临某种困境，致使社会工作者无论做出怎样的选择都会伤害到某一方时，应当选择造成的伤害最小、带来的永久性伤害最少和伤害最容易得到弥补的方案。

5. 生活质量原则

当个人利益与国家、社会或集体利益发生冲突时，个人利益应该服从集体利益。社会工作者选择的方案应促进尽可能多的人改善生活质量。

6. 隐私和保密原则

社会工作者有责任在尽可能与法律要求和服务对象意愿保持一致，并不损害服务对象利益的情况下，保护其隐私。但当保密会给服务对象或他人带来伤害时，可以打破此原则。

7. 真诚原则

社会工作者应当保持诚信，以获取社会和服务对象的信任，树立社会工作的专业形象。应当向服务对象和公众披露所有可以披露的信息，尤其是那些与服务对象利益密切相关的信息。但如果披露信息可能会违反法律法规或给他人或社会造成伤害和重大损失时，应对信息保密，并咨询专家。

三、社会工作专业伦理的践行

社会工作专业伦理的践行并不是照本宣科那么简单。由于社会事件的复杂性和人本身的复杂性，使得每一次社会工作实践都成为不可重复的唯一事件。那么怎样才能保证专业行为符合社会工作专业伦理的要求，从而实现社会工作的专业目标呢？有两个重要的方法：学习和内省。

学习是接受外在教化的过程。社会工作是社会工作者用专业方法帮助他人的活动。所谓专业方法是指本职业独具的方法，在许多情况下要经过专业教育和培训才能掌握。社会工作者所从事的服务，是复杂的助人服务，要解决复杂的问题，就需要有专门的、训练有素的方法和技巧。这些要经过长期的实践和积累才能获得。在社会工作实践过程中，社会工作专业守则规定了社会工作者“应该做什么”和“不应该做什么”，这简化了社会工作者实践技能学习的过程，但是具体“应该怎样做”，只有结合实践才能体会深刻、把握准确。

内省是自身对所习得经验的内化过程。内省是指受过专业训练的人对于自己的主观经验及其变化进行观察，并判断自己的思想和言行有无过失，尽可能客观地向自己总结和报告省察的结果。人的外部行为和内部的心理活动的关系是复杂的，外部行为并不总是内部心理活动的准确反映，而人对自己心理活动的观察往往只能等到行为结束以后。社会工作实践特别强调专业价值和伦理的主观指导作用，所以，对实践活动中自我心理的审视就显得尤为重要。

在社会工作实践中，社会工作者要抛弃自己的个人价值观，用社会工作专业的价值伦理去为服务对象服务。服务的过程中要时时提醒自己与服务对象保持专业关系，尽可能客观地分析和处理问题。更重要的是，在工作过后社会工作者要认真反思自己的一言一行，对照社会工作专业守则检讨有哪些不合理的地方，及时纠正、体会怎样才能更好地在实践中体现社会工作专业价值的践行。这样才能不断提高自己的专业素质，逐渐成长。社会工作专业伦理的践行是伴随社会工作者专业生涯的永久性主题。

本章小结

1. 价值对于社会工作的重要的意义在于：价值是社会工作存在的基础，价值是社会工作者的支柱，价值是社会工作方法和技术产生的源泉。

2. 西方社会工作价值产生的基础主要有：人道主义、新教伦理、社会福利观念和实证主义。

3. 西方社会工作价值体系有三种取向：以泰彻为代表的以个人为取向的社会工作价值观点，以戈登为代表的以社会为取向的社会工作价值观点，以比斯台克为代表的主张从个人与社会的完美结合来讨论社会工作的价值。

4. 中国社会工作价值体系的建构应注重强调社会和谐；保持家庭和谐和稳定

是主流的家庭观念;注重服务的人情味;重视道德建设,并体现社会发展的要求。

5. 美国社会工作者协会制定的社会工作专业伦理包括六大方面:社会工作者对受助者的、社会工作者对同事的、社会工作者对工作机构的、社会工作者作为专业人员的、社会工作者对社会工作专业的和社会工作者对社会的伦理责任。

6. 社会工作专业伦理的功能体现在以下几个方面:社会工作专业伦理作为该行业的行为准则,规范了从业者的言行,体现了社会工作的专业性;凭借专业伦理的约束力,可以维护社会工作专业的权威性;专业伦理还可以作为评价工作效果的标准。

7. 社会工作专业守则的作用体现在:保障按专业要求开展工作,有利于实现工作目标,有利于维护社会工作的专业形象,有利于社会工作者的成长。

8. 常见的社会工作伦理难题表现在:保密困境,情理法困境,价值中立还是价值介入,自决原则与助人困境以及专业关系与朋友关系两难。伦理原则的优先顺序:保护生命原则、平等与差别平等原则、自主和自由原则、最少伤害原则、生活质量原则、隐私和保密原则、真诚原则。

B 主要术语

价值(Value):人们对社会中一切事物的是非、善恶、真伪、美丑的判断或者评价。

专业价值(Professional Value):是指一套指导专业行为和认知活动的思想、观念和基本原则,它是与个人价值相对应而言的。

伦理(Ethics):就是对人们在处理人际关系时所秉持的态度理念和行为准则的期望,它是在长期的社会生活实践中逐渐形成和固定下来的,受到公众的普遍接受和遵从。

专业伦理(Professional Ethics):在主流社会伦理指导下,针对某行业的特殊性对从业人员所作出的行为界定。

伦理难题(Ethics Dilemma):是指伦理所要求的责任与义务发生相互冲突的情形,致使社会工作者陷入难以取舍的境地。

内省(Introspection):指受过专业训练的人对于自己的主观经验及其变化进行观察,并判断自己的思想和言行有无过失,并尽可能客观的向自己总结和报告省察的结果。

C 练习题

1. 课堂讨论：如果服务对象是个同性恋者，你的价值观会如何影响他的言行？你会尊重他的价值观与行为吗？你会鼓励对方去设定自己的目标吗？还是设定你认可的目标呢？如果对方不想改变其行为，你会怎么做？理由是什么？

2. 价值测试：

（1）你和一群AIDS患者开始第一次团体会谈，你会以什么样的态度去对待他们？

（2）走在繁华的街头，当你看到城市角落中的弃儿或乞讨者时，内心有什么感受？

（3）一位长期被忽视、压抑的中学生走进你的办公室，你的第一个动作和第一句话是什么？

（4）在酒吧，一个陌生人把她的爱情的酸甜苦辣告诉了你，你会与朋友谈及此事吗？

（5）服务对象13岁，辍学在家，求助于社会工作者王某，希望能够帮助他找到一份工作。王某该答应服务对象的要求吗？

3. 伦理练习：社会工作机构募捐到一笔资金，计划为有需要的服务对象配买必要的眼镜、助行器、助听器等辅助性的医疗器材，你有一位服务对象周先生，提出配一副新的助听器，服务对象的理由是他原来的助听器已经老化坏掉了。然而，在他提出要求之前，你从他的房东处得知，周先生是因为与人吵架，是自己把助听器摔坏的。

要求：如果自己与情境中描述的服务对象会谈，考虑各种可能发生的状况，想象服务对象向你提出情境中所描述的要求，你的反应和感受是什么？以及可能产生的不舒服和冲突有哪些？然后将自己内在的反应和感受与本章中所讨论的社会工作的价值伦理作比较。

D 思考题

1. 简述价值在社会工作中的意义。

2. 试述西方社会工作的价值体系。

3. 为什么说新教伦理、人道主义、社会福利思想和实证主义是社会工作价值体系产生的基础？

4. 试述社会工作专业守则中体现的社会工作专业伦理的基本内容。

5. 社会工作实践中常见的伦理难题有哪些？社会工作者在实践中应该如何应对这些难题？

6. 什么是社会工作专业守则？它对专业社会工作所起的作用是什么？

7. 简述社会工作专业守则的核心内容？

8. 如何践行社会工作专业伦理？

E 阅读文献

1. 库少雄:《社会工作实务》,北京:社会科学文献出版社,2002 年。

2. 〔美〕拉尔夫·多戈夫等著,隋玉杰译:《社会工作伦理——实务工作指南(第七版)》,北京:中国人民大学出版社,2005 年。

3. 〔英〕Malcolm Payne 著,贾成福译:《社会工作的三大支柱》,《中国社会工作》,1998 年第 6 期。

4. 王思斌,孙立平:《中国当代社会变迁》,《中国社会科学》,1992 年第 2 期。

5. 谢莒莎:《社会工作伦理困境及其解决方式》,《社会工作理论探索》,2009 年第 6 期(下)。

第五章　社会工作理论

社会工作作为一个专业(职业)或学科,其特征之一是拥有科学的、系统的理论。经过多年的发展,社会工作已经拥有了层次分明、内容科学、体系完善的理论体系,这些理论按照不同的标准可以分为多种类型。社会工作理论有何重要性?社会工作理论的发展历程是什么?社会工作理论的主要内容有哪些?是如何分类的?社会工作理论与实务之间的关系怎样?这些是本章所要探讨的主要问题。

第一节　社会工作理论的发展与作用

理论是指由逻辑上相关的概念和判断组成的知识体系,是对一定事物或现象的解释,是对经验知识的抽象概括和总结。通常认为,理论有三个基本要素,即概念、事实和假设。概念是人们对客观事物本质属性的概括,是人们进行思维的基础。作为建构理论的基本单位,概念是一种符号,描述某种现象或者事物的共同性。事实是客观世界本身,是主观思维反映的对象。事实常常并不以真面目示人,要认清事实必须透过现象才能认识。假设是对客观事物之间联系的一种未被证明的判断和推理。假设一旦被证明是真的,这种判断与推理就可能变成理论。

社会工作的专业理论是在社会工作的实践过程中提升和发展出来的,对社会工作的专业活动开展提供指导,涉及社会工作实务的依据、开展、评估等各方面。从历史进程看,社会工作理论的产生与发展对于社会工作专业有极其重要的影响。

一、理论对社会工作的重要性

社会工作理论对社会工作具有重要的意义。弗瑞德兰德(Friedlander)认为,社会工作是一种以科学的知识和技能协助个人以达到社会与个人的满足和自主的专业过程;王思斌指出,社会工作是以利他主义为指导,以科学的知识为基础,运用科学的方法进行的助人服务活动。两位学者均指出理论是社会工作的一个重要元素。理论对社会工作的重要性主要体现在对于社会工作学科的科学性、社会工作者的专业性以及社会工作知识的传承性等方面。

(一) 理论是社会工作成为一门独立性专业学科的重要条件

具有专业理论是社会工作成为一门专业学科的首要条件。由于社会工作的理论多属于外借理论,在社会工作发展的历史上,其科学性和专业性曾经一度受到置疑。1915 年,亚伯拉罕·弗莱克斯纳(Abraham Flexner)发表《社会工作是专业吗?》一文,提出了一个专业应该具备的六个方面的条件①,其中所说的"素材"既是社会工作理论,根据这六个条件的判断标准,弗莱克斯纳认为社会工作当时还不能称其为专业。1957 年,格林伍德(Greenwood)在《专业的属性》一文中也指出了作为专业应该具有的五个特征②,其中一个重要特征是拥有社会工作理论。社会工作理论经历了一个从无到有、从外借到内生的过程,社会工作理论的诞生与发展也使得社会工作作为一门独立的科学和专业逐步被社会所接受。

(二) 理论是社会工作者专业性的保障

获得社会工作者资格的必要条件之一是要掌握社会工作的专业理论。一般说来,一个合格的社会工作者必须接受如下的专业训练:社会科学和人文科学的背景训练、理论背景、辅导技巧、研究方法和实务经验。其中理论背景包括精神分析理论、认知行为理论、系统理论、人本主义理论、女性主义理论、增能理论等,而一个优秀的社会工作者则能够在不同的实务活动中熟练运用社会工作理论。

理论有描述、解释和预测的功能。社会工作理论描述人的生理、心理或者社会特征,社会结构和制度、社会变迁与发展以及人与社会的互动。在社会工作实践中,社会工作者可以在理论的指导下,分析服务对象问题的产生与周围事物之间的共变、因果或者其他互动关系,设定社会工作过程的目标,制定合理的服务方案,选择合适的介入方法、技巧与模式,提供更具针对性的服务,实现助人自助的目标。

(三) 理论是社会工作知识积累和延续的重要手段

理论是经验知识的总结与提升。社会工作在西方发展的百年历史中,积累了

---

① 这六个条件分别是:它是伴随着责任的一种智慧性的操作,它的构成素材来自于科学和系统的学习,这些素材的使用是轮廓分明的,在该领域拥有可用于教育的沟通技巧,该领域内的活动者是自我组织的,这种活动在动机上是利他的。

② 这五个特征分别是:一套系统的、支持其活动的理论基础,广泛的社会认可,拥有专业权威,职业内部有伦理守则,职业群体形成职业文化。

丰富的社会工作实践经验，而这些经验经过社会工作者的总结成为理论，保持至今。这些理论在不断地检验与完善的过程中，在当今时代仍然具有较强的解释力与可行性。任何理论的发展变迁无疑都会被打上历史的烙印，而社会工作理论的积累与完善也记录了社会工作专业发展的曲折历程，同时承载了社会工作知识的积累与延续。

二、社会工作理论的发展历程

社会工作理论开始并未受到社会工作者的重视，后来随着社会工作实务的深入，人们逐步意识到社会工作理论的重要性。因此，社会工作理论发展的历史要短于社会工作发展的历史。社会工作经历了“一个从无理论到有理论，从单一理论到多元理论，从主要借用心理学的理论到借用心理学、社会学、认识论等多学科的理论并最终发展到尝试内生理论的过程”①。大卫·豪(David Howe)将社会工作理论大体分为七个发展阶段：“调查”阶段、“精神分析学”阶段、“精神分析学派”和“功能主义学派”并立的阶段、“获得”阶段、“盘点”阶段、“理论统一”阶段和“理论归类”阶段。② 参照大卫·豪的观点，本书认为社会工作理论发展可以大致划分为以下四个阶段：

第一个阶段是社会工作理论萌发的阶段，主要指从社会工作产生到20世纪30年代，这是一个社会工作理论从无到有的过程。

早期的社会工作者往往仅凭自己的爱心和热情投身到助人活动中去，他们进行大量的社会调查，确定需要帮助的对象以及如何采用有效的方法去帮助他们。社会工作者大量的精力都投入到实际活动中，但是很少对社会工作本身进行理论的思考。随着助人活动的深入，社会工作者开始重新审视传统的工作方法，他们发现要解决服务对象的问题单靠自身的经验是远远不够的。社会工作也应是一门科学，而不应只是一门艺术。精神分析理论被引入了社会工作领域，社会工作者运用精神分析理论对服务对象进行治疗帮助。如1917年美国学者芮奇蒙德出版的《社会诊断》一书中，首次结合医学知识把社会工作的知识和方法当做一项专门的学问来传授。虽然精神分析理论来源于心理学研究，但是由于效果显著，而被广泛运用到社会工作中。这种情况在20世纪30年代尤为突出，因此大卫·豪称这个阶段是“精神病学的洪水期”。自此，理论开始受到社会工作者的重视，社会工作者开始

---

① 王思斌主编：《社会工作概论》，北京：高等教育出版社，2006年，第61页。

② 主要借用大卫·豪(David Howe)在《社会工作理论导论》中的观点，转引自王思斌主编：《社会工作概论》，北京：高等教育出版社，2006年，第61～63页。

意识到社会工作本身也是一门科学。

第二个阶段是社会工作采借理论的阶段，大致从20世纪三四十年代到60年代。这一阶段，社会工作者开始大量采借其他学科的理论用于社会工作实践，是社会工作理论增加速度最快、数量最多的阶段。

20世纪30年代，精神分析学派在社会工作领域一枝独秀的局面首先被打破，这主要是源于"功能主义学派"社会工作观的诞生。20世纪30年代奥地利精神分析学派的心理学家奥托·兰克(Otto Rank)对精神分析学派理论的修正影响了很多美国社会工作者。特夫特(Jesse Taft)和罗宾逊(Virginia Robinson)等学者结合美国社会工作的实际情况提出了不同于精神分析学派的"功能主义学派"的社会工作观。精神分析学派的观点侧重人早期的生活经验对当前身心状况的影响，社会工作者治疗服务对象的病症，因而在服务过程中居于主导地位；而功能主义学派则强调当下的现实环境对人产生的重要作用，主张社会工作者与服务对象一起努力促进服务对象能力的提升，服务过程的中心是服务对象。两个学派分庭抗礼，互不相让，在20世纪50年代形成两者并立的格局。随后，其他相关学科的发展为社会工作者提供了丰富的理论源泉，在这一阶段社会工作者大量借用认知心理学、社会学、经济学、系统科学等其他学科的知识和理论，并运用到社会工作领域。

第三个阶段是理论整理阶段，大体从20世纪60年代末到20世纪70年代，是社会工作者对已有的理论进行分析、整理、归纳的阶段。

社会工作者可以采借的理论不断增加，也促使社会工作者进行反思，究竟社会工作需要什么样的理论，哪些理论更为实用有效。因此，20世纪60年代末，很多社会工作者开始尝试对已有的社会工作理论进行整理。通过对不同的理论流派、适用范围和实际运用效果进行评估，社会工作者整理出很多理论清单来进行归纳分析，但是过多的理论还是给社会工作者带来了困难，特别是选择最为适合有效的理论帮助服务对象成为社会工作者的一大难题。因此，到20世纪70年代，出现了一种构建统一理论的趋势。社会工作者试图从多种不同的理论流派中抽象出社会工作的基本原理和技巧，在此基础上创造一种"一元"理论；但是仅凭"一元"理论难以涵盖众多的理论流派，且现实的复杂性也决定了需要多种理论进行解释。这种用系统理论构建起来的"一元"受到了激进主义理论和人文主义理论等的责难，最终使社会工作者放弃了理论统一的方向。

第四个阶段是多元理论阶段，从20世纪80年代至今，这一阶段社会工作理论呈现多种理论并存的局面。

社会工作者放弃了统一理论的构想，多元理论并存的局面确立并延续至今。面对众多理论，社会工作者开始对它们进行归类，划分为不同的层次与模式，并对社会工作的理论进行研究，以便于社会工作者对理论的掌握与运用。时至今日，这些理论研究成果依然被西方社会工作者所采用。

三、 社会工作理论的分类

多元化的社会工作理论纷繁复杂，但是依据一定的分类标准，可以对社会工作理论的内在逻辑结构进行分析。本节介绍三种较为有代表性的社会工作理论分类方法。

（一）社会工作理论的二分法

大卫·豪把社会工作理论分为两种类型——"为社会工作的理论（Theory for social work）"和"社会工作的理论（Theory of Social Work）"。前者是社会工作理论对人与社会的关系、人类行为以及与社会环境之间的关系进行解释，多是对服务对象问题探讨的一般性、综合性的论述，如社会学、心理学等理论都属于这一类；后者是社会工作理论中用来指导社会工作具体实践过程的理论，这些理论多来自社会工作实务的经验总结，对社会工作实践的程序、方法等实际操作的原则进行论述。大卫·豪试图通过"为社会工作的理论"与"社会工作的理论"揭示社会工作理论内在的逻辑关系，但是这种划分却不能抹杀任何一个理论可能同时涵盖这两个方面。[①] 蒂姆斯（W. Timms）将社会工作理论划分为外借理论和实施理论两个层次，外借理论主要是社会工作者以借用者身份运用的解释性理论，实施理论主要指规范社会工作助人技巧原则的理论。蒂姆斯和大卫·豪的划分标准类似，两者并无本质上的差别[②]。

（二）社会工作理论的三分法

皮拉利思（Pilalis）依据理论的适用范围和抽象程度将社会工作理论分为三个部分或者三个层次：宏观理论、中观理论和实践理论[③]，皮拉利思在大卫·豪的基础上对专业理伦类型进行了相应细化与具体化。

---

① 王思斌主编：《社会工作概论》，北京：高等教育出版社，2006年，第63～64页。

② 周沛，葛忠明，马良主编：《社会工作概论》，武汉：华中科技大学出版社，2008年，第58页。

③ 王思斌主编：《社会工作概论》，北京：高等教育出版社，2006年，第65页。

表 5-1　　皮拉利思理论分类表

理论抽象程度	结构部分	内容	实例
高 ↑	宏观理论	对人与社会的本质、人的行为与社会运行机制进行综合性的说明	弗洛伊德主义、马克思主义、结构功能主义等
	中观理论 (a) 解释性理论 (b) 介入模式理论	 对人的行为与社会过程某一方面进行专门解释 对社会工作实践本身的性质、目的、过程等进行一般说明	 标签理论、儿童发展理论等 危机介入理论、任务中心理论等
↓ 低	实践理论	社会工作的具体技巧、操作方法	自由联想法、批判式提问法等

(三) 社会工作理论的四分法

西方学者考拉(Cowley)根据社会工作理论解决服务对象问题时所侧重主题的差异,将社会工作理论分为四种类型:精神分析理论、行为理论、体验理论和超越理论。精神分析理论,探求人内在的意识和心理的驱动力,如精神分析理论、心理动力理论、社会心理学理论等。行为理论强调个人行为的习得性和外界环境对个人行为的作用,如认知行为理论。体验理论思索人类的本质,试图增进人们的自我实现,如人本主义与存在主义理论。灵性超越理论,主要关注现代社会道德的缺失,人们需要理论进行自我启蒙、救赎和超越。①

第二节　西方社会工作的理论流派

社会工作拥有众多的理论流派,在此重点介绍精神分析理论、认知行为理论、系统理论、心理社会理论、人本主义理论、存在主义理论、女性主义理论和增能理论。

---

① Cowley, A. S., Transpersonal Social Work, In F. J. Turner (ed.), *Social Work Treatment, Interlocking Theoretical Approaches*. (4th), ed. New York: The Free Press, 1996. 转引自宋丽玉,曾华源等:《社会工作理论——处遇模式与案例分析》,台北:洪叶文化事业有限公司,2002年,第455页。

一、 精神分析理论

精神分析理论的主要思想来源于弗洛伊德(Sigmund Freud)及其追随者的精神分析学说,关注人的内在心理因素对人的行为的决定作用。精神分析理论是历史最悠久、影响最深远、应用最广泛的一种社会工作理论。

(一) 基本观点

精神分析学派认为任何人的行为都是由其内在的心理因素决定的。精神分析学派认为人的心理活动分为意识、潜意识和前意识,这三个部分共同构成了人的心灵。意识是人在任何时候都可以察觉的想法与感受;潜意识是影响人的行为、但不易被察觉的部分;前意识是很容易转变为意识的潜意识,即通过思考即能够察觉的部分。任何人的经验、感受、思想甚至幻觉都是有原因而非偶然的。弗洛伊德认为,人的心理活动好比漂在大海上的一座冰山,露出海面的一角是人们的意识,而大量的潜意识隐藏在海平面以下让人难以觉察,人的潜意识根植于儿童早期的经验,但正是这些潜意识对人的心理活动起到决定性的作用。精神分析学派认为,人的意识发展和人格形成的状况依赖于人的性心理发展阶段,一般说来,此种发展阶段共有五个:口腔期(oral stage)、肛门期(anal stage)、性器期(phallic or Oedipus stage)、潜伏期(latency stage)和两性期(genital stage)。这五个阶段是连续的并且有着先后顺序的发展阶段,每一个阶段的发展都有赖于前一个发展阶段冲突问题的解决,如果前一阶段的冲突没有得到有效解决,在以后的发展阶段中冲突以各种方式再现出来。

与意识的三个层级相呼应,精神分析学派将人格结构分为本我(id)、自我(ego)和超我(superego)。本我与生俱来与前意识相呼应,遵循快乐原则,满足本能的欲望;自我包括意识和前意识,是本我经由经验发展而来的,是人格系统的管理者,遵循现实原则,对本我和超我进行平衡;超我,大部分包括意识和前意识,但也有一部分包括潜意识,是经由自我发展而来的,遵循完美原则。

如果本我、自我和超我三者之间能够保持平衡与和谐的状态,那么人将具有完善的人格,能够从容应付各种问题,形成良好的人际关系;而如果三者出现失衡的状况,那么意味着个体出现了人格失调的问题。但是现实中,本我、自我和超我常常处于冲突之中,因此个体需要采取一定的方法实现三者的有效平衡,个体就会出现一种防御机制。所谓的防御机制(defense mechanism),就是指自我为了消除与本我、超我的冲突,摆脱不愉快的情绪而采用的心理机制和方法,涉及阻挠或掩饰不被允许或不被赞同的欲望以减少内心的冲突。但是防御机制的自我调适措施，有些是正向的(比如升华)，有些是负向的(比如否认、退化等)。负向的调适措施往往只会暂时地掩盖问题而不是解决问题，将矛盾长久地压抑到潜意识中可能，导致心理问题的出现。

(二) 处遇与原则

运用精神分析理论开展社会工作，要求社会工作者帮助服务对象找到其内心冲突的根源，让服务对象对自己进行洞察和了解，帮助服务对象实现本我、自我与超我三者之间的平衡，纠正服务对象的病态人格。在具体的服务过程中，要求社会工作者坚持以下原则：

第一，个别化原则。强调每个服务对象的早期经验是不同的，社会工作者需要根据服务对象的状况决定工作的步调与进度。社会工作者应避免僵化刻板，从服务对象的生活经验和文化背景中去理解其问题产生的根源。

第二，知情同意原则。因为在治疗过程中需要服务对象表露最深层的想法和感受，同时忍受治疗过程中被激起的不愉快情绪，因此社会工作者要先让治疗者和服务对象对于整个治疗性质和过程有所了解，征得服务对象的同意才能进行治疗。

第三，支持原则。指要为服务对象提供一个放松和安全的情境，社会工作者在了解服务对象潜意识的同时尽量减少服务对象因不良情绪而受到伤害，并对服务对象给予心理上的支持、接纳与安慰。

(三) 评价

精神分析理论是早期社会工作最为重要的理论之一，也为社会工作专业的发展起到了积极的推动作用。精神分析理论最为显著的特征是使从心理角度探索人类行为的根源一度成为社会工作治疗方法的主流，但是随着社会的发展和变迁，社会工作理论也在丰富和发展，精神分析学派受到了其他理论的挑战。

二、 认知行为理论

认知行为理论是在认知心理学和行为心理学基础之上发展起来的社会工作理论，其关注人的认知与行为之间的关系，代表人物包括阿德勒(Alfred Adler)、斯金纳(B. F. Skinner)、阿尔伯特·艾利斯(Albert Ellis)、柏林(Berlin)、维尔纳(Werner)等。认知理论和行为理论原本属于两个理论学派，但是在社会工作发展的过程中，两者逐步被社会工作者整合成为认知行为理论，用于临床心理治疗。

（一）基本观点

阿德勒是认知学派的代表人物。认知行为理论认为人格是完整的，将人格分为本我、自我和超我三部分，或者过度强调被压抑的潜意识，没有太多的实际意义。人的行为是由个人的生活模式（life style）所塑造的，认知（包括个人对于自我、理想、世界、生存之道等的看法）对人的行为起着更重要的作用。

认知包括人的各种心理现象和活动过程，诸如知识、意识、智力、思考、想象、创意、规划、理性、推论、问题解决、概念化、象征化、幻想等等，可谓无所不包，甚至连知觉、记忆、学习、专注等高级心理活动，也属于认知的范畴。认知是一个主动思考的过程，认知可能产生正确的认识，但也有可能包含一些错误的想法、非理性的思考等。

虽然人们认知的过程往往不会被个体所觉察或意识到，但是认知的差别导致人们行为的不同。认知行为理论认为，在个体采用行动的过程中认知、情绪和行为三者之间是有着密切的关系的，其中认知扮演中介或协调的关键角色。认知行为学派借用社会学习理论的三个要素来了解和改变行为，这三个要素分别是前置条件、标的行为和结果①。正常行为和异常行为均是由学习而来，三项主要的学习原则是反应制约、操作制约和社会学习。反应制约强调"刺激——反应"这一公式，即人对刺激会产生特定的反应，改变刺激就能够建立起预期的行为；操作制约强调行为受行为后果的影响，如果我们通过增强的方式增加某种行为出现的频率和惩罚的方式减少某种行为出现的频率，就能够实现行为的修正；而社会学习则强调榜样的示范作用，通过观察榜样的行为并获得相应的认知就可以习得相应的行为。认知行为理论可以有效弥补行为主义完全忽视内在认知的运作和影响、认知与环境之间互动作用的缺憾。

认知行为学派也非常重视时间，但是对于时间的概念则没有形成一致的认识。艾利斯等学者认为，现在才是最重要的，过去并不是很重要，因为改变可以而且会从现在发生和开始；而阿德勒及其支持者则持相反的看法，认为过去非常重要，谈论过去有助于了解导致服务对象目前行为和问题的有关的思考、信念和错误想法。

（二）处遇与原则

在认知行为理论的指导下，社会工作者需要帮助服务对象获得对于世界的正确的认知或者完善理性思考的能力，从而使得服务对象的行为得到正确的、理性的

---

① 前置条件是指环境中出现在标的行为之前的事件或者其他相关行为；标的行为是指不想要的或者问题行为，或者即将改变的行为；结果是指行为过后所导致的相关行为和事件。

指引。在具体的服务过程中，社会工作者需要坚持以下原则：

第一，服务对象问题的可见性、可消除性和应对方法的个别化。在认知行为学派看来，服务对象问题的产生是自我效能不足等而形成错误的认识与判断，从而无法产生正向行为和正常运作功能的情绪。通过采用个别化的方法和学习，服务对象的问题（即外在不适当的行为）是可以消除的。

第二，尊重、增能和服务对象自决。认知行为学派尊重个人的尊严、自决意志和自主信念，认为个体可以通过积极而主动的行动和正向的思考实现自我效能的调适，强调服务对象的自助和自决。

第三，目标的三个层次及表现。认知行为学派的目标包括认知、情绪和行为三个层面，其具体内容表现在四个方面：改变错误认知或不切实际的期待，以及其他偏颇或不理性的想法；修正不理性的自我对话；加强问题解决和对策抉择的能力；加强自我控制和自我管理。

（三）评价

认知行为理论在治疗忧虑症、焦虑症等方面都取得了不错的成效，因此越来越受到重视与推广。当然，认知行为理论在实践领域也受到了一些挑战。第一，在实际操作中，人的认知、情绪和行为往往是错综复杂的，难以明确三者之间的关系和重要程度。第二，如果服务对象本身抗拒改变或没有改变认知的能力，则该理论就无法奏效。第三，即使社会工作者运用认知行为理论帮助服务对象克服了错误观念和非理性的思考，但是也并不能保证就可以纠正服务对象的错误或不当行为。但从整体看，认知行为理论在具体应用上适应的范围较广，弹性较大，未来还有较大的运用和发展空间。

三、系统理论

系统理论在20世纪70年代以来对社会工作实务产生了广泛的影响，其强调在社会工作实务中平衡个人和环境两个着眼点的重要性，关注并考察与个人行为相关的众多要素，代表人物包括赫恩（Hearn）、平克斯（Pincus）、米纳汉（Minahan）等。

（一）基本观点

希利（Healy）认为社会工作有三波系统理论，第一波是贝塔朗菲的一般系统理论，第二波是生态系统视角，第三波是复杂系统理论。其中生态系统视角（ecologic perspective)是20世纪70年代出现的社会工作实务理论模型，其代表人物是杰曼(Germain)、吉特曼(Gitterman)和迈耶(Meyer)等，对社会工作影响较大。本书不对这三个阶段作分别阐述，择其要点总结如下：

1. 关于系统的认识

巴克(Barber)认为，系统是一个由多种元素构成的复合体，元素间有相互作用关系和可以识别的边界，共同构成一个复杂的或单一的整体。系统可以是物质性的和机械性的，有生命的和社会性的，也可以是这些性质的结合体。

在生态系统视角看来，系统的运转包括四个要素：结构、过程、行动和机能。从结构的角度讲，系统包括三个重要的层次：微观系统、中观系统和宏观系统。第一个层次：微观系统，比如家庭、学校、休闲场所等。第二个层次：中观系统。处于微观系统和宏观系统之间，其可以影响微观系统的性质与功能。比如教会、工会、商会、志愿组织、正式组织、社会福利机构、医院、工作场所和各种社区资源，均属于中观系统。第三个层次：宏观系统。是影响个人成长的大社会环境，比如科技、语言、法律、习俗、惯例、规章制度等。就机能而言，系统是一个稳定的整体范畴。系统能够从外在环境中获得系统生存与发展所需的各种资源，并且在一定程度上维持系统的稳定、平衡和完整；系统内部各子系统之间具有一定的互惠性，相互调适、互动并配合，共同目标是维护系统的生存和发展。

2. 人在情境中

系统视角认为“人在情境中”，即作为个体的人是生活在一定的情境中的，个体与外在环境是相互作用的。人的发展是正在成长中的个人与其环境间交流的结果，其公式是D(发展)＝F(P·E)，即强调“人在情境中(Person-in-Environment)”的发展函数。个体在与环境交流的过程中，需要与环境保持适当的调和度，以达到顺利的适应。

情境即外在环境是一个大系统，是由不同的子系统构成的。个体问题的产生是与其所处情境中的多种因素密不可分的，因此干预的方向或者解决之道也应该是多元的。社会工作者的目的在于改善服务对象与其系统间的相互关系和作用。

(二) 处遇与原则

社会工作者需要关注个体与其所处环境的互动状况，从个体与其环境的关联入手。在具体的服务过程中，社会工作者需要坚持以下原则：

第一，服务对象的问题与外在情境的关系。服务对象问题的产生是由于人与环境互动时出现偏差失衡引起的，个人面对环境的变化特别是在生活经历生命周期交替时容易出现不能适应的情况。因此，在对服务对象问题进行评估时要寻找服务对象与外在情境之间矛盾冲突的根源，特别是从时间纵轴上考虑问题出现的原因以及将来变化的趋向。

第二，从个人的生活经验及其非正式的支持入手解决服务对象的问题，注重从系统的角度回应和处理服务对象的问题。不仅从个人的认知和行为入手，而且同时兼顾家庭、团体、社区、正式组织、社会风俗习惯等外在的环境。注重系统的变动性，不断地重新评估、规划与行动。

第三，目标是实现人与环境之间的有效交流。系统的复杂性与多元性以及系统之间的关联性，加之个体生活经历的多样性，都要求社会工作者选择它们之间恰当的联系点，改善个体管理与应对压力的能力，实现人与环境之间的良性互动。

（三）评价

系统理论改变了以往只关注个人内在问题的社会工作取向，强调在一定情境下理解个人问题，为社会工作专业提供了一种综合性的分析框架。系统理论重视从多元系统角度为服务对象解决问题提供建议，使得社会工作者可以更为全面地思考服务对象的问题，促使社会工作者服务水平的提高。因此该理论的解释范围广泛，也成为当前社会工作实务领域运用较广的理论。

四、 心理社会理论

心理社会理论是社会工作实务中被普遍采用的理论，其关注人际关系和社会环境的改善，并试图综合人类行为与社会环境的各种理论。

（一）基本观点

心理社会理论认为，每个人都是有价值的，其潜力需要进一步地挖掘与发展；个体的行为不仅可以被理解，而且可以通过一定的方法加以改变，并且一方面的改变会导致其他部分的改变，从而产生系统性的影响。

心理社会理论强调“人在情境中”，人的行为受到内在心理事实和外在环境的影响，人的行为本身是生理、心理和社会因素相互作用的结果，心理事实与外在环境并重。

个人的成长经历影响个体当前的状况。在心理社会理论看来，个体早期未被满足的需求会干扰个体当前的生活，从而降低个体的适应能力；同时，服务对象的问题还与不良的自我功能和超我功能密切相关，不良的自我功能和超我功能使得服务对象对于外部环境的认知能力和自我控制能力减弱，从而导致心理困扰和人际关系的失调。

心理社会理论认为，沟通是特别重要的。如果信息的接受、信息的理解、信息的反应、信息的反馈等任何一个方面出现问题，那么沟通都是难以进行的，所以任何个体都需要具有沟通的能力，以形成良好的人际关系。

（二）处遇与原则

在心理社会理论的指导下，社会工作者要从“人在情境中”入手，运用直接服务的方法和改善环境的策略，协助服务对象接触内外压力，增进自我功能，摆脱当前的困境。在具体的服务中，社会工作者需要坚持以下原则：

第一，服务计划与方案应随着对服务对象了解程度的不同，以及“人与环境”的改变而不断地修正。心理社会理论采取一种诊断性了解和评估的观点，由于实施程序是持续不断的，所以心理社会理论的服务过程也是暂时的，一有新的情况出现，就应将原有的推论加以修改并采取新的计划或策略。

第二，个别化原则。因为每个服务对象独特的需求、能力、人际关系和处境，要作出正确的评估必须坚持个别化的原则，并且根据服务对象不同的需要，拟定和执行正确的处置计划。

第三，问题评估的焦点放在服务对象目前与过去生活功能的表现、与生活环境的互动关系方面。

第四，重视专业关系的建立和运用。专业关系的程度可以决定服务对象接受协助的程序与功效。

第五，重视服务对象的参与。

第六，直接协助服务对象通过改变自己来影响环境。

（三）评价

心理社会理论具有明显的开放性特点，能够不断吸纳其他理论的成果，而且总结细致有效的技巧和方法，具有较强的实用性。因此，心理社会理论在社会工作实务领域占据极其重要的地位。但是，最困扰心理社会理论的问题是难以实现不同理论之间的整合。这也导致社会工作者在运用该理论时不够明确，在具体实务中不同社会工作者选择的策略可能差别较大，使得心理社会理论更像是一种理论视角，而非实务操作模式。

五、人本主义理论

人本主义是一个非常广泛的哲学概念，其包括承认人的价值和尊严，把人看做万物的尺度,或以人性、人的有限性和人的利益为主题的哲学。也就是说人本主义是"人的发现",其强调的是人的价值、尊严、权利、才能、自由等。人本主义的代表人物是罗杰斯(C. R. Rogers)。

(一) 基本观点

人本主义认为,人是理性的,能够自立,对自己负责,有着正面的人生目标,因而可以获得进步;同时人是建设性的和社会性的,值得信任,也可以合作。

"自我概念"是人本主义模式的核心概念,是指人在内心深处关于自己的形象,是人对自己的看法和评价。在罗杰斯看来,人的行为、情绪与心理均是受到自我概念的影响的。自我概念本身有着一套有组织的、连贯的关于自己的观感,如对自己身份的界定、对自己能力的认识。在内容方面,自我概念包括以下九个方面——身体、社交、性、感情、喜好、理智、职业、价值观和人生哲学。

在罗杰斯看来,自我概念与现实经验有着如下的对应关系:自我概念和现实经验的一致,自我概念和现实经验的矛盾与冲突,自我概念和现实经验脱节。自我概念和现实经验的矛盾与冲突有两种情况:一种情况是个人对自己的能力、身份的认识低于现实的经验,即自我概念偏低;另一种情况是个人对自己的能力、身份的认识高于现实的经验,即自我概念偏高。当个体的自我概念和现实经验发生矛盾与冲突的时候,服务对象会害怕已有的自我概念遭到破坏而感到焦虑和受到威胁,于是会采取防御机制来维护已有的自我概念,经过长时间的积累,服务对象的防御机制可能会崩溃,往往要接受一个不愿意接受的事实,处理不当,则可能导致服务对象问题的发生。

(二) 处遇与原则

在人本主义的指导下,社会工作者要重视对于服务对象的问题而不是目前问题的解决,治疗的目的不仅仅在于解决问题,而在于支持服务对象的成长过程,以使其能够更好地解决目前和将来面临的问题。在具体的服务中,社会工作者需要坚持如下原则:

第一,服务对象的问题与其"自我概念"密切相关。与此相对应,在提供服务的过程中,社会工作者应运用科学的、多元的方法了解服务对象的自我概念,认识其自我概念与现实经验之间的矛盾与冲突。

第二,服务目标在于整合与提升服务对象的自我概念。通过治疗过程,让服务对象了解真实的自我,并能够接受真实的自我,以此有能力解决当前与今后可能面临的问题。

第三,在服务过程中,社会工作者应该注重言行一致,同时还要无条件地积极关注、接受和尊重,并准确表达同感,由此,与服务对象建立专业关系,有效提升服务质量与服务水平。

(三) 评价

人本主义理论模式是当今具有影响力的社会工作理论之一。人本主义理论把人的本质和价值放在首位,开辟了新的理论视角,影响深远。但是在实务过程中人本主义模式也受到了多方面的挑战。首先是关于人性假设的局限性。人本主义模式抽象地探讨人性,假设人性是积极的乐观的,但是忽视了在一定社会历史条件下人的生活对人性的作用,因此其对人性的假设一直为人所诟病。其次,人本主义模式夸大了个体的自我作用,不注重社工的实务技巧,可操作性不强。人本主义重视理论的阐释,忽视社会工作实务需要的实际方法和技巧,让社会工作者在运用时遇到了一定困难。再次,人本主义模式的理论假说偏重主观性,验证起来也比较困难。

六、 存在主义理论

20 世纪 60 年代初期,存在主义成为人本主义思潮的重要代表。存在主义是一个哲学的非理性主义思潮,它强调个人、独立自主和主观经验;其作为一个哲学流派,包含了众多的概念,而且这些概念之间的含义可能是不同的,就像汤普森(Thompson)所言,试图以一种简单的和清晰的方式表达某些哲学概念无疑会有过分简化之虞,它可能会损失特定概念的丰富含义。存在主义的代表人物有弗兰克尔(Frankl)、罗洛·梅(Rollo May)、詹姆斯·布根塔尔(James Bugental)、欧文·雅洛姆(Irvin D. Yalom)、克里尔(Krill)、汤普森(Thompson)等。

(一) 基本观点

存在主义理论从“存在”出发,分析人类存在的意义和价值,帮助服务对象发现和发挥自身独特的意义和价值。

存在主义的核心概念是“存在”。在存在主义看来,存在包括两种类型:自在的存在和自为的存在。自在的存在是纯粹的存在,无所谓好坏、也没有分化,是中立的、静止的;自为的存在是我们意识到的存在,是一个动态变化的过程,是有意识、有潜力并可以改变的。而对于个体来说,实现自在的存在向自为的存在的转变,是非常有价值的,可以让服务对象认识到改变是必要的且可能的。所以对于服务对象来说，其需要认识到真实的存在并且正视真实的存在，而此种过程就是个体觉醒的过程。存在主义认为，在人类社会中一个重要的存在是痛苦，痛苦是存在主义哲学对于人的生命的态度。在荒谬的社会中，“他人即地狱”，因而人的存在必然是痛苦的，而痛苦本身对于人的生命具有指导的意义。

存在先于本质。在存在主义看来，人的存在是第一位的，先于社会道德、理念、信仰等而存在。因此，人的自由是必需的。个人的自由主要体现在选择和行动方面，人有选择自己行为的自由，也只有通过自己所选择的行动自由才能实现。因为人的行为是自由选择的，所以个人要为自己选择的行动负责。在社会工作实践中，存在主义非常强调自由和责任。存在主义认为，社会工作者必须明确，服务对象的行为是可以改变的，社会工作者的作用就在于帮助服务对象选择他们的目标，克服实现目标的限制。社会工作者要致力于将负面的因素转化为积极的正面因素。

（二）处遇与原则

在存在主义的指导下，社会工作者要强调了解服务对象的存在，重视服务对象自由选择的权利和能力，并帮助服务对象更好地认识真实的存在，并且作出相应的改变与改善。在具体的服务中，社会工作者应该坚持以下指导原则：

第一，服务对象的问题是“存在”的问题。此种存在是个人和社会系统相互作用下的存在，是人具有自我知觉能力和进行自我定义、自我创造下的存在，更是个人选择行动下的存在。而个人不能认识到此种存在或者不能正视此种存在，从而导致问题的产生。

第二，社会工作者需要协助服务对象寻找意义。社会工作者需要努力协助服务对象正视真实的存在，即使过程非常痛苦，也要争取让服务对象体会到新的生命价值与意义。

第三，政治层面的行动是必要的。社会工作者应该注意到影响服务对象“存在”的一般议题和政治议题，更要把握这种议题对于服务对象的压迫，并设法促进人们可以根据他们的愿望和需要自由地参与到持续的重新建构过程中。

（三）评价

存在主义以人的存在为核心，从哲学理论的角度对社会工作实务施以影响。该理论的突出优势在于帮助服务对象更为清楚地认识自己的存在，以及自我选择的权利和责任，促使服务对象对自己的行为进行深刻的反思。存在主义为社会工作实务提供了一种敦促服务对象根究自己问题根源的理论视角，对于社会工作实践发挥重要的指导作用。

存在主义作为一种哲学理论思潮，对于社会工作的影响还主要停留在理论层面或价值观层面，对于社会工作实务的影响还比较小。虽然存在主义强调个人的自由与责任等理念，这对于解决服务对象问题具有一定的实际价值，但是该理论较为抽象，理论论述语言晦涩难懂，甚至对于很多社会工作者而言都不容易被理解接受，普通服务对象接受起来也有困难。

七、 女性主义理论

女性主义作为一种新的分析视角进入到社会工作理论是 20 世纪 70 年代末和 80 年代初的事情，该理论强调女性经验的重要性。代表人物有勒曼（Lerman）、贝蒂·弗里丹（Betty Friedan）、沃里斯（Rebcca Morrison van voorhis）等。

（一）基本观点

女性主义的基本理论观点是女性在社会中受到不平等的待遇，社会结构隐含着对女性的压迫。具体到究竟是什么导致女性相比于男性而言居于弱势地位，不同的女性主义观点不一，故而提出的对策也存在区别。

自由女性主义认为，男女并无太大的区别，女性与男性一样具有理性思考能力，社会结构的设计对于女性这个群体造成了歧视与不公。所以在自由女性主义看来，需要为女性争取个体自我实现的机会，并区分公、私领域。在公共领域中，政府应该介入并且在法律政策等方面保障女性的机会和权利；而在私人领域，政府则不应该介入。

激进女性主义认为，男女有先天的差异，性别主义所导致的权力不平衡是女性问题的根源，而现有的父权制的社会结构维系并增强这种权力之间的差异，使女性处于弱势地位。在激进女性主义看来，社会需要根本的变革，才能改变女性受压迫的状况，这种变革最根本的就是从家庭制度入手。

社会主义女性主义认为，社会结构压迫女性，其主要表现在家庭和经济层面的压迫：在家庭方面，女性的家务劳动不被视为生产和再生产的过程之一，抹杀了女性的贡献；男性在外赚取薪资，满足家庭经济需求，而地位高于女性。所以在社会主义女性主义看来，在家庭和经济层面需要结构变革，在具体策略方面强调家务劳动与照顾子女也是一种公共责任，也应该获取相应的津贴。

文化女性主义作为激进女性主义的一个重要的分支，其认为男女是有先天差异的；在社会中应该关注女性特质，建立女性主义文化，并经由大众媒介来展示与赞赏女性特性。

后现代女性主义也认为，男女是有先天差异的，但是其不赞同任何分类，认为语言本身包含着知识与权力，代表着处于优势地位的人对于弱势地位的人的强迫和压制；应把解构文化中男性所建构的意识形态作为目标；女性是多样的，没有任何一类女性可以替代所有的女性说话。

女性主义在关注女性的同时，还指出了被以往的女性主义所忽视的种族因素，其认为只有考量自我的所有方面(包括性别、种族和阶层)，才能对于个人的受压迫经验有整合与全盘的了解。

(二) 处遇与原则

在女性主义的指导下，社会工作者要根据现实社会中女性被压迫的实际状况，通过相应的行为提升女性的地位和增进女性的权力，从而实现男女平等。在具体的服务过程中，社会工作者应该坚持以下原则：

第一，女性的问题是社会结构造成的，个人的即政治的。比如，女性的心理健康问题直接与社会文化对于女性的评判有关，包括女性的个人特征、社会表现等，一般说来，社会对于女性的评判是一种消极的评判。

第二，服务过程的双重焦点、关系的平等。女性主义工作强调个人改变和社会变迁，同时还重视个人改变与社会变迁之间的关联性，强调社会工作者与服务对象之间的关系的平等性。

第三，服务目标的双重性。女性主义实务的长期目标在于解除社会对于女性的压迫和实现女性的解放，并建构一个两性平等的社会，使女性都具有自我实现的机会；女性主义实务的短期目标在于增进女性对于问题社会根源的认知，提升女性的自我价值感和掌控感，提升参与社会行动的能力与力度。

(三) 评价

女性主义从两性社会平等的角度来解释妇女问题的成因，为社会工作实务提供了一种新的理论分析框架。当前女性主义对于社会工作的影响主要集中在对社会工作的理念、价值等理论层面，还没有被广泛地用于社会工作服务中。但是，女性主义的视角确实在实务中对解决女性服务对象的问题提供了理论支撑。因此，女性主义对社会工作实务介入是非常有必要的，今后应逐步深入完善。

八、 增能理论

增能概念在社会工作实务中长期存在。1976 年巴巴拉·所罗门(Barbara Solomon)出版了《黑人增能:压制性社区的社会工作》一书,该书中初步建立了增能视角的实践框架。20 世纪 80 年代以来,增能视角获得了长足的发展,甚至有人把 20 世纪 80 年代以来的社会工作实践称之为“增能取向时代”的实践。其代表人物有所罗门、罗伯特·亚当斯(Robert Adams)等。

(一) 基本观点

增能理论是围绕着“增能”概念展开的。“增能”是社会工作者针对服务对象所采取的一系列活动的过程,特别是注重协助社会弱势群体,增加其权能,努力改变其所处的环境与结构。增能具有三个重要的维度:(1) 更具积极意义和潜能的自我感的发展;(2) 建构知识和能力,以更批判性地理解个人环境的社会和政治实现之网;(3) 形成资源和策略,以实现个人和集体的目标。

在增能理论看来,个人之所以与环境之间出现交流障碍,原因在于环境加诸于其本身的压迫和限制。社会工作的介入在于增进与充实服务对象的“权能”以摆脱环境的束缚,从而实现服务对象与其所处环境之间有效的沟通与交流。在增能理论看来,增能具有层次性,主要从三个层次进行增能:第一个层次是个体的层次,包括让个体感觉到自己有能力去影响或者解决问题;第二个层次是人际的层次,即促进个体与他人之间的合作,从而有效地解决问题;第三个层次是环境的层次,即改善社会制度,实现自助。

增能理论认为,就具体的干预策略来说,其包括增强权能、倡导辩护与基变取向,其中增强权能和倡导辩护期待从个人倡导与原因倡导中创造出一个与有利于服务对象自我实现的环境,基变取向则倡导只有通过社会体系的全面变迁才能最终实现个体能力的提升。

(二) 处遇与原则

在增能理论的指导下,社会工作者要不断提升服务对象的能力,改善服务对象所处的环境,从而实现服务对象与环境之间的良性互动与彼此间的有效沟通,实现服务对象的自助。在具体的实务过程中,社会工作者应该坚持以下指导原则:

第一,服务对象问题的“内外交加”。各个系统层次的限制与压迫,以及长久的负向评价,使得服务对象缺乏自我实现的资源与能力,无法有效回应外在环境的需求。由此服务对象倍感无助、失望，从而导致情绪上、智慧上和精神上的无力感，丧失自我实现的可能性。

第二，社会工作者与服务对象之间是一种协同的关系。这种协同的关系意味着社会工作者与服务对象之间建立的是一种平权关系（egalitarian relationship）和对等伙伴（balanced partner）的工作联盟，社会工作者与服务对象都是可用的资源，服务对象的长期目标就是社会工作者的目标。社会工作者应避免自己的权威角色与权威知识对于服务对象的影响，鼓励服务对象用自己的话叙述问题，用基变的视角分析自己所处的情境。

第三，社会工作实务的目标在于个人与环境的良性互动。即通过增能，改善服务对象与外在环境的关系，促进两者间的良性互动，以解决服务对象面临的问题。

（三）评价

增能理论强调提升服务对象的权利意识，增强服务对象的各种能力，帮助他们自我实现。增能的概念一经推出，就受到社会工作内部极大的认同和接纳，特别是解决某些中观层面的社会问题给服务对象带来的困扰时，让社会工作者们普遍感到非常适用。不过增能对于社会工作实务来说还存在应用上的困难。第一，增强服务对象能力难以衡量。第二，社会工作者在对服务对象进行增能的过程中，受到多种条件的限制，很多目标难以达成。虽然如此，增能理论还是为社会工作打开了一扇大门，对社会工作专业及社会变迁与发展都具有重要意义。

第三节　社会工作理论与实务

社会工作的发展历史表明，社会工作实务离不开理论的指导，社会工作理论也不能脱离实务的基础，社会工作理论与实务是相互促进、相辅相成的。

一、正确认识社会工作理论与实务的关系

从社会工作者实务过程的角度看理论之于社会工作，理论具有不可或缺性，如图 5-1 所示：

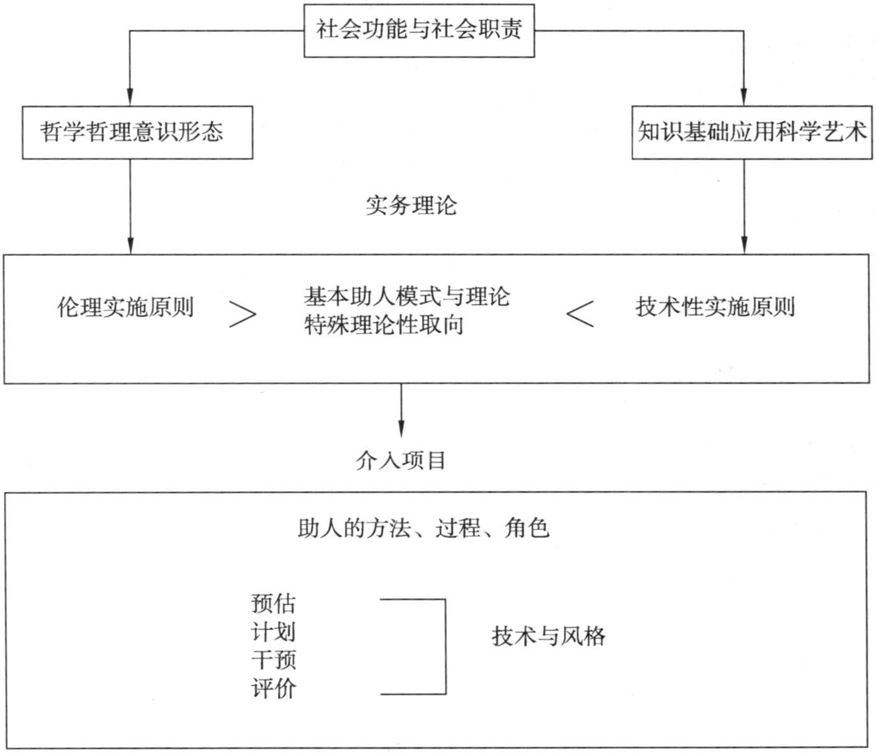

图 5-1　社会工作实务过程图[①]

社会工作理论与实务关系密切。社会工作是一门综合性的应用科学，必然要求理论具备实务导向，同时实务过程中要求社会工作者遵循相应的伦理原则和技术性原则，这也意味着社会工作者必须具备相当的理论素养。

不可否认，社会工作理论还没有得到应有的重视，理论现实中还存在很多不良认知和倾向，这些不良认知和倾向主要有：

第一，理论无用论。这种观点认为，理论的作用很小甚至于没有，社会工作实务技巧、方法等实际操作流程才是社会工作者应关注的重点，社会工作理论是可有可无的陪衬。

第二，教条主义。将理论的运用教条化也是社会工作实务中常常出现的问题。这种倾向往往过于看重理论的作用，将理论书本化、教条化，将理论的运用置于书

---

① 宋丽玉，曾华源等：《社会工作理论——处遇模式与案例分析》，台北：洪叶文化事业有限公司，2002 年，第 12 页。

本罗列的条条框框之中，认为要严格按照理论论述的步骤途径才能解决问题，而忽视服务对象的真实需要。

第三，过度折中主义。社会工作发展的历史上曾经出现过构建统一理论的设想，虽然人们普遍承认这种努力难以实现，但是在实务中还是有这种倾向。不同的理论有其各自的优势与不足，不能进行简单的加总整合，因为不加节制地整合理论反而削弱了理论的原有效果。

这些现象的出现虽有其历史原因，但是在今后的社会工作发展中应该逐步修正。

二、促进理论与实务的有效结合

社会工作理论与实务是相辅相成的，那么如何在实践中促进社会工作理论与实务的有机结合就是一个不容回避的问题。虽然理论是实务基础上的概括提升，实务为理论提供素材并检验理论，但是理论与实务之间亦存在张力。在理论诞生之时也就意味着与实务的分离，理论的道德价值要求与实务的结果导向之间存在着鸿沟，加之现实的不确定性、复杂性和多变性等，这些都使得很难将理论和实务进行有效融合。

在实践过程中，我们需要越来越关注理论，特别是理论与实务的结合。当然这种结合是正视理论与实践冲突的结合。对于社会工作者来说，既需要重视理论的有效性，又需要关注实践的合理性，要把两者有效地结合起来，实现社会工作的健康发展。

社会工作理论与实务的有效结合将极大地促进社会工作专业的健康发展，学者 Jordan 指出理论与实务之间存在三种结合方式：

第一，渗透(seeping-in)，即已经掌握了社会工作理论，但是并不知这种理论从何而来、为什么会产生。

第二，混合(amalgam)，特定的理论应被放在特定的地方，所以个体拥有了多方面的社会工作理论，便建立了社会工作理论的知识库。

第三，个体化方式(personal style)。不同的个体采用差异化的方式对于理论进行整合，从而使理论与自身成为一个完整的整体。

结合的目的是为了更好地运用社会工作理论，应用理论的方法也包括三种：

第一，比较与分类(comparison and classification)。即社会工作者将工作情境与机构的功能、经验以及社会科学的相关理解进行对比，然后根据从前的个案经验对它进行分类，其实质是对立足于传统的、已经建立的程序方法作出反应。

第二，综融性实践理论的应用(application of a generic theory of practice)。工作情境被重新建构为与社会网络、社区而非仅仅个体本身相关联，从而社会工作被理解为一个社会过程而非心理过程。

第三，启发式搜索(heuristic search)。社会工作者努力搜索包括政治、道德等方面的各种不同信息和方法以更好地面对工作情境，从而尽量避免将问题简单化、抽象化。

通过社会工作理论与实务的有效结合，社会工作才能取得良好服务效果，才会被社会工作者长久地运用下去，对于社会工作理论的评估也必然愈加受到实务工作者和理论研究者的重视。当然，我们在讨论社会工作理论实效的同时，不能忘记社会工作者自身担负的责任，不但要做理论的践行者，更重要的是做理论的创造者，进行对理论和实践的双重反思，推动社会工作理论的发展。

三、社会工作理论的评估

对社会工作的效果进行准确评估愈来愈受到社会工作者的重视。首先，社会工作者本身提供实务服务的过程包括评价效果的步骤；其次，服务对象接受社会工作者的服务也会产生对服务水平的评价；再次，涉及购买社会工作服务的出资主体如政府部门等，也需要对社会工作服务效果进行评估。评估的结果对于社会工作在公众中的形象、社会工作专业的社会地位以及社会工作专业的发展都具有重要的影响。

对实务效果的评价分析无疑也是对社会工作理论的一种检验。预设理论指导社会工作者的具体实务操作，在社会工作预估、计划、实施和反馈等各个环节都发挥作用。社会工作理论发展到多元理论并立的阶段，也给社会工作者带来了一个难题，就是在进行社会工作实务的过程中如何对多元社会工作理论进行选择和运用。因此，对不同理论的具体使用效果进行比较评价，找出它们的适用范围、存在问题以及改进方向也就非常必要，这对社会工作者选择理论具有明显的指导意义。

社会工作者对理论的评估主要采用两种方式：一是量化评估，二是质性评估。

(一) 量化评估

量化评估是指运用量化的研究方法对社会工作理论在社工实务中发挥的作用进行评价估量。量化评估注重运用测量手段记录实务过程关键时点的成效，对比服务对象在接受服务前后的变化，以确定该服务中所使用理论的功效，通过大量实证数据来评价不同社会工作理论的效果。探索不同理论运用的实际成效受到哪些因素的影响，以此对社会工作理论的适用范围作出判断，以期选择最为恰当的理论来为服务对象服务。

应当承认，这种量化评估社会工作实务效果和理论功能的方法比较有说服力，但是也不能否认，量化评估的方式确有其缺陷所在。首先，量化评估可以测量服务对象的外在行为，但是很难测量服务对象的心理变化；其次，测量服务对象的多样性导致结论难以推广，一个个案的成功并不意味着与其存在同样问题的另一个个案就必然成功，而且不同文化传统背景下对同一问题蕴含的意义的理解存在很多差异；再次，量化测量的实施可能遭遇伦理问题，量化的方法本身就隐含着主体与客体关系，在实际操作过程中容易与尊重、平等等社会工作专业价值观念不相符合。

（二）质性评估

质性评估是指运用质性研究的方法对社会工作理论在社工实务中发挥的作用进行评价估量。质性研究的数量在社会工作领域不断上升，香港学者石丹理、韩晓燕、邓敏如综合他人研究，提出了评价质性研究的 12 个标准：标准一：清楚地陈述研究的哲学基础；标准二：以充分的理由说明参与者的数量与质量；标准三：详尽阐述资料收集程序；标准四：对研究者的偏见和先入之见做出交代及讨论；标准五：阐述预防偏见的步骤，对“偏见必须予以消除”或“偏见是难以被消除的问题”提出讨论；标准六：信度的测量（跨评分者信度和评分者的内在信度）；标准七：在研究者和数据类型方面的三角测量；标准八：同伴核对和参与者的检验程序；标准九：对审核路径重要性的意识；标准十：研究发现的其他可能解释之考虑；标准十一：对负面证据提出解释；标准十二：清楚地陈述研究的局限。[①] 结合质性研究的评估标准，对社会工作理论进行质性评估时应注意，要摒弃先入为主的理论刻板印象。尽量综合多人研究，或至少对研究过程包括研究者人数、背景、程序以及研究局限等作出准确清晰的记录，以供后来者继续推进研究，增强质性研究的可信度。

对社会工作理论的评价要采取多种标准，从不同角度对理论运用效果进行剖析。多种标准至少包括以下几方面：理论的解释力，理论在何种程度上对服务对象的生命历程进行解释，能否通过理论的运用使社会工作者和服务对象搭建共同认知平台作为沟通渠道；理论的价值导向，理论是否会促进社会的公平正义与发展进

---

① 石丹理，韩晓燕，邓敏如：《社会工作质性评估研究的回顾（1990～2003）对中国社会工作的启示》，《社会》，2005 年第 3 期。

步;理论的激发力,理论是否具有促使服务对象发生改变的激励作用,激发服务对象的潜能特质;理论的容纳度,即理论包容其他理论成果进行自我完善发展的能力。将理论置于历史框架中进行研究,特别是在不同文化背景下理论的效果,弥补量化评估的不足。

量化评估和质性评估两种方法各有侧重,相互之间并不排斥,社会工作者应综合运用这两种方法对理论进行评估。通过对社会工作理论的评估,可以为社会工作者开展实务工作提供更为有效的理论选择,也使得社会工作理论与实务有效结合的实现成为可能。

社会工作的发展历史表明,社会工作实务离不开理论的指导,社会工作理论也不能脱离实务的基础,社会工作理论和实务是相互促进、相辅相成的。

A　本章小结

1. 理论对于社会工作具有重要的意义,理论的重要性主要体现在:理论是社会工作成为一门独立性专业学科的重要条件、理论是社会工作者专业性的保障、理论是社会工作知识积累和延续的重要手段。

2. 社会工作理论发展经历了四个阶段:理论萌芽阶段、采借理论阶段、理论整理阶段和多元理论阶段。

3. 社会工作理论按照不同的标准可以分为多种类型:主要以大卫·豪的二分法、皮拉利思的三分法和考拉的四分法为代表。

4. 社会工作的理论流派涉及精神分析理论、认知行为理论、系统理论、心理社会理论、人本主义、存在主义、女性主义、增能理论等。

5. 社会工作理论与实务是相辅相成的。理论无用论、教条主义和过度折中主义都是不可取的,应积极促进社会工作理论与实务的有效结合。

6. 社会工作者对理论的评估主要采用两种方式:量化评估和质性评估。

B　主要术语

理论(Theory):是指由逻辑上相关的概念和判断组成的知识体系,是对一定事物或现象的解释,是对经验知识的抽象概括和总结。

精神分析理论(Psychoanalytical Theory):主要来源于弗洛伊德及其追随者的精神分析学说,其关注人的内在心理因素对人的行为的决定作用。

认知行为理论(Cognitive Behavioral Theory):认知行为理论是在认知心理学和行为心理学基础之上发展起来的社会工作理论,其关注人的认知与行为之间的关系。

系统理论(System Theory):其强调在社会工作实务中平衡个人和环境两个着眼点的重要性,关注并考察与个人行为相关的众多要素。

心理—社会理论(Psychosocial Theory):是社会工作实务中被广泛、普遍采用的关注人际关系和社会环境的改善,并试图综合人类行为与社会环境的各种理论。

人本主义(Humanism):承认人的价值和尊严,把人看做万物的尺度,或以人性、人的有限性和人的利益为主题的哲学,强调的是人的价值、尊严、权利、才能、自由等。

存在主义(Existentialism):是一个哲学的非理性主义思潮,它强调个人、独立自主和主观经验。

女性主义(Feminism):基本观点是女性在社会中受到不平等的待遇,社会结构隐含着对女性的压迫,要提升女性的地位和增进女性的权力,从而实现男女平等。

增能(Empowerment Theory):是社会工作者针对服务对象所采取的一系列活动的过程,旨在增加服务对象的权能,实现自我的发展,建构知识和能力,形成资源和策略。

C 练习题

1. 小李是一个刚进入大一的男生,他与宿舍同学之间的关系出现了问题:宿舍共四人,其他人都不搭理他。小李认为问题不在自己,他觉得自己只不过平时用用这几个舍友的洗衣粉、香皂等东西,这些舍友就不分青红皂白地批评他。小李觉得舍友太小气了,他也很生气,也不愿意搭理这些舍友,但是又觉得被孤立很不好。

(1) 请运用认知行为理论分析小李的问题。

(2) 运用认知行为理论在解决小李问题的过程中,应坚持何种原则?

2. 小刘是一个刚毕业的女研究生,与另外一个男生同时进入一个职业院校面试,可以说,无论是学历、学校、经验还是能力,小刘均略胜一筹,但是最终的结果却是那个男生被录用,而小刘没有得到这个工作机会。小刘通过打听了解到自己没有被录用的原因:小刘是女性,进来后还要考虑结婚生孩子的问题,太麻烦。

(1) 从性别主义视角看,小刘没有被录用的原因是什么?

(2) 如果运用增能理论帮助小刘,应注意哪些层次的增能?

D　思考题

1. 简述理论对于社会工作的重要性。
2. 简述西方社会工作理论的发展历程。
3. 说说社会工作理论有代表性的分类。
4. 认知行为理论有哪些基本观点?
5. 如何评价系统理论?
6. 简述人本主义的基本思想。
7. 简述女性主义理论的基本内容和应用情况。
8. 如何理解社会工作理论与实务的关系?

E　阅读文献

1. 何雪松:《社会工作理论》,上海:上海人民出版社,2007 年。

2. 李迎生:《构建本土化的社会工作理论及其路径》,《社会科学》,2008 年第 5 期。

3. 〔美〕马尔科姆·佩恩著,冯亚丽,叶鹏飞译:《现代社会工作理论(第三版)》,北京:中国人民大学出版社,2008 年。

4. 隋玉杰:《社会工作:理论、方法与实务》,北京:中国社会科学出版社,1996 年。

5. 宋丽玉,曾华源等:《社会工作理论——处遇模式与案例分析》,台北:洪叶文化事业有限公司,2002 年。

6. 王思斌,谢立中,马凤芝,程为敏:《西方社会工作理论的历史与现状》,《中国社会工作》,1996 年第 2 期。

7. 王思斌,谢立中,马凤芝,程为敏:《西方社会工作理论的历史与现状(续)》,《中国社会工作》,1996 年第 3 期。

8. 王思斌主编:《社会工作概论(第二版)》,北京:高等教育出版社,2006 年。

9. 文军:《论社会工作模式的形成及其基本类型》,《社会科学研究》,2010 年第 3 期。

第六章 人类行为与社会环境

人类行为与社会环境主要研究在生命历程的各个阶段，生理因素、心理因素和社会因素对人类个体发展的影响。社会工作者在评估服务对象时，必须具备充实的人类行为的知识，并用这些知识来解释服务对象的问题，同时他也要了解服务对象的生理、心理和社会环境。社会工作者对这些问题清楚了解之后，才能明确服务对象问题的症结所在，更好地帮助服务对象。

第一节 人类行为

人类的各种行为都是在动机的作用下，向着某一目标进行的，而人的动机又是由于某种欲求或需要引起的，因此了解人类的行为首先要了解人类的需要。

一、人类需要

（一）人类需要的含义

需要是人脑对生理和社会需求的反映，是个体对内部环境和外部生活条件的稳定要求，是其赖以生存和发展的必要条件。需要不仅是心理学范畴，也是哲学、经济学、政治学、社会学和伦理学的重要范畴。它是人的基本特性，是人类活动和行为积极性的源泉。从某种意义上说，需要可以看做是人类一切活动的出发点和归宿。

人的需要和动物的需要有着本质的不同。人的需要具有社会性，它的发展变化受到社会生产发展和分配性质的制约。即使是人的生物性需要，其实现方式也受到生产和生活方式的制约。需要在人的内部心理活动和外显行为中具有十分重要的作用和意义。需要不仅激发人的活动的积极性，而且还支配和影响人的认知、情感和意志。

(二) 人类需要的理论

1. 马斯洛的需要层次论

美国心理学家马斯洛(Abraham H. Maslow)在20世纪50年代提出了需要层次论。他认为人有生理需要、安全需要、归属与爱的需要、尊重的需要和自我实现的需要。这五种基本的需要又可划分为两类:一类是低级的生理性需要,即生理需要和安全需要;另一类是高级的社会性需要,即归属与爱的需要、尊重的需要和自我实现的需要。马斯洛认为,只有基本满足了低级需要后才会产生高级需要,最占优势的需要将支配一个人的意识和行为,高级需要出现之后,低级需要仍然存在,但对行为的影响减弱了。同时他也看到了人与动物在需要方面的区别,低级需要是人与动物共有的,而高级需要则是人所特有的。

马斯洛的需要层次理论是一种比较完整地研究需要的理论,它系统地探讨了需要的实质、结构、发生、发展,以及需要在人类生活中的作用,它反映了人的基本需要由低级向高级发展的趋向,以及需要和人的行为之间的关系。马斯洛的需要层次理论也存在局限和不足。一是他对需要层次的划分过于绝对,忽视了理想信念在需要中具有最高调节器的作用;二是离开人的社会历史条件、离开人的社会实践,抽象地谈人性和人性的自我实现,没有看到个人需要和社会历史条件、制度等社会因素的关系。

2. 阿尔德弗尔的ERG理论

ERG理论是阿尔德弗尔(Clayton Alderfer)于1969年提出的一种与马斯洛需求层次理论密切相关但又有些不同的理论。他把人的需要分为三类,即Existence,存在的需要;Relatedness,关系的需要;Growth,成长的需要。ERG理论的特点有:(1) ERG理论并不强调需要层次的顺序,认为某种需要在一定时间内对行为起作用,而当这种需要得到满足后,可能去追求更高层次的需要,也可能没有这种上升趋势。(2) ERG理论认为,当较高级需要受到挫折时,可能会降而求其次。(3) ERG理论还认为,某种需要在得到基本满足后,其强烈程度不仅不会减弱,还可能会增强,这就与马斯洛的观点不一致。

阿尔德弗尔的ERG理论在需要的分类上并不比马斯洛的理论更完善,对需要的解释也并未超出马斯洛需要理论的范围。如果认为马斯洛的需要层次理论是带有普遍意义的一般规律,那么,ERG理论则偏重于带有特殊性的个体差异,这表现在ERG理论对不同需要之间联系的限制较少。

(三) 人类需要的类型

1. 生理性需要和社会性需要

按需要的起源可以将需要划分为生理性需要和社会性需要。生理性需要也称自然需要，它反映了人们对延续和发展自己的生命所必需的客观条件的需要，如对生活资料的需要、生理保健的需要、繁衍后代的需要等；社会性需要就是人们在生理性需要的基础上形成的一种特有的需要，它是在维持人们的社会生产和社会交往的过程中形成的，如人对工作的需要、对知识的需要和实现理想的需要等。

2. 物质需要和精神需要

从需要对象的性质可以将需要划分为物质需要和精神需要。物质需要是指个体对物质，如衣、食、住、行和日常用品的需要。在物质需要中既包括生理性需要，又包括社会性需要。精神需要是指人对自己的智力、道德和审美等方面的发展条件的需要，是随着社会的发展而不断发展的，如人对学习提高的需要、创造发展的需要、贡献能力的需要、独立自尊的需要等。

3. 直接需要和间接需要

从人们对需要的迫切程度来划分，可以将需要分为直接需要和间接需要。直接需要是指为实现一定的目标而产生出的一系列具体的需要。如为通过考试而学习等。间接需要是指那些比较概括的、抽象的需要，常常以理想、志向等形式表现出来，如由于环境的刺激，产生了当一个科学家的愿望。

二、人类行为的类型和特点

(一) 人类行为的含义

行为有广义与狭义之分。从广义来说，行为是由客观刺激通过人的心理活动而引起的内部与外部的反应，而狭义的行为仅指外显的行为。

行为主义学派把行为看成是机械式的由刺激直接引起的，否认了人的心理因素，其行为公式 S→R，S 指外界刺激，R 指反应行为。新行为主义者托尔曼(Edward Chase Tolman)提出了“中介变因”的概念。其行为公式是：B=f(S. A)，B 为行为变因，S 是情境变因，A 为前提变因(包括遗传、年龄和经验等)。新行为主义者开始重视个体对行为的作用。德国心理学家勒温认为，人的行为是个体与环境相互作用的结果。他提出的行为公式是 B=f(P. E)，B 代表行为，P 代表人，E 代表环境。

(二) 人类行为的类型

1. 本能行为和习得行为

按照人类行为的起源，可以划分为本能行为和习得行为。本能行为来自遗传，是一类不需要学习就可以出现的定型的行为模式，如吮吸、爬行等。习得行为是人类在后天与环境的互动中逐渐学习而形成的，也可以叫学习行为，如工作、交往等。

人类的大多数行为都是先天本能加上后天学习的结果。

2. 亲社会行为和反社会行为

根据行为对社会的作用是积极还是消极，将人的社会行为分为亲社会行为和反社会行为。亲社会行为指一切对社会有积极作用的行为，包括助人行为、遵守社会规范的行为、友善行为、公共参与行为等。其中那些不求任何精神和物质回报的助人行为也被称为利他行为或无私利他行为。反社会行为是一种攻击他人或社会的行为，对社会有消极作用。例如，暴力行为、侵犯或攻击行为、伤害他人和破坏社会秩序的行为等。

3. 正常行为和偏差行为

按照行为是否符合常模、社会规范，可将行为划分为正常行为和偏差行为。正常行为是指符合社会规范和常模的行为。偏差行为是指显著异于常模而妨碍个人正常生活适应的行为。因为社会规范和常模是相对的，因此正常行为和偏差行为的区分具有相对性。

（三）人类行为的特点

人类行为的特点主要有适应性、多样性、动态性、指向性、可控性、发展性等。

第一，适应性。人类行为的根本目的是为了适应环境，维持个体及种族的繁衍，并在适应环境的同时不断改变自身的生存环境。

第二，多样性。人类行为存在各个不同的侧面，有外显的，有内隐的；有来自遗传的，有后天习得的；有生理范畴的，有社会范畴的，千姿百态，丰富多彩。

第三，动态性。人类行为一直处于变化中，这种变化既有来自自身变化的影响，也有由于社会生活条件造成的行为改变。

第四，指向性。人类行为不仅有原因，而且具有特定的目标指向。

第五，可控性。人类能有意识地控制和调节自身的行为，使其向着目标前进。

第六，发展性。人类行为是连续不断的发展过程，现在行为是过去行为的继续，而现在的行为又将成为未来行为的基础。

三、影响人类行为的因素

影响人类行为的因素复杂多样，这也是导致人类行为多样性的一个重要原因。一般来说，影响人类行为的因素包括生物因素、心理因素和社会因素三个方面。影响人类行为的这三个方面的因素并不是单独作用于人类行为，而是相互交叉影响人类行为的发展。

生理因素对人类行为的影响包括：生理因素是人的行为的物质基础；生理因素的变化会影响心理因素的成长；不同阶段的人生理发育不同，这直接影响到了人类不同时期的成长特征；生物因素主要通过遗传基因影响人类行为的发展。

心理因素对人类行为的影响包括：心理认知帮助我们正确认识自己，正确认识他人和社会，从而正确处理自我与他人、社会的关系。只有正确的认识，才能确保人们科学的行为与健康的成长；情感对人类行为的影响日益重要，现在科学对情感的深入研究，证明了情感对人类成长的重要意义；心理的需要和动机影响行为的变化。

社会因素对人类的行为也有重要的影响。人是社会的人，人的行为既是对社会的适应，又深受生存环境的影响。人的生存环境既包括自然环境，也包括社会环境。自然环境包括气象、土地、山川和河流等，社会环境包括家庭、群体、单位、社区、文化和社会制度等。自然环境和社会环境相互影响，共同作用于人类行为，导致人类行为上的千差万别，多姿多彩。

第二节　社会环境

社会环境与人的行为相互作用、相互影响，家庭、学校、单位、朋辈群体、社区、文化和大众传媒等社会环境对人类行为都产生重要的影响。

一、社会环境的含义和特点

（一）社会环境的含义

社会环境是指与人类生物遗传、心理状态及社会过程相互作用的社会系统。社会环境是一个极其复杂的系统，既包括日常活动的互动系统，也包括影响社会功能的环境系统。主要构成要素包括：家庭、学校、单位、朋辈群体、社区、文化和大众传媒等子系统。

（二）社会环境的特点

第一，多样性。影响人类行为发展的社会环境多种多样，有较为微观的家庭、学校、群体和组织，也有比较宏观的社区、文化和社会制度等。

第二，复杂性。社会环境中各子系统对人类行为的影响是相互交叉的，各子系统相对独立，又相互影响，作用的机制非常复杂。

第三，稳定性。社会环境具有相对的稳定性，从微观来讲，比如，一个人所生活的具体的家庭环境、所在的社区的文化价值观念、风俗习惯等，在一定时期是相对稳定的；从宏观上讲，一个时代的制度、社会结构也具有相对的稳定性。正是这种环境的稳定性特征使得人类正常有序的生活成为可能。

第四，变化性。社会环境并不是一成不变的，应该说，社会环境始终处于动态变化中，是稳定性和变化性的相对统一。尤其是在全球化和市场经济的影响下，社会环境的变化速度日益加快，如果人们的行为、观念与变化的社会环境不相适应，就会产生一系列问题。

二、社会环境的主要构成要素

（一）家庭

家庭是社会最基本的单位，是人接触社会生活的最初阶段。家庭对个体的影响主要是通过家庭教养模式。家庭教养模式包括纵向和横向两个方面。纵向影响主要来自家庭背景和家庭中过去的事件，多在宏观层面展开；横向影响主要关注家庭成员间互动如何影响个体的成长与发育，属微观层面。不同的家庭教养模式对孩子的影响是不同的，良好的教养模式可以使儿童、青少年向着积极主动的、友好安定的方向发展，而错误的教养模式有可能导致他们向着攻击性、反抗性等消极的方向发展。

家庭气氛对子女的行为也有重要的影响。在一个温馨和民主的家庭气氛中长大的孩子可能会形成独立、人际关系良好、有创造力、有责任感、适度从众等行为特征。在过于严厉或过度放纵的家庭气氛中长大的孩子则容易形成盲目服从、缺乏责任感和独立精神、人际关系差、依赖性强、无纪律以及情绪起伏不定等行为特征。社会工作服务对象的很多问题都和家庭有关系，社会工作者在帮助服务对象时也要对其家庭状况给予重点关注。

（二）同辈群体

同辈群体是由年龄、性别、志趣、职业、社会地位及行为方式大体相近的人所组成的一种非正式的群体。在儿童期，同辈群体的形成大部分出于偶然性因素，随着年龄的增长，同辈群体形成的主动选择性变得越来越多。同辈群体对个体行为的发展具有重要作用：首先，它对个体的认知发展、行为塑造、情绪表达、精神追求及支持系统均有直接影响；其次，伴随着个体的成长，同辈群体在不同的社会系统中扮演着不同的角色，这种角色越来越重要；再次，同辈群体往往有一套自己的价值标准，当这些标准与社会主流的价值标准一致时，会有利于群体成员形成积极的行为，而当这些标准与社会主流的价值标准不一致时，会对群体成员的行为产生消极影响。社会工作者要充分利用同辈群体的正向功能开展服务工作。

（三）学校

学校是个体社会化最重要的场所，是专门为社会成员尤其是儿童和青少年社会化而设立的正规化的学习机构。个体约有 1/4 的时间在学校中度过，因此学校对个体，尤其是儿童和青少年的影响非常大。学校对儿童和青少年的行为影响主要表现在两个方面：一是学校对儿童和青少年进行长期、系统的正规教育，传授现代社会所需要的文化和复杂的科学技术知识；二是学校向儿童和青少年灌输特定社会的价值规范，教育他们学会遵守规章和制度，并按照行为规范的要求学习扮演各种社会角色。学校系统、老师、管理者、家庭、学生以及学校所在社区之间往往有着密切的交互作用，并共同影响着学生的行为发展，因此学校社会工作者在开展工作时要对学校系统有一个完整的了解。

（四）工作单位

工作单位是个人在社会中从事一定职业时所归属的正式社会组织。工作单位对其成员的影响主要有：一是使个人学习专门的职业知识、技能和道德规范；二是指导个人建立各种社会关系，正确调适自我行为，以适应相应的工作需求与社会需求。在中国，工作单位对于社会个体来讲尤其重要，个人的经济收入、社会地位、成就感等，都与工作单位相联系，同时遇到的一些问题如下岗失业、人际关系不协调、工作压力大等问题，也都和工作单位分不开。

（五）社区

社区是指以一定地域为基础的社会群体。社区生活强化了人类的群体意识和共同体意识，拥有社区成员共同遵守的社会规范。社区对人类行为的影响主要有四个方面：第一，社区成员具有某些共同特征，如相似的社会经济地位、生活方式、文化和风俗习惯等；第二，社区成员之间存在着复杂的社会交往关系，在交往中影响彼此的行为方式；第三，社区本身是一种社会组织，具有本身的社会规范，对社区成员的行为具有约束作用；第四，社区成员对社区具有强烈的认同感和归属感，不同社区成员的行为方式是不同的。

（六）文化

文化是社会发展过程中人类创造物的总称，包括物质技术、社会规范和精神体系，是所有物质产品和非物质产品的总和。文化是人类共同生活的基础，也是人类活动的重要社会环境。文化对人类行为的影响是通过对人类个性心理的影响表现出来的。一个人个性心理的发展既受遗传因素的影响，也受社会环境的影响。社会环境，尤其是社会环境中的文化因素对个性心理的发展影响巨大。一个人的性格、能力、兴趣、认知、态度等都受文化的影响。人类在深受文化影响的同时又创造着文化，人类在接受文化的影响时总会进行选择。

（七）大众传媒

大众传媒（包括广播、电视、报纸、杂志、书籍、互联网等）对人类的行为和社会实践的影响越来越多。大众传媒对人类行为的影响主要表现在六个方面：第一，可以为受众提供支持其固有立场、观点和行为的有关情况，从而增强受众的固有观念和行为；第二，在争议不大且没有其他因素干扰的情况下，大众传媒只要重复传播内容，就能直接改变受众的行为；第三，大众传媒可以使受众不断改变其原有的立场；第四，大众传媒可以为受众提供支持其已有行为的信息；第五，可以提供为行为起引导作用的信息；第六，为受众指出行为规范，其结果是形成某种文化规范。大众传媒对人类行为既有积极的影响，也有消极的影响。积极的影响包括提供信息帮助个人和群体了解情况、作出判断、满足要求或实现目标；消极的影响包括通过信息传递不恰当的价值观念和行为模式，对受众进行误导，如电视暴力镜头、网络成瘾问题是影响儿童和青少年成长的一个突出问题。

三、人类行为和社会环境的关系

人类行为和社会环境相互影响，其复杂关系主要表现在五个方面。

第一，人类行为要适应社会环境。处于一定社会环境中的人需要改变自己的行为以符合社会期待，学习社会环境所认可和要求的行为。

第二，社会环境影响个人行为。各年龄段的人所受社会环境的影响不同。儿童和青少年受社会环境的影响较大，而成年人受社会环境的影响较小。研究表明，环境因素所导致的童年期创伤会影响个体健康人格的形成。

第三，社会环境和生物遗传共同对人类行为产生影响。社会环境对人类行为的影响不能脱离生物遗传因素的制约，同样，良好的遗传特性也需要依托适当的社会环境才能得以发挥。人的发展是遗传和环境相互影响的产物，其路径取决于遗传力量和外部环境影响之间复杂的相互作用。

第四，人类行为能够改变社会环境。人类行为改变着自然环境，同样也改变着社会环境。如个人独创的行为模式被其他社会成员所仿效，并广泛地推行，就可以形成一种新的行为模式。领袖人物或者大众的一致性行为，对社会环境的影响作用巨大。

第五，人类行为与社会环境相互影响的力度并不是对等的，社会环境对人类行为的影响要多些。

社会工作者要正确把握人类行为和社会环境的关系，不仅要评估服务对象行为方面的情况，还要评估服务对象所处的社会环境，更重要的是评估服务对象与社会环境之间的互动情况。社会工作者要帮助服务对象改变个人、环境，同时也要改变个人和其社会环境之间的互动状况，恢复和发展个人的社会功能。

第三节　人类行为与社会环境的理论基础

解释和说明人类行为与社会环境关系的理论有很多，主要包括精神分析理论、认知理论和行为主义理论，这些理论为人们理解人类行为与社会环境提供了一个基本的分析框架。

一、精神分析理论

(一) 弗洛伊德的精神分析理论

弗洛伊德(Sigmund Freud，1856～1939)认为，每个儿童都要经历几个先后有序的发展阶段，儿童在这些阶段获得的经验决定了他的人格特征。每一阶段的划分是以动欲区的转移为依据的。弗洛伊德认为，人格的发展，主要是本能的发展，本能的根源在于身体的紧张状态，多集中在身体的某些部位，称为动欲区。动欲区在发展的早期是不断变化的，首先是口腔，其次是肛门，然后是生殖器，据此他将人格发展分为五个时期，即口唇期、肛门期、性器期、潜伏期和生殖期。

弗洛伊德对意识的论述及童年期经验的重视是其主要贡献，但他的理论缺乏实验的支持和客观的验证，而他坚持把人类行为发展归结于性本能的观点也受到众多学者的批评和反对。

(二) 埃里克森的人格发展理论

埃里克森(Erik H. Erikson，1902～1994)的人格发展学说既考虑到生物因素的影响，也考虑到文化和社会因素。他认为，在人格发展中，个人与其周围环境的互动起着主导和整合的作用。在每个人成长的过程中，都普遍经历着生理的、心理的以及社会事件的发展顺序。按一定的成熟度分阶段地向前发展，他将人类发展分为八个阶段。这八个阶段分别是：婴儿期（0～2 岁）、儿童早期（2～4）、学前期或游戏期（4～7 岁）、学龄期（7～12 岁）、青年期（12～18 岁）、成年早期（18～25 岁）、成年中期（25～65 岁）和老年期或成年晚期（65 岁～死亡）。前面五个阶段与弗洛伊德的心理性欲发展阶段假定发生的时间几乎完全相同。至于这些阶段中要发生什么事情，埃里克森与弗洛伊德却持不同看法。后面三个阶段是埃里克森自己提出来的，体现了他对心理学重大贡献的一个方面。

二、认知理论

（一）皮亚杰的认知发展理论

皮亚杰（Jean Piaget，1896～1980）认为心理结构的发展涉及图式（schema，在他后期著作中用 scheme 一词）、同化、顺应和平衡四个概念。其中，图式是核心概念。图式是指个体对世界的知觉、理解和思考的方式，是认知结构的起点和核心，或者说是人类认识事物的基础。同化是指个体对刺激输入的过滤或改变的过程。也就是说，个体在感受到刺激时，把它们纳入头脑中原有的图式之内，使其成为自身的一部分，就像消化系统将营养物吸收一样。顺应是指有机体调节自己内部结构以适应特定刺激情境的过程。顺应是与同化伴随而行的。当个体遇到不能用原有图式来同化新的刺激时，便要对原有图式加以修改或重建，以适应环境，这就是顺应的过程。可见就本质而言，同化主要是指个体对环境的作用，顺应主要是指环境对个体的作用。平衡是指个体通过自我调节机制使认知发展从一个平衡状态向另一种较高平衡状态过滤的过程。皮亚杰认为，个体的认知图式是通过同化和顺应而不断发展，以适应新的环境。

皮亚杰借用逻辑和数学的概念来分析说明思维发展的过程。他把运算（operation）水平作为认知发展阶段的依据，把认知发展分为以下四个阶段：

1. 感知运动阶段

儿童从出生到两岁左右，处于感知运动阶段。处于这一时期的儿童主要是靠感觉和动作来认识周围世界的。他们这时还不能对主体与客体作出区分，儿童在这个时期还没有达到运算的水平，仅仅是对刺激的认识。婴儿看到一个刺激，如一个奶瓶，就开始做出吮吸的反应。

2. 前运算阶段

儿童从 2～7 岁左右，处于前运算阶段。这个时期儿童的认知开始出现象征（或符号）功能（如能凭借语言和各种示意手段来表征事物）。但在这个阶段，儿童还不能形成正确的概念，他们的判断受直觉思维支配。例如，唯有当两根等长的小木棍两端放齐时才认为它们同样长；若把其中一根朝前移一些，就会认为它长一些。

3. 具体运算阶段

儿童约在7～12岁时，处于具体运算阶段。这一阶段儿童已具有运算的知识(operative knowledge)，在一定程度上作出推论。例如我们把一个足球放在一些篮球中间，然后当着儿童的面把足球放在一些排球中间。但这个阶段的儿童能够推理，这是同一个足球，物体不会因为改变地点而变化大小，这个足球不会比在篮球中时更大些。

4. 形式运算阶段

儿童在12岁左右，开始不再依靠具体事物来运算，能对抽象的和表征性的材料进行逻辑运算。儿童在这时已有能力将形式与内容分开，用运算符号来替代其他东西。

皮亚杰认为，影响儿童认知发展的主要因素是：成熟、物理环境、社会环境，以及具有自我调节作用的平衡过程，人类的遗传潜能与适当的环境刺激在儿童认知发展中发挥着相同的作用。

（二）科尔伯格的道德发展阶段理论

科尔伯格(L. Kohlberg，1927～1987)继皮亚杰之后对儿童品德发展问题进行了大量的、卓有成效的研究，提出了系统的道德发展阶段理论。科尔伯格对皮亚杰的研究方法进行了改进，应用道德两难论的方法研究道德的发展问题。这种方法也称两难故事法。故事包含一个在道德价值上具有矛盾冲突的情境，让被试听完故事后对故事中的人物行为进行评论，从而了解被试进行道德判断依据的原则及其道德发展水平。通过大量的研究，科尔伯格提出了三水平六阶段理论。

1. 前习俗水平(0～9岁)

处在这一水平的儿童，道德观念的特点是纯外在的。他们为了免受惩罚或获得奖励而顺从权威人物规定的行为准则，根据行为的直接后果和自身的利害关系判断是非好坏。这一水平包括两个阶段。

第一阶段：惩罚与服从定向阶段。在这一阶段儿童根据行为的后果来判断行为的好坏及严重程度，他们服从权威或规则只是为了避免惩罚，认为受赞扬的行为就是好的，受惩罚的行为就是坏的。

第二阶段：相对功利取向阶段。这一阶段的儿童道德价值来自对自己需要的满足，他们不再把规则看成是绝对的、固定不变的，评定行为的好坏主要看是否符合自己的利益。

科尔伯格认为，大多数9岁以下的儿童和许多犯罪的青少年在道德认识上都处于前习俗水平。

2. 习俗水平(9～15岁)

处在这一水平的儿童，能够着眼于社会的希望与要求，并以社会成员的角度思考道德问题，已经开始意识到个体的行为必须符合社会的准则，能够了解社会规范，并遵守和执行社会规范。规则已被内化，按规则行动被认为是正确的。习俗水平包括寻求认可定向阶段、遵守法规和秩序定向阶段。

第三阶段：寻求认可定向阶段，也称"好孩子"定向阶段。处在该阶段的儿童，个体的道德价值以人际关系的和谐为导向，顺从传统的要求，符合大家的意见，谋求大家的赞赏和认可。总是考虑到他人和社会对"好孩子"的要求，并总是尽量按这种要求去思考。他们认为好的行为是使人喜欢或被人赞赏的行为。

第四阶段：遵守法规和秩序定向阶段。处于该阶段的儿童的道德价值以服从权威为导向，他们服从社会规范，遵守公共秩序，尊重法律的权威，以法制观念判断是非，知法懂法，认为准则和法律是维护社会秩序的。因此，行动应当遵循权威和有关规范。

科尔伯格认为大多数青少年和成人的道德认识处于习俗水平。

3. 后习俗水平(15岁以后)

达到这一道德水平的人，其道德判断已超出世俗的法律与权威的标准，而是有了更普遍的认识，想到的是人类的正义和个人的尊严，并已将此内化为自己内部的道德命令。后习俗水平包括社会契约定向阶段和普遍性伦理准则阶段。

第五阶段：社会契约定向阶段。处于这一阶段的人认为法律和规范是大家商定的，是一种社会契约。他们看重法律的效力，认为法律可以帮助人维持公正。但同时认为，契约和法律的规定并不是绝对的，可以应大多数人的要求而改变。在强调按契约和法律的规定享受权利的同时，认识到个人应尽义务和责任的重要性。

第六阶段：普遍性伦理准则阶段。这是进行道德判断的最高阶段，表现为能以公正、平等、尊严这些最一般的原则为标准进行思考。在根据自己选择的原则进行某些活动时，认为只要动机是好的，行为就是正确的。在这个阶段上，他们认为人类普遍的道义高于一切。

三、行为主义理论

华生(John B. Watson)认为心理的本质是行为，他否认遗传的作用，夸大环境和教育的作用。斯金纳(B. F. Skinner)区分应答性行为和操作性行为，斯金纳认为，人的学习是否成立关键在于强化。当一个操作发生之后，紧接着呈现一个强化刺激时，那么，这个操作的强度(概率)就会增加。这里所增加的不是刺激—反应的联结(因为操作不需要特定的激发性刺激)，而是使反应发生的一般倾向性增强，即反应发生的概率增强了。他认为，在学习中，练习虽然是重要的，但关键的变量却是强化。练习本身并不提高速率，它只是为进一步强化提供机会。他指出，行为之所以发生变化，是由于强化作用的结果。所以他的学习理论属于强化理论。班杜拉(Albert Bandura)认为人类行为的习得或行为的形成，不仅可以通过反应的结果进行学习，也可以通过榜样的示范进行学习，而后者是人类学习的主要方式。这一理论的主要特点是：第一，强调行为是内部因素和外部因素影响之间复杂相互作用的产物。理论的焦点集中于认知过程对学习的影响，强调行为受认知的调节和自我调节。第二，既承认直接经验的学习，更强调观察学习的重要性。认为许多行为模式都是通过观察别人的行为及后果而学来的，特别强调模式对激发特定行为的重要性。第三，注意到了三种强化因素(外部强化、替代强化和自我强化)对学习的影响，尤其强调替代强化和自我强化的重要作用。

第四节 人生发展阶段的主要特征及其面临的主要问题

人的个体发展要经历不同的发展阶段，每个阶段都有其不同的特征，这些特征可以归纳为生理发展、心理发展和社会性发展三个方面，这三个方面的发展又是相互影响，相互作用的。人生的每个发展阶段都会面临一些需要解决的问题，如果不能很好地解决这些问题，就会导致社会功能的不足，甚至引发危机。社会工作者了解个体各个阶段的发展特征及面临的问题，有助于更好地为服务对象提供服务。

一、婴幼儿阶段

婴幼儿阶段一般是指出生后到3岁左右这段时间，这个阶段生理、心理和社会性发展的主要特征有：大脑发育迅速，行为上开始目标取向，语言能力发展，依恋形成等。婴幼儿阶段对环境的依赖性大，家庭是婴幼儿成长最关键的社会环境。社会工作者应当与家庭成员一起，努力为婴幼儿提供最恰当的环境条件，并能处理婴幼儿出现的一些常见问题。

（一）婴幼儿阶段的主要特征

1. 生理发展

婴幼儿阶段身高、体重和大脑的发育迅速。新生儿体重平均约3000克，出生后一年内前半年平均每月增长600克，后半年平均每月增长500克，两岁以后平均每年增长2000克。新生儿的平均身高为50厘米，出生后一年内前半年每月平均增长2.5厘米，后半年每月增长1.5厘米。1岁内可长到75厘米，两岁时达到85厘米，两岁后平均每年增长5厘米。新生儿的大脑重量只有成人的25%，半年后就会增长一倍，到两岁时就达到成人的75%。婴幼儿阶段也是动作发展最为迅速的时期，在此期间婴幼儿学会独立行走和用手操作物体。

2. 心理发展

在这一阶段，孩子的认知发展从先天性的反向活动慢慢过渡到目标取向行为。婴幼儿的记忆主要以无意识记忆为主，他们的机械记忆能力比较发达，在婴幼儿的后期开始出现有意识记忆的萌芽。婴幼儿期也是个体思维发展的萌芽期，1岁前的婴儿只有感知没有思维，1岁以后逐渐出现一些概括性和间断性思维萌芽，在两岁左右形成符号思维能力，这一阶段是孩子从直观行动思维转向具体形象思维的关键阶段。

这一阶段孩子的情绪发展包括：新生儿出生后就有愉快、兴趣、愤怒和恐惧四种基本情绪，新生儿的哭闹、安静、微笑是其最原始的情绪反应。1岁左右时孩子可能出现害羞、骄傲和负罪感等情绪，母婴依恋的形成是儿童情绪社会化的重要标志。

这一阶段孩子的语言发展迅速，两岁左右孩子的口语词汇迅速增加，对语言产生明显兴趣，并学会了大量名词，喜欢听故事、儿歌和成人说话，能说出符合语法规则的复合句。

3. 社会性发展

婴幼儿社会化的基本过程有三个阶段，出生至6个月的单纯社会化反应阶段，7个月至两岁是社会性感情联结建立阶段，两岁至三岁是伙伴关系的发展阶段。婴幼儿的自我意识发生要经历三个不同的阶段：第一个阶段是游戏伙伴阶段，第二个阶段是退缩阶段，第三个阶段是自我意识的出现阶段。在婴幼儿自我意识发展的过程中,依恋一个重要的原因。依恋产生于婴儿与其照顾人的相互作用过程,是一种感情上的联结和纽带。拥有安全型依恋的婴儿往往有更多的探索行为,而这能够促进他更早地形成自我认识。

(二) 婴幼儿阶段面临的主要问题

在这一阶段,孩子发展迅速,但也存在着一些不利于孩子发展的因素,如婴幼儿的遗传机制和心理发育不健全,照顾者没有给予婴幼儿充分的照料等,这些因素将会影响婴幼儿的发展,并导致婴幼儿的行为出现偏差。这些偏差行为主要有拒食、吮吸手指、咬指甲和心理自闭等。社会工作者需要针对婴幼儿在行为方面出现的具体问题,提供恰当的服务方案。

二、 学龄前阶段

从 3 到 6 岁左右是学龄前阶段,这一阶段的生理特征是智力发展迅速,儿童活动范围扩大;在心理方面,动作和语言能力发展迅速;在社会性发展方面也不断由低级向高级发展。

(一) 学龄前阶段的主要特征

1. 生理发展

6 岁至 7 岁儿童的脑重量已经接近于成年人的水平,这为儿童智能的迅速增长以及接受教育奠定了基础。3 至 6 岁时,儿童的大肌肉发展逐渐成熟,他们能够控制自己的身体以达到某种目的;小肌肉与手眼逐渐协调,使儿童获得了胜任感和独立感。

2. 心理发展

学龄前期儿童语言的迅速发展促进了其思维发展,而思维的发展反过来又进一步促进了语言的发展。学龄前期儿童的语言发展,主要体现在从以表达机能为中心向以思维机能为中心的转换,主要有以下特点:能正确掌握全部本土语言,词汇发展迅速,初步掌握语法结构,口语表达能力日益增强,开始形成内部语言,开始掌握书面语言等。学龄前期儿童认知发展阶段,属于皮亚杰的运算思维准备阶段。儿童生理机能的不断发展,尤其是大脑发育的逐渐完善,极大地促进了儿童认知的发展。

3. 社会性发展

学龄前期儿童已经逐渐从以自我为中心,学会区分他人与自我。通过在环境中与他人进行互动,自我意识得到发展。学龄前期儿童的自我意识主要由自我评价、自我体验和自我控制三方面因素构成。学龄前期儿童已经能从人的外表来认识性别，开始了性别认同的发展过程，在这一阶段，儿童建立了性别角色判断的标准，取得了对同性父母的认同，并形成了对性别角色的偏爱。学龄前期儿童开始了道德的发展，主要包括道德认识、道德情感和道德行为的发展。学龄前期儿童社会交往的范围从以家庭为主扩大到整个社会生活，他们社会交往的对象主要包括父母、同伴和老师等。

（二）学龄前期面临的主要问题

在学龄前期，儿童在各方面得到迅速发展的同时也面临一些问题，主要包括口吃、攻击以及沉迷于电视等问题。社会工作者应正确评估儿童在这一阶段的主要特点和社会环境对他们的影响，提出各种问题的服务方案。

三、 学龄期阶段

（一）学龄期阶段的主要特征

1. 生理发展

学龄期阶段，儿童在身高、体重、骨骼、心血管系统、呼吸系统、生殖系统和神经系统等方面都有了进一步的发展。在学龄期，儿童自身生理的发展、外界环境的变化以及学校教育等，促进了儿童各方面技能的发展。在动作方面，学龄期儿童掌握了完整的动作，并且动作的熟练程度和协调程度日益提高。

2. 心理发展

学龄期儿童语言的发展主要表现为口头语言、书面语言和内部语言的发展上。内部语言的发展是儿童语言发展的高级阶段，这个阶段他们已经能够不出声地思考问题。学龄期儿童的认知发展阶段属于皮亚杰的具体运算思维阶段。在学龄期儿童注意的稳定性逐渐增强，注意的范围逐渐扩大，注意的分配能力逐渐提高，注意的转移能力逐渐增强。

3. 社会性发展

学龄期儿童通过在校学习，对社会环境的适应性逐渐增强，他们的自我意识、道德和社会性交往得到了进一步的发展。在这一阶段儿童发展了更符合实际的自我观念、自我评价和自我体验。学龄期儿童逐步形成了自己的道德意识，能够以他人的立场来考虑问题，实事求是地评价他人。学龄期儿童的社会交往对象仍然是父母、同伴和老师，但儿童与他们之间的关系却有了新的发展。

(二) 学龄期阶段面临的主要问题

学龄儿童的行为问题主要表现为心理障碍、交往障碍和学习困难等问题。心理障碍是指学龄儿童面对新环境而引起的心理上的紧张状态；交往障碍是指学龄儿童在与父母、同伴及老师相处时出现了适应困难；学习困难是指智力正常的学龄儿童在学习过程中出现了学习能力落后，导致成绩低下。学龄儿童的这些行为问题具体表现为儿童多动症、焦虑症、强迫症和学习障碍等。

四、 青少年阶段

青少年阶段为 12 至 18 岁，是个体身心发展的关键时期，这个阶段常常被称为"成长期"、"混沌期"、"危险期"。与学龄期相比，青少年的生理发展、心理发展和社会性发展出现了许多新的变化。

(一) 青少年阶段的主要特征

1. 生理发展

青少年阶段，各种生理机能逐步增强，身高、体重、骨骼、肌肉、皮下脂肪以及神经系统的发育都处于儿童与成年人之间的水平。另外，生殖系统和第二性征已经基本发育成熟，具备了生育的能力。男孩从 13 岁起，生殖器官开始迅速发育，到 15、16 岁出现了第一次遗精，这意味着男性性功能的成熟。女孩的生殖器官在 12 岁左右迅速发育，14 岁左右出现月经初潮，标志着女性性功能逐渐成熟。

2. 心理发展

青少年的思维与学龄儿童的思维不同，主要有三个方面的特点：一是青少年的抽象逻辑思维是通过假设的、形式的和反省的思维，二是青少年的逻辑思维处于由经验型向理论型过渡的阶段，三是青少年阶段是抽象逻辑思维发展的关键期和成熟期。青少年的情绪发展比较丰富和强烈，出现两极性发展特征。情绪发展的两极性是指情绪的内容、强度、稳定性、概括性和深刻性等方面具有两极性。情绪发展的两极性使青少年经常出现反抗情绪，需要加强情绪的自我调节。随着生理方面的迅速发展，青少年的性心理有了相应的发展，其主要表现是性意识的发展。

3. 社会性发展

青少年阶段的社会性发展是由青少年社会化的任务决定的，青少年社会化的核心任务是自我意识、道德观和社会性交往的进一步发展。青少年阶段的家庭、学校、同伴和社会等方面呈现出各自的特征。在家庭中，应尊重青少年的独立性，与青少年加强沟通，并提出建设性的意见。学校的正确教育方式非常重要，同时宏观环境对青少年的影响逐渐扩大。部分青少年在准备不足的情况下过早接触社会，少数青少年会受到社会负面信息的不良影响。

(二) 青少年阶段面临的主要问题

这一阶段面临的主要问题有:青少年要度过“危险期”,经不住环境影响会出现行为偏差,如早恋、犯罪和适应不良等问题。学业上的失败会导致多重的负面影响。在这一阶段家庭和学校良好的合作关系对于帮助青少年健康成长,引导和保护青少年度过“危险期”至关重要。

五、 青年阶段

青年阶段是指 18 至 35 岁,也称青春后期,在这个时期面临着学习、恋爱、婚姻、家庭和就业等一系列的问题。

(一) 青年阶段的主要特征

1. 生理发展

在青年阶段,个体的生理发展已经成熟并呈现出稳定的状态。22 岁左右,人的生理发展完全成熟,这种状态一般持续到 35 岁左右。此后,身体的各种机能随着年龄的增长而出现缓慢的衰退。因此 22 至 35 岁的青年人正处于生理发展上的“黄金时期”。

2. 心理发展

在这个阶段,青年人的感知、记忆、想象能力均达到成熟水平,并且进入人生最佳时期。青年人的心理机能处于相对稳定的高水平阶段,他们的机械记忆能力、思维敏捷性虽略有下降,但心智活动的效率却达到最高水平。青年的认知发展表现为能力发展。能力的核心部分是思维,包括理解、命题、分析、推理和证明等,其基本特征是概括。青年人的能力发展包括一般能力的发展和特殊能力的发展两个方面。一般能力由思维感知、观察、记忆、想象、语言和操作技能组成,主要表现为认识能力和实际操作能力。特殊能力包括职业能力、处理人际关系的能力、管理能力和适应能力。

3. 社会性发展

青年期的社会性发展更为成熟,主要表现在人生观、友谊和爱情、心理适应三个方面的发展。青年人人生观的稳定和成熟主要表现在价值观、道德观和社会观的发展和成熟上。由于社会角色的变化,青年人的社会情感有了明显的发展,其重要的表现形式就是友谊和爱情的发展。青年人在思想或行动上作自我调整,借以保持自身与环境间的和谐关系，就是一个心理适应的过程。青年期个体适应主要表现为对婚姻、职业和子女的适应上。

（二）青年阶段面临的主要问题

青年阶段面临的主要问题有：(1) 角色转换与冲突。青年期的角色转变有离开生身家庭独自居住，开始工作或继续深造，结婚或建立重要的亲密关系，养育子女并照顾长辈，开创事业并为出生家庭和自己的新家庭投入大部分闲暇时间等。由于社会角色的变化，个体经常面临着角色的冲突。(2) 在工作上遇到各种问题。(3) 婚姻家庭的调适问题等。

六、中年阶段

中年阶段是指35岁到60岁的人生发展阶段。这一时期是个体一生中生活结构体系最复杂的时期。在这一阶段，大多数中年人都处于相当好的健康状态中，包括生理和心理的健康，更容易获得物质财富，对家庭和社会负有重要责任，同时也从各种经历中获取了大量的智慧。

（一）中年阶段的主要特征

1. 生理发展

中年阶段是个体各种生理机能发生不断变化的时期，当人进入35岁以后，胴体细胞数目开始逐渐减少，使人的各种生理功能发生变化。女性在50岁左右经历更年期，男性的更年期则要晚一些。更年期导致情绪波动、性格改变、烦躁易怒、消沉抑郁等一系列行为问题。

2. 心理发展

中年阶段，个体的认知发展错综复杂。个体的固定智力继续上升，流动智力缓慢下降；智力技巧保持相对稳定，实用智力不断增长。由于长期的学习、反思和积累，中年人能熟练处理各种社会关系，解决问题更加充满智慧。

3. 社会性发展

中年人承担着大量的社会责任和义务，并体现出符合其身份的社会行为。在这一阶段，赡养老人、教育子女成为重要的家庭责任。同时，还需要与朋友、亲戚、同事维持和谐关系。中年人在许多方面发生了变化。这主要表现在：第一，情感趋于深沉稳定，性格也完全定型，意志成熟坚毅，情感控制能力加强，道德感和理智感上升；第二，婚姻中责任感已经超越情感，婚姻更加务实；第三，处于事业成败的关键期。中年人在事业、地位和财富上基本达到人生的巅峰状态。

(二) 中年阶段面临的主要问题

中年阶段面临的主要问题包括:如何很好地度过更年期,如何很好地适应婚姻关系的变化。随着年龄的增长,中年人的婚姻关系会出现一些新的变化,如离婚、丧偶等问题;处理好养育子女和赡养父母之间的关系的问题,中年人上有老,下有小,在抚育下一代的同时,还要赡养自己的父母;处理好工作中的一些问题,人到中年,职业已趋于稳定,中年人这时要处理工作中的各种关系,并且要适应工作中的变化;中年阶段还容易出现一些问题,如神经衰弱、焦虑症和疑病症等,这些疾病会给中年人带来持久的心理冲突,进而会引起一些行为偏差。

七、 老年阶段

从 60 岁直到死亡,是老年阶段,是人生的衰退期。在这个时期,老年人的生理组织和认知能力开始出现不同程度的衰退。判断是否进入老年期的指标除时间年龄外,还有生理年龄、心理年龄和社会年龄等指标。

(一) 老年阶段的主要特征

1. 生理发展

进入老年期后,个体的各项生理功能都发生较大退化,如毛发脱落、脊柱弯曲、骨质疏松、记忆力下降等。各种老年疾病开始出现,身体逐渐依赖他人。

2. 心理发展

进入老年期后,老年人的认知既表现出成熟性和稳定性的一面,也表现出衰退性的一面。老年期的思维呈衰退趋势,但又具有较大的平衡性,思维的速度、灵活程度等衰退得较快,而与知识、文化、经济相联系的思维因素则衰退较慢,老年期仍有创造性思维。老年人的智力衰退是事实,但并不是所有智力因素都随着年龄的增长而衰退,到七八十岁以后才表现出明显的衰退趋势。

3. 社会性发展

老年人会经历退休、儿女离家、丧偶、丧亲等重大人生事件,他们原来较为活跃的社会角色逐渐消退,从而导致社会地位下降,这种角色的变化会使老年人产生失落感。

(二) 老年阶段面临的主要问题

这一阶段面临的主要问题包括:退出就业领域可能产生的无用感;经济收入减少会产生生活上的困难;退出社会生活的主要领域会使人际关系淡化,进而产生孤独感;老年疾病增加,使老年人身心受到折磨;面对疾病和死亡产生的无奈和恐惧感等。社会工作者要推动政府进一步完善各项老年人保障政策,确保其基本的生活和健康,维护其各项合法权利与生活尊严,推动老年人积极参与社会,享受社会发展的成果。

A 本章小结

1. 需要是人脑对生理和社会需求的反映,根据不同的标准可以将需要划分为不同的类型,如生理性需要和社会性需要,物质需要和精神需要,直接需要和间接需要等。

2. 人类行为有适应性、多样性、动态性、指向性、可控性和发展性的特点,根据不同标准可以将人类行为划分为不同的类型。

3. 生理因素、心理因素和社会因素都对人类行为有着重要的影响。

4. 社会环境的主要特点是多样性、复杂性、稳定性和变化性,主要构成要素有家庭、同辈群体、学校、工作单位、社区和文化等。

5. 人类行为和社会环境是相互影响的。人类行为能够适应、改变社会环境,社会环境和生物遗传因素共同影响人类行为,社会环境对人类行为的影响要大于人类行为对社会环境的影响。

6. 人类行为和社会环境的理论基础主要有精神分析理论、认知理论、行为主义理论。

7. 人的个体发展要经历婴幼儿、学龄前、学龄期、青少年、青年、中年和老年七个不同的发展阶段,每个阶段都有其不同的特征,这些特征可以归纳为生理发展、心理发展和社会性发展三个方面,在每一个发展阶段都面对着不同的人生问题。

B 主要术语

需要(Need):是人脑对生理和社会需求的反映,是个体对内部环境和外部生活条件的稳定要求,是其赖以生存和发展的必要条件。

人类行为(Human Behavior):从广义来说,行为是由客观刺激通过人的心理活动而引起的内部与外部的反应，而狭义的行为仅指外显的行为。

社会环境(Social Environment)：指与人类生物遗传、心理状态及社会过程相互作用的社会系统。

同辈群体(Peer Group)：指由年龄、性别、志趣、职业、社会地位及行为方式大体相近的人所组成的一种非正式的群体。

图式(Schema)：指个体对世界的知觉、理解和思考的方式，是认知结构的起点和核心，或者说是人类认识事物的基础。

同化(Assimilation)：指个体对刺激输入的过滤或改变的过程。

顺应(Accommodation)：指有机体调节自己内部结构以适应特定刺激情境的过程。

平衡(Equilibrium)：指个体通过自我调节机制使认知发展从一个平衡状态向另一种较高平衡状态过滤的过程。

C 练习题

据2011年8月15日《重庆商报》报道，刘媛(化名)，18岁，荣昌县某中学的高三毕业生，成绩位列班级前十名。刘媛家住荣昌农村，父母常年在广东打工。在校读书期间，她和同年级的男生李斌(化名)相爱，还发生了性关系。2月初，刘媛发现身体不舒服，到医院检查，发现已怀孕2个多月。她将这个消息告诉了李斌。李斌却怀疑孩子不是他的，让刘媛赶快想办法打胎。听了李斌的话，刘媛含着热泪，用一记耳光结束了他们之间的关系。一个月后，学校要进行高考前的体检。为此，刘媛非常害怕，想凑钱做流产手术。随后的日子里，她担惊受怕，以各种借口，找同学借钱，没想到碰了一鼻子灰。万般无奈之下，她给爸爸妈妈打了电话，谎称学校要买资料，需要马上交3000元钱。哪知，父母因一时无法筹集这么多钱，打电话给老师请求缓交。那段时间刘媛听不进课，看不进书，满脑子都是钱，整个人被害怕、担心、恐惧所包围，人也变得憔悴。一次聊天中她得知富裕的女同学小张办了银行卡，里面存了很多压岁钱。于是刘媛去小张家中玩耍，趁机拿走了小张的银行卡和身份证。随后，她从小张卡中取出6400元，做了堕胎手术，还买了一些营养品。到被警方捉住时，她身上还剩下2400元。法院以盗窃罪，判处刘媛有期徒刑一年，缓刑一年。获刑后，她放弃了大学梦，将自己封闭在家中。近日，她走进了荣昌检察院"荣姐"阳光家园，接受心理治疗。昨日，该院检察官毕赛男称，经过心理治疗后，刘媛已找回自我，决定重战高考。

(1) 阅读以上案例,从生理、心理和社会三个层面分析刘媛的行为,并分析刘媛面对的生命任务有哪些?

(2) 社会工作者如何帮助刘媛走出困境?

D 思考题

1. 简述需要的含义和类型。
2. 人类行为的类型和特点有哪些?
3. 社会环境有哪些主要构成要素?
4. 分析人类行为和社会环境的关系?
5. 说明皮亚杰理论中认知发展的四个阶段?
6. 尝试分析各个年龄阶段的主要特征及其面对的主要问题。

E 阅读文献

1. 〔美〕查尔斯·H. 扎斯特罗,卡伦·K. 柯斯特—阿什曼著,师海玲,孙岳译:《人类行为与社会环境》,北京:中国人民大学出版社,2006 年。

2. 李其维:《寂寞身后事,蓄势待来年——让·皮亚杰逝世三十周年祭》,《心理科学》,2010 年第 5 期。

3. 林崇德:《发展心理学》,北京:人民教育出版社,1995 年。

4. 〔美〕乔斯·B. 阿什福德等著,王宏亮等译:《人类行为与社会环境》,北京:中国人民大学出版社,2004 年。

5. 〔美〕Robert L. Berger, James T. McBreen, Marilyn J. Rifkin 著,陈怡洁译:《人类行为与社会环境》,台北:台湾扬智文化公司,1998 年。

第七章　个案工作

个案工作也称个案社会工作或社会个案工作，是与小组工作、社区工作等方法并列的传统社会工作三大直接服务方法之一，是以遭遇各种问题困扰的个人或家庭为服务对象的社会工作专业方法。本章主要阐述个案工作的含义与历史发展、个案工作的过程、个案工作的主要模式及个案工作的原则与技巧等内容。

第一节　个案工作的含义与历史发展

一、个案工作的含义

个案工作也称个案社会工作，是与小组工作、社区工作等方法并列的现代社会工作的三大方法之一。

(一) 个案工作的含义

在社会工作的专业服务方法中，个案工作的产生时间最早，发展过程中受到各种理论的影响，形成了有较大差异的流派和工作模式，因此有着各种定义。这里仅简单介绍几个有代表性的定义。

个案工作的创始人芮奇蒙德认为：个案工作以个人为出发点，通过社会工作者对服务对象的有意识影响，包括一连串的协助过程，以一对一的方式，有计划地协调个人与其社会关系的适应，从而促进个人人格的发展。

高登·汉密尔顿(Gordon Hamilton)认为：社会个案工作是一种有意识地调整个人与社会环境关系的过程，其特点在于客观地处理实务，并提供咨询，以激发与保持服务对象的心理能力。在服务进行时，应鼓励服务对象积极参与解决其所面临的困境。

海伦·波尔曼(Helen Perlman)在综合不同流派观点的基础上，认为个案工作是一个“问题解决”的过程，是一个由福利机构来帮助人们更有效地应付社会功能上的问题的过程。

综合上述定义，本书认为，个案工作是指专业社会工作者运用专业知识和技巧，为个人和家庭提供支持与服务，以帮助个人和家庭减轻压力、解决问题，达到个人和社会的良好福利状态。在个案工作中，社会工作者遵循基本的专业价值理念，在与服务对象建立起专业关系的基础上，运用专业知识和技巧，激发服务对象自身的潜能和积极性，调动各种可以利用的外部环境资源，为服务对象提供物质和心理方面的帮助，同时努力促成服务对象解决自身问题能力的增长。

通过定义，可以归纳出个案工作的几个基本特点：

第一，个案工作以感受到困难、适应不良或有问题的个人及家庭为工作对象；

第二，个案工作是一种从个人或家庭入手，工作者与服务对象个人或家庭面对面、一对一的社会工作助人方法；

第三，个案工作者必须具有个案工作的专业知识与专门技术；

第四，个案工作的目的是通过工作者的介入，协助社会功能失调的个人或家庭，改善其生活，增进其幸福。

（二）个案工作与其他社会工作基本工作方法的关系

个案工作是社会工作的三大直接工作方法之一，三大服务方法是社会工作最传统、最基本和最主要的三种工作方法，这三种工作方法既相互独立，又相互联系。三大基本方法的关系可以用图 7-1 形象地表示：

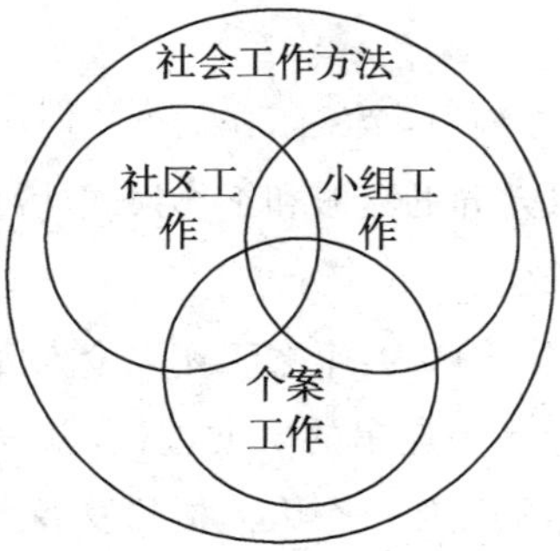

图 7-1　社会工作的三大基本方法及其关系

个案工作是社会工作其他方法的基础，个案工作在社会工作历史上发挥过重要的作用，至今依然是社会工作者必须掌握的工作方法。

二、个案工作的历史发展

个案工作源于17世纪英、美两国宗教团体及政府机构对贫困者的救济。以专业化为线索的个案工作经历了萌发时期、职业化探索时期、科学化时期、多元发展时期、整合与反思时期。

（一）个案工作的萌发时期（17世纪至19世纪40年代）

个案工作萌发于政府与宗教团体对产业革命所带来的社会问题的关注与解决。英国是产业革命发生最早的国家，对产业革命带来的社会问题也最敏感。产业革命的一个直接后果就是产生了大量的城市贫民：一方面，机器代替了手工，造成了大量的工人失业；另一方面，圈地运动使大量的农民失去了土地而流入城市，而这些农民又不具备在工业生产体系中谋生的能力。这两方面因素造成了城市贫民比例的快速增加。大批城市贫民以及由此而发生的大量社会问题威胁着社会体系的稳定，社会不得不对贫民问题给予足够的重视和解决。这一时期个案工作主要有政府兴办的救济工作和宗教人士开展的慈善事业。1601年，英国伊丽莎白政府出台了《济贫法》，该法案对贫民进行分类管理，按个体需要给予不同的救助措施。英国牧师托马斯·查默斯（Thomas Chalmers）以友善访问者（friendly visitor）的身份出现在受助的服务对象中，而成为个案工作史上第一位个案工作者（Social Caseworker）。查默斯对个案工作作出了很大贡献，比如注重对服务对象精神品德的培养和行为的改造，提出了“程序指引”的救济理论等。

（二）个案工作的职业化发展时期（19世纪40年代至20世纪初）

个案工作的职业化有两个标志：一是以专门为需要者提供个案工作服务的实务机构的成立，二是以专门提供个案工作服务而接受薪水的职业个案工作者的出现。1843年，美国成立了“改善贫民状况协会（Association for Improving the Conditions of the Poor，简称AICP）”，首次聘用了一批受薪人员；1877年，美国各大城市中相继成立慈善组织，其所聘用的友善访问员深入贫民家庭访问。这标志着个案工作进入了职业化发展的时期。

这一时期的个案工作缺乏一套科学的方法和规范，对人缺少科学的认识，带有浓厚的慈善色彩，为专业个案社会工作的发展奠定了基础。

（三）个案工作的科学化时期（20世纪初至20世纪30年代）

个案工作的理论构建以芮奇蒙德第一部个案工作专著——《社会诊断》的问世

为标志。

个案工作的理论构建受精神分析理论的影响，这使得个案工作由重视社会因素转向重视内在心理因素。这一时期，在单纯地对友好访问者训练的基础上，发展了较为正规的个案工作教育。在教育内容上，开始趋向专业、系统的发展。在办学形式上，发展了正规教育和在职培训相结合的方法。这一时期，个案工作开始介入到医疗、司法等专业领域，尤其是精神病院以及学校等机构出现了个案工作者，运用个案工作的方法帮助有需要的人解决他们的困难。1918 年，美国医疗社会工作人员协会成立。1919 年，访问教师协会成立。1926 年，精神病理社会工作人员协会成立。这些协会承担着协调、指导、培训本行业个案工作的任务，并规范个案工作者的职业道德。

（四）个案工作多元发展时期（20 世纪 30 年代至 60 年代）

这一时期个案工作在自身长期的发展中形成了不同理论取向的个案工作模式。1965 年美国的《社会工作百科全书》把个案工作的派别大致分为四派，即功能学派、心理与社会学派、问题解决学派和行为修正学派。

功能派个案工作强调个案工作服务机构作为社会整合的必要部分的功能。

心理社会派个案工作强调个人生存环境诸因素的互动，认为人的内在心理事实(psychological reality)及所处的社会环境 (social context)是经常处于交互作用状态的。

问题解决派个案工作强调，人的一生就是一个不断解决问题的过程。

行为修正学派则以心理学的学习理论为基础，重视外在环境对个人行为的制约影响，强调通过学习的过程改变行为。

（五）个案工作的整合与反思时期（20 世纪 70 年代至今）

个案工作的整合时期始于 20 世纪 70 年代，这是对社会工作专业所面对的巨大挑战的一种积极回应。一方面是对社会工作中的个案工作、小组工作和社区工作三大方法的整合；另一方面，是对个案工作不同处置模式的整合。随着社会的进步和经济的发展，社会问题日趋多元化和复杂化，仅仅用一种模式或一种方法解决服务对象的问题往往是不能奏效的。整合社会工作是一种现实的迫切需要。

进入 20 世纪八九十年代以后，社会工作学者、教育者及实务工作者开始对个案工作进行反思。重申个案工作是一种道德实践的观点，认为工作者与服务对象应该建立自然的关怀关系，要求工作者情感投入和价值介入。

第二节　个案工作的过程

个案工作是社会工作者与服务对象双方持续解决服务对象问题的过程。本书将个案工作的过程分为五个阶段，分别是申请与接案、初步评估与问题分析、制定服务计划、专业干预、评估与结案。

一、申请与接案

当服务对象发现问题而前来社会工作机构申请帮助时，机构委派一名社会工作者对服务对象进行接案服务；通过初步会谈，对服务对象的问题有进一步的评估，然后确定是否接受申请。

（一）初步会谈

个案工作的初步会谈时间一般为一小时左右。具体的内容包括以下几方面：

第一，了解服务对象求助的过程和求助的心理状态，例如是服务对象本人主动前来求助，亲朋好友介绍，还是其他机构转介？

第二，了解服务对象寻求帮助的动机，例如服务对象是迫切地想改正现状，还是想发泄内心苦闷等？

第三，了解服务对象的主要问题及问题的起源。

第四，了解服务对象对于问题的看法，例如服务对象的基本态度是无所谓的、生气的、自卑的或者是焦虑等？

第五，了解服务对象的个人生活状况，家庭背景以及个人特质等。

（二）分类处理

第一，当服务对象要求的服务超出机构的工作范围，或社会工作者的能力无法有效地协助服务对象时，不能将服务对象拒之门外，而是进行转介。这时需考虑所处服务机构及工作者的分工与特长，将服务对象介绍到更适合解决问题的机构或其他工作者，但必须向服务对象说明转案的必要性及转案的步骤。

第二，服务对象的问题符合机构的宗旨及服务范畴，接受申请。需要注意的是，服务对象由于自身问题前来寻求帮助时，通常极易产生焦虑和不安的情绪，恐怕被别人拒绝、轻视或操纵。为此，工作者应表现出对服务对象的接纳与关心，并适时地表达同感，使服务对象获得安全感，从而更好地敞开自己的心怀。

一般说来，接案过程受到多种影响的因素，包括双方的期望是否一致、工作者的能力是否足以提供帮助、服务对象接受帮助的意愿如何、是否存在着社会文化因素障碍等。在这一阶段，服务对象处在问题情境中，不稳定情绪与矛盾心理会使服务对象变得非常敏感和脆弱。因此，如何获得服务对象的信任并建立专业关系，就成为必须认真对待的事情。

当双方对问题形成共识，服务对象愿意继续接受服务时，可以签订初步的服务协议，进入下一个阶段。接案意味着社会工作者与服务对象建立起一种专业关系。

二、初步评估与问题分析

每个人的困难与问题具有个别差异。要了解个人的问题与困难就必须进一步收集服务对象个人和家庭各种必要的资料，对服务对象的问题作出评估，以寻找并确定切入点。

（一）初步评估

1. *初步评估的方式*

初步评估离不开会谈和访问两种方式。

（1）会谈

会谈主要指与服务对象本人交谈，是个案社会工作中最重要最常用的获得资料的方法。通过会谈，可以了解服务对象的个人史、家庭史、服务对象的问题，以及服务对象对自己问题和有关事件的看法，同时还能直接观察服务对象的态度与了解服务对象的要求与需求。

（2）访问

访问主要包括家庭访问、学校访问、邻里访问、服务对象工作单位的访问等。通过访问可以更为全面地了解服务对象的情况。原则上，对服务对象有关人员的访问应获得服务对象的同意；对访问过程中获得的资料仅当做参考，而不应受服务对象关系人意见的左右。

2. *初步评估的内容*

初步评估的内容，主要涉及服务对象心理和社会两方面的因素。工作者要对服务对象作综合性的评估，确定服务对象问题的成因，除了了解籍贯、年龄、性别、教育程度、婚姻状况、职业等服务对象的基本身份资料外，还必须了解服务对象四个方面的情况：生理功能、心理功能、社会功能和环境体系。

（二）问题分析

1. 问题确认

社会工作者根据调查得来的有关服务对象的人格特质、发展情形、家庭、社会网络以及服务对象对自己问题的看法等各方面的资料，依据专业知识和技术进行综合分析和比较，确认服务对象问题的性质、程度、原因，服务对象自己解决问题的能力，以及社会环境条件的过程。

2. 问题陈述

社会工作者将服务对象有关资料进行系统化的摘要和陈述。诊断陈述的内容包括：

（1）对服务对象目前所呈现的问题及形成因素的分析；

（2）对服务对象家庭生活情况及家庭心理动力因素的分析，包括对家庭病理因素的分析；

（3）对服务对象个人的成长及行为能力分析与心理自卫能力的分析；

（4）对服务对象接受帮助的意愿和使用帮助能力的评估；

（5）对该案服务或治疗计划的拟定。

必须注意的是，最初的诊断并不是定论，随着社会工作者和服务对象之间接触的增多，可能发现初期诊断并不完善和准确，就需要根据新的资料和情况，作必要的修正，同时相应地调整服务计划，这样才能提高诊断与服务的质量。

三、 制定服务计划

在评估服务对象的需要和问题的基础上，工作者与服务对象一起确定服务的目标，制定服务计划。这是一种预计未来、设立行动目的、选择行动方案的连续过程。

（一）确立服务目标

1. 社会服务目标的分类

一般说来，个案工作的目标通常分为近期目标和远期目标两类。

（1）近期目标。协助服务对象对其现实危机的调适与处理，以减轻服务对象的压力，保存并增加其潜在能力。

（2）远期目标。是协助服务对象认识自我，认清自己的问题，挖掘和发挥个人潜力，使其能自助、自立、自决，改善其生活，协助服务对象调整社会关系，改善环境，增强对环境的适应能力。

2. 确立服务目标的原则

(1) 一致性。服务目标应与机构的功能一致,以便取得机构资源对工作者的配合,争取服务的最佳效果。

(2) 可行性。服务目标要与工作者的专长和服务对象解决问题的能力相符,要防止目标不切实际,动摇服务对象对服务工作的信心。

(3) 共同协商。这一原则主要是为了促使服务对象有意愿和动力参与到问题解决的过程中来,最大限度地调动服务对象的积极性。

(二) 制定服务计划

个案工作服务计划是工作者的行动方案,是为实现目标而进行的行动安排,也是工作的结果和对未来行动的一种说明。

服务计划的内容包括:提供服务范围;服务对象的问题与需求;完成总目标的步骤和程序,例如人员、地点、时间、资助、资源、技术等,评估时间及方式等。

(三) 签订服务协议

服务协议也称为契约,是工作者与服务对象经过双方讨论及共同认定后形成的文本。服务协议包括:相互的期望、服务时间、服务地点、服务性质、服务次数、各自责任、权利义务等。

四、 专业干预

(一) 专业干预的含义

所谓专业干预,是指个案工作双方围绕着服务对象面临的问题进行讨论,调动各种资源来化解服务对象的问题,同时努力促成服务对象解决自身问题能力的增长。这种活动也称为服务或治疗,也有人称为这一过程为介入或干预等。就个案工作的过程而言,专业干预阶段是其核心部分。

(二) 社会工作者在专业干预阶段担当的角色

第一,联系人。社会工作者充当联系服务对象和社区各种资源的纽带,以完成工作协议中规定的各项目标。

第二,使能者。社会工作者协助服务对象发掘自身的能力或资源,使服务对象自身产生改变,以完成协议中所规定的任务。

第三,教师。社会工作者提供服务对象处理问题的新方法、帮助服务对象学习新技能，以调整原有行为模式所担当的角色。

第四，调解人。解决服务对象与他人或组织的争端。

第五，辩护人。社会工作者代表服务对象和某人或某一群体进行交涉，以解决服务对象面临的问题。

（三）专业干预的方法

1. 直接干预法和间接干预法

（1）直接干预法。就是从服务对象入手，工作者通过与服务对象的直接接触，协助服务对象发展人格，发挥潜能以适应社会环境。

（2）间接干预法。是指从服务对象所处的不良环境入手，通过改善服务对象所处的环境以减轻服务对象的痛苦，促成服务对象与环境的良性互动，通过提供物质的帮助，使服务对象适应其生活环境。

2. 个案干预的重点

（1）生理干预。重点放在身体和疾病方面的服务，如帮助残疾人参加福利机构等。

（2）心理干预。重点放在精神、心理方面的服务，如帮助服务对象纠正不良的观念与行为，树立自尊心和自信心，以适应社会环境。

（3）关系干预。重点放在调整人际关系方面的服务，如家庭纠纷就属于此类。

（4）经济援助。重点放在物质生活方面的服务，如向服务对象发放救济款和救济物资，以帮助其克服困难。

3. 专业干预的内容

（1）为服务对象提供支持和鼓励。包括：对服务对象表示尊重和接纳；对其处理及解决问题的能力表示有信心；使服务对象摆脱自卑或悲观的情绪，增加对生活的希望和信心，产生改善自我、克服困难的勇气。

（2）为服务对象提供信息及意见。包括：应结合服务对象实际，为其提供一些资料与信息；促使服务对象对自己的处境有更进一步的认识，增加其解决问题的能力；提供一些切实可行的意见或解决问题的捷径；工作者须十分小心，尽量支持服务对象自己作出决定，以避免不自觉地支配或控制服务对象。

（3）协助服务对象疏导情绪，缓解身心压力。包括：应努力与服务对象建立起一种温馨和谐的人际关系；适当回应，表达同感和支持，使服务对象将自己的愤怒、怨恨、懊悔、悲痛、焦虑或内疚的情绪宣泄出来，使身心压力得到缓解，恢复理性。

（4）协助服务对象澄清不合理的观点或疑虑。包括：帮助服务对象反省自己对事物的态度和看法；检讨自己的思维方法；澄清和修正以前的错误见解，建立更合乎实际的价值观或思维方式。

(5) 协助服务对象改变行为。包括：从观念上引导服务对象转变其失调或偏差行为；运用正负增强法、角色扮演法、松弛训练法、系统脱敏法、社交技巧学习法等，帮助服务对象消除或减少不适当的行为，同时学习和建立更能适应社会的行为模式。

(6) 协助服务对象改变环境。包括：服务对象当前问题的原因已超越了他自己所能够控制的范围时，工作者应协助服务对象改变环境；环境的改变不但包括物质环境，还包括人际关系。

五、 评估与结案

(一) 评估

评估是社会工作者对社会服务评定的过程。包括：个案工作结果的评估，工作过程的评估，双方任务完成情况的评估。这里介绍阶段性评估和结案评估。

1. 阶段性评估

阶段性评估是指社会服务到一定阶段时，社会工作者和服务对象共同检查服务成效，借以调整和修正下一阶段服务计划的过程。即工作者与服务对象一起回顾从接案开始的整个个案的进行过程，对每一个阶段加以总结，找出成功之处或不足之处。

阶段性评估在于：服务与治疗的目标是否达到；工作者的服务方式是否合适；了解治疗情况和改善程度，从而增强自信心，明确今后努力的方向；是确保服务质量的必要措施；通过评估服务对象的进步状况，可以促进服务对象参与解决问题的积极性。

2. 结案评估

结案评估，是指对整个社会服务过程的评介与总结，即测量原定的服务目标是否达到。

结案评估目的与意义在于：是否完成原先制定的计划；通过服务对象的自我感受及工作者的观察、分析其结果感受；是总结各自是否扮演好了各自的角色；服务对象参与程度如何；工作者所运用的方法与策略是否得当；工作者本身的态度和技巧是否合理等；暗示服务对象为结束工作做好心理准备，从而使结案工作顺利；得出客观和准确的评估结论。

评估结束后，工作者必须把个案处理中的所有资料汇集成一个完整的个案档案，以便日后查阅或供机构对其工作作出评估。

（二）结案

结案是社会工作者和服务对象一起计划结束他们之间的工作关系的一个过程，是社会工作者为终止和服务对象的专业关系所做的一切准备工作，需要履行一定的手续。

1. 结案的条件

（1）服务对象的问题已经获得了圆满的解决；

（2）服务对象的问题虽然没有最后解决，但服务对象状况已有所改善，有能力应付和解决自己的问题，不再需要工作者协助；

（3）服务对象的进步潜力有限，工作者和服务对象双方都已经尽力了，再进行下去已没有任何意义；

（4）服务对象不满意工作者的服务工作，或因搬家、发生急性或严重疾病而中途退出，工作关系中断；

（5）本专业机构无法解决服务对象的问题，必须进行转案或寻求其他机构的帮助。

需要履行一个比较正规的结案手续。

2. 结案时应注意的事项

（1）工作者应先与服务对象进行整个个案工作的评估。

（2）处理服务对象结案时的情绪反应，减少其焦虑和失落感。

（3）让服务对象了解所取得的成绩及今后需继续努力的方向或应该注意的事项。

（4）告诉服务对象，虽然个案工作到此告一段落，但以后服务对象若有问题，工作者仍随时随地愿意再帮助服务对象，并安排好今后与服务对象继续联系的方法。

（5）专业关系不宜发展成私人关系。

（6）对服务对象定期做一些随访，以进一步了解服务（治疗）效果，同时也便于工作者积累资料，进行个案研究，以提高今后的工作成效。

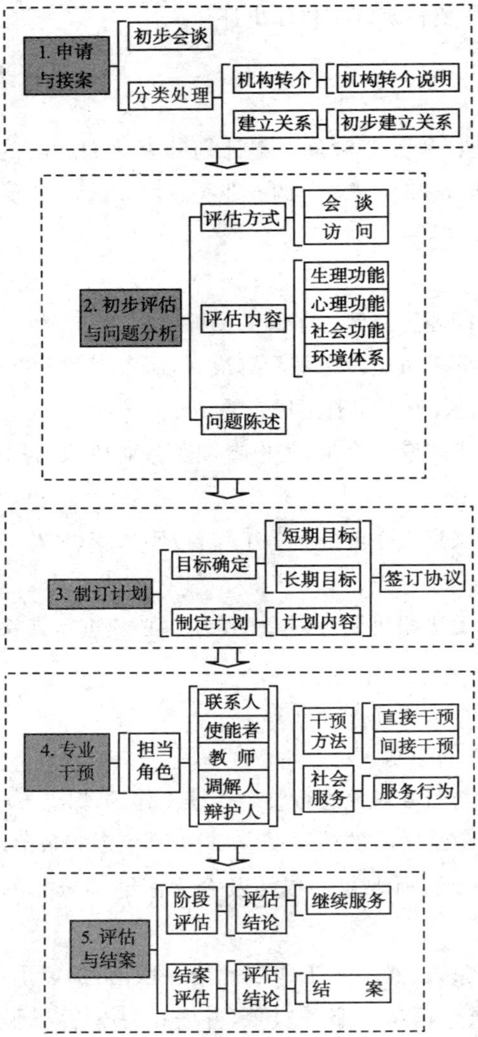

图 7-2　个案工作流程

第三节　个案工作的主要模式

个案工作经过一百多年的发展，已经形成了一些比较成熟的理论模式。这些模式在一定意义上反映了个案工作的一般规律，因而对个案工作实务的开展有着重要的指导意义。

一、心理社会模式

(一) 理论基础

心理社会模式是理论内容最丰富、理论涵盖最宽泛的社会工作治疗模式。该治疗模式广泛吸收了众多理论流派,集大成于一体。其中,精神分析理论和人在情境中理论具有重要的意义。

1. 精神分析理论

弗洛伊德的精神分析理论从基本理论到主要方法都对心理社会理论模式产生了深远影响,这种影响集中在弗洛伊德人格三结构、心理防御机制和早年生活经验等几个思想观点上。

2. 人在情境中理论

心理社会模式强调人与环境的互动体系,"人在情境(Person in Situation)"是该派的核心概念,强调人与环境交互影响过程中,任何部分的改变都将引起其他部分的改变。心理社会理论认为,人的行为是生理、心理和社会三重因素综合作用的结果。对一个人的行为进行分析,就应该充分考虑这三重因素的综合作用。

(二) 治疗技术

心理社会模式的主要方法是直接治疗和间接治疗。其中,直接治疗是社会工作直接对服务对象本人开展治疗活动。间接治疗是通过对服务对象本人生活的环境进行改变,间接达到对服务对象本人进行治疗的活动。

二、行为修正模式

(一) 理论基础

行为修正模式的理论基础包括三种学习理论,即经典条件作用理论、操作性条件作用理论和社会学习理论。

(二) 治疗技术

行为修正的治疗技术比较系统完备,治疗的方式多样,常使用的有系统脱敏技术、满灌疗法、放松技术、代币管制、模仿学习等治疗技术。

1. 系统脱敏(Systematic Desensitization)

系统脱敏是行为治疗的一项重要技术。它主要用于处理焦虑及退缩行为,如各种恐惧症状(社交恐怖、广场恐怖和考试焦虑)、噩梦、强迫性行为、沮丧等的疗法。系统脱敏是一个有计划、有步骤的系统过程，是围绕引起当事人焦虑、恐惧、紧张等进行的一种个案辅导技术，其目标是使当事人逐步摆脱相关因素的影响和困扰。

2. 满灌疗法(Flooding Therapy)

也称暴露疗法，快速脱敏法，它与系统脱敏疗法正好相反。满灌疗法不需要进行任何放松训练，而一下子呈现最强烈的恐怖、焦虑刺激(冲击)或一下子呈现大量的恐怖、焦虑刺激(满灌、泛滥)，以迅速校正病人对恐怖、焦虑刺激的错误认识，并消除由这种刺激引发的习惯性恐怖、焦虑反应。

3. 放松疗法(Relaxation Therapy)

又称松弛疗法、放松训练，它是一种通过训练有意识地控制自身的心理生理活动、降低唤醒水平、改善机体紊乱功能的行为治疗技术。放松技术是作为焦虑状态的颉颃反应来应用于治疗的，是通过求助者的身体放松缓解求助者生理和心理的各种紧张，以克服求助者的焦虑。

4. 代币管制法(Token Economy)

也称代币治疗法，它是一种强化手段，即用一种替代货币的方式统计服务对象做出正确行为后获得的报酬量，来增加参加治疗或教育的个体的期望行为(适应性行为)的行为治疗技术。

5. 模仿学习疗法(Modelling Therapy)

又称示范性疗法，它是利用人类通过模仿学习获得新的行为反应倾向，来帮助某些具有不良行为的人，以适当的反应取代其不适当的反应，或帮助某些缺乏某种行为的人学习。

三、人本治疗模式

人本治疗模式也称当事人中心治疗模式，创始人是美国心理学家卡尔·罗杰斯(Carl Rogers)。

(一) 理论基础

罗杰斯创立的人本主义治疗模式的根本原则是人为地创造一种绝对的无条件的积极尊重气氛，使当事人能在这种理想气氛下，修复其被歪曲与受损伤的自我实现潜力，重新走上自我实现、自我完善的心理康庄大道。

人本治疗模式从整体上把握人的本性，其人性观是积极的、乐观的。强调工作者要从当事人的角度，尝试用当事人的内心参考架构去理解和分析其处境、行为和情绪。

人本治疗模式认为，自我概念决定人的行为。自我概念是人在内心深处关于自己的形象，是人对自己的看法与评价。

罗杰斯认为自我实现是每个人具有的根本要求，每个人都有自我实现的本质愿望。自我实现是动态的不断发展的过程。如果自我实现受阻碍或者受挫，可能导致个体成长的受挫，易出现偏差心理和行为。

(二) 治疗特征

第一，确定治疗目标。人本治疗法的目标是帮助服务对象树立恰当的自我概念，促使服务对象更加独立及使其人格更加完善。

第二，社会工作专业特质。人本治疗模式中，服务对象是真正的治疗中心，是治疗的主动者，而社会工作者则处于被动者地位，社会工作的责任是协助服务对象发挥潜能、实现自我。整个治疗过程更多体现出来的不是刚性的指导，而是柔性的关系重构。人本治疗模式确定一个优秀的专业社会工作者或治疗者应该具备三种优秀品质：真诚、无条件的关怀、同感。

第三，建立专业关系。与传统的社会工作治疗模式比较起来，人本治疗模式并不太注重技术性的治疗方法，而是非常关心无形的专业关系的营造。罗杰斯认为，良好的专业治疗关系本身就具有治疗效果，可以促进服务对象个人的改变，帮助服务对象个人成长。

第四，重视治疗过程。罗杰斯非常重视治疗过程，在整个辅导过程中，工作者与服务对象在建立良好的工作关系后，形成一种良性的互动，在建设性的沟通和交流中达到服务对象自我成长的目的。

人本治疗法在治疗过程中强调以服务对象为中心，以人为本，提倡尊重每一位被治疗者作为一个人的基本尊严和价值，治疗的焦点应该是服务对象本身，而不是他所面临的表面问题。

第五，超越技术治疗。人本治疗反对传统社会工作治疗中过于指导性、过于技术化的治疗，进而强调超越技术层面的专业态度、专业关系、专业氛围、专业价值等非技术层面的意义，它的重要意义在于人本治疗模式彻底脱离了病理化治疗模式，探索出了人本化的自我发展策略。

四、 危机干预模式

(一) 理论基础

危机干预模式只是一种工作方法，属于一种简略治疗模式。该模式受系统论、适应论、人际论及自我心理学等的影响，同时还吸收了其他一些社会科学知识。该模式没有专门的基础理论作为支持，而是建立在不同的理论与实践基础之上。

危机是在个人正常稳定情况下的一种心情沮丧，伴随着一般应对处理能力的瓦解。危机可界定为压力生活的事件，所意识到的失落、失落的威胁或挑战。危机是有时间性的，在历经数星期或数月后，即可有可适应的或适应不良的解决方法。危机可分为发展危机、境遇性危机和存在性危机。

危机的范围实际上很广泛，而危机干预模式中所强界定的危机是指一个人在正常生活过程中突然出现了意想不到的危险事件，带来个人无法克服的困难，如果不能得到很快控制和及时缓解，危机就会导致人们在认知、情感和行为上出现功能失调以及社会的混乱。危机干预是指针对处于生理、心理、认知危机状态的个人及时给予适当的心理援助，使之尽快摆脱困难。

危机干预特别强调几点：及时接案与处理、有限的目标、输入希望和提供支持，重整服务对象的自我影像等。

（二）危机干预的技术

一般来说，危机干预主要应用下述三大类技术：

1. 沟通和建立良好关系的技术

良好的帮助关系是工作者和服务对象之间相互信任、相互理解、相互接纳的关系。

危机干预成功的关键在于为服务对象提供一种良好的人际关系环境，当这种关系存在时，一种治疗的过程就会出现，而行为与人格建设性的改变亦会随之发生；如果不能与危机当事者建立良好的沟通和合作关系，则干预及有关处理的策略较难执行和贯彻，从而就不会起到干预的最佳效果。

2. 支持技术

主要是给予精神支持，而不是支持当事者的错误观点或行为。这类技术的应用旨在尽可能地解决目前的危机，使当事者的情绪得以稳定，可以应用暗示、保证、疏泄、环境改变、镇静药物等方法，如果有必要，可考虑短期的住院治疗。有关指导、解释、说服主要应集中在放弃自杀的观念上，而不是对自杀原因的反复评价和解释上。同时，在干预过程中须注意，不应带有教育的目的，教育虽说是干预者的任务，但应是危机解除和康复过程中的工作重点。

3. 干预技术

亦称解决问题的技术，因为危机干预的主要目标之一是让当事者学会对付困难和挫折的一般性方法，这不但有助于度过当前的危机，而且也有利于以后的适应。如：主动倾听并给予心理上支持；提供疏泄机会；给予希望和保持乐观的态度和心境；培养兴趣、鼓励积极参与有关的社交活动，注意社会支持系统的作用等。

五、理性情绪模式

（一）理论基础

理性情绪模式是一种认知疗法，是由美国临床心理学家艾尔伯特·艾利斯（Albert Ellis）于1955年创立的。

艾利斯对人的本性思考及情绪困扰与不快乐的原因有以下诸点主张：

（1）人生而同时具有理性与非理性的特质。（2）人有理性思考的潜能，也有非理性思考的倾向。（3）人们的困扰源自于本身的非理性思考，而非外在世界的某事件。（4）人运用理性思考时，会产生积极正向的情绪；人运用非理性思考时，则会带来消极负向的情绪。（5）人们的不好情绪会带来不好的行为，人们的好情绪则会带来好的行为。（6）人单凭思考及想象即可形成观念或信念：理性的思考方式会形成“理性信念”，非理性思考方式会形成“非理性观念”。（7）人具有改变认知、情绪及行为历程的天赋能力。

该理论又被称为ABC理论。艾利斯认为：一个人的情绪困扰（C）并不是由客观事件刺激（A）所造成，是由人的信念系统（B）引起的。情绪困扰：emotional consequence，简称C；信念系统：belief system，简称B；客观事件：activating event，简称A。激发事件A只是引发情绪和行为后果C的间接原因，而引起C的直接原因则是个体对激发事件A的认知和评价而产生的信念B。即：人的消极情绪和行为障碍结果（C），不是由于某一激发事件（A）直接引发的，而是由于经受这一事件的个体对它不正确的认知和评价所产生的错误信念（B）所直接引起的。

艾利斯结合临床经验，认为人常有的非理性信念有11种。这11种非理性信念有三个主要特征：绝对化要求、以偏概全和糟糕至极。第一，绝对化，是指认知者以自己的意愿为出发点，对人对事都怀有认为其必定怎样或必定不怎么样的信念，极易走极端。这种信念经常与“必须”、“应该”这些词联系在一起。第二，概括化，是指一种以偏概全的不合理思维方式。过分概括化的表现有，他人稍有过失就全盘否定，个人偶遇不幸就觉得前途无望等，结果很容易陷入消极情绪之中。第三，糟糕至极，是指对事对人作极端消极的、悲观的评价。若按这种思路想，百分之百糟糕，没有一线希望或转机，人容易因绝望而陷入严重的负性情绪中。

（二）治疗技术

理性情绪治疗模式的主要内容包括治疗目标的设定、治疗常规过程以及工作者应该担当的专业角色。

1. 治疗目标

理性情绪治疗模式认为，人的情绪困扰主要因素在于自身的信念系统出了问题，因此，修正非理性信念系统自然就是理性情绪治疗模式的主要目标。

2. 治疗程序

与传统社会工作实务模式相比，理性情绪治疗模式显得更加主动、更加直接，更具教导性，这使得理性情绪治疗模式的专业开展过程和一般的社会工作实务流程有所不同。大致说来，理性情绪治疗模式的专业开展主要遵循以下步骤：

(1) 确定引发服务对象情绪困扰的当前问题，(2) 确定服务对象情绪困扰相关的思想信念，(3) 确定服务对象情绪困扰的非理性信念，(4) 反驳服务对象的非理性信念，(5) 确立新的理性信念，取代非理性信念。

3. 工作者的角色

理性情绪治疗模式致力于对服务对象非理性信念的批驳，以及对新的理性信念的建立，所以，理性情绪治疗模式对于治疗者也就是工作者的要求也相对较高，工作者至少应该是一个成熟以及身心健康的人。

六、 叙事治疗

叙事治疗是20世纪80年代以来兴起的一种深受后现代主义和社会建构主义思潮影响的治疗方法，是指治疗师运用问题和外化解构式提问等技巧，激发当事人的内在力量，引导当事人重写生命故事的过程。叙事治疗具有去专家化、去病态化、解构与问题外化、重社会文化脉络、重视意义诠释和重视语言叙说等理论特色。其创始人是澳大利亚的迈克尔·怀特(Michael White)和新西兰的大卫·爱普斯顿(David Epston)。

(一) 理论基础

叙事治疗摆脱了传统意义上将人看做问题的治疗观念，治疗师带着“相信每个生命都是有力量”的态度，通过问话来不断解构主流文化对人们的影响。叙事治疗认为，人的生命经验以及如何看待这些经验的主观角度等，会形成他的自我认同和生命价值。如果能让当事人叙说自己的生命故事，经由某种特定的提问方式来让当事人看到自己的生命故事有各种不同的可能解释，他就可以将负面的解释转化为正面的解释，进而解决问题。总的说来，叙事治疗的基本假设有以下几方面：

(1) “问题”才是问题，人不是问题，人不是问题的罪魁祸首，问题本身才是，人与问题是分开的。

(2) 每个人都是自己生命的专家,问题的专家,没有人比他更了解他自己。

(3) 相信每个人都有能力及方法解决自己的问题,只是这股力量一直被忽略而已。

(4) 每个人才是自己生命的作者,每个人都有能力依照自己的偏好,重写自己的生命故事。

(5) 许多问题都是种族、阶级、性取向、性别等文化环境所营造出来的,因此看问题不是看这个"人"出了什么问题,而是去看这个人背后的文化脉络。

(6) 只要人能发现自我资源,就能取得生命主权(agency),进而有能力脱离被害者(victim)的角色。

(7) 问题不会百分之百的操纵人,人的一生中,总有几次不被问题影响的例外经验。因为这个相信,因此治疗师会把焦点放在"独特结果"的问话上。

(二) 治疗技术

叙事治疗的技术有多种,例如解构式倾听、发现独特结果和建立回响团队等。这里仅介绍其中的两种。

1. 故事与重写生命故事

叙事治疗相信每个人的生命本身就是一个丰富的故事,而每个人都可以为自己的生命故事赋予意义。迈克尔·怀特认为,个人问题的形成与主流叙事的压制有关。人之所以与主流叙事之间不断产生龃龉,原因在于人对自己所认同的"意义"常常由主流叙事代表的"真理"所决定,这些真理的论述透过权利运作,使人接受其"指定的人格与关系的规范"。反映在现实生活中,就是"意义"很多时候会受到外在世界及人际互动影响而出现扭曲,当事人的声音及实况每每被掩盖且容易被"问题化"。以这样的角度来看,叙事治疗师的责任就在于如何与当事人一起辨识故事主流故事及其单薄的描述;叙事治疗的重点,就是要帮助当事人如何重新检视自身的生活,重新定义生活的意义,推动支线故事与替代的描述,朝向丰厚的描述与重写生命故事,最终目标是回到正常的生活。

2. 问题与问题外化(externalizing the problem)

叙事治疗相信问题是存在于人之外,人不等于问题,因而问题的外化就是将个人已内化的问题带入外化情境,以避免自责、破坏性想法等,以此引发新的人与问题的关系。艾普斯顿认为,借助于外化论述,人会出头,并在生活中把自己当成生命故事中的主角,这样的故事会有向前展望的生活,而不是束手无策陷在各种长久不变的说法之中。值得注意的是,怀特曾指出不仅是人的问题,人的优点同样可以外化。

问题外化的优点表现在以下几个方面:减少无益的人际冲突和争吵;降低失败感;打开新的可能性,使人能采取行动,从问题和问题的影响中恢复生活与家庭关系;使人对"要命"的问题采取比较轻松、有没有压力的方法;提供对话的可能等。

问题外化有一些具体技巧。一是将问题拟人化(personify),使得当事人得以去探索"问题"的长相、个性、生活方式、生命过程等等。典型的问法如:"害怕拒绝"是从什么时候开始来到你的生命中的?或者在什么情况下"害怕拒绝"会来到你身上?二是将问题具像化,即运用道具来代表问题,并邀请服务对象与之对话、甚至互动,以增加治疗过程的动态感与戏剧效果。三是给问题命名(name)。治疗师运用幽默与想象力,以贴近服务对象日常生活的"口语化用语",来替代"专业诊断术语"。例如把"忧郁症"换成"没有能量 high 不起来",或将"失眠症"换成"晚上睡不着"等。借助于问题命名,可以生动地描述问题的"历史与影响",以及人又如何与之"奋战"的过程。将问题命名时,要求治疗师的提问必须将问题放在第三者的客体位置。例如"那个内疚"、"那个恐惧"。通过将问题外在化、客体化、具象化,当事人和问题逐步分离开来,治疗效果十分显著。

第四节　个案工作实施的原则与技巧

一、个案工作的基本原则

(一) 个案工作的专业关系

要做好个案工作,社会工作者必须建立并维持与服务对象之间良好的专业关系。

所谓个案工作的专业关系,是指个案工作者凭借专业知识与技巧协助服务对象发挥潜能,调整态度,从而解决服务对象问题并增进服务对象的发展的关系。个案工作的本质在于给服务对象提供一个有意义的联系,通过工作者的影响,激发服务对象的学习动力,促进服务对象经由这种协助,以解决问题,克服困难,发挥社会功能,并进一步将这一协助经验内化,增进个人自我功能的整合与发展。因此,关系亦即专业关系是个案工作的灵魂。

(二) 个案工作的实施原则

要建立并维持社会工作者与服务对象之间良好的专业关系,社会工作者在开展工作的过程中必须坚持一些基本的原则。所谓个案工作的原则是指个案工作者与服务对象之间建立专业关系所遵循的思想行为准则。具体来说，个案工作的原则包括以下方面：

1. 保密原则

保密原则是个案工作最基本的工作道德，也是最基本的工作守则。所谓保密就是要求个案工作者尊重服务对象的隐私权，对所取得的资料应严加保密。

承诺的服务对象保密，是工作者与服务对象建立良好关系的第一步。即使服务对象未要求保密，工作者亦应尽保密之责。其方式包括：不向他人透露服务对象的姓名及资料；不向他人提及会谈的内容及过程；使会谈室为服务对象与工作者专用，不让外人旁观；避免不同服务对象在约谈时碰面等等。

2. 承认接纳的原则

接纳是将每位服务对象视为独立的、有价值的个体，承认其有独特的个性、气质、特征、观念和行为等；接纳和赞同、赞许不同，它是一种中性的、客观的态度取向：既不表示赞同也不表示反对。接纳的态度可以创造自由的气氛，使服务对象可以任意抒发各种感受，披露个人观点，这样就便于工作者确定问题的症结，以便对症下药。

3. 有效沟通的原则

这一原则要求工作者以诚恳的态度面对任何服务对象，在与服务对象沟通的过程中，应注意深入领会服务对象在叙述其困难时的心理和他的表达方式，尽量理解服务对象表达的意思，不仅仅满足于表面、肤浅的了解，而且帮助服务对象深入地探索自己的情绪、想法及行为上的问题。如果发现服务对象有不安全感，或表达能力不足，或有相当保留，工作者应以行动或语言表明对服务对象的关切和期待，鼓励并引导他充分地与工作者沟通。

4. 尊重服务对象自决的原则

自决是指特定主体依据自己意志处理一定事务的方式或权利。社会工作者应当坚持这样的认识，即每个人都有自我决定的能力，即便社会脆弱群体的人员也不例外。即使服务对象有逃避、放弃或推卸“自我决定”的趋向，社会工作者亦应以容忍的态度鼓励他产生自决的能力，引导服务对象参与对问题的剖析以至改善的整个过程，工作者只是从旁提示、劝导与协助。坚持这一原则，可以培养服务对象的独立性，不至于养成服务对象的依赖心理。

5. 个别化原则

也称注重个别差异的原则。主要是指服务对象心理的个别差异或个性差异，即服务对象在性格、兴趣、能力等心理特性方面的差异。该原则要求重视服务对象在生理上、心理上和社会环境上的独特性，相信每个服务对象对其所处的情境、所遇到的问题或困难皆有独特的看法与感受，工作者的处理方式亦因此而有所不同。

6. 妥善处理情感转移的原则

在个案工作的过程中，服务对象对工作者所表示的情感寄托，即：服务对象薄弱的自我认识体系暂时借用工作者的认识体系，通过这种方式以恢复服务对象自我认识体系的常态机能活动。

当服务对象感受到被工作者接纳，没有压迫感的时候，同时经过其主观的判断认为工作者对他的了解比他对自己的了解更清楚时，情感转移就随即发生。

二、 个案工作的实务技巧

与人打交道的工作，不仅是专业知识，且要一定技巧，在运用个案工作方法开展实际工作时，涉及许多技术、技巧的灵活使用。个案工作最主要的工作手段与方法包括会谈、访视和记录。

(一) 会谈

个案会谈是指工作者与服务对象相互用语言与非语言的方式交换意见、态度与感觉的过程，属于专业性谈话。会谈是个案工作的基本方法与技巧，也是工作者的主要工具。与服务对象之间通常必须通过会谈过程才能逐渐建立专业关系，因此会谈显得格外重要，应特别注意交谈的技巧以提高助人的效果。

1. 会谈前的准备事项

第一，场所的选择。一般会谈可安排在服务对象的家里或其他地方，深度的交谈应安排在个案工作者的会谈室内进行。第二，时间的安排。根据工作者的办公时间以及服务对象方便的时间而定。一般交谈时间每次以40分钟～50分钟为宜。第三，工作者的仪表风度。应力求整洁得体。第四，准备纸笔或室内配备录音录像设备。记录是为了在会谈之后对其问题做进一步的研究；录音和录像的重放，可以帮助服务对象进行自我领悟与反思，有利于服务对象行为的改变。但工作者要事先要告知服务对象。

2. 会谈的过程

起始阶段：工作者应以坦诚、接纳与开放的态度，鼓励、启发服务对象充分表达自己。发展成熟阶段：这个阶段是个案交谈的关键程序或环节。社会工作者应当运用各种技巧将其与服务对象之间的交谈引向会谈所要达到的目的，同时维持双方适应良好的互动关系。结束阶段：结束会谈前，社会工作者应协助服务对象进行的准备工作包括：使服务对象的情绪由进行时的高亢状态逐渐趋向平缓；为本次交谈作摘要，提示交谈主要事项的完成情况及达到的成果。

(二) 访视

访视又称探讨。是为了了解服务对象情况与促使服务对象的转变，个案工作者常常前往服务对象的家庭，学校或工作单位拜访有关人员，这种专业性的访问叫做个案社会工作的访视。其作用表现在：证实服务对象所处情境，了解其家庭生活和社会关系，从中确认可用的资源，寻求可行的解决问题的办法，改变有关人员对服务对象的态度的和行为，营造一个适合服务对象改变的社会环境。

1. 运用情形

(1) 来求助者并非服务对象本人，如一对夫妇前来倾诉子女行为顽劣，难以管教。

(2) 怀疑服务对象所陈述之事的可靠性，如存在着不诚实、偏见、主观认识等。

(3) 认为服务对象问题起因于家庭，如青少年离家出逃，管教太严，父母本身行为不良，生存环境恶劣等。

(4) 服务对象年龄尚小，其家长或监护人应参与个案工作的过程，如未成年少女怀孕、逃学等。

(5) 个案工作急需家庭协助，如夫妇感情困惑、婆媳不合、家庭虐待等。

(6) 为确保服务对象问题的解决。

(7) 服务对象有疾病之时。

(8) 服务对象与工作者很久没有联系或失去联系时。

2. 访视应注意的事项

确定访视对服务对象的影响和需要。明确访视的主要目的和内容，明确访视的主要目标。做好访视前的准备(通知或安排)，访视的时间必须视受访者的情况而定，做好访视结束和下次访视的约定，注意访视结果的评价与记录。

(三) 社会个案记录

社会个案记录是个案工作者对服务对象接触的过程及处理问题的全过程予以记载。其作用表现在：为正确诊断、有效解决问题提供依据；为社会研究、社会工作计划和教学提供实证材料；帮助新的个案工作者了解服务对象，以保障服务对象的权益；用于督导，提升工作人员的服务技巧。

1. 个案记录的内容

(1) 服务对象本身的资料。包括基本情况、生理、心理状况如何、社会功能发挥如何、有关环境系统如何等。

(2) 服务对象问题的产生原因及其性质。

(3) 服务对象的期望及其求助时的感受。

(4) 服务对象对工作者的态度及结案后的详情等。

2. 记录的一般形式

(1) 流水账式。将服务对象与工作者在会谈过程中的对话和非语言的情况全部记录下来。

(2) 叙事性记录。叙述服务对象与工作者及机构之间的双向沟通的动态过程,并将服务对象接受服务期间所发生的事全部记载下来。这类记录能够清楚地反映服务对象为达到目标而努力的程度。

(3) 摘要式记录。将发生的事用最简明的文字做扼要的叙述,通常可按重点分类后再分段摘要记录。

(4) 研究问卷式记录。为了特定的研究方案所采用的记录方式,主要是配合问卷上的问题而将所得到的资料填入已设计好的表格内;不论选择哪种记录方式都要力求做到准确、忠实,记录才具有实质意义。

本章小结

1. 个案工作是一种以个人或家庭为对象的社会工作专业方法,是社会工作其他方法的基础。

2. 社会工作者通过与服务对象建立专业关系,运用专业知识与技术,协调可资利用的各种社会资源,为服务对象提供直接的一对一的服务,以协助服务对象摆脱困境,解决问题,达到与社会、环境的良好适应。

3. 经过一百多年的发展,个案工作已经形成了一些比较成熟的理论模式。其中最重要的有功能派个案工作、心理社会派个案工作、问题解决派个案工作、行为修正派个案工作等四大经典模式。

4. 个案工作的运行程序是个案工作的对服务对象问题解决的具体操作过程与步骤。主要有申请与接案、初步评估与问题分析、制定服务计划、专业干预、评估与结案等过程与步骤。

5. 要做好个案工作,社会工作者必须建立并维持与服务对象之间良好的专业关系。

6. 个案工作应遵循:保密原则、承认接纳的原则、有效沟通的原则、尊重服务对象自决的原则、个别化原则、妥善处理情感转移原则等。

7. 个案工作方法开展实际工作时,涉及许多技术、技巧的灵活使用。个案工作最主要的工作手段与方法包括会谈、访视和记录等。

B　主要术语

个案工作(Social Case work)：是指专业社会工作者运用专业知识和技巧，为个人和家庭提供支持和服务，以帮助个人和家庭减轻压力、解决问题，达到个人与社会的良好福利状态的工作方法。

阶段性评估(Stage Assessment)：是指社会服务到一定阶段时，社会工作者和服务对象共同检查服务成效，借以调整和修正下一阶段的服务计划的过程。

结案评估(Summarizing Evaluation)：是指对整个社会服务过程的评价与总结。

人在情境中(Person-in-Situation)：在人与环境的交互影响过程中，任何部分的改变都将引起其他部分的改变。

ABC 理论(ABC Theory)：也称理性情绪治疗模式。是指一个人的情绪困扰(C)并不是由客观事件刺激(A)所造成，是由人的信念系统(B)引起的。

个案访视(Case Visiting)：为了了解服务对象情况与促使服务对象的转变，个案工作者常常前往服务对象的家庭，学校或工作单位拜访有关人员，这种专业性的访问叫做个案工作的访视。

叙事治疗(Narrative Therapy)：作为一种后现代取向的治疗模式，叙事治疗是指治疗师运用问题和外化解构式提问等技巧，激发当事人的内在力量，引导当事人重写生命故事的过程。

C　练习题

1. 课堂讨论：以 10 名同学为单位划分小组，讨论个案工作的流程(也可以绘制工作流程图)，最后每个小组派一名同学代表总结汇报小组讨论结果。

2. 课堂讨论：以 10 名同学为单位划分小组，讨论非理性信念的含义及特点，并汇报各自小组的讨论结果。

D　思考题

1. 社会工作三大服务方法的关系是什么？其中个案工作处于什么样的地位？

2. 简述个案工作的四大派别。

3. 比较分析阶段评估与结案评估的异同。

4. 请绘制个案工作流程。

5. 什么是个案工作的专业关系？

6. 个案工作的实施原则有哪些？

E 阅读文献

1. 黄维宪，曾华源，王惠君：《个案工作》，台北：五南图书出版公司，1985年。

2. 林万亿：《当代社会工作：理论与方法》，台北：五南图书出版公司，2002年。

3. 〔澳〕迈克尔·怀特，〔新西兰〕大卫·爱普斯顿著，廖世德译：《故事、知识、权力——叙事治疗的力量》，台北：心灵工坊出版社，2001年。

4. 许莉娅主编：《个案工作》，北京：高等教育出版社，2004年。

5. 翟进，张曙编：《个案社会工作》，北京：社会科学文献出版社，2001年。

6. 张雄编：《个案社会工作》，上海：华东理工大学出版社，2000年。

第八章　小组工作

小组社会工作是社会工作的三大直接方法之一，即社会工作者运用小组活动的方式，协助参与者获得小组生活和个人成长的经验，挖掘和发挥个人潜能，学习解决问题的方法，克服并预防情绪和行为上的困难，并获得个人成长的过程。小组工作在欧美及中国港台地区被广泛应用于各种社会服务领域，近年来，在中国内地也有了较快的发展。

第一节　小组工作的含义与历史发展

由于受到历史发展经验以及不同学者各自理解角度的影响，小组工作的含义有一个逐步发展的过程，对小组工作的认识也是随着小组工作专业地位的确定而逐渐成熟。下面我们分别介绍小组工作的含义及其历史发展。

一、小组工作的含义

小组工作是由英文 Social Group Work 或 Social Work with Group 直译过来的，也称团体工作。小组工作中个人成长和改变的重要载体是小组。因此，要了解小组工作，首先应了解小组的含义。

（一）小组及小组的分类

1. 小组的含义

《国际社会科学百科全书》(1968)对小组的界定是：小组由两个或两个以上的人组成，成员间互相影响，且成员间感到有整体意识，而这个整体将会维持一段时间，有控制成员间相互影响的明确规范，成员间有一套角色。勒温(Lewin)对小组的理解是：区分小组与一群人不同之处的重点在于他们有共同的命运和经历。香港理工大学的何洁云等于 2002 年提出小组具有的特征是：两个人以上，形成关系，有共同的目标和利益，成员间相互影响，地位与角色的演变，成员有归属感，小组有发展阶段，小组有一定的规范，小组的文化与气氛。

对小组的特征一般从以下几个方面进行总结：

(1) 小组大小的确定，应以成员可以相互了解并影响小组的发展为标准；

(2) 小组有不同的发展阶段，由工作者带领；

(3) 小组有相当程度的凝聚力，以便成员可以共同为完成某项目标而进行各自的努力；

(4) 小组成员经过选择、核准，并制定小组规则，以保证小组和成员之间共同目标的完成；

(5) 小组能接受工作者并与之建立合作的关系。

可见，小组是由工作者带领的，成员经过选择、核准，大小有一定的限制，有不同的发展阶段和相当程度的凝聚力的人群聚合。

2. 小组的分类

不同的工作领域和目标，适用的小组性质和类型就会有所不同，很多学者都对小组进行了分类。常见的分类有以下几种：

(1) 根据小组的形成

根据小组的形成可分为人为小组和自然小组。人为小组是通过外部的影响和干预而组建起来的，这种小组以一个特定的目标为中心，有较强的结构性；自然小组是以自然的方式聚在一起的小组，由于一些自然事件、成员间的相互吸引或感觉需要等因素而形成，自然小组通常没有发起人，如家庭、朋辈小组、街头玩伴群体等。虽然在实际工作过程中，往往提到的小组是人为组成的，但自然团体的运作一直是团体工作的传统。

(2) 根据成员的参与意愿

根据成员的参与意愿，小组可分为自愿小组和非自愿小组。自愿小组是基于成员自身动机和主动性而形成的。自愿小组中所有成员都是自愿参加；非自愿小组成员不是因为自身动机和主动性组成的，是具有强制参与性的小组，例如，在矫治机构中用于成员转变行为的治疗小组等。

(3) 根据成员间的联系

根据成员间的联系，小组可分为基本小组和次层小组。前者的成员具有较高的互动频率和紧密联系。基本小组都是很小型的，小到成员可以用面对面的方式与任何一个人互相交流，最典型的就是家庭；后者成员有共同的利益或兴趣，但成员间相互联系较少且关系不甚密切，例如同事等。

(4) 根据小组的结构

根据小组的结构，可将小组分为正式小组和非正式小组。正式小组具有正式的小组结构，确定的角色和地位，任务小组、行动小组、教育小组等都属于这种类型；非正式小组不具有正式的结构，小组没有明确的目标，成员自然地聚拢在一起，通过互动达到交往和满足个人需求的目的，如同学团体、街头玩伴团体等。

(5) 根据成员的界限

根据成员的界限，可将小组分为封闭小组和开放小组。封闭小组从小组聚会开始到结束都是相同的成员组合，小组成员不会随时间的变化而增加或减少，一般说来，深刻的互动关系和一些特殊的治疗关系都是在封闭的小组中完成的；开放小组在小组过程的任何时间都允许成员加入和离开，成员有很高的开放度。

(二) 小组工作的含义

关于小组工作的含义，不同的学者有不同的理解。我们从历史发展的角度来了解小组工作的各种主要的定义，从中找寻对小组工作的一般认识。

1. 小组工作是一种活动或经验

小组工作起源于各种社会性质的社会服务活动，早期的学者便把具有小组活动性质、提供小组经验、满足个人及社会需要的活动认为是小组工作。例如柯义尔(Grace Longwell Coyle)于1935年曾这样定义小组工作："小组工作的主要目的是以经验为媒介，去满足个人的社会兴趣和需要，这种小组经验具有个人自我发展与社会价值的双重目的。"

同年，纽斯泰特(W. I. Newstteter)也说："小组工作是运用个人志愿结合小组的方法，以促进个人发展与个人社会关系的调适及其他有益于社会的目的的达成。"

美国小组工作者协会于1949年指出："小组社会工作就是由小组工作者指导各种小组从事各种小组活动，使这些活动有助于个人发展和社会目的的实施。"

特斯兰德(Toseland)和理瓦斯(Rivas)对小组工作的定义是："小组工作是以目标为导向的活动，以满足社会情感需求、完成任务为目的。这些活动都是通过服务提供系统直接面对参与小组的个人和整个小组的。"①

2. 小组工作是一种过程

柯义尔于1937年提出："小组社会工作是一种教育的过程，通常由各种志愿结合的小组，在小组工作者的协助下，在闲暇时间内实施。其目的是在小组中通过个人人格的互动，以促进个人成长；通过小组成员互助合作的集体行动，以创造小组

---

① 〔美〕O. William Fariey, Larry L. Smith, Scott W. Boyle著，隋玉杰等译：《社会工作概论(第九版)》，北京：中国人民大学出版社，2005年，第89页。

的情景。”强调个人的改变要通过个人参与的整个过程来实现，但仍然不是作为一种社会工作专业方法来看待，而更多地被当成一种教育与休闲活动的过程，目的在于达成个人发展、社会调适、兴趣和社会职责感等目标。

3. 小组工作是一种社会工作的方法

20 世纪 40 年代后，小组社会工作逐渐被看做一种社会工作的方法，不同学者对它的定义也显示了这一变化。1946 年，柯义尔提出小组工作应是社会工作方法的说法被全美社会工作大会所接受。1949 年，美国小组工作者协会委员会提出了一篇报告，标题是“小组工作者的功能界定”，这个报告表述了小组工作目标、功能、方法及一些必备的基本知识等之间的相互关系，为小组工作方法刻画出了轮廓。

1959 年美国社会工作教育委员会（Council on Social Work Education）发表由墨菲（Marjorie Murphy）所主持的课程研究，其中指出：“小组工作是社会工作的方法之一，它通过有目的的小组经验来增进人们的社会功能。”这个定义非常精简，如果要从中了解小组工作所服务的对象与方法，是有困难的，还要加以解释与补充。

克那普卡（Gisela Konopka）在墨菲定义的基础上进行了进一步的说明，他指出，小组工作是社会工作方法之一，它通过有目的的小组经验，协调个人增强其社会功能，更有效地处理个人、小组或社区的问题。他认为：“小组工作是一个旨在通过鼓励组员的参与，最大限度地发展个人能力的方法，通过参与小组的活动，个人从中得到学习和成长。”①

4. 综合性的小组社会工作定义

崔克尔（Trecker）整理众多意见之后，为小组社会工作的定义作了综合性的总结，这一定义的操作性很强。

小组社会工作是一种（由知识、了解、原则、技巧所组成的）方法，通过个人在各种社区机构的小组中（包括在小组中的个人以及在社区机构中的个人），借着小组工作者的协助，引导成员在小组活动中互动（小组工作过程），促使成员彼此建立关系，并以个人能力与需求为基础，获得成长的经验，旨在达成个人、小组、社区发展的目标。②

这个定义非常详细，我们可以从中勾勒出小组工作的基本过程。根据以上的分析，我们认为：小组工作是社会工作的方法之一，它是以一定的专业价值为基石和灵魂，以一定的专业理论为指导，经由小组工作者的协助，通过有目的的小组互

---

① 〔美〕O. William Fariey，Larry L. Smith，Scott W. Boyle 著，隋玉杰等译：《社会工作概论（第九版）》，北京：中国人民大学出版社，2005 年，第 88 页。

② 林万亿：《团体工作》，台北：台湾三民书局，1995 年，第 7 页。

动过程和小组经验分享，改善个人、小组和社区（社会）间的相互关系，并使他们达到功能增强的目的，进而促进个人成长和社会的进步与发展。[①] 由此可以看出小组工作的内涵必须包含以下几个方面的内容：社会工作专业理念的指导，适用于小组工作的科学的知识和技巧，借助小组成员与工作者及成员之间的关系，达到个人的成长、能力的发展以及社会的调适等目标。

二、 小组工作的历史发展

现代小组工作方法的形成是近代工业革命后逐渐演进而形成的，经历了起源与发展、诞生与成长、专业化、多元化和新发展几个阶段，是继个案工作之后的一种专业社会工作方法。

（一）小组工作的起源与初步发展

1. 基督教青年会的成立与发展

小组工作作为一种社会服务的方法，起源于基督教青年会的成立与发展。世界上第一个青年会于 1844 年成立于英国，创始人是乔治·威廉（George Williams）。1851 年，美国第一个青年会在波士顿成立。1855 年 8 月在法国巴黎召开了第一次世界大会，成立青年会世界协会。1877 年和 1906 年基督教女青年会也分别在英国、美国成立。它们都是通过小组活动、小组经验等方式为青年提供知识教育、休闲娱乐等健康服务，为提高小组工作的标准和实现专业化都起到了很好的促进作用。

2. 康乐组织和儿童乐园活动的出现

1868 年波士顿第一教会利用公立学校的校园成立了第一个儿童假期乐园。1876 年，芝加哥也开始利用公园领导各种有组织的游戏与体育活动。1877 年，美国女孩亲善会社成立。到 1885 年，各种儿童乐园由最初的假期开设逐渐发展为常年有计划的设置，极力为儿童提供各种休闲娱乐活动。与此同时，美国各地的社区中心普遍注意采用小组工作的方法组织各种教育及娱乐活动，让儿童学习一些社交技巧以及道德价值观的知识。

3. 睦邻组织的发展

工业化的发展使都市移民问题越来越严重，1884 年在英国伦敦教区的贫民窟成立了世界上第一个睦邻组织——汤恩比馆。1889 年，简·亚当斯效仿汤恩比

---

① 张洪英主编：《小组工作》，济南：山东人民出版社，2012 年，第 4 页。

馆，在芝加哥成立了著名的赫尔馆。协助当地居民自发行动起来，互助合作，提供适当的教育和康乐服务，努力改善居民的生活状况。

上述这些社会组织基本上都是为了适应工业化发展而设立的，服务对象主要针对青少年和外来移民，服务方式以提供休闲娱乐为主。虽然缺乏专业的认同和专业理论的支撑，但是他们传递了小组工作的重要价值理念，推动了小组工作的发展。

（二）专业小组工作的形成

专业小组工作的形成，主要表现为专业教育的发展、小组工作组织的建立以及相关杂志和专著的出现。

1923年，小组工作开始成为社会工作的课程之一。查德希（Mildred Chadsery）在美国西方储备大学社会工作学院开设有关小组工作的课程。而真正的小组工作则到1927年纽斯泰特正式以小组工作命名这门课程。1930年，柯义尔出版了第一本小组工作的教科书《组织群体内的社会过程》。1935年美国全国社会工作会议增设小组工作分会，被公认为小组工作加入社会工作行列的重要里程碑。1936年全美小组工作研究协会成立。1946年，在纽约水牛城举行的全美社会工作会议上，柯义尔代表美国小组工作研究协会发表了题为《迈向专业化》的演说，强调小组工作是一种社会工作方法。这样，小组工作才正式纳入专业社会工作之中，成为社会工作的专业方法之一。1947年《社会》杂志创刊，1949年改名为《小组心理治疗》，另一个小组工作的重要杂志《国际小组治疗杂志》也于1949年创刊。专业杂志的出现，标志着小组工作开始走上专业化的发展道路。另外，这一时期代表性的著作有：柯义尔的《小组工作对美国青年的服务》（*Group Work with American Youth*）、威尔森（Wilson）的《社会小组工作实务》（*Social Group Work Practice*）、崔克尔的《社会小组工作》（*Social Group Work*）、克那普卡的《以儿童为对象的治疗性小组工作》（*Therapeutic Group Work with Children*）等。

（三）小组工作的多元化发展

20世纪六七十年代，小组工作的理论更加丰富，小组介入的领域逐步扩大，介入的模式倾向于多元化。首先，应用领域不断扩大，由娱乐、教育、宗教逐步扩大到医学治疗、工业关系、学校教育、社区行动等。其次，理论与实务方面，勒温的场域理论，鲍尔斯、霍曼斯、怀特的互动理论，米勒的系统理论等，都丰富了小组工作的内容，发展了小组工作的理论和技巧。另外，这一时期也更注重对小组工作模式的研究，促成了帕贝尔（Papell）及罗斯曼（Rothman）在1966年发表了关于小组工作三大模式的论文，为推动小组工作实务作出了巨大贡献。1967 年罗伯特·文特尔(Robert Vinter)等人在美国密西根大学建立了小组工作治疗模式，同期施沃茨(Schwartz)创立协调模式，1965 年伯恩斯坦(Bernstein)在波士顿大学研究了发展模式。

(四) 小组工作的新发展

20 世纪 70 年代以后，整体的社会工作观取代了分裂的社会工作观，单独的社会工作方法被整合的社会工作方法所取代。这一时期生态系统理论取向的实务观点，将个人、夫妻、家庭、小组、社区以及其他社会体系结合起来；由问题与诊断为主的社会工作视角，开始关注每个人具有的优势、兴趣、能力、知识和才华，强调所有的环境都充满资源。在理论上，1978 年由帕佩利(Papell)、贝伦斯(Beulash)和罗斯曼在 Adelphi 大学创办了《小组社会工作》期刊，内容不仅包括直接服务方法，也涵盖了机构与社区问题的解决。进入 80 年代，小组工作的理论更加丰富，场域、互动、系统、行为分析、小组动力等理论在小组工作中得到推广。① 另外，又发展出新的工作模式：生态模式，人本模式，临床模式以及社会行动与体系发展模式，电脑中介支持小组等。利用高科技，重视研究、注重问题解决的短期小组是小组工作未来发展的趋势。②

三、 小组工作在中国内地的发展

专业意义上的小组工作在内地的发展历史不长，但是小组工作的活动形式却历史悠久。辛亥革命后，内地就出现了不同性质的小组，其中一些救济型、互助性的小组，基本上分为五种类型：第一，私人办的社会救济福利小组；第二，官方办的社会救济福利小组；第三，宗法性的社会救济福利小组；第四，宗教性的社会救济福利小组；第五，外国人办的社会救济福利小组。这些小组在帮助有困难的人渡过难关方面曾起到一定作用。③

新中国成立后，全国总工会、中国青联、共青团、妇联、残联等，都各自担负了一定的社会服务职责，在帮助困难人群解决生活困难、家庭关系和社会问题等方面发挥了重要作用。政府部门和民间也成立了许多社团或小组，开展了各种小组活动与社会活动。在少先队、少年宫中的儿童兴趣的小组，在高等学校中的各种社团

---

① 刘梦主编:《小组工作》,北京:高等教育出版社,2003 年,第 14 页。

② 顾东辉主编:《社会工作概论》,上海:上海译文出版社,2005 年,第 132 页。

③ 张洪英:《小组工作:理论与实践》,济南:山东人民出版社,2005 年,第 27 页。

等。这些小组基本上是以任务为本的小组，缺乏专业人员的介入，基本上通过行政手段来提供服务。90 年代初期，随着高校社会工作专业的建立，小组工作作为一门专业方法在内地得到传播和发展，从事专业小组工作的人员主要为社工专业毕业生和在校专业教师和学生。

进入 21 世纪，小组工作进入了崭新的历史发展阶段。例如，深圳市 2006 年开始了社会工作创新模式的试点工作，提出了政府购买、民间运作的社会工作新模式。2007 年成立了鹏星社会工作服务社，这是国内首家民间专业服务机构。其中深圳市的“阳光妈妈”服务项目就是由鹏星社工服务社提供，以单亲特困母亲、下岗失业妇女以及家庭遭遇特殊困难的妇女为对象，通过成立自助互助小组，以“社工”引领“志愿者”的运作模式，举办免费就业培训，开展心理咨询、家庭教育、素质教育服务等形式，实现帮扶与救助困难女性的长效服务。2008 年 9 月中国社会工作协会与中国青少年发展基金会合作，在四川的德阳和广元推动了“抗震希望学校社会工作志愿服务项目”，为了促进志愿者的专业成长，在项目启动之前对志愿者都作了专业救灾的集中培训。他们采用小组出击、团队联合作战的策略，既不让志愿者感受到孤独，又能在相互支持中使专业能力得到提高。在随后的三年项目过程中，志愿者们将小组工作的方法大量地应用到具体的灾区学校服务之中，均收到了良好的效果。还有，2010 年 3 月，深圳社工介入“富士康员工关爱行动”，运用小组工作的方法及技巧，及时缓解了跳楼危机，成为富士康员工心灵成长的陪伴师。①

第二节　小组工作的过程与模式

小组是一个动态的、变化的发展过程，在这个过程中，小组要经历不同的发展阶段。在不同的发展阶段，小组的目标、动力特征及任务都会有所不同，这是小组工作者特别要关注的。以下介绍小组工作的过程和常见的实施模式。

一、小组工作的过程

对于小组工作的发展过程，我们的观点是：小组是有时间段的，小组工作的过程就是为达成小组目标所需要依靠的前后相连的一系列过程。对于小组的发展阶段不同学者给出了不同的总结。特斯兰德和理瓦斯（1998）将其总结为三个阶段：开始期、中期和结束期。比较有代表性的是卡兰德（James A. Garland）等人提出的

① 张洪英主编：《小组工作》，济南：山东人民出版社，2012 年，第 32～34 页。

前属期、权力和控制期、亲密期、分辨期、分离期五个阶段。诺森在1969年提出小组的发展阶段，可分为适应、探索、解决问题和结束四个阶段等等。不管把小组工作分为几个阶段，小组工作者都必须不断地评估这些阶段，并且在计划和督导小组时理解每个阶段的动力形式，以达成小组的目标。本书将小组工作的过程分为准备阶段、开始阶段、中间阶段和结束阶段，提出了小组工作发展的不同阶段以及不同阶段面临的任务。

（一）小组准备阶段

小组准备阶段是小组开始前的一个阶段。这一阶段，小组还没有建立起来，工作者要做好建立小组的准备工作。小组工作者在这个阶段面临的任务有：明确潜在小组成员的普遍需求；制定成员的招募计划；为小组寻找牢靠的组织支持和许可；需要时申明对小组的组织上的限制；为小组预选成员；如果需要，为成员的参与提供安全的保证；在适当时注意小组内部要素的平衡；选择合适的小组类型、小组结构和大小；确定能促进成员舒适感、凝聚力的活动场所和时间等；以口头或书面的形式明确能够反映成员需要和机构使命的小组目标；确定与小组目标相一致的工作者的角色；在小组组建之初，用同感技巧了解成员的内心感受与反应。

（二）小组开始阶段

小组成员刚开始走进小组，成员之间还不是很熟悉，工作者需要协助成员尽快熟悉并适应小组，这时工作者的主要任务有：明确小组（也包括机构）的目标和工作者的角色；引导成员反馈关于需要、兴趣及问题的感觉；鼓励成员与其他成员分享关心和彼此的长处；在成员之间、成员与工作者之间建立联系；鼓励发现并表达成员之间的共同之处；需要时，引导团体展现权威主题并直接做出反应；评估成员之间、成员与工作者之间因文化差异而带来的影响，并在必要时，直接对其加以处理；帮助小组建立促进改变与成长的小组规则与规范；运用自我意识在小组内部形成凝聚力，并在成员与工作者之间建立和谐舒适的关系；帮助成员建立个人与团体的目标；澄清个人目标与小组目标之间的联系；帮助成员建立一个为共同活动提供清晰指导的初步的合约；创造并维持一个安全的小组文化环境。

（三）小组工作中间阶段

小组成员熟悉起来后，成员之间的自我防卫和试探行为开始减少，主要的精力就放在了小组目标和个人目标的实现上。一般来说这个阶段工作者的任务有：指出成员之间的共同之处；加强个人需要与问题与小组目标之间的联系；鼓励成员之间、成员与工作者之间进行支持性、诚实的反馈，并使其模式化；帮助成员运用角色扮演、行为练习和其他言语或非言语的活动形式实现个人和小组的目标；掌握带领小组工作的规则；依据小组目标，评估小组的进步；需要时与成员重新订立契约，以使他们更好地实现个人与小组的目标；明确在小组内外开展工作的障碍并直接对其进行处理；明确并理解成员之间、成员与工作者之间、小组与外界之间的沟通形式；需要时，明晰并突出小组冲突并加以解决；总结每节活动。

（四）小组结束阶段

目标实现，成员面临分离，小组即将走向终点，此时工作者的主要任务有：明确并指出成员在小组结束时的直接或间接反映；与成员分享工作者对小组结束的感受，帮助成员彼此分享对小组结束的感受；帮助成员明确自己在参与小组中取得的成绩与变化；帮助成员把所学到的新的知识和技能运用到日常生活中；鼓励成员对工作的反馈；帮助成员诚实地反省和评估他们的共同努力；需要时对成员提供后续服务或进行转介服务；评估成员个体与小组的进步；评估小组经历对成员及外界环境的影响。

二、小组工作的模式

“模式”是为解决现实问题而提出的一种概念化设计。模式必须反映实际，是现实世界的一种抽象，高于实际，来自于小组工作的实践，又对小组工作的实践起指导作用。本章主要介绍五种西方常见的小组工作实施模式，即社会目标模式、互惠模式、治疗模式、发展模式和组织与环境模式。

（一）社会目标模式

该模式源于青年服务的传统，早期的研究者如柯义尔、克那普卡等人在一定程度上提供了这个模式的基本概念和主张。主要是在社区层面展开，在小组中强调参与、共识与任务的达成，强调自我了解和专业训练的一种小组工作实施模式。理论基础比较复杂，主要有：参与、意识提升和增能，系统功能理论，社会变迁理论中人的发展与社会发展的关系。

这个模式的总体目标是培养小组成员的社区归属感，实现社会整合。具体分为三个层次：第一，发展和提高小组成员的社会意识和潜能，同时也发展和提高他们实现社会变迁的责任心；第二，发展小组成员的社会能力，提高他们应对社会环境方面的能力，增强他们的自尊心和社会能力；第三，培养当地的社区领袖，使他们有醒觉和能力去带领推动社会变迁。[1]

社会目标模式的主要理论依据是如果小组或成员能够在工作者的影响下，找出小组的共同目标，并且根据目标付诸社会行动，则成员就能够实现自我发展和完善。其成员可以是全社会的所有公民，特别是属于同一社会分层、居住在同一社区或者有相同背景（失业等）的民众。

在这一模式中，工作者是一个能够影响他人并使他人积极行动起来的人。

该模式强调成员的自我醒觉和工作者的专业纪律和伦理守则；强调成员的参与、共识和任务的完成；主张民主参与；成员充分自决；充分动员和利用社区资源，积极克服社区或机构的局限。符合社会工作追求社会公正和社会关怀的理念，优势还在于提高民众的意识，达到社区增能的目的。其明显的缺陷是忽视个人动力，而且离开工作者的引导，就失去了对个人需求的了解。另外，就是过分依赖意识形态，这使他的理论基础薄弱，缺乏系统性。

在中国目前许多社区发展（社区组织）机构及许多非政府组织，开展“扶贫”工作注重培养村民自助组织的发育，围绕生计、教育、意识提升等目标开展小组工作，使社区发展工作真正落实到实处，过程中贯穿着参与、增能等概念，均采用的是社会目标模式。

（二）互动模式

互动模式又称互惠模式（Mediating model），其代表人物是施瓦茨（Schwartz）。这种模式的理论基础是系统理论、场论、互动和沟通理论等，认为行为产生于行为环境。

该模式是基于人与环境和人际间关系而实施的一种小组工作模式。目标是使小组成员在社会归属和互相依存中得到满足，要在小组成员之间、小组之间和有关社会系统之间达到互助和开放。小组的焦点既在个人，也在环境。认为个人必须透过一个健全并合适的群体生活，才能获得健康、全面地发展。小组是这个模式的中心，工作者视小组为心中的“服务对象”。

成员是一些有类似问题的人；具有互惠的动机和能力；能将自己的需求与小组集体的社会需求发生关联；成员之间是平等地位的，通过成员之间的联系达成共识。

工作者是“工作者与服务对象体系”的一部分，不是为服务对象工作，而是与服

---

① 何洁云等：《社会工作实践：小组工作》，香港：香港理工大学应用社会科学系出版，2002 年。

务对象同行，其角色就是一个调解者或使能者。①

该模式注重成员的潜能和互助系统，突出了社会工作助人自助的信念；有利于成员发挥能动性和培养自觉意识，防止外界的价值干预。但该模式对小组中个人期望和个别化的关注是不够的，对成员个人改变程度的评估也是不足的。工作者的权力不足，使工作者难以用自己的权力影响小组过程。

以医院中的癌症康复小组为例来说明互动模式：医院社会工作部针对在院的部分乳腺癌患者开展的癌症康复小组活动，主要就是通过小组活动，加强患者间的联系，重新树立对生活的信心。活动对象是已经完成了手术治疗和化疗的患者，通过他们之间关系的建立和经验的分享来产生支持力量，增强个人应对问题的能力。

（三）治疗模式

从发展的角度看，治疗模式促成小组社会工作整合于社会工作的体系之内，提供了小组工作与个案工作的结合，是一种基于社会工作历史传统，以治疗个人为小组目标的小组工作模式。其理论基础与个案所采用的理论依据十分接近。

这个模式的功能在于通过小组经验来治疗个人心理、社会与文化的适应问题，协助个人获得更佳的社会功能。其一般目标为：消除成员的社会心理问题，帮助成员达成更佳的社会适应功能，最终目标是改变个人而不是改变社会。

由于成员的特殊性，治疗模式会比较依赖专家的判断和专业化的指导。小组在这里是治疗环境，也是治疗工具。通过对每个人的诊断，改变小组结构与小组过程，最后达到个人改变。其成员是有较严重的情绪问题、行为障碍、人格问题、精神异常或者有社会偏差行为的人，是一个等待诊断、分析和治疗的被动者。工作者在治疗模型中扮演变迁的媒介（change agent）而非使能者（enable）。

该模式使用范围广、收效快。传统的治疗模式比较强调“为服务对象”工作，而不是“与服务对象一起工作”，强调专家专业性和权威的特点，以及工作者的影响力。局限性在于不太注重成员的互助系统；对工作者的要求过高，对特殊的小组，如为犯罪青少年改造而设置的小组，由于小组的目标在一定程度上是“外界”决定的，工作者可能会面对很大的阻力，工作者需要给予额外的关注；容易忽视成员的自决权。

---

① 〔美〕O. William Fariey, Larry L. Smith, Scott W. Boyle 著，随玉杰等译：《社会工作概论（第九版）》，北京：中国人民大学出版社，2005 年，第 92 页。

以现实辨识小组[①]来说治疗模式。现实辨识小组一般针对老年痴呆症前期阶段的老人，使老人能保持时间感、方位感和辨识人的能力，其成员一般是有轻度到中度认知混乱的老年人，社会工作者通过环境中的一些提示，帮助他们确认时间、方位或者是人。

(四) 发展模式

发展模式又称过程模式，把小组理解为有其内在演化逻辑的生命有机体，认为小组的发展是小组生长、成熟、衰落的过程，是以发展小组功能和个人成长功能的小组工作理论为基础的，强调以人的发展为核心的一种小组工作模式。

发展模式关注的是个人的社会功能性，而非病理因素，重视自我实现，而非治疗过程。它从来不把个人当成问题，而把个人看成一个活生生的人，面临着一些发展中的困难、挑战、危机或压力，他们需要面对这些困难和挑战，因此，这个模式强调的是怎样发掘个人的能力，寻求解决问题的方式，而不是关注个人的弱点，解释人们的防御机制。[②] 该模式适合在各种人群中运用。

小组的目标之一就是宣泄阻碍个人有效完成社会行为的负面感情；为成员提供支持，发掘内在能力；促使小组成员具有把握现实的能力；协助成员确认自己和他人的角色，了解更多的应付生活困难的方法，增强决策的能力和对自己生活负责的能力。

小组工作者的工作主要放在以下三个领域：小组目标的实现，人际关系，以及个人与小组的自我实现。主要运用于帮助提高自信心，培养领导才能、解决成长过程中的问题。

以青少年历奇辅导服务[③]为例来说明发展模式。最早起源于第二次世界大战后英国的野外拓展训练，其萌芽在香港，开始发展于 20 世纪 70 年代，该活动主要通过将服务对象安放在一个新奇的环境中，让他们跳出生理及心理的舒适区域，互相合作，解决问题，继而通过总结经验，让服务对象得到成就感，并能将成功的经验转化为未来生活的参照。同时关注个人的成长和小组的成长。

---

① 全国社会工作者职业水平考试教材编写组编：《社会工作实务（中级）》，北京：中国社会出版社，2010 年，第 184 页。

② 刘梦主编：《小组工作》，北京：高等教育出版社，2003 年，第 71 页。

③ 全国社会工作者职业水平考试教材编写组：《社会工作实务（中级）》，北京：中国社会出版社，2010 年，第 155 页。

(五) 组织与环境模式

组织与环境模式主要认为社会环境是个人行为模式形成的来源,同时也是改变个人行为的工具。组织与环境模式是通过协助个人、群体、机构以及环境的相互协调,来达到个人社会功能的良好发挥的一种小组工作模式。

该模式尊重小组成员的尊严和自决权利,相信每个人的潜能;小组是帮助成员寻找资源、发掘潜能、支持成长、促成个人社会功能良好发挥的场域。其主要是从环境角度入手,既关注组内成员,也考虑组外环境因素对成员以及小组本身的影响。工作者的主要角色有组织者、协调者、使能者、资源动员者等。

该模式主要运用于社区康复、社会融合、家庭生活服务、感化服务等领域,可以有效应对社会隔膜、社会化、社会控制等问题,如对于一些有越轨行为的人,组织与环境模式能够帮助越轨者懂得必须遵守社会规则和如何遵守社会规则,使其认识到社会法律对人的行为的约束和对违反社会规则的人的处罚,以避免再次出现越轨行为。

第三节 小组工作的基本原则与技巧

小组工作作为社会工作专业方法之一,是社会工作者实务技能的重要组成部分。社会工作者对小组工作的运用必须遵循一定的原则和掌握小组工作的基本技巧。

一、 小组工作的基本原则

小组工作的基本原则是以社会工作的基本原则为基础发展起来的,指导小组工作者行为的一套原则。刘梦在其主编的《小组工作》中介绍了克那普卡提出的小组工作实务的原则(1994),主要包括以下几方面的内容:

(1) 小组中的个人化原则。社会工作者必须清楚认识每个成员的独特差异,以及他们的不同需要和不同问题,在达成小组共同目标的过程中,兼顾成员个人目标的独特性。

(2) 小组个别化原则。每个小组都是一个独特的实体,有自己独特的问题和需求,在设计小组的时候,必须考虑到每个小组的具体情景。

(3) 真诚接纳原则。真诚地接纳每个人的长处和短处。工作者可以有自己的价值观,但是在小组工作中,工作者应承认每个成员是一个完整的个体,是同时具有优点和不足的,都应持接纳的态度。

(4) 助人原则。有意识地在社工和成员之间建立一种助人的关系,可以通过助人目标的实现达到个人的改变。

(5) 互助与合作原则。积极鼓励和促进成员之间的互助合作关系。小组工作中除了工作者之外可以借助的力量就是成员之间所形成的相互影响、相互支持的关系，小组由多重互助关系构成，工作者的首要角色就是协助成员形成互助。

(6) 计划原则和评估原则。在小组进行过程中，要不断地进行评估，根据小组和成员进展情况，及时修改小组计划，以更好地满足小组和成员的需要。

(7) 参与原则。根据成员个人的能力，因人制宜地鼓励成员积极参与，提高成员的能力。社会工作者要根据每个人的具体情况，决定成员的参与程度和改变的程度，使成员不感到有压力，从而进入一个健康发展的状态。

(8) 民主与平等原则。鼓励成员积极参与问题解决的过程和决策过程，体现民主精神。小组是成员的小组，成员与工作者之间是平等的，小组目标的达成需要成员的集体参与与努力。

(9) 热情与自律原则。小组工作者在主持小组的过程中，要热情，具有人情味和自律性。工作者应该是一个真诚、热情的人，而不是一个冷冰冰的人；工作者要有自律性，不能利用小组来满足私欲，也要不断反思和调整自己，使自己处于最佳的工作状态。

二、小组工作的实务技巧

小组工作的实务技巧是小组工作者必须掌握的工作本领。小组工作者在了解小组工作一般技巧的基础上，要特别把握组建小组技巧、制定目标技巧、达成目标技巧和结束小组技巧等关键环节的实务技巧。

(一) 小组工作的一般技巧

王思斌在《社会工作概论》中，将小组工作的一般技巧概括为以下几个方面：建立关系的技巧，观察的技巧，组织和介入的技巧，领导的技巧，沟通的技巧，参与小组活动的技巧，运用社会资源的技巧以及评估小组过程的技巧。[①]

(二) 小组工作的关键性技巧

1. 组建小组的技巧

小组工作的成功与否，与小组正式工作前的筹划和组建密切相关，这就需要在

① 王思斌主编：《社会工作概论》，北京：高等教育出版社，1999年，第132页。

对小组潜在成员进行调查的基础上，确定小组目标、小组规模、成员选择、小组基本规则、活动场所、小组聚会的次数、时限、频率、潜在困难等，并以书面的形式写出小组计划书。

一份详细的计划书对规划小组非常有用，因为它可以帮助小组领导者澄清小组的理论基础，考虑小组可能的成员、小组领导者的工作和小组聚会的环境等。[①]所以小组计划书应该明确、详细，有利于操作。

2. 制定目标的技巧

在小组工作中，另外一个非常重要和有用的技巧就是制定符合小组成员和小组性质的各层次目标。对工作者来说，小组目标有如一张地图。[②] 当小组出现冲突、偏离小组目标或成员要放弃等情况时，小组目标又可以成为工作者运用的一个有效工具来使用。因此，工作者务必清楚小组的目标，同时也要锲而不舍地忠于目标工作。小组的目标可以分为不同的层次：小组的终极目标、小组的过程目标、小组的一般目标、个人目标。[③]

3. 达成目标的技巧

目标制定出来后，剩下的工作就是要借助小组的各种动力和有效的要素来达成目标。在达成目标的技巧中可以罗列出很多针对具体问题的技巧，如开始阶段的相互认识技巧、沟通技巧、破冰技巧、制定规范技巧、同理、温暖、真诚、接纳等技巧，小组形成阶段的自我认知技巧、摘要、设调、提问、聚焦、总结、激励、自我披露、澄清、支持、总结、分类、阻止、保护等技巧，小组成熟阶段的深度自我探索、自我表达、提高小组凝聚力等技巧，结束阶段的处理离别情绪、巩固已取得的成果等技巧。

林孟平提出了产生成效的四个基要条件：即尊重、同感、真诚和简洁具体的表达。工作者只要具备了这四个基本的条件，就可以使小组内部形成一个安全而温暖的环境，就可以达到成员的成长和小组的目标。

4. 结束小组的技巧

在小组工作的技巧中另外一个就是结束小组的技巧，一般而言，此时小组凝聚力较高，成员获得了成长，小组的适时结束有利于巩固小组工作的成效，但如果处理不当，之前的努力就会大打折扣，因为这个阶段是一个充满着失落、分离、无能、依赖、死亡和被遗弃等负面情绪的阶段。工作者需要做到：协助成员梳理并宣泄情绪，肯定成员在小组过程中自身的成长，协助其对自己作出适当的评估；协助成员

---

① 马伊里，吴铎主编：《社会工作案例精选》，上海：华东理工大学出版社，2007 年，第 132 页。

② 林孟平：《小组辅导与心理治疗》，上海：上海教育出版社，2005 年，第 63 页。

③ 同上书，第 72～73 页。

将他们的新观念、新技能贯彻到以后的日常生活中，成员们共同商议如何面对与处理大家已建立的关系。

A 本章小结

1. 小组工作以社会工作专业理念为指导，适用于小组工作的科学的知识和技巧，借助小组成员与工作者及成员之间的关系，达到个人的成长、能力的发展以及社会的调适等目标。

2. 小组工作经过了由非专业到专业、由实践中总结自己的理论到多元化理论发展的过程。

3. 小组工作可分为准备阶段、开始阶段、中间阶段和结束阶段。每个阶段有不同的工作任务。

4. "模式"是为解决现实问题而提出的一种概念化设计。小组工作的五种主要模式为：社会目标模式、互动模式、治疗模式、发展模式、组织与环境模式。

5. 小组工作的基本原则是以社会工作的基本原则为基础发展起来的，指导小组工作者行为的一套原则。

6. 小组工作实务技巧可从以下几个方面分析：一般技巧、组建小组的技巧、制定目标的技巧、达成目标的技巧、结束小组的技巧。

B 主要术语

小组工作（Social Group Work）：是以一定的专业价值为基石和灵魂，以一定的专业理论为指导，经由小组工作者的协助，通过有目的的小组互动过程和小组经验分享，改善个人小组和社区（社会）间的相互关系，并使他们达到功能增强的目的，进而促进个人成长与社会的进步与发展的方法。

社会工作的小组（The Group of Social Work）：是由工作者带领的、成员经过选择、核准，大小有一定的限制，有不同的发展阶段和相当程度的凝聚力的人群聚合。

小组工作的过程（Process of Group Work）：就是要想达成小组目标所需要依靠的前后相联的一系列过程。

模式（Model）：是为解决现实问题而提出的一种概念化设计。

社会目标模式（Social Goals Model）：主要在社区层面展开，在小组中强调参与、共识与任务的达成，强调自我了解和专业训练的一种小组工作实施模式。

互动模式（Interaction Model）：又称居间模型（Mediating model），是基于人与

环境和人际间关系而实施的一种小组工作模式。

治疗模式(Therapy Model)：是一种基于社会工作历史传统，以治疗个人为小组目标的小组工作模式。

发展模式(Developmental Approach)：是以发展小组功能和个人成长功能的小组工作理论为基础的，强调以人的发展为核心的一种小组工作模式。

组织与环境模式(Organization and Environment Model)：是通过协助个人、群体、机构以及环境的相互协调，来达到个人社会功能的良好发挥的一种小组工作模式。

C 练习题

1. 案例分析：

在以大一新生为对象的成长小组中，有一个成员虽然每次都准时过来参加，但一直不能与其他成员积极互动，工作者鼓励了几次后，发现效果并不好，后来工作者对她进行刻意关注，每次分享都会邀请她做分享，但是发现她一般只说一句就停住了。请问针对此情况，如果你是小组工作者，你会做出怎样的反应?

2. 小组筹备：

某社区，居民收入普遍较低，从事的职业也比较复杂。居委会在工作中发现，成员之间漠不关心，对于社区事务也不放在心上，很难在社区内组织活动，导致一些工作难以开展，或者事倍功半。为了改变这一局面，同时也提升居民对居委会工作的关注与支持，居委会计划借助在社区内开展小组工作来打开局面。如果现在由你来负责这一工作，你会从哪里开始筹备？并以学过的小组模式知识对案例进行分析。

3. 结合具体例子，以小组为单位体会如何确定一个合适的小组目标。

D 思考题

1. 如何理解小组工作的含义?
2. 小组工作的类型有哪些?
3. 结合对几种小组工作实施模式的学习，试分析小组工作实施模式的核心是什么?
4. 试分析小组工作不同发展阶段小组工作者承担的任务。
5. 试分析小组工作实务的基本原则。

6. 请问你认为要顺利结束小组，工作者应做好哪些方面的工作？

阅读文献

1. 林孟平：《小组辅导与心理治疗》，上海：上海教育出版社，2005 年。

2. 刘梦主编：《小组工作》，北京：高等教育出版社，2003 年。

3. 马伊里，吴铎主编：《社会工作案例精选》，上海：华东理工大学出版社，2007 年。

4. 〔美〕O. 威廉姆·法利，拉里·L. 史密斯，思科特·W. 博伊尔著，隋玉杰等译：《社会工作概论(第九版)》，北京：中国人民大学出版社，2005 年，第六章。

5. 张洪英：《小组工作：理论与实践》，济南：山东人民出版社，2005 年。

6. 张洪英主编：《小组工作》，济南：山东人民出版社，2012 年。

7. 朱眉华，文军主编：《社会工作实务手册》，北京：社会科学文献出版社，2006 年，第六、七章。

第九章　社区工作

社区工作作为社会工作三大基本方法之一，在理念、原则、具体技术等层面都具有自身独特的理论体系。本章就社区工作的含义与历史发展、社区工作过程、社区工作主要模式及社区工作原则和技巧等方面展开论述。

第一节　社区工作的含义与历史发展

掌握社区工作的含义及社会工作的基本发展历程，是社会工作者开展社区工作需要掌握的基本知识，是开展社区工作实践活动的理论前提。

一、社区工作的含义

（一）社区的含义

社区工作的全称是社区社会工作。要准确理解社区工作，首先应该明确社区的含义。社会学者从不同的视角对社区的含义进行了界定，社区的含义有100多种之多。尽管对社区的定义各不相同，但对构成社区的基本要素上认识还是基本一致的，一个社区应该包括以下四层含义：

第一，社区总要有一定的地域，如村落、集镇、城市居民小区等，其社区形态都存在于一定地理空间中。

第二，社区的存在总离不开一定的人群。人口的数量、集散疏密程度以及人口素质等，都是考察社区人群的重要方面。

第三，社区中共同生活的人们由于某些共同利益，面临共同的问题，具有共同的需要而结合起来进行生产和其他活动。在共同生产活动中产生了共同的行为规范、生活方式、社区意识和文化传统。

第四，社区的核心内容是社区中人们的各种社会活动及其互动关系，并由此形成了不同形态的社区。

因此，社区是指可以进行一定的社会活动，具有某种互动关系和共同文化维系力的人类群体及其活动领域。[1] 当然，社区是随社会形态与社会结构变迁而不断变化的社会单位。值得注意的是，近年来随着生产、生活、文化结构的变迁，中国不断出现新型城市社区、农村社区，传统上的社区在不断发生着变迁。在社区工作中首先要明确这一点。

（二）社区工作的含义

社区工作是什么呢？这个术语是一个充满争论的概念，没有一致认可的含义。较早期的社区工作定义一般认为是由《高本汉报告书》给出的，即认为社区工作主要是指那些涉及"影响社会改变"的工作，它包括"社会情况分析"和在"不同群体间建立关系"两个过程。"其目的是让市民参与决策的制定，使市民建立社区认同感并向市民提供所需要的服务。"[2]这个定义主要强调的是社区工作与社会转变的关系。后来，高信斯（G. W. Goetschius）于1974年提出一个比较具体的定义，社区工作是"社会工作的一种方法"和"一个过程"，社区工作者在这个过程中，促使居民"相互协作"，运用这个过程以达到有效用和有效率的关系，通过"运用适当的资源去实现居民自己选择的目标"。[3] 这个定义突出了社区居民选择的权利。

与社区工作密切相关的概念是社区发展，联合国给社区发展下过一个定义：社区发展是指一个过程，透过官民之间的合作，改善社区内经济、社会及文化上的状况，拉近这些社区与整个国家之间的距离，促使他们为国家的进步作出贡献。这个过程包括两个重要部分：促进居民的参与和自力更生的能力，去提高生活水平；以及提供技术和其他服务，去鼓励居民的主动意识、自助和互助。[4] 这个定义受到世界各国政府的普遍欢迎。可以看出，联合国是从社区发展的角度来定义社区工作的。

王思斌认为，社区工作的一般性定义可以这样叙述："社区工作是专业社会工作的一种基本方法，它以社区和社区居民为服务对象，通过发动和组织社区居民参与集体行动，确定社区的问题和需求，动员社区资源，争取外力协助，有计划、有步骤地解决或预防社会问题，调整或改善社会关系，减少社会冲突，培养自助、互助及自决的精神，加强社区的凝聚力，培养社区居民的民主参与意识和能力，发掘并培

---

① 郑杭生主编：《社会学概论新修》，北京：中国人民大学出版社，2002年，第272～273页。

② *Gulbenkian Foundation*, *Community Work and Social Change*, pp. 4-5, London: Longman, 1968.

③ G. W. Goetschius, *Working with Community Groups*, p. 18, London: Routledge and Kegan Paul, 1974.

④ 夏建中主编：《社区工作》，北京：中国人民大学出版社，2005年，第11～13页。

养社区的领导人才，以提高社区的社会福利水平，促进社区的进步。”①

综合不同观点，一般认为，社区工作是专业社会工作的一种基本方法，它通过动员居民、整合资源等方式，提高社区的社会福利水平，促进社区的发展与进步。

从社区工作的含义中，可以发现社区工作的几个主要特征：

第一，社区工作的目的是解决社区内的社会问题、提高社区居民的生活质量，促进社区和谐与社区发展，从而提高一个地区或国家的社会建设与社会管理的整体效能。

第二，社区工作的出发点是从整体上入手，涉及社区组织、社区发展、社区建设、社会政策等多个层面。

第三，社区工作的作用，可以提高居民的公民意识、调动社区内资源、整合社区外资源、发展居民能力。

第四，社区工作注重工作的过程性实践，具有专门的程序和技术策略。

第五，社区工作的对象是整个社区和社区居民共同面临的问题，而不是个体、家庭和小组的问题。

第六，社区工作者一般不是单个人的行动，而是涉及一个社区工作机构或多个人的联合行动。

第七，社区工作具有政治性的特点，从广义上看，凡涉及公共资源和权力的分配都可以被看做是政治的，比较其他社会工作，社区工作较为政治化。

二、 社区工作的历史发展

广义上的社区工作、社区组织、社区发展可以视为相同的概念。因此，社区工作的历史与社区组织、社区发展也是密不可分的。

西方国家的社区工作可以追溯至睦邻组织运动。这些服务机构的共同特点是：设在贫民区，工作人员住在区内，与贫民共同生活工作无既定计划，只因居民的现时需要而定；尽量利用本社区内的资源，培养居民的自助与互助精神；服务机构既是服务中心，也是当地的文化中心。

睦邻组织运动前后持续了近50年，是社会工作史上极富影响力的运动，在专业发展方面作出了很多贡献：第一，首创了以特定社区为对象的社会工作方法，为社会工作向专业化发展奠定了基础。虽然在此之前已有德国的汉堡制和爱尔伯福制，但它们的侧重点都在于社区的行政管理，而不是以社区服务为主要内容的现代

---

① 王思斌主编：《社会工作概论》，北京：高等教育出版社，2006年，第138～139页。

意义上的社区工作。在睦邻组织运动中，工作者吃住在社区内，根据社区的基本情况制订工作计划，尽量利用本社区的资源改造社区，改善社区内居民的生活境遇。这些已成为现代社区工作的基本原则和方法，可以说，睦邻组织运动是当今社区工作方法的基石。第二，推动了专业服务机构的建立和职业化。当时社会流行这样的观点：贫穷、失业、犯罪等都是因为个人有缺陷所致，社会没有提供帮助的责任。因而近代早期的社区服务没有常规化和职业化，工作对象的地位又决定了工作条件相当艰苦。在睦邻组织运动中所出现的诸多社区服务组织，逐渐成长为最早的社会工作服务机构，促进了社会工作的职业化。第三，综合运用了多种工作方法，使社会工作方法进一步丰富、完善。在睦邻组织运动之前，早期社会工作者多用个案工作方法，在此之后，则既用个案工作方法，也用小组工作方法和社区工作方法，使它们在解决不同的问题时发挥各自的作用。①

社区协调活动和社区协调行动是社会工作的重要内容，1877 年布法罗慈善组织协会的成立，是美国对社会服务进行协调和使之系统化的第一次有组织的尝试。1909 年，美国首批社区福利委员会成立于匹兹堡和密尔沃基，它们当时被称为社会机构委员会。成立以来发展迅速，如今，在大部分人口较为密集的居住区都有社区福利委员会。这些委员会或组织，一般主要将工作重点放在三个方面：卫生、福利及娱乐。大部分社区福利委员会都有一个由参加委员会的所有机构组成的代表组织。这一代表组织是社区福利委员会一切活动的权力机关。由代表组织选举产生的董事会负责社区福利委员会的运作。董事会也主办项目委员会或组织力量解决一些特殊的具体问题，例如就临时居民问题、养老服务问题、毒品滥用问题、辍学问题等成立工作委员会。社会政策和行动委员会常常扮演重要角色。②

历史上，联合筹资活动也是社区工作的一个重要内容。在第一次世界大战后，战时成立的"战时基金会"成为各地"社区联合募捐组织"的基础。它们以社区为单位，定期举行有计划有组织的联合募捐，并设计相互配合的发展计划，促进整个社区的福利进步。

在美国，社区工作通常被称为"社区组织"。1939 年美国社会工作大会，对"社区组织"作为一种工作领域和工作方法，进行了富有意义的讨论。1944 年，在美国社会工作院校的课程中，"社区组织"被列为"八门基础课程"之一。到 1946 年，在布法罗举行的年度美国社会工作大会上，社区组织协会成立，其目的是"增进对社

① 参见隋玉杰：《睦邻组织运动》，中国社会工作协会网。

② 〔美〕O. 威廉姆. 法利等著，隋玉杰等译：《社会工作概论》，北京：中国人民大学出版社，2005 年，第 113 页。

区组织用于社会福利的理解,改善社区组织的专业实践”。

20世纪50年代后,社区发展兴起。1951年,联合国推出“联合国技术援助推广方案”,1952年正式成立“社区组织与社区发展小组”,推动社区发展,尤其是乡村社区发展,以改善居民生活条件,解决社会问题,增加社会福利。这一组织在亚洲、非洲、中东、南美等发展中国家推行社区发展运动,取得了一定成效。

联合国社区发展战略甚至被引进发达国家,20世纪60年代,政府赞助反贫穷、开展社区重建、反失业,鼓励市民参与社会发展计划,从而将社区工作的范围不断扩大。1962年,美国社工教育课程委员会正式将社区工作纳入社会工作的基本方法中,成为与个案工作、小组工作并列的社会工作三大基本方法之一。社区工作由此开始进入高峰时期。20世纪七八十年代,世界许多国家开始重视社区建设,并在社区中设立社区中心。后来,社区工作的方法和手段日趋成熟和完善,期间经历了社区照顾、社会福利社区化等阶段。

第二节　社区工作的过程

关于社区工作的一般过程,不同学者有不同的划分。台湾学者徐震认为,社区工作主要是社区行动的过程。他将社区行动的步骤划分为以下6个阶段:一是社区需求的研究,二是工作目标的确定,三是行动方案的拟订,四是大众意见的征求,五是行动方案的修订,六是工作进行的反馈。① 美国学者M. H. 库汉认为,社区工作是一个解决问题的过程,这个过程大致可以分为7个阶段:一是搜集、探究并分析与问题有关的各种重要事实,包括问题产生的原因、历史、范围、结果以及过去或现在为处理这个问题所尝试过的各种方法;二是寻求可能的解决途径并详细加以陈述;三是从事实、经验、时间、组织目标、所要达到的成果、资源、政策等角度衡量各种解决途径的可能性;四是选定最佳对策;五是发展适当的行动结构;六是完成行动计划;七是评估。②

从动态的角度看,社区工作是一个连续不断的过程。帮助社区与社区居民提升社会功能,解决或预防社会问题的产生,都需要经过一个结构化的操作实施,有组织、有计划、有步骤地改变社会结构与社会生活的过程。综合诸多专家的不同观点,可以将社区工作的一般过程分为五个阶段:建立专业关系、收集与分析资料、制定社区工作计划、采取社区行动、成效评估。

---

① 参见徐震:《社区与社区发展》,台北:正中出版社,1992年,第278页。

② 参见吴亦明:《现代社区工作》,上海:上海人民出版社,2003年,第172页。

一、建立专业关系

建立专业关系就是进入社区，与有关的人士和机构建立专业助人关系。社区工作者所要建立专业助人关系的对象主要包括社区居民、社区机构或团体，以及有关方面的代表人物、知名人士。建立专业关系，了解社区居民的需求，是社区工作实质性程序的第一步。建立关系由拜访社区的重要人物与社区机构入手，有时也开展一些有利于社区居民的活动来吸引社区居民接纳社区工作者。主要目的是让社区群众了解社区工作者与社区工作的作用和意义，社区工作者则需要寻求工作的对象以及对社区工作的支持者。

建立专业性关系是社区工作的第一步。所谓专业性关系，就是社区工作者与服务对象之间为了一个共同的目标，在特定的时间和空间里，以公益、客观、自我了解为基础，建立的一种区别于日常生活的人际关系。如果将社区居民或社区组织看做是服务对象，社区工作者与服务对象建立专业关系应该遵循社会工作原则，如接纳、沟通、保密、个别化原则等。

二、收集与分析资料

（一）资料收集

社区工作的对象即是什么样的社区、社区居民，以及需要干预和解决的问题不同，决定了需要收集资料的内容。总体而言，社区工作需要收集的资料主要包括社区的基本资料、社区资源、社区需要、社区问题。

社区的基本资料包括：社区的现状、社区的历史、社区的制度和结构、社区居民的生产与生活等。社区资源包括：社区的人力资源、社区的功能性资源、社区的文化资源等。

按照马斯洛的需求的五个层次，可以将社区需要划分为：社区居民的物质需要、社区居民的安全需要、社区居民的精神需要、社区居民自我实现的需要等。

社区问题一般是基于社区需要的基础上产生的，也就是说，在社区需要得不到满足的情况下，才会产生社区问题。社区问题如同社会问题一样，繁杂多样、各不相同。例如社区犯罪问题、贫困问题、失业问题、养老问题、教育问题、安全问题、人口问题等，涉及方方面面。

收集资料的方法可以是调查研究、文献研究，也可以是实地研究。具体来说，可以采用访谈、座谈、观察、查阅相关资料等方法。

(二) 社区分析

从某种意义上说,社区分析即是进入社区前的准备工作,是资料分析的过程。就中国社区的具体情况而言,社区分析应当考虑以下三方面:

首先,要分析和明确社区各要素的特点以及各要素之间的关系。即地域、人口、组织机构和文化。不同的要素所构成的社区状况也各不相同,社区的地域特点、社区成员的价值判断以及社区文化特质都各不相同。因此,社区工作者要对社区之各要素作全面系统的分析,找出其个性特征和本质内涵。这是社区工作的前提和基础。

其次,要分析社区的主要类型特征和功能特征。根据地域特点、文化特征、职业结构、居民构成、产业分布等多方面的因素,将社区分成不同的类型或功能。每一个社区都有其特定的功能,如经济功能、文化功能、社会功能等,找准社区并发挥好社区功能,对社区建设和社区发展无疑会起到十分重要的作用。

再次,分析研究社区存在的主要问题以做到有的放矢。社区工作的主旨是解决社区问题,为他们排忧解难。为了很好地解决问题,找准社区存在的主要问题是前提条件。无论什么类型的社区,也无论其功能如何,影响社区成员的生活以及社区发展的因素和问题是无时不在的,但是,矛盾的解决不可能一蹴而就,必须在诸多矛盾体系中抓住主要矛盾,避免胡子眉毛一把抓,才能集中有限的人力、物力、财力解决社区和社区成员所遇到的具体问题。①

三、 制定社区工作计划

社区工作计划的制订是一个科学分析、理性思考和作出行动的过程,也是一个分阶段、分步骤、有条理的过程,包括计划的选择、制定以及为了达到目标而制定的行动方案。具体包括:

一是工作目标的选择和制定。在制定社区工作目标时,既要制定整体的目标,还要根据每一阶段的具体任务订立阶段性目标。由于社区工作的目的是为了增进服务对象系统的福祉,因此,社区工作目标应该在与服务对象充分互动、协商一致、达到共识的基础上制定。如果双方目标不一致,应讨论协商,直至达成共识。若服务对象系统的认知水平不能达到社区工作者所制定的目标,社区工作者应尊重服务对象的选择,只要服务对象认为是重要的,而工作者也能够接受,不妨先从这个目标开始。

---

① 参见周沛:《社区社会工作》,北京:社会科学文献出版社,2002年,第203～204页。

二是介入的具体策略。方法是达到目标的手段，要根据工作目标制定策略，有章可循、具体可行，采取什么的方法也应征得服务对象的同意，否则欲速则不达，事倍功半。

三是社区工作者与服务对象系统的角色和任务。在社区工作计划中，工作者与参与者在将来的工作中承担什么样的责任义务、扮演什么样的角色，都应一一列明，这是保证计划有条不紊进行的依据和规则。

四是协调工作的单位。

五是实施计划的具体行动方案以及资源和资金的使用方案。

六是工作程序及工作时间表。[①]

四、采取社区行动

社区行动是社区工作者激发社区居民行动起来，将制定的计划付诸实施的过程。换言之，社区行动就是调动社区一切力量，采取具体措施，求得权力与资源的再分配，以达到解决社区问题，促进社区发展之目的。这里所谈的"社区行动"与后面的"社会行动模式"所理解的"社区行动"有所区别，社会行动模式所谈的社区行动是一种特殊意义上的，而这里的社区行动是一般意义上的。

在社区行动过程中，行动的主体就是社区工作者，社区工作者所发挥的作用非常重要，他们本身的素质与能力以及工作方法对于社区行动的效果具有很大的影响。从一般意义上讲，社区行动的主体即社区工作者扮演着三种角色：教育者、资源提供者和鼓动者。[②] 所谓教育者角色，就是协助服务对象认准要解决的问题以及探索解决问题的思路，并帮助人们积极想方设法摆脱困境；所谓资源提供者角色，意指社区工作者动员和利用一切可以利用的自然和社会资源，如经费、人力、社会关系甚至各种宣传需要的会场、报刊等等；所谓鼓动者角色，指社区工作者帮助弱势群体分析自己的有利条件和不利因素，提高战胜困难的勇气和信心。

根据各社区的特点与特征，社区行动会有各种不同的具体方法，从总体上说，可以将一般方法分类如下：

一是通过教育和宣传等手段，争取社会居民的支持。

社区工作的成败关键在于社区居民是否热心参与和支持，而群众的支持，又和他们对社区工作的认识和了解有很大的关系。为此，必须加强教育和宣传，使得民众了解社区工作对他们有什么帮助，他们为什么要参加社区工作等等。除通常的

---

① 参见夏建中主编：《社区工作》，北京：中国人民大学出版社，2005 年，第 221 页。

② 参见苏景辉：《社区工作：理论与实践》，台北：台湾巨流图书公司，1997 年，第 123 页。

媒体宣传外，还要利用家访、展览、示范等形式，在社区中以直接的方式来宣传社区工作，以调动社区群众参与社区工作的积极性。

二是召开会议。

按照徐震的说法，社区会议是一种组织，也是一种结合社区力量，通过意见交流和经验分享而达成社区共识的过程与方法，具有教育与组织的双重目的。行动的对象是社区中需要帮助的居民，其工作涉及社区的所有成员，需要社区内的机构、团体以及社区成员的通力合作，因此，社区行动的第一个步骤应该是通过不同层次、不同对象、不同主题的会议，将一段时间内所要解决和处理的主要问题与社区居民共同讨论、交流意见，以取得多方面的支持和合作，同时，展开研究和组织具体行动。

三是集体行动。

社区行动的主体通常是普通社区居民，他们拥有的资源相对稀少。因此，社区行动通常要求居民在共同利益的基础上团结一致，采取集体行动，为争取自己的权益而共同努力。

一些国内外学者对社区行动的后果有两种不同的意见。反对者认为，某些社会行动建构在社会冲突基础之上，采取游行、示威、静坐、请愿等形式，会对社会的安定产生负面影响，引起社区内不同群体之间的矛盾和冲突。赞成者认为，社区问题的最终解决，只能通过“行动”，才能对当权者造成压力，促使问题的解决，而事实上，通过这种方式，也确实是解决了不少问题。当然，由于国情、社情的不同，我们所理解的集体行动不是建构在“对峙、冲突”的基础之上，不能试图通过采取过激的方式来促成问题的解决。这里所说的集体行动是指社区工作者动员和组织社区群众，为他们的共同利益而出谋划策，争取社区内的发展和公平。

四是沟通协调。

社区工作的对象虽然是社区居民，但居民之间各自的需求和要求并不尽一致。为了满足他们的需要，社区工作者必须和社区有关方面进行多维度的联系和交往，因此，协调工作就显得十分重要。通过协调工作，社区间可以交换信息，沟通意见，协助明确分工与相互支持，减少冲突，使得社区工作取得理想的效果。

社区行动方法还有财务上的管理、人事上的安排等诸方面内容，由此构成了社区行动的方法体系。①

---

① 参见周沛：《社区工作》，北京：社会科学文献出版社，2002年，第215～217页。

五、成效评估

社区工作的具体实施成效如何，在工作过程的每个阶段以及总体工作结束时要进行成效评估。在总体上，社区工作评估的目的有：有助于及时修正社区工作方案，使之更加有利于合社区发展；通过社区工作成效评估，取得社区群众的信任和支持，也可以使社区工作者有成就感；从社区工作成效的评估，可以测定社区的发展变化状况，从而使社区未来发展方案的设计更为合理。

社区评估的原则和要点可以概括为：确定科学的评估方法，制定完整的评估体系，使得评估项目具体化；评估工作要由社区工作者、社区行政管理人员、社区居民以及相关的专家或学者参加；衡量社区发展和变化，要设定经济、社会、心理、文化、组织等多方面的指标，从综合角度反映社区工作；既要有定量的、也要有定性的评估，以全面、系统地掌握社区工作的成效。

评估工作具有四个方面的特点：

第一，评估受社区工作者的价值观和理论框架的影响。价值观和理论框架不同，其评估的切入点也就不同。

第二，评估是一个相对的、动态的过程。社区工作本身是不断发展的过程，评估工作只是对某一时间段社区工作的评估，而社区工作还在继续进行，因此，具有相对性，必须随着社区的发展而随时作调整，以新的标准对之评估。

第三，评估是社区工作者与有关社区成员和服务对象一同参与的过程。正如社区工作计划不能仅仅由社区工作者制订一样，社区工作成效的评估也不能单独由社区工作者来完成，而必须与社区有关成员和服务对象一起，对某一段时间内的社区工作进行评估。只有这样，才能与服务对象和工作对象一起发掘问题、了解问题的成因，共同寻找解决问题的方法和途径。

第四，评估是一个分析与行动并重的过程。评估的过程需要运用理论和知识去分析社区工作的过程和结果，总结出经验性和带有规律性的东西，作出正确的评估，找到成绩，克服不足之处，明确下一步的工作重点。[①]

第三节　社区工作的模式

美国学者罗斯曼(J. Rothman)在总结美国经验的基础上，于1979年提出了社

① 参见周沛：《社区工作》，北京：社会科学文献出版社，2002年，第217～218页。

区工作的三大实用模式,即地区发展模式、社会计划模式与社会行动模式。这三大模式属于社区工作的策略模式,相对于过程模式而言,策略模式并不是一套可以应用于不同场合及环境的模式,而是需要社区工作者根据具体场合及社区环境灵活选择技巧。也就是说,不同的社区需要针对社区的实际状况运用这些模式。

一、 地区发展模式

根据罗斯曼的界定,地区发展作为社区工作的介入模式之一,其目标在于建立社区自助的能力与社区的整合。社会工作者应着重于推动社区内不同团体及居民的广泛参与,并采取自助及互助的行动去改善社区关系,解决社区问题,从而改变社区。这一模型注重发掘与培养地方领导人才,发掘地方资源,强调民主程度,志愿性的合作,居民自助与教育,如社区服务中心执行邻里工作方案,实施于村镇的社区发展方案、成人教育领域的社区工作等。遵循"让我们聚集在一起来商量这件事"的指导原则。

(一) 工作目标

该模式的主要工作目标包括:具体社区问题的解决;社区生活的改善;居民通过参与的过程学会自决、自助,掌握解决问题的能力;改善居民及团体之间的沟通与合作,增强居民对社区的认同和归属感。上述目标既包括任务目标(前二者),也包括过程目标(后二者)。托马斯(D. N. Thomas)将介入社区的过程目标更具体地划分为:各种社会网络的重新建立;居民互动及交往的增加;邻里关系的改善;居民及团体间重建紧密的联系;居民觉悟到参与的重要,并愿意承担责任;居民对社区更加认同与投入。这一模式尤其强调过程目标的重要地位,将提升社区居民解决问题的能力以实现自助作为最重要的发展目标。

(二) 工作策略

该模式在介入策略上强调推动参与及合作,通过改善沟通与合作渠道,以充分利用地区资源,解决现存的社区问题。其一,注重与掌握资源的权利机构合作,合作方式偏重和谐及互利。其二,重视居民及地区团体广泛的参与,界定问题与需要,然后设计及采取行动去改善问题。其中自决及参与是主要的介入原则,过程中强调协商及互谅。

(三) 社会工作者角色

该模式强调参与者的自决及成长,因而工作者一般处于从旁协助的地位。其所扮演的角色可以是“促进者”——协助居民表达对社区问题的不满，鼓励及协助他们组织起来，帮助他们建立良好的沟通及人际关系，促成共同目标的产生；“导师”——协助训练居民解决问题和组织的技巧，培养他们的积极参与和自助互助精神；“中介人”——协助各方面的团体及个人，促进他们之间的沟通与合作，以调动社区资源，解决社区的问题。

（四）服务对象角色

服务对象被看成是有相当丰富的未开发潜能的，有条件、有能力、有信息的合作者。服务对象在相互的互动以及与社会工作者的互动过程中，被看成为积极主动的参与者。

（五）适用社区类型

该模式适用于那些在政治、文化背景比较简单的社区，社区居民背景比较单一，社区内不同群体之间虽然存在分歧，但没有根本的利害冲突，且居民对政府比较信任。

二、 社会计划模式

社会计划模式也称为社区计划模式。该模式认为，每一社区都存在这样那样的问题，问题是因为缺乏合理的社会计划与实施能力而产生，所以，解决问题的途径是专业技术人员的参与。其中有些复杂的问题需要通过制定科学、合理的行动计划方能解决。社区工作的任务就是针对社区所存在的主要问题，收集、分析有关资料，制订规划，并最终解决问题。遵循“让我们获得事实真相，并采用合乎逻辑的下一步”的原则。

（一）工作目标

社会计划模式关注的是任务目标，以解决社区现存的各类主要社会问题为其工作的重点。强调专业人员的参与，强调理性设计的社会计划在社会变迁中的作用。只有专门的计划者运用专业技术知识才能制订合理的社会变迁计划，引导复杂的变迁过程，才可能为社区居民提供合适的服务。社区工作者应当根据社区的内外环境、问题的性质及自身的条件设计工作计划，以解决社区所面临的问题，实现预定的目标。

(二) 社会计划的内容和程序

社区作为社会的组成部分,各种社会问题在社区内都有不同程度地反映,社会问题是多种多样的。但该模式作为社区工作的一种模式,涉及的问题应是那些和社会工作有密切联系的方面,如老年人问题、儿童问题、弱势群体问题、医疗问题、贫穷问题、失业问题等。针对社会工作领域范围内的各种问题而制订规划,便确定了社会计划的内容。至于社会计划的程序,一般说来,包括了解组织(社会工作、社会福利组织)的使命及目标、分析环境及形势、自我了解(自身机构的特点及能力等等)、界定及分析问题、确定需要(工作对象或社区的需要)、建立目标并确定实现目标的标准、选择可行性方案、测试方案、执行方案、检讨结果等。①

(三) 社会工作者的角色

社会计划的制订与执行强调发挥专家的作用,可以将这一模式视为一种自上而下的工作方法。它是通过专家的知识、科学决策的能力及其权威,推动策划改变。作为专家,其决策者的权威、合法地位及代表公众利益的可信程度,一般来自其工作机构、专业知识、训练、社会地位及其对工作对象利益的认同。社会工作者在该模式中便是作为专家而存在并以专家的角色开展工作的。他通过资料和信息的收集、社区诊断、制订规划、组织运作和成效评估等,为社区居民解决问题。显然,该模式强调社会工作者的主导地位,在工作中当然需要社区民众的配合,但后者是作为辅助者而出现的。

(四) 服务对象角色

服务对象更倾向于被看成为"服务的消费者",他们享受各种社会计划的成果,如住宅、娱乐、福利等;他们的主动性与积极性主要表现在服务的消费上,而不是政策或目标的决定上。社会计划是社区权力精英所聘请的专家制定的,所以,社会计划本身较多地反映了权力精英的共识。

(五) 适用社区类型

该模式适用于一些社会变迁急剧的社区,这类社区存在着比较复杂的社会问题,仅仅依靠一般民众或社区自身的力量往往难以应付。

---

① 参见甘炳光等编:《社区工作:理论与实践》,香港:香港中文大学出版社,1994年,第178～179页。

三、社会行动模式

社会行动也称“社区行动”或“冲突模式”，在社会工作领域一般称为社会行动。该模式将社区问题出现的根源归结为：社会上存在着不同的利益群体，由于不公平的资源及利益分配政策，使边缘群体或弱势群体的利益受到忽视及受到剥夺，因而不同利益群体之间存在着利益冲突。解决此类问题一般是通过组织居民（边缘、弱势社群）参与集体行动，合力解决社区问题，争取所需资源，改善社区环境及生活水平。社会行动的本质并不涉及推翻社会制度或改革整个政治、经济及社会结构，它只不过是在现存的制度下，改变不公平的政策，为社会底层群众争取更多的资源分配，使社会变得更公平、公正。遵循“让我们组织起来去对付我们的压迫者”的原则。

（一）工作目标

罗斯曼指出，社会行动的目的是实现制度（具体实践性制度）的改变，使权力、资源及决策权得到再分配，并影响基本政策的转变。具体来说，社会行动的目标应包括任务目标和过程目标。前者是要通过行动，争取本身利益，获取相应资源，改善生活环境，维护居民利益，并增强参与决策的权利及代表性。后者是要通过行动，提升参与者的社会意识和维权意识，改变他们的无能及无助感，增强他们解决问题的能力。

（二）工作方法

社会行动模式的具体方法包括：一是集体行动。即将居民组织起来，以集体的力量使当权者感受到问题的严重性，意识到解决问题的紧迫性。二是通过居民的切身问题及具体事件介入，找出居民最关注、最迫切需要解决的事件，然后将居民组织起来，寻求解决的途径。三是运用非制度化途径。通常包括游行、示威、请愿、静坐、诉记者会等方式。四是争取第三者支持。应尽可能争取社会大众、传媒及有影响力的人士对行动的肯定与支持。

（三）具体策略及形式

一般可包括合作式（交易式、协商式、对话式）、对抗式（对峙式、竞争式）等。前者是通过与当政者的协商或讨价还价，以争取问题的解决；后者是通过游行、示威、罢工、联合抵制等,向有关部门施加压力,以解决问题。

(四) 具体步骤

社会行动的具体步骤可以划分为四个阶段,即酝酿期——找出共同关注的问题,对问题及群众的意愿作初步评估;宣传组织期——对社区问题作广泛宣传,并将居民组织起来;行动期——展开合作式或对抗式行动;总结期——问题得到改善并对行动的经验教训做出总结。①

(五) 社会工作者角色

在社会行动模式中,社会工作者不仅仅局限于促进者的角色,更多地表现为倡导者、并肩者和引导者等,以较为主导性的角色开展工作,甚至要站在最前线。他们常与居民一起面对问题,而不是完全由居民承担。但这并非是要工作者代替居民进行工作,行动目标、方式、策略等一定要居民参与,也要由居民共同决定。尽管社会工作者应以较为主导的角色工作,但行动的决定权始终应归于居民,由居民来作决定。

(六) 服务对象的范围与角色

社会行动模式的服务对象通常是指遇到到各种困难甚至伤害的社区民众,他们特别需要社区工作者的协助和救助。通常只是社区中的一部分人,包括劣势团体以及处于劣势地位的个人,他们特别需要社区工作者的支持。社区权力精英往往是社会行动针对的目标,不属于服务对象体系。服务对象被认为是现有体系的牺牲者,也是进行社会行动的得利者。

(七) 适用社区类型

适用于那些各社会群体之间矛盾突出且各方利益难以调和而使边缘或弱势群体的利益受到损害的社区。在西方国家及中国的港台地区,该模式常被运用。但在中国内地,由于社会制度和基本国情所决定,该模式就不一定适合。

为了便于比较,加深对社区工作的三大模式的理解和认识,可参见表 9-1。

---

① 参见甘炳光等:《社区工作:理论与实践》,香港:香港中文大学出版社,1998 年,153 页。

表 9-1　　社区工作三大模式比较表

比较项目	地区发展模式	社会计划模式	社会行动模式
社区行动的目标	强调过程目标，注重自动、自助能力及社区整合	注重任务目标，强调解决社区问题	注重任务或过程目标，强调权力关系与基本制度的改变
社区结构及问题的情形	社区衰败、社会失范、人际关系缺乏、民主解决问题的能力不够，属传统、静态社区	存在实际的社会问题，如老人、医疗、心理健康、住宅、休闲娱乐等问题	社区存在优势及劣势群体之分，出现社会不公平、剥夺与不平等
基本改变的策略	强调居民沟通、讨论，以解决自身的问题	针对问题收集资料，以科学理性的方式作决策	将争论具体化，并组织居民以实际行动对抗敌对的目标
改变策略与技术的特点	通过舆论产生共同意识，经由社区各团体的沟通以达到共识	一致、共识或冲突	竞争或冲突，以当面质问、直接行动、谈判来进行
社会工作者的角色	促进者、协调者或导师，使居民掌握解决问题的技巧	事实材料的收集与分析者、计划执行者	倡导者、活动者、策动者、中间人、谈判者、同道
改变的媒介	通过运作小型任务导向的团体实现改变	通过正式组织及对资料的操纵实现改变	运用政治过程与操纵群体组织实现改变
与权利结构的关系	权力机关的成员，是合作者	权力结构为雇主与赞助者	权力结构是服务对象行动的目标
社区服务对象或拥护者的构成	全体社区居民或团体	整个社区或社区某一部分具有特殊功能的团体	社区的某一部分需要社会行动者
社区内部的利益关系	利益一致或虽有差异但可调和	利益可调和或有冲突	利益难以调和
服务对象或拥护者的角色	服务对象积极参与互动过程	服务对象为服务的接受者而非决策者	服务对象为决策者

资料来源：李增禄主编：《社会工作概论》，台北：巨流图书公司，1995 年，第 183～184 页；李迎生主编：《社会工作概论》，北京：中国人民大学出版社，2004 年，第 196 页。

第四节　社区工作的基本原则与技巧

社区工作在工作中遵循的基本原则，既与其他社会工作基本方法有共通之处，也有自身的特殊之处。由于个案和小组工作较多关注于微观情景，注重宏观社会环境的社区工作则有其独特的原则和工作技巧。

一、 社区工作的基本原则

社区工作的基本原则，是指社区工作者在实际工作中应遵守的规则，或者说是在判断什么是正确而有效的社区工作所依据的价值观念。社区工作的基本原则是在社区工作价值或社会工作价值的基础上形成的。

不同学者对社区工作的基本原则有不同的总结。莫邦豪认为社区工作有两个最基本的信念，即“互相关怀、互相照顾”和“市民参与”；甘炳光总结为“注重以人为中心的发展目标”、“根据社区实际情况制订工作计划”、“尊重社区自觉”、“强调居民的自助参与”、“广泛及包容性的社区参与”、“民主和理性的社区行动形式”[①]等。

台湾学者徐震在《社区与社区发展》一书中，提出社区工作的八大原则：

组织的原则、教育的原则、注重全面利益的原则、注重协调发展的原则、重视社区自助的原则、注重工作生根的原则、注重与整体配合以及注重预防性的服务工作的原则。

1955 年联合国出版的《经由社区发展获得社会进步》提出了社区发展的十项原则，以指导各国社区发展的实践：一是依照社区居民的根本愿望及需要，来拟定初始的工作计划；二是建立多目标的计划及各方面的配合行动，以求全面和均衡的社区发展工作的进行；三是在推行社区发展初期，社区居民自信心的加强及自动自发精神的培养，与物质建设同样重要；四是社区各种计划的拟订、执行均应由社区居民共同参加；五是注重地方领导人才的运用和训练；六是发动并组织妇女与青年参加各种社区发展工作；七是对于社区所提出的资助计划，政府应当给予重点或全面的积极协助；八是全国性社区发展计划的建立，应有完整的政策和完善的行政组织，并应同时重视工作者的挑选、培训，地方与国家资源的利用，及研究、实验、考核等工作；九是在社区发展计划中，应充分利用地方性、全国性及国际性的民间组织，

---

① 甘炳光等编：《社区工作：理论与实践》，香港：香港中文大学出版社，1998 年，第 50 页。

因为这些力量对于社区发展工作的推行是不可缺少的资源；十是对地区性与全国性的社区发展计划，应给予密切配合，协调发展。

巴特恩(T. R. Battern)认为社区工作的基本原则应在三个层次上分为四大原则。这三个层次是：一是寻求有效方法以激励、协助和教育社区居民采用新方法，学习新技术；二是协助居民使其生活方式适应他们所接受的或外界强加给他们的变迁；三是确保社区意识或社区精神的永存。这四大原则是：一是社区发展机构必须与其所希望影响的居民建立友善及可依赖的关系；二是社区发展机构所期望的任何变迁，都必须与居民达成协议；三是社区发展机构必须表明计划中的变迁是安全的；四是社区发展机构必须有兴趣与社区内各种群体一起工作，促进变迁的实现。

虽然由于认识角度、方法及所处的历史情境、社会环境的不同，一些学者对社区工作基本原则的表述各异，但在社区工作发展的历史过程中，沉淀出一些共同的基本原则，它们成为社区工作的基础性理念。

(一) 以人为本

以人为本是社区工作实践中所遵循的最基本的原则。美国社会工作者协会对社会工作者的工作实践提出了十项基本原则，特别强调人是最重要的，要求社会工作者们要尊重服务对象、要与服务对象建立相互信任的关系、坚持为服务对象服务，并赞成发展服务对象的能力，鼓励服务对象克服困难，帮助服务对象自助发展。

促进社区居民发展有两方面的含义：一是要满足社区居民的物质需要，提高其生活质量，改善其生活环境；另一方面则是要提高社区居民的精神素养，提高他们自觉参与社会和社区事务的意识，发挥他们的内在潜能。罗斯由此认为，社区工作的最终理想是要帮助社区建立自己的集体能力，从而改善社区的状况。要达到这样的理想，人的发展要比社区的建设重要得多。①

(二) 以社区发展为目标

促进社区发展既是社区工作的目标，也是社区工作的基本原则之一。在社区工作实践中，要通过解决社区问题，整合社区资源，发挥社区潜力，协调社区与社区、社区与个人、社区与组织之间的关系，从而达到社区发展的目的。社区发展要注意坚持综合与均衡，就是要将社区的经济、文化、环境、教育等各个方面综合考

---

① M. Ross, *Community Organization: Theory, Principles and Practice*, Pp. 34-35, New York: Harper and Row, 1967.

虑，努力提高社区居民自己解决问题的能力，培养居民主动参与的意识，为居民参与提供通畅而有效的途径。社区工作不是简单的救济和慈善活动，也不是单一的社区服务，而是以社区的综合性发展为原则的，既注重社区服务、社会救助，更注重社区长期的、综合的发展。

（三）社区居民的参与和自治

社区工作的主旨是发展社区，即通过整合社区资源、强化社区功能、增强社区活力、培育社区归属感等活动，使居民与社区之间建立起协调发展、和谐有序的平衡关系。要达到这一目的，就离不开社区成员富有成效的参与。社区参与的形式可以分为制度性参与和非制度性参与两大类。制度性参与是指社区成员在既定制度规范内参与活动，常见的形式有选举、执行、管理、决策、监督等。非制度性参与是指社区成员超越既定制度规范参与活动，常见的形式有议论、投诉、抗议等。参与是民主的权利，高度的民主表现为"一人一票"制度，居民可以通过投票参与社区政治及事务的决策。参与能使居民对任何其他有关他们自身的决策和措施提出最有效的意见。参与特别强调广泛性，即要让社区内部不同的组织和利益群体都能有机会参与到有关社区发展的事务中来。自治的含义在于通过社区工作的实践，使社区居民能够自己选择管理社区和利用社区资源的方式。而实现社区自治的最好方式就是将社区的事务和社区组织交给社区居民自己管理。①

（四）因地制宜

因地制宜原则是指应当根据不同社区的具体情况和特点，制订工作计划，设计工作程序，以促进社区改变。一般说来，不同社区有不同的问题和需要，不同社区的居民又可能有不同的处事方式和能力。对社区工作者而言，在制订工作计划和工作进度时，首先就应当对所在社区的具体情况有充分的认识。只有这样，工作计划和进度才能符合社区的实际。

二、社区工作的实务技巧

社区工作的实务技巧，是指社区工作者在社区工作过程中所采用的专门的、特殊的方法、手段与技术，包括宏观实务技巧和微观实务技巧。一些常用的实务技巧主要有以下几种：

---

① 参见夏建中主编：《社区工作》，北京：中国人民大学出版社，2005年，第77～80页。

（一）社区需求评估的技巧

社区工作的初始往往因为“需要”而开始，有些社区因为面对迫切的需要而组织居民共同解决问题，台湾有名的例子是台北的永康社区、奇岩社区，社区居民的社区意识因共同解决社区需要及问题而凝聚，居民因此而更愿意走出家门为自己的社区尽一份心力。

其实每一位居民都希望生活在一个亲切、卫生、舒适、安全、快乐的环境里，但是往往大部分居民都觉得社区中的问题很难解决，也不知道如何开始，所以当面对社区中较不迫切需要的问题时，居民往往容易采取“把自己顾好”的态度及做法。但是如果社区居民发现有很多居民都同样感受到问题、有同样的需要，也有意愿解决问题，那么“社区意识”就已经逐渐形成了。

要引起居民的兴趣和投入，当然要以社区居民所关心的事物作为切入点，然而社区居民关心的是什么？有兴趣的是什么？有能力处理的又是什么呢？是联谊？抗争？安全？经济或儿童照顾？社区工作的新老成员要怎么去了解这些呢？社区居民对社区的看法及需求有几种评估方式，本节以访问法和调查法为例作简单的介绍。

1. 访问法

访问法一般是指以口头方式，针对社区中部分代表性人物搜集资料。

访问者人选可以从自己熟悉的人开始，之后再请受访者建议几位值得访问的人，有可能是地方上的领导人物，这些人或许对社区有较全面性的了解。列举访问名单时必须注意受访者的年龄、性别、社会经济地位及职业分布，并尽量涵盖不同阶层。

运用推荐法进行访问时应向受访者提起是谁推荐他受访的。访谈时如果能让受访者了解他所代表的群体，易于引导受访者思考该群体对社区的想法及意见。

一般访谈会问到的问题包括：社区目前需要改善的部分有哪些？如何能让我们更好地为社区居民服务？可以采取哪些措施或服务使生活更好？目前社区是否有需要急迫解决的问题？有哪些？

2. 社区调查

社区调查是通过问卷形式对社区中的住户或成员进行调查，了解他们对社区需要的想法。而且，很多经验告诉我们，如果将社区调查设计成社区居民能广泛参与的活动，那将是促进社区参与、凝聚社区共识的好机会。

方法及步骤为：一是确定调查的主题及目标，二是厘清调查的问题与范围，三是对居民实施调查。需要时，还可进行必要的数据分析、撰写调查报告等。

(二) 社区分析的技巧

科学的社区分析，如同调查研究一样，具有一定的程序与考察方法。社区分析通常从整个市、整个区县层面开始，进而向下转移到社区、或者更小的单位层面。从一个较宽的视野展开分析，主要是描绘一个较大的地理区域地图，许多规划性研究也关注区域，历史的叙述也很少只涉及封闭的狭小社区。对社区所在的地理、文化、社会环境有了大致了解之后，就需要作更为细致的调查。

就研究一个邻里社区而言，建议采取如下步骤：观察者首先应该到市政府那里得到城市服务手册；走访中心商业区；获取地图、联系信息和当地的报纸；到区民政部门和街道办事处获得社区组织及其联系人的名单；然后在社区里考察，注意观察社区的建筑物与设施，观察社区中活动的人群，与社区里的人交谈。在与当地居民有了较多接触后，观察者应当准确地找到关键的信息，并由此提出社区运行的状况。

(三) 运用媒体的技巧

社区工作事务中，在获取社区外部资源，促成社区问题的有效解决，扩大社区的影响面等过程中，利用媒体的影响力宣传有关的信息，是很关键的。

对于想要利用媒体的社工来说，无论是宣传以原来为基础的新服务，还是把社区问题突出出来作为更大的改革过程的一部分，都有必要发展与媒体的关系并找到利用媒体的技巧。

1. 了解媒体

让媒体报道自己工作的社区的情况，首先要了解报道新闻的当地市、区县报刊，以及当地电台、电视台负责新闻报道的工作人员。当与媒体打交道时，社会工作者应当遵循一些基本规则：

一是任何时候都要真诚，不仅包括讲真话，也包括不遗漏有关情形或问题的重要事实。

二是了解报纸、电台和电视新闻报道的截止时间。

三是了解报纸的导向：它是赞成还是反对社会服务？

四是了解报纸员工：需要把社区的情况告诉哪些部门及人员。

五是除非发生严重的错误，否则不要抱怨新闻报道，并且事后要首先给报道这件事的记者打电话。

六是不要通过不断询问记者为什么不用你提供的稿子而诘难他们。

七是别忘了表示感谢。

八是每一份报纸的管理有所不同。要想了解每份报纸的具体规则，要一份它的样板报纸的复印件。

2. 有技巧地利用媒体

熟悉媒体的规则只是一篇好报道的第一步。但是,这并不会自动地让你的报道发表。因此需要从几个方面进行努力。

一是看看媒体是否做实际的工作。有些报纸只发表它们自己写的报道。如果你想要一个为他人设立了自助项目的服务对象做一个特写的话,则特写服务记者将会出面并作这个报道。类似的,有些电台和电视台也会让专人开发公共服务信息。

二是由社区志愿人员作公关工作。在社区里,一般会有一些在绘画、写作、设计和版面编排等方面有专长的人。这些人中可能有兴趣帮助社工机构作某个项目或者正在进行的工作。

三是发展技巧。许多关于利用媒体的极好的书籍详细地解释了写新闻报道的技巧、在电视上发布信息的技巧等等①,应积极学习、借鉴。

(四) 召开社区会议

社区工作者或社区领导者常常会苦恼自己用心策划的社区活动或发展方案得不到社区的认同。也有的人会叹息,不知道要从哪里开始着手自己的社区营造工作。这里将给关心社区的居民提供一个按部就班的过程,让社区居民规划出社区的远景,并选择社区营造的起步。这就是召开社区会议。

1. 召开社区会议的时机

召开居民会议可以有很多时机,但是,社区居民会议最恰当的时间是当社区有一些人共同认为"我们的社区应该动起来",或"我们需要解决社区问题",或"我们的社区很单调",或"我们需要更多社区认同感","社区居民彼此太陌生时",就是召开社区会议的好时机了。

2. 谁来召开社区会议

一般情况下,人们很自然地认为召开社区会议应该是社区居民委员会或业主委员会。其实谁都可以召开社区会议,甚至是托儿所所长、家庭主妇以及一般的社区居民都可以。关键不是谁召开的问题,能不能找到居民来参与社区会议才是重点。社区会议如果不能带出行动就很可惜,因此,不论是谁召开会议,都需要思考会议的成果将如何付诸实现。

---

① 〔美〕查尔斯·H. 扎斯特罗等著,晏凤鸣译:《社会工作实务:应用与提高》,北京:中国人民大学出版社,2005年,第322~323页。

3. 邀请谁来参加

居民会议应该广邀社区居民参加，尤其是那些利益相关者，而且要特别注意性别、年龄、职业的分布，让社区里的各类人士都有参与。

4. 在哪里举行

能够容纳预期人数的场地是首先要考虑的。其次，场地的音响效果如何？（如果有麦克风、喇叭及其他任何的音频和视听器材，一定要事先测试，要请人在最远的位置辨别能不能听到声音，能不能看到画面）如果需要分组，有没有足够多的场地？有没有桌子，如果没有桌子，可能性的替代是什么？另外，也需要考虑在夏天会不会太热，有没有冷气或足够的通风。

5. 筹备社区居民会议

筹备社区居民会议可以区分为：组织工作小组，策划居民会议流程，宣传及邀请，会议场地及外围设施等。

6. 进行社区居民会议

社区居民会议的召开时间应该符合大多数人的安排，会议时间一般不超过两个小时，与会的居民就不会感觉太冗长；会议中要注意居民的反映，及时做好记录。

A 本章小结

1. 社区工作是社会工作三大基本方法之一。社区工作具有狭义和广义之分。从历史上看，社区工作的历史发展与社区组织、社区发展是密不可分的。西方国家的社区工作可以追溯至睦邻组织运动。

2. 从动态的角度看，社区工作的一般过程分为五个阶段：建立专业关系、收集与分析资料、制定社区工作计划、采取社区行动、成效评估。

3. 社区工作的三大实用模式包括地区发展模式、社会计划模式与社会行动模式。这三大模式属于社区工作的策略模式。

4. 社区工作的基本原则应坚持以人为本原则、以社区发展为目标原则、社区居民的参与和自治原则、因地制宜原则等。

5. 社区工作实务技巧包括社区需求评估、社区分析、运用媒体和召开社区会议等方面的技巧。

B 主要术语

社区（Community）：是可以进行一定的社会活动，具有某种互动关系和共同文化维系力的人类群体及其活动领域。

社区工作(Community Social Work)：是专业社会工作的一种基本方法，它通过动员居民、整合资源等方式，提高社区的社会福利水平，促进社区发展与进步。

社区分析(Community Analysis)：即是进入社区前的准备工作，也是收集资料与分析资料的重要步骤。

社区行动(Community Movement)：是社区工作者激发社区居民行动起来，将制定的计划付诸实施的过程。

社区参与(Community Involvement)：是社区居民对社区发展责任的分担和发展成果的共享。

社区调查(Community Census)：是通过问卷形式对社区中的住户或成员进行调查，了解他们对社区需要的想法。

C 练习题

1. 针对一个人口在5000人左右的社区，假设之前你从没有来过这个社区，请写一份社区实地探访报告，包括社区地理、文化、社会环境情况，社区需要、社区问题等内容。

2. 假如你所工作的城市社区里有一些吸毒成瘾的人群，对社区风气和社区治安造成破坏，针对这个情况，试拟定一份社区工作方案。

3. 假如你服务于城郊结合部的一个城中村，这里主要居住的是外来务工人员。由于外来务工人员起早贪黑去工厂上班，经常加班，根本没有时间关心子女的成长。不少孩子初中毕业就不再继续读书，而流落街头，经常在社区聚众滋生事端，如破坏公物、欺负敲诈中学生、打架斗殴等。针对这一情况，设计一份青少年社区工作方案。

D 思考题

1. 简述社区工作的含义及其特征？
2. 社区工作过程分为哪几个阶段？
3. 社区分析的主要内容有哪些？
4. 社区资源主要包括哪些？
5. 社区工作的主要模式有哪些？简述它们的工作目标、实施策略？

6. 社区行动的一般方法有哪些？

E 阅读文献

1. 〔美〕查尔斯·H. 扎斯特罗等著，晏凤鸣译：《社会工作实务：应用与提高》，北京：中国人民大学出版社，2005 年。

2. 〔美〕戴维·A. 哈德凯瑟等著，夏建中等译：《社区工作理论与实务（第二版）》，北京：中国人民大学出版社，2008 年。

3. 甘炳光等编：《社区工作：理论与实践》，香港：香港中文大学出版社，1998 年。

4. 苏景辉：《社区工作：理论与实践》，台北：巨流图书公司，1997 年。

5. 夏建中主编：《社区工作》，北京：中国人民大学出版社，2005 年。

6. 徐震：《社区与社区发展》，台北：正中出版社，1992 年。

第十章　社会工作行政

社会工作行政亦称“社会福利行政”或“社会行政”，是社会工作的间接服务方法之一。作为社会工作的间接方法，社会工作行政通过各种行政活动以实现社会工作的使命和社会工作机构的组织目标，有效地传递社会福利，满足服务对象的社会需求，恢复和提升服务对象的社会功能。

第一节　社会工作行政的含义与历史发展

与个案工作、小组工作等直接服务方法相比，社会工作行政的发展历史较短，国内外学者对社会工作行政的理解和看法也并不一致。

一、社会工作行政的含义

按照中英文对照，社会工作行政直接对应的英文是 social work administration，其中包含 social work 和 administration 两部分。对于 administration，学者们倾向于把它译成“行政”而不是“管理”，以使其与 management（管理）相区别。社会行政（social administration）和社会福利行政（social welfare administration）与社会工作行政一词在中英文上均有差别。在中国社会工作教育界，学者们倾向于在通用的意义上使用上述三个概念，认为三个概念表述的含义基本相同。

最早把社会工作行政当做实务的学者之一、美国社会工作专家基得尼（John C. Kidneigh）在 1950 年对社会工作行政作了如下界定：“社会工作行政是一个将社会政策转化为社会服务的双向过程，(1) 将社会政策转化为社会服务的过程，(2) 运用所得的经验调整社会政策的过程。”[①]这个定义的中心思想是：行政是一个将政策付诸行动的执行过程。

---

① John C. Kidneigh, Social Work Administration, An Area of Social Work Practice? *Social Work Journal*, 31(April 1950), 58.

美国学者斯宾塞(Sue W. Spencer)认为,“社会工作行政是对机构内部关系和进取活动进行理性管理的过程。以实现理想目标”,还包括“促成机构及其所在社区资源互相开放、转化的进程”。①

美国社会工作行政的先驱崔克尔(Harleigh Trecker)认为,社会工作行政是“一个持续的过程,在这个过程中,工作者与人们进行合作,释放以及汇聚他们的潜能,从而使他们利用所有可能拥有的资源,满足有需求的社区,提供服务和计划”②。他概括出不同权威人士对社会工作行政原则的观点,包括如下主要因素:

(1) 社会工作行政是一个持续的、动态的过程;

(2) 社会工作行政是一个调动积极性的过程,以实现共同的目的或目标;

(3) 为了实现共同的目标,发掘并利用人力和物力等各种资源;

(4) 以协调和合作的方法获得人力和物力等各种资源;

(5) 社会工作行政包括的要素是:计划、组织和领导。

雷克斯·A. 斯基德莫尔(Rex A. Skidmore)认为:“社会工作行政可以被视为一种机构工作人员将机构的社会政策转化为社会服务的行为。它包括行政人员——领导者——与所有其他职员——下属或团队成员。社会行政的基本过程通常是计划、组织、人事、指挥和控制。”③这个定义包括如下要素:

社会工作行政的主体是机构工作人员,社会工作行政的内容是将机构的社会政策转化为社会服务,社会工作行政涉及机构领导者与其下属或团队成员,社会工作行政的基本过程是计划、组织、人事、指挥和控制。

中国港台地区的学者白秀雄认为:“社会工作行政一方面是政府公共行政的一个部门,另一方面是社会工作的一种间接方法。就前者而言,它是指一个政府根据社会政策,顺应社会福利和世界潮流,并参照当前社会需求与状况,所从事的有关社会福利的措施及活动,其目的在于发挥政府福利工作的功能,履行国家福利工作的责任,以保障人民的生存权、工作权及财产权。就后者而言,社会工作行政作为社会工作的专业方法之一,它通过行政程序以确保服务的功效,实现社会福利的目标。”④

王思斌在其主编的《社会工作概论》和《社会行政》两书中一直使用社会行政的

---

① Sue W. Spencer, The Administrative Process in a Social Welfare Agency, in Ella W. Reed, ed, *Social Welfare* 31(April 1950), 58.

② 李增禄主编:《社会工作概论》,台北:巨流图书有限公司,2002 年,第 205 页。

③ 〔美〕雷克斯·A. 斯基德莫尔著,张曙等译:《社会工作行政:动态管理与人际关系》,北京:中国人民大学出版社,2005 年,第 3 页。

④ 陈为雷编:《社会工作行政》,北京:中国社会出版社,2010 年,第 14 页。

概念，用社会行政统合社会工作行政和社会福利行政，他认为社会工作行政是指社会工作领域的行政活动，是针对社会工作的行政活动。①

综上所述，社会工作行政就是社会工作服务机构贯彻和实施社会政策，将之转化为社会服务，并对整个服务过程进行管理，以满足人们各类福利需求的活动。其中包含了制定、执行、实施社会政策，提高服务机构的工作效率及服务品质等内容。

二、社会工作行政的基本原则

崔克尔阐述了社会工作行政的基本原则：

(1) 社会工作价值原则：专业的价值是促进服务和满足需求者需要的基础。

(2) 社区和受助者需求原则：社区和社区内个人的需求，往往是社会机构和方案提供存在的基础。

(3) 机构目的原则：机构的社会目的必须能被清楚地建构、说明、理解和运用。

(4) 文化情境原则：社区的文化必须要尽可能地被理解，因为它影响需求表达的方式及需求者对服务的认定、支持和使用方式。

(5) 目的关系原则：行政者、委员会、职员和顾客之间必须建立起有效果的、有目的的关系。

(6) 机构整体原则：机构的完整性和总体性必须要能够被了解，它必须被视为是一个内部相互联系的有机组合。

(7) 专业责任原则：行政者必须在专业实践标准的基础上提供高品质的专业服务。

(8) 参与原则：通过持续的动态参与过程，恰当地追求和利用委员会、职员和顾客的贡献。

(9) 沟通原则：为让人们的功能能够充分发挥，沟通渠道的开发是必要的。

(10) 领导原则：就目标的实现和专业服务的提供而言，行政者必须能担负起领导机构的主要责任。

(11) 计划原则：持续计划的过程是有意义的服务发展过程的基础。

(12) 组织原则：许多人的工作必须要以有组织的方式安排和建构，从而清楚地界定责任与关系。

(13) 授权原则：权责授予其他专业人员是至关重要的。

(14) 协调原则：授予众人的工作必须要能妥善地协调，以便机构的主要任务

---

① 王思斌主编：《社会行政》，北京：高等教育出版社，2006年，第2页。

能够被细化到每个人的身上，使他们能够将全部精力恰当地集中于使命的实现上。

（15）资源利用原则：必须要能小心促进、保持和使用金钱、设备和人力资源，以维持社会对机构的捐赠信赖。

（16）改变原则：社区和机构内部的改变是持续不断的。

（17）评估原则：对过程和方案进行持续地评估，这对机构目标的实现是必要的。

（18）成长原则：管理者应提供挑战性的工作分配、具有思考性的督导以及个人与团体的学习机会，以促进所有参与者的成长和发展。

三、社会工作行政的历史发展

（一）社会工作行政的起源

西方国家社会工作行政的起源可以追溯到1601年伊丽莎白女王颁行的《济贫法》。19世纪末20世纪初，慈善组织会社（C. O. S）流行于英美各国，对社会工作专业化的贡献极大，为促进救助机构在解决问题时的协调合作及社区组织的发展奠定了基础，这种协调与合作被认为是民间服务机构社会工作行政的开始。以后在英美又产生了睦邻组织运动，有计划、有组织地深入贫民社区与贫民共同生活，努力于经济、社会、教育、文化的改革活动。睦邻组织运动，为整个社会工作行政的发展提供了一种新的服务方式，它是以整个社区为服务对象，由服务人员深入社区，发展社区需要，运用社会资源，并激发个体参与的一种服务方式。

（二）社会工作行政的专业化历程

林显宗、陈明男认为，社会工作行政的专业化共经历了四个发展阶段。①

第一阶段：1900～1935年。在这一阶段，社会工作专业虽然给予行政以名义上的承认，并将其成长视为专业的责任，但是行政实际上被界定为附属于个案工作，社会工作实务界和教育界对于行政本身的知识和技术缺乏必要的了解。

第二阶段：1935～1960年。这期间公共福利的发展激起了对公共社会服务人员的需求，社会工作教育界开始将介绍性的社会工作行政课程纳入社会工作训练，并且越来越认识到社会工作行政不同于一般的行政，它需要特殊的训练与知识，尤其是人际关系方面的技巧。这些情况表明社会工作行政已逐渐被认可为社会工作的一种实务方法。但是，此时的社会工作行政继续被视为社会工作专业的外围领

---

① 林显宗，陈明男：《社会福利与行政》，台北：五南图书出版有限公司，1990年，第4页；转引自范志海，阎更法编：《社会工作行政》，上海：华东理工大学出版社，2004年，第10页。

域，是社会工作主要方法的附属物。

第三阶段：1960～1970 年。20 世纪 60 年代初期，社会工作专业对行政的兴趣逐渐增长，1963 年美国国家社会工作者协会在其组织内部设置了社会工作行政组，社会工作学院也已经能为相当数量的学生开办社会工作行政方面的专门研究课程，关于社会工作行政与社区组织的研究也获得了必要的支持。这些情况的进展似乎预示着社会工作领域行政时代的来临，但事实并非如此。20 世纪 60 年代，由于社会机构缺乏能力去有效处理诸如贫穷、种族等社会问题，引起人们对这些机构存在合法性的质疑。社会机构被广泛批评为：无法反应变化了的需要与情况，视组织自身的维持与安全重于服务的提供。这种对组织与日俱增的不信任与挑战，最终影响了社会工作行政的专业化进程。

第四阶段：1970～1980 年。20 世纪 60 年代末期，由于通货膨胀以及经济增长趋缓等因素的影响，政府的财政开始逐渐萎缩。在此背景下，机构管理者已从以往的仅重视计划的维持与扩张转移到重视计划的描述、控制与评估之上。在此转移过程中，社会福利组织发现本身正面对着一个巨大的技术与知识真空以及受过训练的行政实务者匮乏的处境。此时，社会工作行政者除了面对不信任与对抗的社会氛围挑战之外，还面临将被从企业、公共行政或其他没有实质关联到社会福利计划背景的一般管理者所取代的挑战。面对这些巨大挑战，萨尔利于 1973 年在全美社会工作教育委员会会议上呼吁，社会工作专业应担当起培养领导干部人才的责任，否则它将失去其领域的控制权。萨氏的急切呼吁受到专业界的广泛回应。1975 年，很多社会工作学院开设了社会福利行政专业课程。

（三）社会工作行政的最新发展趋势

社会工作行政的发展来自于社会服务实践的要求。随着社会的进步，社会问题也大量地出现并日趋复杂和深化，社会福利已成为国家的责任，社会问题必须依赖政府通盘研究解决，社会服务机构的作用越来越明显。大家认识到了有计划、有系统、专业化的社会工作行政的重要性，这使得社会工作行政成为政府公共行政的一个重要部门。当前各国社会工作行政与早期慈善救济的形态完全不同，其主要发展趋势是：

第一，由消极的措施发展为积极的措施。顺应时代经济与社会发展，公众对不平等的关注已经从结果的不平等转移到对竞争机会的不平等，如教育、训练、就业、住宅等，并且认为机会的不平等是造成贫困、种族等问题的更深层原因。因而，当前福利国家的社会福利计划、社会福利政策等，都在积极地为国民创造公平的发展机会，力图消灭贫穷的根源，而不再重复过去消极性的救济措施。

第二，从事后的补救发展为事先的预防。社会福利计划以前总是落在社会问题的后头，因而只能想方设法对新出现的问题进行补救和改善。现在人们意识到在制定社会福利计划以应付因社会失调及功能丧失所造成的社会问题时，事先的预防比事后的补救更为可取。因为补救是问题发生之后才行动，是治表之策；而预防则要深入了解问题的根源，消灭问题于萌芽状态，目的是增加社会的“免疫力”，因而是治本之策。

第三，从随意施舍发展为重视事实的探究与问题的分析。施舍行动本质上出于同情、怜悯等人类本能，具有冲动性和不能持久等特点，施舍的结果也只能是杯水车薪，不能根本解决服务对象的问题。相反，对贫穷、失业以及其他各种社会问题，运用系统的方法和客观的态度作实地访问，大量搜集有关的事实资料予以统计分析，这种科学调查的态度对于清楚地界定有关的社会问题以及有针对性地采取救助措施意义重大。

第四，从对少数人的服务发展为对全体大众的服务。过去的救贫工作是以贫困者为对象而予以救济，而这些贫困者仅占全体人口的极少数。今天的福利政策，创造就业机会，加强就业辅导以提高人们的生活水准，并建立较完整的社会保障体制，以集体的力量保障大众的经济安全，其对象是全体大众。

第五，从少数人的参与服务到大众参与。从历史发展来看，早期的救贫工作是由民间的慈善、公益或宗教团体办理，其后始由政府机构办理。但不论是民间或政府办理，在以往只是少数人参与。今天，政府与大众协力并举，政府本身大力推动社会福利工作，使得社会福利工作成为一种大众参与的全面性工作，另外，一方面结合工商企业界，推广民间社会福利工作；另一方面建立志愿服务体系，有效结合社会热心人士，服务社会，造福人群。

第六，从地方性的计划与组织发展为全国性的计划与组织。早期的有关贫民立法，都是规定由地方自行负责筹集救济经费及指定贫民的照顾方案。但是，随着社会问题的日益增加，日趋复杂，且日益多元，以及贫穷问题恶性循环等特征，已不再是地方的计划与组织所能应付，因此逐渐由地方发展为全国性的计划与组织。据《世界各国社会安全制度》一书记载，已有 127 个国家实施全国性的社会安全制度。

第七，从非专业的方法发展为专业方法的运用。社会福利工作的对象是人，人的行为是动态的，必须接受社会工作专业的教育与训练，才能有效地针对他们的问题与需要提供适当服务。英美早期贫民救济充满着惩罚、抑制、侮辱性的色彩，其结果非常不理想，因此早已被淘汰了。我们必须以平等、接纳和不批评的态度对待服务对象，通过人际沟通等助人技巧，帮助服务对象发挥其潜能。总之，从事社会福利的工作人员，必须经过社会工作专业的训练，以有效地把握社会工作的专业方法和技巧，如此，才能更好地为民众提供各项服务。

第二节　社会工作行政的基本内容

社会工作行政的基本内容包括计划、组织、领导、管理、评估等基本部分。有效的社会工作行政，应当是计划、组织、领导、管理、评估等诸方面的有效衔接和密切配合。

一、计划

现代社会服务一般是依托社会服务机构及其组织体系开展的，这种服务的展开需要配置和协调机构的人力物力资源，这就需要计划。如果不能按照计划去开展活动，社会服务机构的目标就不可能有效实现。因此，计划对整个社会工作行政至关重要。

（一）计划的含义

韦里克和孔茨指出："计划包括确定使命和目标以及完成使命和目标的行动，这需要制定决策，即从各种可供选择的方案中确定行动步骤。因此，计划为实现预先确定的目标提供一种理性方法。"①罗宾斯（S. P. Robbins）和库尔特（M. Coulter）也认为："计划（planning）包括确定组织目的，谋划达成这些目标的战略，以及制定各种各样的计划，是一种整合和协调组织的工作。"②

从上述定义可以看到，计划是一个组织如何达到目标的逻辑过程。它包括两个方面：静态的计划——组织的使命和目标，动态的计划——组织为完成使命和目标而采取的行动。从一般意义上说，所谓计划就是服务机构为了实现组织的使命和目标，拟定并选择用来实现目标的可能的行动计划。

（二）计划的内容与层次

1. 计划的内容

由于社会工作机构服务的实施从宏观到微观构成了一个层次序列，社会服务的对象具有广泛性，多样性，社会工作行政计划的内容也就十分丰富，大到整个国家社会福利事业的发展计划，小到每一机构的发展计划，每一服务项目计划的实

---

① 〔美〕海因茨·韦里克，哈罗德·孔茨著，马春光译：《管理学——全球化视角》，北京：经济科学出版社，2004 年，第 75 页。转引自曾群：《社会工作行政》，上海：上海人民出版社，2007 年，第 39 页。

② Robbins & Coulter, *Management*, *Upper Saddle River*: *Pearson Prentice Hall*, 2005, P. 158。转引自曾群：《社会工作行政》，上海：上海人民出版社，2007 年，第 40 页。

施，每一个人的技术能力的培训计划等。从构成每一社会工作行政计划的基本要素看，它主要包括目标、机构、人、财、物、步骤、时间等。

社会工作行政计划大致包括以下内容：(1) 确定所要完成的工作目标和范围；(2) 制定工作执行的步骤，并说明其先后或优先的次序；(3) 决定工作所需的经费、工具与设备，何时需要？需要的数量如何？如何获得？何时获得？如何保管与使用？(4) 工作所需要的场所与使用的方法和规定；(5) 由何人负责？受何人监督？可指挥何人？需要哪些单位行政支援？(6) 详列工作进展表，何时开始？何时完成？

2. 计划的层次

计划可以分出不同的层次，各层次计划的适用性随管理的层级以及情境而有所不同。海因茨·韦里克、哈罗德·孔茨、韦恩巴赫从抽象到具体，将计划分为一种层次体系：使命或宗旨、目标或目的、战略、政策、程序、规则、方案、预算。

(1) 使命或宗旨，表明组织的基本目的、作用和任务。社会工作机构的使命或宗旨应该满足人类需要，服务社会，贡献社群，维护社会正义。

(2) 目标或目的，指组织活动所针对的最终目标。它们是计划的最终产物，也是其他管理职能(组织、人事、领导和控制)所要达到的最终目标。比如，甲社会工作机构的目标或目的是提供社区矫治服务，乙社会工作机构的目标或目的是提供老年人的养老和护理服务，等等。

(3) 战略，指组织的长期或总体的目标，包括制定行动方案和配置必需的资源。比如，在资源限定的情况下，是为更多老年人提供低价的一般服务，还是为具有特殊需要的少数老年人提供更加专业的服务，可能成为某些老年人服务机构必须面对的战略选择。在竞争环境下，类似的战略选择可能影响社会工作机构的生死存亡。

(4) 政策，是指导或沟通决策思想的概括性说明或协定。比如，某社会工作机构可以指定以下政策，社会工作者或助理只有在督导下从事直接服务两年以上方可有资格晋升社会工作师。

(5) 程序，是按时间顺序对必要的活动进行排序，是一种行动指南。比如，某社会工作机构规定，员工提供服务需要遵循以下步骤或程序：接案、预估和研究、制定服务方案、服务实施、评估和结案。

(6) 规则，指具体行为必须遵守的规定，具有明确的要求或命令性质，没有例外的余地。比如，社会工作服务机构禁止社会工作者对服务对象进行性骚扰。

(7) 方案，是一个综合性的计划，包括目标、政策、程序、规则、任务分配、工作步骤、要使用的资源以及为完成既定行动步骤所需的其他因素。比如，某青年服务机构制定了一套失业青年服务方案，目的是为社区内失业青年提供心理辅导和职业培训。方案包括了哪些失业青年有资格享受这些服务的政策，失业青年申请服务的程序，机构提供服务的步骤，以及机构如何挖掘、配置和使用社区资源以提供相应服务的计划。

(8) 预算，是一份用数字表示预算结果的报表。预算是控制常用的一种手段。

二、组织

组织是指一个机构的结构与功能。它包括各个层次的员工、委员会安排、董事会建构、命令的链条以及其他有关机构框架的因素。① 组织化是管理的传统过程之一，涉及使机构形成结构化和功能化所需要的行为。它使得机构的结构得以建立并能和时代保持一致，具有效能。社会工作中的组织和组织化过程是社会服务输送中至关重要的组成部分。

(一) 组织结构与设计

1. 组织结构的含义

组织结构是指组织成员为完成规定的工作任务和实现组织既定的目标而在职责、职权等方面的分工和协作体系。它包含了3个方面的关键要素：(1) 组织结构决定了组织中的正式关系，包括职权层级的数目和主管人员的管理幅度。(2) 组织结构确定了由个体组合成部门，部门再组合成整个组织的方式。(3) 组织结构包含了确保跨部门沟通、协作与力量整合的制度设计。

上述三个要素涉及组织的纵横方面。具体地说，前两个要素规定了组织的结构框架，即纵向的层级，第三个要素则是关于组织成员之间的相互作用关系。一个理想的组织结构应该鼓励成员在必要的时间和地点通过横向联系提供共享的信息与协作。

2. 组织结构的设计

管理者发展和变革一个组织的结构时，需要进行组织设计。组织设计包括横向结构和纵向结构两个方面。横向结构设计要素包括工作设计与部门化。纵向结构设计主要是划分层次以及分配职权，包括指挥链、管理层次、管理跨度、集权与分权等要素。因此，组织结构的设计包括如下内容：

(1) 工作设计与部门化

组织中所有的任务都被分配到各职能部门，被具体地设计到每位员工应该完

---

① 〔美〕雷克斯·A.斯基德莫尔著，张曙等译：《社会工作行政：动态管理与人际关系》，北京：中国人民大学出版社，2005年，第101页。

成的工作之中。工作设计是将每位员工应该承担的任务进行整合的过程，是组织设计的关键环节，因为这会影响到组织的工作效果和效率。鼓励员工参与到对其工作的设计中去，将激励他们提高工作效率。

部门化是将相关的活动汇成一个部门。部门可以根据以内部为中心还是以外部为中心来划分。如果是以内部的运作、员工完成的职能或为完成某个特定的工作所需要的资源进行划分，这种部门化称为职能部门化。外部部门化的基础是具体的活动，这些活动关注的焦点是组织外部的因素，外部部门化包括按产品划分的部门化、按消费者群体划分的部门化和按地域划分的部门化。

（2）纵向结构设计

纵向结构设计包括指挥链、管理层次、管理跨度、集权或者分权。指挥链，在组织图中是用垂直线来表示的。指挥链是一条连续的权力线，它将组织中所有的成员连接起来，并显示谁应该向哪位主管报告工作。管理层次指在组织中清晰定义的包括所有人员的权力链，组织中的每个人都应该清楚自己应该向谁报告，以及逐级上报的连续管理层次。管理跨度指的是向同一位上司报告工作的员工数目，有时又称为控制幅度。这一结构决定了一位上司控制下属的紧密程度。集权或者分权与制定决策的层级结构相联系。集权意味着决策靠近组织的高层，分权则意味着决策权存在于较低的组织层次。组织必须进行试验以找出制定决策的最佳层次。

（二）组织中的职权

1. 权力与职权

每个组织职能的基础是职权——法定的制定决策和告诉其他人做什么的权力。权力是组织中一种无形的力量。权力是组织中的个人或部门影响他人达到预期结果的能力。职权也是实现预期结果的一种力量，但它仅仅是由正规的层级链和报告关系规定的实现预期结果的一种力量。职权的三个特征是：职权存在于组织职位中，职权根植于下属的接受，职权是顺着纵向层级链向下流动的。

组织的权力可以自上而下、自下而上以及在水平方向上行使，但正式的职权只能按层级链自上而下地行使。这一点与所谓的纵向权力和法定权力相同。

2. 职权结构

按照自上而下的顺序，组织的职权结构包括：

（1）机构董事会。私人机构和公共机构都有董事会来帮助阐述它们的目标、政策和服务。在董事会协助下制定的机构规章制度与机构的成功密切相关，而且对机构非常重要。

（2）高层行政人员。在非营利组织中，最高层并受薪的行政者有总执行干事（简称总干事）及其助手（称为副总干事）。总干事直接向董事会负责。

(3) 中层行政人员。其职位多由富有经验的专业工作者担任,主要职责是在专业方面督导其属下的员工。督导主任可能是从在职群体中选出来的,也可能是从外部聘用的人才。

(三) 组织结构的类型

组织提供一种结构而使具有共同目标的人们可以在一起工作,这种结构在社会工作组织中特别重要。在社会工作中,有效的组织会带来社会服务的有效输送。

1. 直线式组织结构

直线式组织结构是最简单的组织方式,组织由上而下分成若干层级,各层级中每一个部门地位相等,权责相符;层级间只有直线和垂直关系。直线式的职权是赋予主管指挥其下属的权力,是一种由上而下的指挥关系,主管在其所属的范围内,具有绝对的指挥权,也承担有关活动和达成组织目标的责任。

2. 直线参谋式组织结构

直线参谋式组织结构指组织层级之间存在着水平和垂直的关系,而参谋作为专家有责任来协助直线部门的管理者。参谋职权是主管授权的一种权力形式。

3. 功能职权式组织结构

功能职权式组织结构是在直线参谋式组织机构中,将参谋职权部门化,在特定工作范围内,它可以直接对其他管理人员下达命令。接受功能职权的参谋具有较大的权力,不仅收集信息和提供意见,而且可以作决定和执行。

三、 领导

(一) 领导与权威

1. 领导的含义

传统的管理理论认为,领导是组织赋予一个人的职位和权力,但多数组织行为学家认为,领导是一种行为和影响力,这种行为和影响力可以引导和激励人们去实现组织目标。斯基德莫尔认为,领导既可以被界定为一种地位,又可以被界定为一种能力,也就是领导者在一定的组织结构中依据有关的规章制度,运用各种方法和手段,有效影响下属去共同努力,以实现既定的管理目标的行为过程。

一般认为,领导是一种影响人们实现组织或群体目标的能力和过程。具体地说,领导是一个人以它的实际影响力去解决存在于人们中的问题,以其能力和威望去影响人们达到某种目标的过程。领导的影响力来自两个方面:一是在组织中拥有某种职权和地位而具有很大的影响力;二是由于领导者个人的素质而产生的权威,使其具有一定的影响力。

领导的要素包括以下四个方面:(1) 领导者。领导者在社会服务管理活动中处于中心地位。(2) 被领导者。社会服务机构中领导活动是在领导与被领导沟通过程中实现的,后者的素质和成熟程度对领导行为有直接影响。(3) 领导行为的内容,包括决策、指挥、控制、协调、监督、检查等行政管理活动。(4) 客观环境。

领导作用的发挥,取决于领导者、被领导者和环境三方面的相互制约和相互影响,它们构成了领导发挥作用的基本条件。如图 10-1 所示。

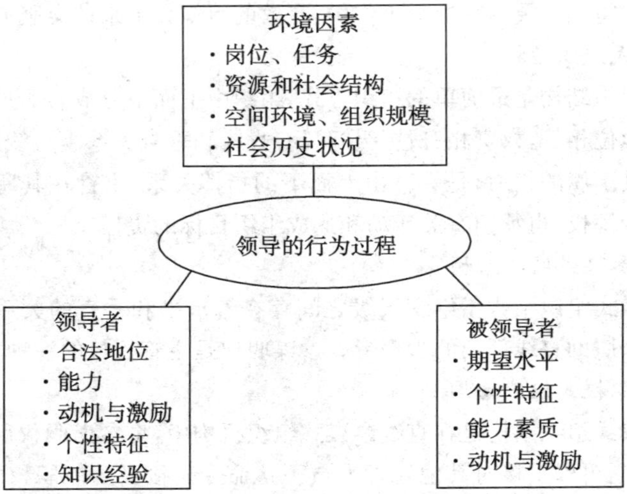

图 10-1 领导发挥作用的基本条件

资料来源:黄维德:《组织行为学》,北京:清华大学出版社,2005 年。

(二) 领导者的职责

领导者的职责和其职位、职权是统一的。领导者被授予一个职位而有了名位,他必须负有与名位和权力相应的责任。社会行政领导者的职责主要有以下内容:

(1) 负责贯彻执行法律、法规以及国家的社会福利政策,将社会服务的政策从宏观到微观逐渐具体化,真正加以落实。

(2) 决策与规划。领导者要策划组织的长、中、短期目标,细分目标,设计方案,引导机构实现组织目标。

(3) 沟通。领导者应在机构内保持信息沟通的畅通,使机构成为一个通畅的信息系统,并能注意与员工的情感沟通,鼓舞下属的工作情绪,进而提高其工作效率。

(4) 组织建设。领导者总要通过一定的组织机构才能行使他的职权,进行指挥。组织建设有两大内容:一是设置适应工作需要的合理机构,确定组织的框架和规模;二是制定出保证机构正常运转的规章制度。

(5) 选用人才。是领导者的一项经常性的工作和重要职责,也是领导能力、领导水平的重要表现。领导者要做到知人善任,人尽其才,才尽其用。

(6) 协调及解决冲突。领导者要协调机构内部各部门之间以及组织与外部环境之间的关系,保证人员、财力和物力、时间以及信息的平衡,同时还要处理组织内部的各种利益冲突。

(7) 控制与监督。控制与监督是指机构为确保实现既定目标而进行的检查、监督、纠偏等管理活动,领导者负有这种责任。控制与监督的内容有过程控制和冲突控制两种。

(8) 保持机构对环境的适应。社会环境的多变性会对社会服务机构产生复杂影响,社会服务机构为求生存和发展,就要适应多变的社会环境谋求适应。这是机构领导的一项重要任务。

四、 管理

管理是社会工作行政的重要环节,是对社会服务过程中的人力、物力、财力进行有效组织和协调的过程,也是组织领导者发挥领导作用的过程。

(一) 社会服务机构的人力资源管理

人力资源管理是组织管理的一部分,它注重组织中人的方面。不管是公共部门还是私营部门,组织是由人构成的,获得组织成员的服务、发展成员的技能、激励成员以取得较高的绩效以及确信组织成员持续对组织作出贡献是达成组织目标所必需的。

1. 社会服务机构人力资源管理的特点

社会服务机构中的人力资源管理是指对机构专业工作者、半专业工作者和志愿者的任用、培训、激励和维持的活动。由于社会福利领域是一个人力资源密集的行业,主要依赖员工的能力(知识与技巧)为受助者提供高素质的服务。因此服务成功与否,依赖于主管动员宝贵人力资源的能力,充足的人力资源可以满足组织与服务对象即时的或长期的需求。为此,社会服务机构人力资源管理就显得特别重要。其表现在一是对员工。良好的人力资源管理能激发员工的潜能,增进员工对组织的参与感、归属感,进而达到自我实现。二是对组织。有助于形成组织的凝聚力和创新力,使机构能够应对日趋激烈的服务竞争。三是对服务使用者。有助于提升服务质量,更好满足其需求。

2. 社会服务机构人力资源管理的主要内容

(1) 任用。是指持续分配员工到组织设定职位的过程,包括吸引人员进入机构、选取最佳人选、训练新人、分配工作、调整职务和处理员工离职等。

(2) 训练与发展。包括对员工进行训练,协助其学习新技术,增进他们的工作能力。将员工个人长期发展目标与组织目标相联结,协助他们完成职业生涯发展。

(3) 绩效评估与激励。评估的目的是为了改进机构工作,决定奖惩标准。激励是指促使员工有意愿地追求组织目标,降低员工的疏离感、提升员工的工作满足感、将报酬与绩效相结合以及处理员工抱怨等。

(4) 报酬管理。是指决定要支付给员工何种级别的工资、奖金以及提供员工何种福利和非财物的报酬。

(5) 员工关系与维持。员工关系是指提升管理机构和员工之间的和谐关系的过程,包括改善工会与管理层的关系、公平对待员工、员工辅导等。维持,指提供适当的工作条件和环境,以维持或增进员工对组织的认同。

机构的服务与发展依赖员工对服务的投入和服务的专业素养。人力资源管理的状况最终会明显反映到机构的服务质量上来,所以要加强人力资源开发与管理。

(二) 社会服务机构的志愿者管理

对社会服务机构来说,志愿者是重要的人力资源,加强对志愿者队伍的能力培训与管理,有利于社会服务的开展。社会服务机构要有效地用好志愿者资源,就需要对他们进行培训和管理。这里包括服务理念的强化、服务方法的培训、制度规范的建立、志愿者网络的建设等。

1. 志愿者管理的特点

(1) 尊重和支持。志愿者有很高的自主性和自发性,希望受到尊重、支持和肯定,因此必须考虑志愿者内心的感受,使其更愿意投入。

(2) 训练和督导。让其了解机构,接受训练,给予适当的工作、足够的督导和充分的肯定,并逐渐加重其责任,使之成为工作团队的一员。

(3) 沟通和了解。了解志愿者对人力资源管理策略的感受以及这种感受和他的工作表现的关系。

2. 志愿者管理的内容

志愿者管理是一种人力资源的管理,它是一个包括规划、组织、领导、控制四项管理功能的连续过程。如表 10-1 所示。①

---

① 全国社会工作者职业水平考试教材编写组编:《社会工作综合能力(中级)》,北京:中国社会出版社,2010 年,第 246 页。

表 10-1　　　　　　志愿服务人力资源管理内容

管理职能	志愿者人力资源管理	说明
规划	(1) 需求评估 (2) 整体性的方案规划 (3) 阶段性的方案规划 (4) 经费 (5) 相关的策略——行销、创新、网络合作等	了解机构对人力资源需求的方向，调查所需要的人力及目前志愿者参与动机和形态，根据长期、中期、短期的阶段性，编制志愿者管理预算、募款、财务管理、宣传、创新方案、区域网络等数据信息
组织	(1) 志愿者组织的结构设计 (2) 志愿者的分组、分工 (3) 规范的制定 (4) 制度的制定 (5) 授权 (6) 志愿者的工作流程 (7) 志愿者的招募及甄选 (8) 志愿者的教育训练	(1) 志愿者服务章程、出缺席规定、伦理守则与工作规范 (2) 志愿者甄选、奖励、考评及福利制度 (3) 参与决策、团队运作 (4) 详尽的志愿者工作规划、明确的工作说明书 (5) 志愿者的来源、资格限定、甄选方式 (6) 重技巧或个人成长、职前训练、在职训练
领导	(1) 督导形态 (2) 沟通协调 (3) 福利及激励	(1) 督导领导形态、督导与志愿者的关系 (2) 志愿者组织间、人际间沟通 (3) 保险、表扬、其他志愿者联系活动
控制	(1) 建立志愿者工作评估标准和方法 (2) 志愿者基本资料建档 (3) 志愿者需求及满意度评估	如：服务次数、出勤状况、评估项目、由谁评估、时数登记、参加训练记录 作为下年度计划参考的标准

资料来源：全国社会工作者职业水平考试教材编写组编：《社会工作综合能力（中级）》，北京：中国社会出版社，2010 年。

（三）社会服务机构的财务管理

社会服务机构的财务管理，是指确认、获取、有效使用和妥善记载服务方案所需之财、物资源的管理过程。社会服务机构属于非营利机构，因此其财务管理目标是以使命、服务为根本出发点，着重点在稳定及长期发展。

社会服务机构财务管理的功能主要表现在以下几方面：一是提供经费，支持方案执行。二是提高使用效率。通过成本分析、监控预算等环节使方案执行更有效率，更节约成本等。三是支撑营销计划。营销计划的产品选择、价格制定、产品成本等都需要财务管理。四是激发捐赠意愿。财务报表的公信力将激发捐款人更愿意捐款，同时通过“投资管理”，可以使基金的母金更快增值，开辟更多财源。

社会服务机构的主要资金来源有三大类：第一，政府资助。通过购买服务和奖励来实现。购买服务是由政府和社会服务机构订立购买服务的契约，政府要求社会服务机构提供公共服务或为其指定的服务对象提供服务。政府奖励可分为补助和协议合作两种。第二，民间捐助。主要是指来自个人、企业、基金会的慈善捐款。第三，商业交易。主要是指服务收费、出售商品的收益等。

社会服务机构资金的运用必须遵循以下原则：合法、有效，以服务为本。在这个基础上，实行预算制度与报账制度。

五、评估

评估考核的是社会服务机构的绩效。绩效是组织期望的结果，是组织为实现其目标而展现在不同层面上的有效输出，它包括个人绩效和组织绩效两个方面。评估是对整个机构的各项行政计划的实行，对组织结构的运作以及所产生的服务效果加以评定和审查，检查社会工作的实际效果和原有行政计划的目标的吻合程度，并发现在社会政策转变为社会服务的过程中所出现的困难和问题，以明确下一阶段努力方向的过程。

(一) 社会服务评估

社会工作机构的服务效果和服务质量越来越受到严格的评估。“人们期望有效的社会工作能以系统且具体的方式展示其有效性。仅仅顺利完成——或社工们自己认为顺利完成——是不够的。它必须通过指标来系统地实现效果和效率，这些指标有时由自主机构指定，有时则由受资助机构设定，但最后需征得资助机构的同意。”[①]这里提到的评估，就是社会服务的评估。

1. 社会服务评估

社会服务评估介于社会工作实务与研究之间，是一种用科学的思考、方法、测

---

① 〔美〕Leon H.，Ginsberg 著，黄晨熹译：《社会工作评估——原理与方法》，上海：华东理工大学出版社，2005 年，第 7 页。

量和分析，评估社会服务组织绩效和服务方案绩效的过程和工具，其目的在于提升社会服务的效率、效益和品质。

2. 社会服务评估的类型

(1) 事前评估、过程评估与事后评估

根据时间因素，社会服务评估可分为事前评估、过程评估和事后评估。

事前评估，是指在服务计划形成前进行的评估工作，目的是评估计划的合理性。经过评估，如果对已形成的计划完全不满意，则要从重新开始资料收集等基础工作；如果只是部分不满意，则主要检讨目标选择的适当性。

过程评估，是指在服务执行(输送)中进行的评估工作，目的是检查执行环节是否能够顺利达成目标，如果对执行过程完全不满意，则要检查事前评估是否准确；如果只是部分不满意，则主要检讨计划的形成过程的适当性。

事后评估，是指在服务提供完毕后进行的评估工作，目的是检查服务是否达到目标和为下一次服务提供经验和研究资料。经过了事前评估和过程评估，所以事后评估一般只有部分不满意的情况出现，通常需要重新检讨计划的形成过程的适当性。

(2) 内部评估与外部评估

如果从评估者的身份来区别，评估可以分为内部评估(inside evaluation)和外部评估(outside evaluation)。

所谓内部评估，是指由方案执行单位的成员所从事的评估工作。根据宾姆(Stuffl Beam)的看法，每一项社会福利计划或方案执行之前，都应该先由执行方案单位内部的人员来做评估工作，这种评估的优点是评估人员对于执行方案的组织结构以及所要评估的计划方案有更详细、更准确的了解，同时也有助于以后继续进行研究和评估工作。

所谓外部评估，是指由机构以外的专家对社会福利计划或方案进行的评估工作。这种评估的优点是比较容易保持评估工作的客观性；可以有一套评估的标准，这些标准可以对机构行政组织的基本结构进行监督；尤其是当社会福利机构组织内存在广泛而激烈的冲突时，“外来者”可以更客观地保持中立的地位，更有效地执行评估工作。

(3) 努力评估、成果评估、效率评估和影响评估

萨奇曼(E. A. Suchman)按照评估的性质，将评估划分为努力(effort)评估、成果(outcome)评估、效率(efficiency)评估和影响(impact)评估四种类型。[1]

努力评估是指针对达成服务目标的质和量所进行的评估工作。它关注正在运

① 王思斌主编：《社会行政》，北京：高等教育出版社，2006 年，第 181 页。

行的服务方案，通过提供基本描述资料，包括服务使用率、求助的人口统计特征和人员配备模式等，用来检讨服务方案的优先次序，制定预算并进行员工分配。努力评估由方案监察、特别研究、记录管理和保存三部分组成。

成果评估是着重对社会服务所产生的效果进行的评估工作。在社会工作服务中，成果评估主要从服务方案的成果评估、求助者改善的成果评估两方面进行评估。

效率评估是对达成服务目标的资源成本进行的评估，尤其关注为扩大成果而必须投入资源的比例。效率评估有三种形式：成本会计、成本—效益分析、成果—成果分析。

影响评估是针对社会服务方案对整个社区所产生的影响而进行的评估。内容包括服务方案是否获得了预期的结果，服务对社会环境是否产生了干预作用，以及服务是否还产生了意想不到的效果等。

（二）社会服务评估的步骤

如果要进行一项社会服务评估，如何着手？台湾学者黄源协在其《社会工作管理》一书中，综合西方学者的观点，归纳出社会服务评估的六个步骤。

步骤一：确认评估的目标

这个步骤主要是明确社会服务评估的目的是什么，以及为什么要进行评估。包括：(1) 通过评估可以帮助机构更好地规划未来，有利于机构进行服务反馈的管理。(2) 通过评估可以更好地向捐款人交代，维持责信。(3) 通过评估可以确定服务方案是否出现未曾预料的后果。(4) 对服务绩效进行系统的评估，可以获得政策执行和成果量化的实证资料。

步骤二：完成评估前的准备工作

(1) 确定由谁来作服务绩效评估。评估者是影响评估结果的关键因素之一。梁伟康(1990)指出评估工作可以由社会工作者本身、机构以外的专业评估者，或社会工作者与外界的专业评估者组成的评估小组共同进行。不同评估者的角色及其相应的优缺点如表 10-2 所示。

表 10-2　　不同人士进行评估的利弊

评估者	益处	弊端
工作者本身	(1) 工作者本身对被评估的方案有较清楚地了解 (2) 费用低廉	(1) 工作者缺乏评估所具有的专业知识 (2) 不能客观地进行评估工作

续表

评估者	益处	弊端
外界的专业评估者	(1) 具备专业的评估知识 (2) 能客观地进行评估工作	(1) 花费巨大 (2) 未必能经常在场观察服务方案的进行
工作者与外界的专业评估者组成的评估小组	(1) 评估的结果是可以信赖的 (2) 对服务改进具有更大的作用	工作者与专业的评估者的评估方法可能有差异

资料来源:梁伟康:《社会福利机构:行政管理与实践》,香港:集贤社,1990 年。

社会工作者必须能够依照既定的目标、可用的资料以及自身的能力选择适合的评估模式,并设计和研究服务绩效评估,这样才能够更好地推动专业发展。

(2) 明确评估检验的是输出还是影响。所谓输出评估,是指评估者重视服务的服务对象的数量、服务的时间量、人次、所支出的经费,以及其他的量化衡量。输出评估主要是描述而不是分析,重点是报告而不去评价文字的真正内涵,而影响评估除描述外,还注重分析。

(3) 正确使用评估资料。评估通常是应决策者的要求而进行的,而评估也必然包含了与政治标的(political agenda)的相关性。评估方案时要特别找出服务方案的失误之处,应避免为了特殊目的只强调方案的正面影响,而不提负面效果。

步骤三:确认社会服务的目标

社会服务评估流程中的第一步就是确认社会服务的目标和变量,并据此来测量是否达到目标。把社会服务最初的目标和后来的成果进行比较,是评估方案最简单和最直接的方法。

步骤四:确认评估的变量

这里要做的是:(1) 确定分析的对象:评估者在确认计划原来的目标或是重新建构一个组织目标之后,接着就必须要确认分析的对象。(2) 选择分析变量:就是确认真正要被研究的可量化的变量。此外,一个完整的绩效评估也应包括一些非量化的测量。(3) 确认资料的来源:资料是评估方案所需要的资讯。资料可以从现有的资料中获取,也可通过调查、问卷或面谈的方式收集。

步骤五:收集与评估分析资料

(1) 在确认资料来源后,接着就要进行收集与分析的工作。可根据被评估社会服务的特点和重要性来决定分析的复杂度与方式。(2) 在这个评估阶段,还需检验社会服务是否有预期外的收益和结果。有时预期外的收益是正向的,这将有助于了解方案的意义与价值。如果发现预期外的结果有严重的危害性存在，就应停止这类社会服务。

步骤六：社会服务评估的结果

(1) 确认社会服务的优点与缺点：良好的评估应当要同时关注和发现正向和负向的评估结果，其优点可以作为服务方案改善与修正的基础，而缺点则是需要被加强和删除的环节。(2) 描述社会服务的效果：是否为预期中的效果？经费使用是否符合公平正义的原则？(3) 如果需要的话，要提出修正的建议。

第三节　社会工作行政的实施与功能

社会工作行政的实施，是指社会工作行政机构为贯彻、执行国家制定的社会福利政策所进行的全部行政活动及整个过程。社会工作行政的实施在社会工作行政中具有非常重要的地位。没有社会政策的具体实施，社会福利资源就无法传递到有需求的人手中，社会福利制度所产生的经济与社会效益就无法实现，社会福利制度本身也将失去存在的意义。

一、社会工作行政实施的影响因素

社会工作行政是社会服务机构内部的行政管理及协调活动，其实施过程贯穿在计划、组织、人事、协调与控制等各个方面。由于社会工作行政的实施涉及社会服务机构及其工作人员、工作对象、服务范围、服务类型、服务环境等方面，因此必然受到多种因素的影响。社会工作行政实施的影响因素主要有以下几个方面：

第一，实施主体方面的影响因素。机构本身的组织体制与管理结构是否有利于社会工作行政实施，机构领导的权力基础、专业素质、领导艺术、工作经验等对社会工作行政实施具有关键作用，机构工作人员的敬业精神、工作态度、工作能力、技术水平、人格特质等对社会工作行政的实施也具有重要的影响作用。

第二，实施客体方面的影响因素。服务对象的文化程度、知识水平、政策水平、心理承受能力等，也影响社会工作行政的实施。

第三，社会工作服务范围与服务性质方面的影响因素。社会工作服务范围的广泛，待解决问题的多样化差异，解决问题的难度、所需人力物力财力以及时间的各不相同，导致行政实施很难做到规范性。社会工作服务性质的非营利性，导致实施过程中缺乏效能意识，对服务态度与服务品质不够重视，从而影响行政实施的效果。

第四,社会环境方面的影响因素。自然环境、文化环境、经济技术环境、政治环境都会在社会工作行政实施过程中产生影响。

二、社会工作行政的实施机构

(一) 社会工作行政实施机构的含义

社会工作行政的实施机构是各级各类社会服务机构。社会服务机构是指由政府、社会团体或个人兴办的,通过社会福利从业人员,包括专业社会工作者、其他专业的服务人员、辅助人员等,为特定的有需要的服务对象提供专业服务的非营利组织,其目的是提高服务对象的社会功能,协助他们面对问题、解决问题,并促进其健康幸福和发展。

(二) 社会工作行政实施机构的类型

一般而言,社会行政的实施机构包括政府主管社会保障(福利)事务的行政机构和从事公共服务、公益服务的机构。前者在世界各国政府部门的配置中形式多样,后者在西方表现为非营利组织。非营利组织是指不是以营利为目的的组织,它的目标通常是支持或处理个人关心或者公众关注的议题或事件。非营利组织的运作并不是为了产生利益,这一点通常被视为这类组织的主要特性。就我国而言,社会服务机构包括如下类型:

1. 政府

我国的社会保障(福利)业务分由几个行政部门主管,其中主要是民政部、人力资源与社会保障部等。

2. 群众团体组织

主要是指共青团、妇女联合会、工会、老龄工作委员会、残疾人联合会和红十字会。这六个群众团体组织,除红十字会外,都以各类人群为服务对象。

3. 社会公益类事业单位

社会公益类事业单位,指为实现社会公共利益和国家长远利益举办的、面向社会提供公益产品和公共服务的事业单位。

根据社会公益类事业单位的功能特点,划分为三种类别:公益一类,主要承担政府规定的社会公益性服务任务,面向社会无偿提供公益服务,不能通过市场配置资源。如福利院、救助站等机构,属于传统意义上的全额拨款单位。公益二类,主要面向社会提供公益服务,按照政府确定的公益服务价格收取费用,其资源在一定区域或程度上可通过市场配置。如普通高等教育、非营利性医疗机构、街道层面的社区卫生服务中心等。这类事业单位根据国家确定的公益目标，自主开展相关业务活动，并依法取得服务收入，其服务价格执行政府定价或政府指导价。在完成规定任务的基础上，可依法开展相关的经营活动，属于传统意义上的差额拨款单位。公益三类，主要是指业务活动具有一定公益属性，但社会化程度较高，与市场接轨能力较强，可基本实现由市场配置资源的事业单位。

4. 社会服务类民间组织

这类组织又分为三类：一是政府支持的民间组织，主要是持续的行政动员支持，如中华慈善总会、中国青少年发展基金会；二是纯民间组织，如北京星星雨教育中心、北京慧灵、北京红枫妇女热线、北京协作者文化传播中心、地球村等；三是契约型社会工作服务组织，如上海自强服务总社、深圳的鹏星社会工作服务社，政府提供场地、工资和部分服务经费。

三、 社会工作行政的功能

社会工作行政对社会和社会服务机构的运行都起着重要的作用。具体来讲，社会工作行政的功能主要体现在以下三个方面：

（一）将社会政策变为社会服务行动

社会政策是国家或机构依据其占有支配地位的价值观念解决社会问题、增进成员福利的基本原则。这些原则要变为实际的福利服务活动并真正受惠于有需要的成员就需要一种转换机制，这就是社会工作行政。社会工作行政在将社会政策转变为具体服务的过程中要将宏观政策具体化，从而具有解释政策的功能。此外，社会工作行政要为社会政策的执行和落实制定行动方案，其中包括确定具体执行该社会政策的责任者、他们所拥有的权力和资源、他们落实政策的社会动员系统和方法、确定政策落实时限和评估标准等。通过一系列的操作化，社会政策变为提供服务者的具体行动，在社会工作行政中发挥着重要的规划功能。

（二）合理运用资源，促进有效服务

社会工作行政不但在宏观层面上策划社会服务，而且在具体服务的临界层面上对其进行具体的统筹和管理，即具体地配置各种资源以形成社会服务的能力；建构良好的环境以支持社会服务的提供；督促社会服务的进程，并对之进行评估以提高服务效率。在这个意义上，社会工作行政是对具体社会服务活动的管理，是微观社会行政。社会工作行政虽然不是具体的、直接的社会服务，但作为对直接社会服

务的统筹、组织、协调和监督活动，它的优劣直接影响着直接服务活动的开展和效果。

（三）总结社会政策的执行经验，提出修订建议

社会行政人员的责任不但在于高效率地执行社会政策，而且在于执行好的社会政策。一个良好的社会政策至少同时满足两个基本要求：第一，它符合社会福利的价值，有助于社会公平和社会进步；第二，它能够被贯彻落实。社会政策的这种合理性和可行性可以在理论上进行评价，但更重要的是通过实践来检验。由于社会工作行政是社会政策的贯彻过程，并且执行政策者对由此转化而成的社会服务有深入的了解，因此，社会行政人员就具备了评价社会政策的合理性和可行性的能力。他们通过总结经验，可以向上层决策者提供意见，修订和完善社会政策，使之更具有现实合理性。一般说来，社会政策难免对实际情况有偏离，这种偏离既有政策制定者方面的原因，也可能与政策执行过程、社会服务的实施和接受过程有关。因此，根据实际情况修订和完善社会政策是必要的，社会行政人员在这方面扮演着不可替代的角色。实际上，任何社会政策的合理调整都是在社会工作行政的基础上进行的。

A 本章小结

1. 社会工作行政亦称“社会福利行政”或“社会行政”，是社会工作的宏观实务方法之一。作为社会工作的间接方法，社会工作行政就是对社会工作机构的管理，即通过各种活动以实现社会工作的使命和社会工作机构的组织目标，即有效地传递社会福利而满足服务对象的社会需求，恢复和提升他们的社会功能，追求社会正义。

2. 社会工作行政的工作程序包括计划、组织、领导、管理、评估等基本部分。有效的社会工作行政过程，应当是计划、组织、领导、管理、评估等诸方面的有效衔接和密切配合。

3. 计划是服务机构为了实现组织的使命和目标，拟定并选择用来实现目标的可能的行动计划。

4. 组织是指一个机构的结构与功能。它包括各个层次的员工、委员会安排、董事会建构、命令的链条以及其他有关机构框架的因素。社会工作中的组织和组织化过程是社会服务输送中至关重要的组成部分。

5. 领导是一个人以他实际影响力去解决存在于人们中的问题，以其能力和威

望去影响人们达到某种目标的过程。领导的影响力来自两个方面：一是在组织中拥有某种职权和地位，二是个人的素质而产生的权威。

6. 管理是社会工作行政的重要环节，是对社会服务过程中的人力、物力、财力进行有效组织和协调的过程，也是组织领导者发挥领导作用的过程。

7. 评估是对整个机构的各项行政计划的实行，组织结构的运作以及所产生的服务效果加以评定和审查，检查社会工作的实际效果和原有行政计划的目标的吻合程度，并发现在社会政策转变为社会服务的过程中所出现的困难和问题，以明确下一阶段努力方向的过程。

8. 社会工作行政实施的主体和客体等因素都对影响着社会工作行政实施的效果，社会工作行政在社会和社会服务机构的运行方面发挥着重要的功能。

B 主要术语

社会工作行政(Social Work Administration)：指社会工作服务机构贯彻和实施社会政策，将之转化为社会服务，并对整个服务过程进行管理，以满足人民各类福利需求的活动。

领导(Lead)：领导是一种影响人们实现组织或群体目标的能力和过程。

人力资源管理(Human Resource Management)：是对组织中相关人员管理的哲学、政策、程序和实务，是由人力资源的招募、发展、激励和维持所组成的过程。

志愿者管理(Volunteer Management)：是一种人力资源的管理，它是一个包括规划、组织、领导、控制四项管理功能的连续过程。

社会服务评估(Social Service Evaluation)：社会服务评估介于社会工作实务与研究之间，是一种聚焦于社会服务效率和效益的评估过程与工具。

非营利组织(Non-Profit Organization)：非营利组织是指不以营利为目的的组织，它的目标通常是支持或处理个人关心或者公众关注的议题或事件。非营利组织的运作并不是为了产生利益，这一点通常被视为这类组织的主要特性。

C 练习题

参观社会工作服务机构，并与社会工作行政主管就社会工作行政的价值和问题进行交流。根据交流情况写一份报告，描述你所理解的社会工作行政。

D 思考题

1. 社会工作行政的含义与基本原则。
2. 什么是计划？简述计划的内容和层次。
3. 谈谈你对社会服务机构领导的理解。
4. 什么是管理？社会工作行政的管理包括哪些方面？
5. 什么是评估？论述社会服务评估的含义、类型和基本步骤。
6. 论述社会工作行政的实施过程。

E 阅读文献

1. 陈为雷编:《社会工作行政》,北京:中国社会出版社,2010 年。
2. 范志海,阎更法编:《社会工作行政》,上海:华东理工大学出版社,2004 年。
3. 〔美〕雷克斯·A. 斯基德莫尔著,张曙等译:《社会工作行政:动态管理与人际关系》,北京:中国人民大学出版社,2005 年。
4. 〔美〕Leon H. Ginsberg 著,黄晨熹译:《社会工作评估——原理与方法》,上海:华东理工大学出版社,2005 年。
5. 全国社会工作者职业水平考试教材编写组编:《社会工作综合能力(中级)》,北京:中国社会出版社,2010 年。
6. 王思斌主编:《社会行政》,北京:高等教育出版社,2006 年。
7. 曾群:《社会工作行政》,上海:上海人民出版社,2007 年。

第十一章　社会政策

简单来讲，社会政策有两方面的含义：一是指实际存在的政策类别，二是指对这个类别的政策的学术研究。[①] 社会政策与社会服务、社会工作以及社会行政有着密切的关系。作为一种有效的社会制度安排，社会政策涉及民众生活的多个方面，其本质在于预防和解决社会问题。学习和研究社会政策，掌握有关社会政策的基本知识和理论，对于社会工作实务的开展有重要的意义。

第一节　社会政策的含义

社会政策是“政府或其他组织在一定社会价值的指导下，为了达到其社会目标而采取的各种社会性行动的总和”[②]，包括社会政策的制定、实行以及相关的各类法律制度等等。依据中国国情和社会政策发展的阶段，在中国，社会政策主要是指那些与保护困难人群有关的一系列政策、措施和制度等。社会政策受社会意识形态的影响，不同社会制度，社会政策的价值基础和侧重点并不一样。

一、 社会政策的含义及要素

(一) 社会政策的含义

社会政策的概念最早出现在德国。19 世纪中叶，德国工业革命开始后，为避免德国经济在自由竞争中遭受损失，德国一些经济学家(新历史学派)提出，国家应该在经济生活中发挥决定性作用，主张改良主义的经济政策。1872 年，他们组织成立了“德国社会政策学会”，对社会政策的含义作出了解释。该学派的代表人物阿道夫・瓦格纳(Adolf Wagner)认为，社会政策就是国家改变社会不公的系列政策。而赫得林(Holderlin)认为，社会政策的任务是以全民福利为基础，调节人与人

---

① 杨伟民编：《社会政策导论》，北东：中国人民大学出版社，2004 年，第 1 页。

② 关信平主编：《社会政策概论》，北京：高等教育出版社，2004 年，第 15 页。

之间的利害冲突，而不应对某一阶层或者某一特殊人群有所偏颇。还有学者将社会政策分为广义和狭义两种。“广义的社会政策涉及国民福利及文化、教育、人口、健康、国民经济，并与精神的、伦理的、宗教的生活有关。狭义的社会政策主要以救助劳动阶级及贫苦民众的生活为目的。”①由此可见，他们对社会政策的解释大概包括以下三个方面：第一，社会政策与社会福利、社会公平有关。第二，社会政策与解决社会问题、救助困难群体有关。第三，社会政策的受益人群应该逐渐扩大至全体公民。

第二次世界大战之后，英国学者马歇尔(T. H. Marshall)将社会政策视为一门学科，推动了社会政策学科的创立和发展。马歇尔在《社会政策》一书中强调了社会政策和政府之间的密切关系，认为社会政策的核心由社会保险、公共救助、健康和福利服务、住房政策等组成。杨伟民将马歇尔的社会政策概括为“通过政府供给对公民福利有直接结果的政策”②。马歇尔强调了社会政策与公民福利及政府的密切关系。由于强调政府在制定社会政策中的主导作用，马歇尔的社会政策更倾向于社会工作行政，不但使得社会政策的概念外延比较狭窄，也不利于社会政策的发展。

一些国际组织、机构也对社会政策作过界定。1971年，国际社会福利协会第十六届大会印发的一份公报中认为：“按照传统定义，社会政策是一个国家所采取的旨在减少被剥削阶级的社会问题的政策；而现代观念认为，社会政策乃是改善社会环境、探求全体人民的社会安全与平等的政策。”③

我国学者王思斌认为，社会政策具有政治策略的含义，表现为不同的层次，有宏观和微观之分，是“国家或机构为解决社会问题，增进成员福利，实现社进步所采取的基本原则或方针。它是与人们的基本生活和生存有关的政策。社会政策追求的直接目标是社会公平，它对社会弱者的权益具有明显的保障作用”④。

对社会政策的界定既不能过宽，也不能将其限定为社会福利政策的范畴。李迎生提出，社会政策是“国家或政府为解决社会问题、改善社会环境、促进社会公正和实现社会发展而制定和采取的各种原则、方针”⑤。

社会政策作为一个概念提出之后，社会各界对于社会政策的解释存在诸多分歧，难以形成共识。但目前关于社会政策的解释基本上可以分为两类：一是将社会

---

①② 转引杨伟民编：《社会政策导论》，中国人民大学出版社，2004年，第83页。

③ 转引自李迎生主编：《社会工作概论》，北京：中国人民大学出版社，2010年，第307页。

④ 王思斌主编：《社会工作概论》，北京：高等教育出版社，2006年，第155页。

⑤ 李迎生主编：《社会工作概论》，北京：中国人民大学出版社，2010年，第307页。

政策定义为国家或政府直接向公民提供生活帮助的政策。二是从个人、家庭、市场运作与政府政策的关系研究中探寻社会政策的实质。就当前中国社会政策现状和发展水平来看，可以将社会政策定义为政府或立法机关制定的以实现社会公正为基本价值取向，旨在保障公民利益尤其是社会弱势群体利益的各类社会政策的总称。这一概念比较符合中国社会政策侧重于保障弱势群体利益，实现社会公正的价值取向，也比较符合中国社会工作发展的现状。

（二）社会政策的特征

社会政策由目标、策略、背景等因素组合而成。因此，社会制度、经济状况、国家大政方针等共同构成的社会背景对社会政策执行者和研究者都极其重要。尽管受社会福利政策、研究视角、社会意识形态等多重因素的影响，学界对于社会政策的解释并不相同，但我们可以从以下几个方面进一步理解社会政策的基本特征。

第一，社会政策在内容和范围上体现出多样性。不同的社会需要、权力结构、社会意识形态都会导致政策内容的不同。社会政策的范围与社会福利政策范围较为接近，与公共政策的关系也较为紧密。

第二，社会政策始终是一个动态过程。不同时期的社会政策体现出明显的差异，社会政策本身也是在执行的过程中不断完善的。

第三，社会政策是社会工作实务的有机组成部分，为社会工作者开展工作提供各种资源。

第四，社会政策目标与政策实行的最终结果是存在差别的。这取决于社会政策的执行和评估。

第五，政府的社会政策不仅仅提供资金、物品和服务，而且也包括引导和规范其他非政府组织和社会团体提供社会福利和服务的政策。社会政策的表达和实施一般由政府权威机构进行，在中国一般指的是中央政府及各级地方政府。

二、社会政策的类型

社会政策的分类标准不同，社会政策的类型也不同。概括起来，大概有如下几种分类方法：

第一，按照社会政策涵盖的范围来分，大致可以分为社会保障政策、医疗卫生政策、住房政策、劳动就业政策等。其中每一类别的社会政策还可以细分，如社会保障政策可以分为社会救助政策、社会保险政策、社会优抚政策等等。社会保险政策可以再分为养老保险、失业保险、医疗保险、工伤保险政策等。因为社会政策涵盖范围较为广泛，因此这一分类方法较为宽泛。

第二，依据社会政策的主体，可以分为单一型社会政策和多元型社会政策。前者强调政府的职责，认为政府是社会政策的制定者和责任者，也是政策资源的提供者、服务资源的组织者和直接提供者。政府承担着福利事业的所有职责，这势必会增加政府的负担。后者强调以政府为主导，充分发挥个人、家庭、社区、社会机构、企业等社会力量共同参与社会政策行动，而政府只是政策的制定者、监督者和资金支持者。多元型社会政策提高了个人责任意识，减轻了政府负担，避免了单一型社会政策的不足，反映了当今社会政策的发展趋势。

第三，按照社会政策实施的对象，可以分为普遍型社会政策和选择型社会政策。前者指社会政策倾向于全体国民或者是某一类群体的同等福利待遇。后者更倾向于社会或群体中真正具有特殊困难的群体，将社会政策项目集中供给那些最困难的个人或家庭。

第四，按照社会政策的资金来源和运行过程，可以分为纯福利型和准市场型社会政策。前者强调社会政策的运行和服务的提供主要由政府或者"准政府机构"发起。社会广泛实施再分配和收入转移。社会政策的目标群体可以无偿获得政府资助的公共服务，无需直接付费。这类政策注重公民权利，体现了社会公正。后者主要强调市场的作用，将政策的运行引入市场机制，通过改变政府的拨款方式、扩大受益者的选择范围、强化政策目标群体的责任和提高对政策实施机构的要求等，促使社会政策体系具有更高的效率和活力。

第五，按照社会政策内容之间的包含与被包含的关系，可以分为总社会政策、基本社会政策和具体社会政策。①

社会政策是一个国家和地区社会政策体系中带有全局性、原则性，决定社会发展基本方向的社会政策。基本社会政策是用以指导某一领域、某一方面或某一部门的指导性政策。它是连接总社会政策与各项具体社会政策的中间环节。具体社会政策是基本社会政策的具体化，是社会为了贯彻、实施基本社会政策而制定的具体行为规则，它体现并服从于总社会政策和基本社会政策的目标，是实现总社会政策和基本社会政策的手段和方法。

此外，按照社会政策的设计理念，学者们将社会政策分为剩余型、制度型和发展型社会政策研究。剩余型社会政策是针对那些困难群体而制定的社会政策。制度型社会政策是国家或政府通过积极解决社会问题，满足公民需要，保障公民的基

① 参见丁建定主编：《社会政策概论》，武汉：华中科技大学出版社，2006年，第16页。

本生存和促进社会发展，以法律文件的形式予以规范化和制度化的社会政策。发展型社会政策强调应对社会问题和满足公民需要时实施对象的主体性，强调个人、家庭、社会和政府多种力量的共同合作，强调将社会政策、经济政策与社会发展相融合，使三者相互促进、相互支持。这三种社会政策并非单一地存在某一国家或地区，而是相互依存、相互影响的。政府制定社会政策的理念受该国家或地区经济发展水平的制约和意识形态的影响。

三、 社会政策的过程

社会政策的过程包括制定、执行、评估和调整四个阶段。

(一) 社会政策的制定

社会政策的制定包括从发现问题到制定政策的一系列过程。包括发现并确认政策问题、政策议程、制订方案、政策合法化等阶段。

1. 发现和确认政策问题

这是政策制定的第一个环节。社会政策关注的问题是社会问题。因为社会问题众多，社会政策并不能涵盖所有的社会问题，能够成为社会政策问题的只有很少一部分。某一社会问题能否成为政策问题，取决于问题的性质及影响程度，也与政策制定的权力机关的政策标准和程序有关。

2. 政策议程

政策议程是将问题提升到政府机构的议事日程上。这是解决问题的关键一步。只有这样，问题才能通过政策途径得到解决。一般来讲，政策议程分为公共议程和政府议程两种。前者主要是指社会大众共同议论某一问题并认为有必要通过政府举措解决的活动。后者是指政府觉察到某一问题引起社会讨论和关注而需要解决的问题，从而将其纳入议事日程加以研究和处理的过程。

3. 制定和选择政策方案

制定政策方案是一种决策过程，目的在于提供各种有利于实现政策目标的备选方案，从中选出最佳方案。制定政策方案的第一步是目标设计。这也是政策评估的标准。制定政策目标时必须要具体、明确和切实可行。同时，政策目标的设计也要体现国家和社会利益，符合国家法律和道德规范。在制定政策方案时要保证方案的多样性，以便为选择方案提供条件。

方案制订好之后，要从中找出最佳方案来执行。在选择方案时需要注意：第一，方案应最大限度地实现政策目标。第二，方案设计应以高效率为原则，有效利用各类资源,避免重复投入和浪费。第三,风险和副作用最小化。第四,注意对最佳方案进行可行性论证,以保证政策的顺利实施。

4. 政策方案的合法化

政策方案通过一定程序获得合法地位。不同政策主体制定的政策,其合法化往往存在区别。一般而言,社会政策的主体是政府及立法机关,在我国还包括中国共产党的领导机构以及官方性质的团体。

(二) 社会政策的执行

1. 社会政策执行的意义和特点

社会政策的执行是将政策方案贯彻、实施以达到政策目标的一系列活动和过程。社会政策不能执行,社会问题得不到有效解决,各项政策就失去了存在的意义。社会政策执行的意义体现在如下几个方面:第一,社会政策执行是解决社会问题的根本环节。第二,社会政策执行决定着政策方案能否实现及其效果。第三,社会政策的执行过程及效果影响着后续政策的制定。社会政策的执行过程还具有连续性、整合性和灵活性等特点。

2. 社会政策执行的步骤

社会政策的执行分为政策细化、政策落实和政策监督三个方面。政策细化就是依据政策目标制定出具体、清晰可行的项目和计划,确定每一步目标和行动的执行者,对可能导致的后果作好评估和预防。政策落实就是政策的运作过程。政策监督主要是指安排相应人员对政策的执行贯彻情况进行监督和调研。监督者要主动与主管部门就政策执行过程中遇到的问题进行协调并对问题进行检查和矫正,向政府部门及时反馈政策执行过程中的各类信息。

(三) 社会政策的评估

1. 政策评估标准

社会政策评估就是通过对社会政策执行过程中各种因素的分析,总结社会政策实施的效果、影响及其与政策目标是否一致。政策评估的标准包括传统的理性标准、公众的评估标准、政治角度的评估标准和法律角度的评估标准等。

2. 评估程序和评估方法

评估程序主要分为准备阶段、实施阶段和总结反馈阶段。评估方法主要包括社会政策目标达成评估、公众导向评估和社会实验评估。政策目标评估作为社会政策评估的传统方法主要包括政策目标是否顺利实现和社会政策影响评估两方面内容。公众导向评估强调公民在社会政策评估中发挥的积极作用，是将社会政策评估的权利交给公众的一种评估方法。社会实验评估主要是指运用实验法对社会政策实施效果进行的评估。在社会政策的评估过程中要积极发挥公民、社会组织和企业等社会主体的积极性，不断提高社会政策制定和实施的质量，保证政策的合法性和有效性。

(四) 社会政策的调整

社会政策的调整是依据政策评估结果，对现行社会政策进行修改、补充、分解甚至终止。一般来说，社会政策的调整包括政策功能的调整、机构的调整和政策的调整三方面内容。政策调整的方式主要包括以新政策代替旧政策、政策合并、政策分解和政策缩减。

虽然社会政策施行的目的在于解决某一类社会问题，但实际上，社会政策的施行并不能够做到完全解决社会问题，实现政策目标。社会政策的施行旨在减轻社会问题的严重性，很多时候，社会政策的目标是通过改变社会问题的存在方式而实现的。某一社会政策的施行还可能引发新的社会问题。既然社会政策的施行是一个动态过程，其客观效果与实际目标存在一定差距，那么调整社会政策便成为必要的工作。

第二节　社会政策制定的理念与价值

社会政策的制定围绕着人类的基本需要以及如何满足这一需要展开。因人类的基本需要表现出多样化的特征，所以社会政策需要解决的具体内容和重点有所不同。大致看来，社会政策制定的依据大概包括以下几个内容：

一、 普遍主义与选择主义

普遍主义和选择主义指的是社会政策在确定社会福利供给的对象方面遵循的原则或方式。以公民身份来确定供给对象还是以其他标准来确定供给对象是区分普遍主义和选择主义的关键。普遍主义和选择主义的区别还在于是否对服务的接受者进行经济状况调查。普遍主义以公民身份为基础，只要符合了某些客观条件便能够享受国家提供的社会福利，只要符合国家政策规定的标准，便可获得受益的权利，不考虑其经济是否贫穷。选择主义除了采用普遍主义标准，规定符合条件的特殊人群之外，还伴有严格的财产调查。只有收入低于某一标准才能享受社会供给。所以穷人接受了政府的供给之后也被贴上了“贫穷”的标签。财产调查还可能给服务对象带来社会和心理的伤害。

普遍主义原则主要用集体主义的原则看待弱势群体，认为他们是迅速的社会变迁的受害者。社会供给的主要物品多是生活必需品，如果不能得到满足便会影响着服务对象的生活质量，如教育、住房等等。这些需求通过市场机制进行解决是不合适的，需要国家或政府承担这一责任。

选择主义原则的依据是个人主义。主张依赖市场机制进行社会再分配。物品和服务的分配都应该是付费的。社会中的弱势群体没有能力付费来获得必需的物品和服务，要接受政府的补贴或豁免付费，就必须接受家庭财产调查来确定是否符合标准，否则就可能造成资源的浪费。选择主义坚持财产调查是获得资助的前提，这与社会工作伦理原则相悖，也与接受社会供给这一公民权利相冲突。

普遍主义和选择主义在实践中各有优缺点。普遍主义的原则可能导致补贴给了不需要的人，因而造成了资源的浪费，也加重了政府的财政负担。但是普遍主义的原则却能降低行政成本，体现社会公平，稳定社会秩序。选择主义虽然一定程度上保障了资源的有效利用，减轻了政府财政负担，但却增加了行政成本。对贫困家庭的财产调查也带有侮辱倾向，会酿成边缘人群或无法摆脱贫困陷阱。

二、 公平与效率

公平是社会政策追求的主要目标之一。公平作为社会的理想目标，与公民的基本权利紧密相联。公民不仅应该享有平等的权利，而且国家需要通过制定相应社会政策来保障公民基本权利的实现。一个国家或者社会仅仅提供公民在获取资源或利益的机会上的平等是不够的，还需要通过对社会资源和财富的再分配实现公民在结果上的平等。只有机会和结果的平等才是真正的平等，国家和政府在实现社会公平方面承担着主要的责任。

公平与效率是互生的两个概念，实现公平势必要损害到效率，尤其是平均主义的推行违反“能者多劳，能者多得”的原则，必然会损害到一部分人的积极性。从理论上看，公平往往被理解为平等。为了追求平等，往往在分配上酿成平均主义的错误。从实践上看，由于社会环境的因素和个人能力等方面的差异，往往无法在一次分配中实现绝对公平。通过税收调节收入差距，必然会损害到社会财富创造者的积极性，从而影响整个社会财富的增加。

为了推动社会进步，保障社会财富的有效增长，必须采取效率优先的政策，使社会资源的配置实现效益最大化，同时在追求效率的同时兼顾公平。围绕公平与效率的关系探讨社会政策的必要性和可行性，是社会政策基本理论的内涵之一，也是社会政策制定的两个重要的依据。

三、权利和义务

公民权利和义务体现了社会政策的政治和道德原则。不同社会制度和意识形态，对公民权利和义务的具体要求并不相同。受意识形态的影响，社会主义和资本主义国家关于权利和义务的界定存在差异。这决定了资本主义国家和社会主义国家制定社会政策的侧重点有所不同。

以公民的基本权利为核心，把社会政策看做实现人权的基本手段，通过社会政策缩小贫富差距，维护社会成员的基本权利，促进社会公平正义，是社会政策的本质属性和根本目标。国家和政府制定社会政策必须以承认和维护公民的基本权利为前提。政府必须保护和满足公民的各项基本权利，不能加以限制或者剥夺。

在强调公民权利的同时也应强调公民个人满足自身需求应该担负的责任和义务。培养公民的责任和义务感是调整公民权利和义务关系的关键所在。这不仅有利于减轻政府负担，而且还能提高个人福利水平，激发社会活力，促进社会进步。

四、政府和市场

政府和市场是满足民众基本需求的两种主要方式。社会政策是国家或政府为解决社会问题、改善社会环境、促进社会公平正义和实现社会发展而制定或采取的各种原则和方针。政府理当成为社会政策的主体，是社会政策的制定者和实施者。从这一概念出发，有学者认为，社会政策既然是国家或政府制定旨在解决某一社会问题的举措和途径，国家和政府理应是社会政策的唯一主体。社会政策制定的最终目的是为了维护社会稳定和有序发展，政府不仅仅是政策的制定者和执行者，而且也是各项政策的资源支持者和政策实施的监督者。这是克服通过市场再分配满足民众基本生活需求的必然举措。社会民主主义者多持这一立场。

与社会民主主义者不同的多是新自由主义学派。针对“福利国家”出现的弊端，他们提倡通过市场和自由竞争的方式满足民众的基本需求，主张政府不应对经济生活过多干预，否则必然会破坏公民社会的自治和经济的正常运转，酿成社会的懒惰，导致经济失去活力。

在社会政策范围内，选择政府还是市场作为资源再分配的方式，不同学派的看法并不一致，甚至截然相反。当前，社会主义国家市场经济体制改革逐渐深化，市场在资源配置中发挥的作用越来越明显。第二次世界大战之后，资本主义国家经济调控的力度逐渐加大。尤其是最近几年“欧债危机”开始后，欧盟成员国各国政府在解决危机的过程中发挥着日益积极的作用。

五、 消除贫困和社会融合

社会政策是消除贫困还是促进社会融合一直是社会政策争论的焦点之一。前者认为，社会政策的诞生就是为了消除贫困。贫困是由于个人原因造成的，只要督促贫困人口就业就能消除社会贫困。但是随着工业化进程的加快，现代社会的贫困多不是由个人原因造成的，而是有着深刻的社会原因。那种通过对贫困人口展开财产调查使其获得救助的做法不仅伤害了服务对象的自尊，而且还极有可能造成社会排斥。因此，社会政策的目标应该在于适应社会发展的要求，促进社会融合，反对社会排斥。

社会排斥这一概念是在20世纪末逐渐出现并得到普遍运用的词汇。社会排斥是一个多角度的概念，涉及贫穷、失业、伤残、缺乏权利等多个方面。社会排斥的类型有多种，如经济上的排斥、政治上的排斥、社会文化上的排斥、地域上的排斥等等。1993年，欧盟委员会对社会排斥的解释是：“社会排斥涉及多元的和变化着的因素，这些因素使人被从现代社会的正常的交换、实践和权利中排斥出去。贫困是其中最明显的因素，但是社会排斥除了贫困还涉及住房、教育、健康、接受社会服务等方面缺乏适当的权利。它影响到个人和群体，在城市或农村地区，这些人或群体受到了歧视或孤立；它也涉及社会基础结构的衰落，存在着因社会的二元化而造成双重社会的风险。”①

社会融合就是减少或消除社会排斥。消除社会排斥就是促进社会融合的措施。社会融合可以简单地概括为：公民均可得到正常的物质生活保障和基本福利待遇，公民在法律上和其他各项公民权利上一律平等，个人或群体的社会地位及社会身份均有肯定性的评价。

无论是消除贫困还是促进社会融合，都应该是社会政策的目标。消除贫困的最终目标还是为了促进社会的融合。因此那种将穷人贴标签的做法是不恰当的。

---

① See Janie Percy-smith edited, *Policy Responses to Social Exclusion towards Inclusion*, Buckingham: Open University Press, 2000, p. 3.

第三节　中国社会政策的现状

一、 中国社会政策的演变

社会政策作为一个专业名词出现于西方社会。但在中国，社会政策的思想和实践古已有之。古代的社会救济政策便是其中之一。近代以来，随着基督教的传入，近代慈善事业有所发展，西方社会政策的思想和实践也随之传入中国。民国时期，为应对战乱引发的各种社会问题，也有学者曾经提出制定相应社会政策以应对各种社会危机。但是因时代条件的局限并未能得以实施。

(一) 新中国成立后到改革开放之前的社会政策

在计划经济体制之下，政府制定了一系列社会政策，社会保障事业得到初步发展。主要体现在如下几个方面：

1. 社会保险制度

新中国成立后，政务院在1951年2月颁布《中华人民共和国劳动保险条例》。该条例基本确定了我国面向城镇企业职工的社会保险制度。内容主要包括职工医疗保障、生育待遇、工伤、职业病、退休待遇和直系亲属的待遇等等。实施范围也逐渐从国有企业扩展至集体所有制企业。这一条例的内容现在仍在实施。此外，国家机关、人民团体和事业单位也相继确立了一系列保障制度。

2. "五保"制度和合作医疗制度

"五保"制度主要是在农村实施的社会保障制度，主要针对缺乏劳动能力或者完全丧失劳动能力，生活没有依靠的老、弱、孤、寡和残疾人员的照顾。主要在生产和生活上给予关照，保证其生活基本需要、子女的受教育和年老后的安葬。"五保"资金主要来源于集体经济和国家拨款。从19世纪50年代开始，在农村兴起合作医疗制度，资金主要来源于农民集资和集体经济出资。这是一种有效的尝试，但受经济水平的限制，并没有得以广泛推行。

3. 优抚安置

优抚政策主要针对烈军属、革命残废军人、复员军人、因参战或经济建设而受伤、牺牲的民兵及家属。主要集中在军队领域。抚恤内容包括牺牲病故抚恤、残废抚恤、公费医疗、医疗费减免、生活补助等。资金主要来自于政府拨款或者向集体摊派。此外国家对于其伤病疗养和子女教育均有相关规定。

4. 社会福利

新中国成立之后，由政府和企事业单位承担，对城市职工实行了一系列社会福利保障，逐渐形成了一套方便职工的社会福利制度。如减轻职工家务劳动兴办企业食堂、企业浴室，为增加交通便利开通班车或者发放交通补贴，为减轻住房负担建设廉租房，减免水电费。为解决儿童照管问题开设托儿所、幼儿园。有条件的教育部门甚至开办了附属小学、附属中学等。企事业工会还修建了大量体育文化设施，使得城市职工的生活基本上得到保障。

5. 社会救济

社会救济是一种普遍的社会政策。资金来源主要是中央财政拨款。除了应对自然灾害的举措外，对城市中的流民和老、弱、病、残等人群建立了福利生产企业，实行减免税收等优惠待遇。为安置流民和孤儿，政府还建立了教养院、养老院等机构。

综上所述，计划经济体制之下政府推行的社会保障和社会福利，对于促进经济发展，保障人民生活发挥了积极作用，但是也给国家和企事业单位带来经济负担，使职工养成了依赖的心理，影响到积极性的发挥，从而影响到企业的发展。此外，计划经济体制之下推行的社会保障和相关福利政策是计划经济体制的一部分，使得社会政策的制定缺乏独立性，影响了社会政策功能的发挥。

（二）改革开放以来社会政策的发展

随着经济体制由计划经济向市场经济的转型，社会政策的转型也提上日程。首先，经济体制的转型使传统的社会福利模式发生了变化。政府逐渐改变了原来对福利政策大包大揽的做法，将社会保障和社会福利的提供与市场相结合。在这种情况之下，需要制定相关的社会政策，协调社会力量有效发挥作用，另外，在引入市场机制的同时保障弱势群体的利益也显得尤为重要。其次，在市场经济条件下，社会对于公平正义的要求越来越强烈，如何兼顾效率与公平，同样离不开社会政策。市场经济条件下既要坚持效率优先，又要兼顾公平，主要通过制定社会政策来实施和保障。社会政策逐渐在经济体制改革中发挥着尤为重要的作用，成为一个相对独立的领域。

改革开放以来社会政策在内容上、社会政策体制上、目标理念上都发生了深刻的变化。[①]

首先，从改革开放初期到 20 世纪 80 年代初期，是社会政策改革的初步尝试。

---

① 参见关信平：《改革开放 30 年中国社会政策的改革与发展》，《甘肃社会科学》，2008 年第 5 期。

社会政策的变化集中体现在就业体制变化、住房制度改革和企业劳动保险制度改革三个方面。“文化大革命”结束后,大批知青集中返城,进一步加剧了计划经济体制下本来就存在的就业压力和住房供应不足的矛盾,催发了中国城镇就业制度和住房制度的改革。城镇就业制度和住房制度的改革是改革开放以来社会政策调整的初步尝试,为80年代初的深化改革积累了经验。

其次,20世纪80年代初至2002年,是社会政策制度转型阶段。在经济体制改革的推动下,受全球新自由主义福利改革理念的影响,中国社会政策开始了向提高效率、控制福利水平、降低国家干预、鼓励个人和社会参与方向的制度转型。这个时期社会政策的主要内容表现在新的社会保险制度的建立、劳动就业制度的根本改变、城市住房制度的根本转型、城市医疗体制的变化、社会福利社会化改革、新型城市社会救助制度、放缓教育改革步伐等。社会政策基本体制和机制的转型表现在:第一,社会政策从过去依附于经济政策到逐渐成立独立的社会政策体系。第二,从过去的企业—国家模式转化为政府主导下的社会化模式。第三,社会福利的主导模式从普遍性福利转化为选择性福利模式。第四,社会福利运行机制中引入市场机制。这个时期,中国社会福利水平和社会政策基本目标和理念发生转化。

这一时期的社会政策改革是一场带有根本性的制度转型,不仅使中国的社会政策彻底摆脱了僵化的运行机制,也降低了民众的依赖心理,增强了民众的自主性、责任心和竞争意识。社会政策的转型适应了市场经济体制改革的需要,促进了国民经济的发展。

再次,从2002年至今,是社会政策发展的新时期。在社会政策中的主要行动表现在:(1)解决了城市职工基本养老保险问题和下岗职工保险问题。(2)加强城市低保制度,着力建设综合性的城市社会救助体系。(3)重视劳动者权利保护,完善促进就业的政策行动和保护劳动者就业权利的法规体系。(4)重视城市居民的住房保障。(5)推进教育事业发展,重视教育公平和教育保障。(6)酝酿医疗卫生体制改革。(7)开始重视农村社会政策,逐步建立和完善农村社会保障和公共服务体系。(8)开始重视农民工问题。(9)进一步加强了社会福利服务和对特殊困难群体的保护和救助。(10)加快社会工作专业体制和社会工作人才队伍建设。

改革开放30年来,中国社会政策体系经过系列改革和发展,比较成功地从计划经济时代的社会政策模式转型到了适应社会主义市场经济的社会政策模式,逐渐向更加科学的方向发展。社会政策的制定更加突出以人为本,以民生为基础,强调社会公平和基本权利保护。社会政策更加关注弱势群体,政府的责任明显加大,财政投入增加,社会福利水平总体回升。

二、 中国社会政策存在的问题及原因

虽然在市场经济体制转变过程中社会政策的改革取得了一定进展，但是我国社会政策的发展还处于起步阶段。将西方社会政策的理论本土化的进程才刚刚开始，面临着许多的问题和挑战。

（一）中国社会政策存在的问题

第一，社会政策缺乏独立性。虽然目前社会经济政策的独立性日渐明显，但是社会政策依然处于从属地位。计划经济体制时代，受经济发展水平的制约，国家对城市职工推行的社会福利基本上停留在较低水平之上。市场经济体制改革以来，虽然市场逐渐发挥积极有效的作用，但是在城市体制改革中，社会政策依然摆脱不了从属地位。在"效率优先，兼顾公平"的原则之下，公平的问题表现尤为突出，公民收入差距逐渐拉大，这与社会主义"消除两极分化，最终实现共同富裕"的目标有一定差距。

第二，重视补偿性社会政策而忽视发展性社会政策。补偿性社会政策主要针对弱势群体的社会保障、社会救助和住房补贴等，旨在维护社会弱势群体的基本生存权利。发展性社会政策主要指有关促进弱势群体的社会参与机会和能力，以消除社会排斥，实现社会整合。与补偿性社会政策相比，发展性社会政策对于解决社会问题具有根本性意义。但社会政策往往重视补偿性社会政策而忽视发展性社会政策。

第三，城乡差异。受计划经济体制下城乡二元对立格局的影响，目前社会政策依然存在城乡差别对待的问题。计划经济体制之下关注城市职工而忽视农民保障的情况依然存在。无论是在养老、失业、工伤，还是社会福利、住房、教育等方面，都存在差异。目前国家政策正在向农村倾斜，在农村推行减免农业税、推行医疗保障政策、农村最低生活保障和新型农村养老保险等社会政策减轻农民负担，扭转城乡社会保障和福利存在的差距。

第四，社会政策缺乏法律和制度化保证。由于政府的干预以及社会政策缺乏独立性，社会政策的制定和推行存在着朝令夕改的问题，难以保证连续性。随着经济体制转型，政府权力逐渐弱化，政策执行的阻力随之增加，有些社会政策难以推行。在社会转型时期，新的社会问题层出不穷，决策者面临着政策执行的压力。一些政策需要在执行过程中不断调整，因此难以保障政策的连续性和稳定性。

第五，社会政策的效率不高。目前社会政策的执行效率并不高，主要原因在于

政策制定针对的目标团体和收益群体并不明确，政策执行的手段并不合理。不同政府部门之间缺乏有效沟通和统一管理，缺乏协调机构。所有这些都影响到了政策执行的效果。

(二) 社会政策问题出现的原因

我国社会政策的制定和执行之所以出现诸多问题，主要有两方面的原因。

第一，计划经济体制的遗留。新中国成立之初的计划经济体制使得社会政策成为其中的一部分，没有相对独立的地位，也难以发挥社会政策应有的社会功能。计划经济体制之下国家或政府制定的一系列社会政策并非是完全意义上的社会政策。社会政策被看做社会管理的一种手段。在计划经济体制之下，社会政策难以作为独立的领域得到重视和发展。

第二，市场经济体制之下，社会政策依然不能摆脱经济政策的羁绊。虽然市场经济体制之下，社会政策的独立性受到关注，其发挥着越来越重要的作用，但在调整发展理念、构架和谐社会的过程中，政府要在发展市场经济条件之下实现共同富裕，必须依赖强有力的社会政策保障，否则不仅共同富裕的目标难以实现，社会公平难以保障，而且还会影响到社会主义优越性的发挥。

三、 中国社会政策研究的主要领域

当前，社会政策的研究主要包括社会政策发展演变的研究、社会政策理念研究、社会政策目标研究、社会政策与公民身份研究、发展型社会政策研究、社会政策与贫困问题研究等多个领域。

(一) 社会政策发展演变的研究

社会政策发展演变的研究，主要包括改革开放以来社会政策的发展演变和当代社会政策的发展趋势两个方面。前者着重于考察中国社会政策产生、发展的基本脉络、总结主要成就；后者主要包括在总结历史经验的基础上，对于中国社会政策未来发展趋势作科学的预测。中国社会政策产生、发展的历史研究主要包括改革开放以来党的社会政策发展沿革、社会政策成长阶段的划分及依据、市场经济对社会政策的影响等等。中国社会政策发展趋势的研究应该集中在科学发展观与发展型社会政策的关系、中国社会政策面临的诸多挑战及发展趋势等几个方面。目前关于中国社会政策发展历史的研究已经初步勾勒出了新中国成立以来社会政策发展的基本脉络和阶段，但是社会政策与社会福利制度、社会转型之间关系的研究还有待深化。

（二）社会政策理念的研究

社会政策理念研究主要集中于社会政策方法论、社会政策建构的社会理论基础、社会政策从平均到公正理念的转变、中国社会政策的品格等方面。中国社会政策理论基础的研究还相当薄弱，社会政策制度建构的研究刚刚起步。社会政策作为西方社会管理理念，也面临本土化的过程。中国社会政策的制定和执行必须符合中国的基本国情，这需要考虑社会的多种因素，包括政治、经济、文化、教育、生活习惯、宗教信仰、民族关系等等。因此，社会政策理论的本土化研究是当前社会政策研究面临的尤为紧迫的任务。

（三）社会政策目标研究

政治、经济、文化发展的不平衡是当前中国的基本国情。中国社会政策目标更应体现社会主义制度的优越性。消除贫困不仅是第三世界社会政策的目标，也一直是中国社会政策制定的目标之一。有关社会政策与反贫困的研究不仅涉及城市收入差距，而且也涉及农村社会保障体系的建立。社会政策与消除贫困、实现社会和谐的研究应该着重于社会福利、社会保障与反贫困之间的联系，农村社会保障与农村反贫困研究等多个方面，为社会政策的制定提供科学依据。此外，发展型社会政策研究也是社会政策目标研究的重要内容之一。发展型社会政策研究主要集中在建设发展型社会政策的原则、路径和体系等几个方面。发展型社会政策是未来中国社会政策的主要发展趋势。发展型社会政策体系应该具备普遍性、统一性、发展性的特征。

（四）社会政策与公民身份的研究

公民身份包含成员资格、参与、权利和义务四个基本要素。公民对社会政策的制定和执行都发挥着重要的影响。关于公民身份与社会政策的研究主要集中在影响中国公民社会政策参与原因及如何发挥公民社会政策影响力两个方面。主要表现在：第一，对影响中国公民社会政策参与范围的因素展开分析；第二，进一步探讨政府与公民的互动关系等。

总之，中国社会政策研究的主要领域包括中国社会政策发展的历史、发展趋势、社会政策制定的目标、基本依据、价值理念等多个方面。近几年中国社会政策研究取得了显著成就，这不仅拓宽了社会政策研究领域，而且研究重点逐渐凸显，集中表现为发展型社会政策研究。虽然社会政策研究的领域渐为广泛，但对社会政策的理论研究还需要进一步深化。社会政策作为宏观社会工作的内容之一，将社会政策的研究与社会工作研究相结合，推动社会工作本土化进程，应该成为当前或以后社会政策研究的重要内容之一，这方面的研究还有待加强。

A 本章小结

1. 社会政策是社会为满足公众需要而制定的各类政策的总称，包括社会政策的制定、实行以及相关的各类法律制度等等。

2. 社会政策由目标、策略、背景等因素组合而成，是一个动态过程，也是社会工作实务的有机组成部分。

3. 社会政策的一般过程包括制定、执行、评估和调整四个阶段。执行的意义体现在：第一，社会政策执行是解决社会问题的根本环节。第二，社会政策执行决定着政策方案能否实现及其效果。第三，社会政策的执行过程及效果影响着后续政策的制定。

4. 社会政策制定的依据和标准主要有普遍主义与选择主义、公平与效率、权利与义务、政府与市场、贫困与社会融合多个方面。依据不同标准制定的社会政策其效果和影响并不一致，甚至截然相反。

5. 随着市场经济体制的建立，中国社会政策面临着许多问题和挑战。表现在社会政策缺乏独立性，重视补偿性社会政策而忽视发展性社会政策，城乡存在差异和缺乏法律、制度化保证，效率不高等方面。

B 主要术语

社会政策(Social Policy)：是政府或其他组织在一定社会价值的指导下，为达到其社会目标而采取的各种社会性行动的总和。

社会政策评估(Social Policy Evaluation)：是指通过对社会政策执行过程中各种因素的分析，总结社会政策实施的效果、影响及其改革目标是否一致。

普遍主义(Universalism)：以公民身份为基础，只要符合了某些客观条件便能够享受国家提供的福利，只要符合国家政策规定的标准，便可获得受益的权利，不考虑其经济是否贫困。

选择主义(Selection Principle)：主张依赖市场机制进行社会再分配，物品和服务的分配都应该是付费的。社会中的弱势群体要接受政府的补贴或豁免付费，就必须接受家庭财产调查。

社会融合(Social Integration):公民均可得到正常的物质生活保障和基本福利待遇,公民在法律上和其他各项公民权利上一律平等,个人或群体的社会地位及社会身份均有肯定性的评价。

C　练习题

1. 课堂讨论:社会主义国家的社会政策制定是否应该以公平为原则?

2. 案例分析:自 2005 年以来,房价持续上涨,高房价导致的贫富差距拉大,财富过于集中的问题日益严峻,其造成的虚假购买力对中国未来经济发展带来了潜在的威胁,也影响着民众的生活,妨碍了社会稳定。

面对房价的普遍、快速上涨,2010 年中国政府出台了一系列房地产政策。1 月 1 日,财政部出台“5 年内住房转让全额征收营业税”的规定。1 月 10 日,国务院办公厅又出台了“国十一条”,规定购买二套房的家庭,贷款首付比例不得低于 40%。房地产企业必须“公开房源、明码标价”。3 月 18 日,国资委要求 78 家非主营房地产的央企退市。4 月 14 日,国务院常务会议要求,对贷款购买第二套住房的家庭,贷款首付款不得低于 50%,利率不得低于基准利率的 1.1 倍。6 月 12 日,住建部等七部门联合发文,倡导大力发展公租房,解决“夹心层”住房问题。住建部发出通知,2010 年计划安排保障性住房和各类棚户区改造住房 1000 万套。9 月初,国家统计局首次明确表示进行空置房调查。随后,北京、天津、上海、广州、深圳 5 个试点城市启动空置房调查。

在一系列调控政策的影响之下,2010 年 8 月全国 70 大中城市房价同比涨 11.7%,涨幅微落。楼市调控政策开始见效,成交量下跌价格止涨。2011 年 9 月,国家统计局公布的数据显示,70 个大中城市 8 月份环比下降的城市有 16 个,持平的有 30 个。与 7 月份相比,环比价格下降和持平的城市明显增多。这也是 2009 年以来首次出现了过半城市房价环比止涨。

2011 年 11 月 7 日,温家宝指出:“房地产调控,我们已经说起来进行两年了,房价总的形势还处于僵持阶段,但是这一个月来也开始松动。在这里我特别要强调,对于房地产一系列的调控措施,决不可有丝毫动摇,我们的目标是要使房价回归到合理的价格。”

2011 年 11 月 29 日,中共中央政治局常委、国务院副总理李克强在河北省廊坊市召开保障房建设现场座谈会并讲话。李克强指出,在房地产市场调控已取得一定成效的关键时期,要坚持实施遏制房价过快上涨的政策措施,进一步巩固调控成果。

(1) 依据这一案例分析社会问题演变为社会政策的因素和条件。

(2) 怎样保证社会政策的有效性和连续性?

D 思考题

1. 什么是社会政策?社会政策有哪些特点?
2. 社会政策类型的划分依据有哪些?
3. 简述社会政策的过程。
4. 社会政策的制定有哪些依据?
5. 简述中国社会政策的演变历史过程。

E 阅读文献

1. 杨伟民编:《社会政策导论(第二版)》,北京:中国人民大学出版社,2010 年。

2. 黄晨熹编:《社会政策》,上海:华东理工大学出版社,2008 年。

3. 关信平主编:《社会政策概论》,北京:高等教育出版社,2004 年。

4. 岳经纶,陈泽群等主编:《中国社会政策》,北京:格致出版社,2009 年。

5. 童星:《社会转型与社会保障——社会保障与社会政策研究》,北京:中国劳动社会保障出版社,2007 年。

6. 〔英〕希尔著,刘升华译:《理解社会政策》,北京:商务印书馆,2003 年。

7. 〔英〕迪安著,岳经纶,温卓毅,庄文嘉译:《社会政策学十讲》,北京:格致出版社,2009 年。

8. 〔英〕德怀尔著,蒋晓阳译:《理解公民身份:政策与实践的主题和视角》,北京:北京大学出版社,2011 年。

9. 〔英〕安东尼·哈尔,詹姆斯·梅志里著,罗敏等译:《发展型社会政策》,北京:社会科学文献出版社,2006 年。

第十二章　社会工作实习与督导

社会工作的应用性质决定了它和其他助人专业一样，有着很强的实务性和操作性。因此，除了课堂教学以及在课堂和实验室的模拟训练外，实地或现场的实习在社会工作教育中占有相当分量。社会工作督导则是社会工作服务机构的一项日常行政设置，是将一个社会工作新手培养成合格和成熟的社会工作者的重要机制。

第一节　社会工作实习

社会工作实习是社会工作专业教育的一个重要环节，社会工作专业的学生要在社区和社会服务机构中实际从事专业服务活动，才能真正理解和内化专业理论知识、专业方法技巧以及专业价值伦理。可以说，专业实习是社会工作专业学生成为合格社会工作者的必经之途。

一、社会工作实习的含义及历史

(一) 社会工作实习的含义

关于社会工作实习的定义，学者们表达了大致一致的意见。[①] 美国社会工作教育家汉密尔顿(Hamilton)认为：社会工作实习是在意识上有计划的一组实验，在实务情境中，让学生从最基本的了解、技巧和态度，到有自主能力的社会工作实务表现。台湾学者曾华源认为，在社会工作专业教育中，实习与其他课程一样，是达成教育目标的一种手段，是一种较特殊的学习模式，它有别于学校课堂上的知识传授，而是让学生有机会接触未来可能服务的情境，从中学习如何运用知识和技巧。台湾另一学者廖荣利则认为，社会工作专业实习旨在提供学生发展实务技巧之机会，在专业性督导下，整合课堂上的理论架构与实地工作经验，透过模塑技术(mod-

---

① 史柏年，侯欣编：《社会工作实习》，北京：社会科学文献出版社，2003年，第3页。

eling techniques)的运用,协助学生发展助人行为与独立能力。马凤芝则进一步解析了社会工作实习的内涵和特性,认为社会工作实习不同于一般的志愿服务和社会实践活动,它是一个有计划、有目的的结构化的教学过程,是形成专业素养所必需的教育训练过程,是一个持续的学习过程,是一种临床实习,学习是它的基本特性。实习的目标是为了培养知、觉、行合一的具有专业素质的社会工作者。①

从以上对于社会工作实习的见解,可以看出,社会工作实习是社会工作专业教育课程计划的有机组成部分,是在社会工作专业教学计划之内的专门安排,是社会工作专业学生根据专业教育课程计划的安排到社区或社会服务机构,经由专业督导,通过具体的服务践行课堂上所学到的社会工作的理论、知识、方法技巧以及价值伦理,达至专业成长的活动。需要注意的是,关于社会工作实习还有一种理解,那就是,将学生在课堂以外的所有的社会实践活动都称为社会工作实习,这是一种广义的理解。不过,一般来说,社会工作实习都是特指这种在专业教学计划之内的专门安排。

(二)社会工作实习的历史

社会工作是一个以实务为本的专业。从社会工作发端之时,实习就是社会工作培训的一个重要组成部分。早在19世纪后半期的慈善组织会社时期,就用师傅带徒弟的方式培养社会工作者,学生以学徒的形式学习社会工作。学徒模式强调"做",即学生在师傅的带领下,在直接为服务对象服务的过程中,接受师傅的经验指导,通过具体的实践活动来获取有关社会工作的知识、方法与技巧。显然,学徒方式有自身的局限性,用这种方法培养社会工作者,学生所获得的工作方式难免受师傅个人经验的限制,不能获得更广泛和更系统的理论、方法和技能,从而也就限制了学生更加有效地服务于服务对象。为了缓解机构和社会对称职的工作人员的需求压力,社会工作院校应运而生。到19世纪末,社会工作开始走出学徒模式,社会工作专业化成为不可避免的趋势。

专业社会工作的第一所培训学校起源于纽约慈善会社在1898年开设的一个夏季课程项目。1904年,会社组建了纽约慈善学校,即现今的哥伦比亚大学社会工作学院。此后,社会工作专业院校在各地陆续建立起来,对学生的教育既包括课堂教学,又有机构和社区的实习训练。芮奇蒙德就曾提出,尽管通过"做"能学到很多东西,但是这种学习必须要辅以理论。她提倡由一个永久的教育小组来指导学

① 王思斌主编:《社会工作概论》,北京:高等教育出版社,2006年,第386~387页。

生们的学习，并同时给予他们理论和实践指导。[1]

社会工作教育在早期阶段就非常重视以教育为基础的现场实践经验的价值，因此，为了控制学生们所参与的社会工作实践的质量，学校非常重视选择学生实习培训机构这个环节。学生们几乎一半的学习时间要花在社会工作学校所选择的实习情境中，学校要监督学生们的实习。早在1932年，美国社会工作学校协会（American Association of Schools of Social Work）就在其课程标准中把实习指导正式确定为社会工作教育的一个基本组成部分。此后，随着专业教育自身的发展，关于实习以及实习指导的教育标准也被明确地提出来，实习教学被认为与课堂教学一样重要，实习教学应该与课堂教学一样由合格的教师负责，对实习机构的选择也要制定明确的标准，实习教学与课堂教学一样也要制定明确的计划，计划应该包括课堂教学和实习教学的组织、执行和评估等内容。

鉴于实习教育在社会工作专业教育中的重要性，世界各国及地区的社会工作教育机构不仅把实习当做社会工作专业的必修课程，而且在安排上也都有强制性的规定。如1994年美国社会工作教育委员会要求，每一个社会工作专业的本科生都应该参加至少400小时的实习，研究生的实习时间应该不少于900小时。委员会要求每一所学校要制定详细的实习计划，明确实习的要求，明确学生、机构双方对实习的责任，并根据综合的标准来选择实习机构、机构督导和评定学生的实习成绩。这个标准只是一个基本要求，某些特定的学习领域和方向所需要的实习时间可能会超过社会工作教育委员会所规定的最低标准。

社会工作发展到今天，对于学生的实习时间，按照国际标准，一般说来，大学本科层次的社会工作专业人才，要经过大约800小时的专业实习训练。[2] 中国教育部高教司1998年编印颁布的《普通高等学校本科专业目录和专业介绍》，对各个专业实习教学环节都提出了指导性意见，如哲学、经济学、社会学、政治学等一些文科类专业一般要安排6周～12周的实习时间，对社会工作专业的实习要求则是12周～14周。按照一周工作5天，每天8小时来算，社会工作专业本科学生的实习时间是560小时～640小时。这一要求与800小时的国际标准有一些差距，但同其他一些专业相比，对实习时间的要求还是较高的。教育部高教司的这一要求为中国各高校社会工作专业制定实习教学计划提供了依据。不过由于受实习机构、实习督导以及实习经费等条件的限制，不同的学校在实习时间的要求上有较大差

---

① 〔美〕戴维·罗伊斯等著，屈勇译：《社会工作实习指导（第四版）》，北京：中国人民大学出版社，2005年，第4页。

② 史柏年，侯欣编：《社会工作实习》，北京：社会科学文献出版社，2003年，第13页。

异。2009年举办的第三届山东省社会工作教育年会对省内开设社会工作专业的学校的调查显示，在17所高校中，要求专业实习时间达到1300学时的有2所，要求800学时的有9所，要求700学时的有1所，要求600学时的有3所，要求400学时的有2所。①

二、社会工作实习的意义

关于实习教育对培养社会工作专业人才的意义，斯坦(Stein)曾经做过一次调查研究。调查结果发现，学生们普遍认为，实习比其他专业课程的学习更重要，许多学生对实习教学的评价高于课堂教学的评价。② 斯坦的调查从三个方面支持了这一结论：第一，大多数学生认为，关于诊断问题、解决问题的方法与技巧主要是从实习或实习与课堂教学的结合中学习到的。对于许多方面的知识与技能，例如专业关系的建立与运用、社会资源的运用、如何处理面对服务对象时的心理问题等等，实习教学都是唯一有效的学习方法。第二，专业人员的自我觉识完全来自实习。第三，实习有助于了解社会工作机构的结构与运作程序。

社会工作作为专业的助人职业，要求从业人员具备多种能力，这些能力包括与个人、家庭、小群体、社区和组织建立关系的能力，评价服务对象问题和需求的能力，计划和干预能力，以及评估和研究能力等。在不同的情境中，社会工作者必须能够熟练地扮演不同的助人角色，如诊断者、服务的提供者、支持者、教育者、倡导者、社会计划和组织者、调停者、管理者、资源的挖掘者、领导者、政策的影响人等。要想获得上述能力并熟练扮演上述角色，专业实习是一条必经之路。

具体说来，专业实习在社会工作教育中的意义表现在以下几个方面：

第一，实习有助于学生把社会工作的理论知识和方法应用于实践，在实践中加深对理论知识的理解，整合运用实务方法，并在实习中检验、修正、发展理论，学习和运用新的方法。社会工作开设的专业基础课程，如人类行为与社会环境、社会政策、社会保障、社会工作研究等所涉及的观点和结论，要在课堂以外的现实场景中得到检验。社会工作的专业方法，包括直接工作方法如个案工作方法、小组工作方法、社区工作方法，间接工作方法如社会工作行政和社会工作研究，除课堂的学习和模拟训练外，也要通过社区和机构的实习才能得到运用、理解、修正和提高。不

---

① 以上数据来源于《第三届山东省社会工作教育年会暨中国社会工作教育协会山东省地区中心社会工作指标体系研讨会文件集》，2009年12月。

② 曾华源：《社会工作实习教学——理论、实务与研究》，台北：台湾五南图书出版公司，1987年，第3页。

同的实务领域只有在实习中才能体验并深刻了解和认识不同服务对象的特点和需求，据此确定不同的服务内容，制定相应的服务目标和服务计划，为服务对象提供最有效的服务。

第二，实习有助于学生加深对社会工作专业价值观和伦理操守的理解，学习在实务领域中处理价值和伦理困境问题。在社会工作的构成要素中，社会工作价值观是社会工作的灵魂。[①] 专业价值观的培育和养成在社会工作教育中是重点，也是难点。在每一个实务场景中，社会工作者面临的都是一个独特的价值观系统，这个系统里既有社会工作者自己作为普通个人所持有的价值观，也有社会工作作为一个助人专业所特有的价值观和伦理操守；既有服务机构的价值观和规定，又有第三方的价值倾向；既有服务对象个人的价值观，又有社会主流价值观。作为一种专业要求，社会工作者要接受并践行社会工作的价值观，遵守社会工作的伦理守则。机构中的实习为学生提供了不同的情境，这些不同的情境可以帮助学生练习课堂中学习到的伦理筛查的原则和步骤，理解和学习如何处理这些伦理难题，将为服务对象的服务引到正确的方向。

第三，实习为学生提供了更广阔的学习空间，有助于促进学生的专业成长。由于学生被安排到具体的社会服务机构中，因此，这种安排就使学生们获得了一个观察其他社会工作人员工作的机会，同时也获得了学习的机会，学生能够向他们周围的工作群体中的任何一个人学习；又由于机构实习是有督导的实习，强调实习的学习性质和教育性质，因此，学生在实习过程中遇到的任何问题，包括书写干预方案和工作记录等技术性问题，也包括如何处理学生个人情绪、如何管理和处理愤怒和充满敌意的服务对象，都可以从督导那里得到有益的指导和帮助。所以，机构的实习能够帮助学生变得更熟练，成长得更快。

第四，实习不仅是学生们获得实务经验的过程，而且是一个培养专业自我的社会化的过程。[②] 这种社会化包括两个方面：一是个体得到专业群体的认同，在该群体中，一些共同的角色期待被全体成员所认可；二是与角色模型相一致的专业自我概念得到发展。在机构中的实习期间，学生是作为未来的专业社工接受指导和训练的，机构通过指导学生如何与服务对象、同事及社区接触，有意识地把社会工作的文化、规范和价值观教给学生，这种指导可以帮助学生实现从一名被动的学习者向一名积极的专业人员的转变。

---

① 王思斌主编：《社会工作概论》，北京：高等教育出版社，2006年，第14页。

② 〔美〕戴维·罗伊斯等著，屈勇译：《社会工作实习指导（第四版）》，北京：中国人民大学出版社，2005年，第2页。

第五，学生通过专业实习，可以检视社会工作对他们而言是否是最好的职业。[①] 职业选择对学生来说是一个重要的问题，实际上，并不是每一个人都适合成为一个社会工作者。在中国，到目前为止，被社会工作专业录取的学生，有很大一部分没有将社会工作作为自己的第一志愿，甚至连第二、第三志愿都不是，很多学生都是被调剂到社工专业的，因此，对社会工作的专业认同成为专业教育里的一个重点和难点。实习会使学生受到严格的训练、督导和评价，学校指导老师也可以帮助学生们恰当地认识自己的优势和劣势，同时帮助学生们决定社会工作对他们而言是不是好的选择。

三、 社会工作实习的形式与模式

(一) 社会工作实习的形式

实习形式也称实习组织形式，它是指导教师和学生按照一定的制度和程序而实现的协调实习教学活动的结构形式。实习形式涉及以下一些内容：实习教学人员的组合形式、实习时间和空间的安排方式、实习场所的安排方式以及实习时机的安排方式。社会工作实习就其性质来讲，强调它的教育性，因此，在实习形式的安排上要满足教育性的指导、监督和协作。按照不同的角度进行观察，实习形式可以有不同的类型：以实习的地点来分，可以分为当地实习和异地实习；以实习的场所来看，可以分为专业机构实习、政府部门实习和居民社区实习；以实习的时间安排加以区分，可以把实习分为集中式实习（block placement）和并行式实习（concurrent placement），这是社会工作实习最常见的类型。本书主要讲述集中式实习和并行式实习这两种形式。这两种实习形式各有特点，可以满足不同情况的需求，不同院校可以根据自己的教学计划、实习机构的工作特点、实习导师资源的情况等做出安排。

1. 集中式实习

集中式实习是指实习时间与其他课程学习的时间分开，学生先在课堂上学习价值观、理论、知识和方法，然后单独集中一段时间进入服务机构实习。在时间的安排上，可以是一个暑假，可以是整个学期，也可以是两个学期。在这期间，学生们要把全部时间用在机构中实习。这里所说的全部时间一般指每周 5 天，工作节奏和安排基本和机构的工作节奏和安排相一致。也有的学校将这种集中实习的形式稍加修改，变成学生们拿出 4 天参加社会服务机构的实习，在第五天回学校上课，进行实习讨论，这种模式也叫准集中式实习或修正了的集中实习（modified block model）。

---

① 〔美〕戴维·罗伊斯等著，屈勇译：《社会工作实习指导（第四版）》，北京：中国人民大学出版社，2005 年，第 2 页。

集中式实习的优点是很明显的，它可以使学生将精力和时间集中在实习上，实习有连续性，学生在这种实习中，由于持续地投入具体的工作，并同时接受督导，学习的兴趣高，实习的效能也比较明显。这种形式也受到机构的欢迎，因为它能使机构在安排实习时更加方便。到目前为止，中国国内大多数院校还都没有专职的实习导师，在这种情况下，集中式实习可以使学院老师能够集中精力与机构督导共同计划学生的实习教学，以使学生的实习有目的、有结构、循序渐进地进行，不致使学院在课堂教学和对学生的实习教学上顾此失彼，从而也能提高实习教学的质量。不仅如此，集中式实习也使学院导师可以同时兼顾多个机构学生的实习教学，提高工作效率。①

2. 并行式实习

并行式实习也叫同步式实习。并行式实习是指学生在社会服务机构里的实习时间和课堂教学时间一致，就是说，在一个学期中或一段时间里，学生们每周 5 天时间被分成两部分：一部分时间在学校上课，一部分时间在机构里实习。一般的安排是，每周的 5 天中，学生在学校里学习 2～3 天，在机构里工作 2～3 天。具体的时间分布要根据具体情况来定，如实习学生是本科生还是研究生，学生是几年级的，实习安排在哪一个学期，实习课的学分数是多少等等。

并行式实习的主要优点是可以更好地整合课堂教学和实习教学的内容，学生可以在实习中及时验证课堂所学理论、知识、价值观和方法技术，学生可以将在实习中遇到的问题带回学校，及时得到老师的指导，减少挫折感，增加自信心。同时学校老师也可以及时了解学生实习中遇到的困难，及时给予指导，达到实习的教育性目的。

鉴于集中式实习和并行式实习在社会工作专业教育中的不同作用，一般来说，院校在制订教学计划时，两种形式的实习都应给予安排，从而使学生们经历两种形式的实习。除上述实习形式外，也有学者认为志愿服务也可以替代实习的部分功能，志愿服务可以与专业基础课的学习同时进行。有评估的志愿服务达到一定学时可以给予相应学分。

不同的实习形式要求学生具备相应的理论、知识、方法和技术，因此，何时安排哪种形式的实习还是要遵循一定规律的，一些因素要被考虑进去，如学生所在年级、学生已学课程和课程进度，此次实习所要达到的目标，先前课程、此次实习安排和后续课程之间的逻辑关系等等。只有将这些逻辑关系理清楚，才能准确、恰当地确定实习的最好时机，达到最好的实习效果。

① 王思斌主编：《社会工作概论》，北京：高等教育出版社，2006 年，第 394 页。

(二) 社会工作实习的模式

关于社会工作实习，如果按照实习机构和学院在实习组织中的不同地位和作用，可以归纳为两种模式，即以机构为主导的实习模式和以学院为主导的实习模式。马凤芝分别以英国和中国香港为例对这两种模式作了说明。她认为，英国的社会工作实习模式可称为以机构为主导的模式，而香港的实习模式大体说来可以算作以学院为主导的模式。[①]

在以机构为主导的实习模式中，实习导师（或称实习督导）来源于社会工作机构，他要同时具备社会工作文凭证书和社会工作督导证书。社会工作专业的全部课程，包括实习课程在内，都要由社会工作训练学院与政府的社会服务部以及社会工作机构共同审核制定。在整个社会工作专业教育过程中，社会服务机构不是一个被动接受社会工作毕业生及社会工作实习学生的角色，而是一个积极的参与者，要为实习学生提供训练和实习导师。当然，不是所有的社会服务机构都能成为实习机构。能够接收社会工作实习学生的机构必须接受评审，评审合格才具有社会工作实习机构的资格。在以机构为主导的实习模式中，通常学院有专门老师负责学生的实习安排，学院老师的职责是了解学生对实习的期望，尤其是要了解学生感兴趣的实务领域，然后负责与机构联系，确定下来以后，接下来的实习教学就由机构实习导师负责了。

中国香港的社会工作起源于20世纪40年代，至70年代开始形成专业的社会工作。社会工作教育的目标是通才取向。大多数学院的社会工作实习教学采取并行式实习。学院有自己专门负责实习安排的老师，也有负责实习督导的导师。实习督导老师属于学校教学人员，他们都拥有至少二至三年的一线社会工作经验，并接受过督导训练。这种模式的优点在于实习督导来自学院，能够贯彻学院的教育理念与目标，一方面可以控制实习教学的水平，使学院训练与实习教学保持连贯性与一致性；另一方面，学院督导了解学生的学习基础，能够根据实习学生的学习需要选取合适的机构和工作给学生，实习教育循序渐进，帮助学生整合理论与实务。学院督导与机构联系密切，他们经常到机构，对机构的运作有足够的了解。通过这种联系，学院可以及时了解实务工作对教学的需要，使教学不脱离实际，而且能够带领实习学生开展创新性、实验性的服务项目。

应该指出的是，不管是以机构为主导的英国模式还是以学院为主导的香港模式，都需要社会服务机构对院校社会工作实习的支持和配合，学院与机构要结成伙伴关系。对于中国社会工作实习教育来说，机构与学院结成伙伴关系的实习模式

---

① 王思斌主编:《社会工作概论》,北京:高等教育出版社,2006年,第391～392页。

更是有着现实的基础和意义。目前在中国，绝大多数社会服务机构中还没有受过专门训练的社会工作者和实习导师，但他们却有丰富的实际工作经验，可以在指导学生总结、探索中国社会工作的理论与经验方面作出贡献；而学院的社会工作教育者又大都缺乏实际工作经验，但他们又大多受过社会工作专业培训，掌握现代社会工作的理论、知识、价值观和方法技术，可以侧重指导学生探讨学理，以及如何将其所学用于实践。在这种情况下，由学院导师和机构导师共同督导实习学生，可以发挥双方各自的优势。社会工作学院的教学和督导人员通过接触、了解社会工作机构的服务与需要，可以使社会工作教育训练课程具有针对性，机构则为社会工作教育训练提供了实际的素材。这种伙伴关系可以使社会工作教育避免盲目性，避免教学脱离现实场景，使社会工作教育符合社会工作服务对人才的要求，从而保障社会工作教育朝着一个正确的方向发展。因此，机构与学院共同合作督导的模式符合现阶段中国社会工作教育发展的实际，也是目前中国社会工作教育院校实际操作的模式。①

四、 社会工作实习的过程

前面讲到，从实习的形式上来看，多数社会工作院校会采取集中式实习和并行式实习两种形式，从实习的模式上来看，有以学院为主导和以机构为主导两种模式，但是不管哪种模式，学院和机构之间都要保持一种伙伴关系。实习形式和实习模式的不同会对实习的具体安排有一些影响，但是总体来看，不管是哪一种形式或模式，在实习过程上都要经历实习准备、实习实施和实习评估三个环节。

（一）实习准备

要使实习富有成效，达到教育和学习的目的，实习前的准备工作十分重要。一般来说，这些准备工作包括：

1. 实习动员

这是针对学生的一个启动环节。对于进入机构实习，学生们往往既充满期待，又有若干担心，因此实习前的动员和指导非常重要。这个环节一般由院校指导教师（或专门的实习联络员）来做。院校指导教师要向学生讲明本次实习的目的、实习功课要求、评估方法以及实习督导的安排等，还要向学生介绍本次实习可供选择的机构的性质，以供学生根据自己的情况进行选择。有准备的实习动员可以使学

① 王思斌主编：《社会工作概论》，北京：高等教育出版社，2006年，第393页。

生做好心理及其他方面的准备，从而使学生能够明确实习的目的，使实习更主动，更积极，更有效。

2. 选取和确定实习机构

实习机构的选取是影响学生实习成效的重要因素之一。社会工作专业越发达的国家和地区，实习机构的资源可能会越丰富。不仅在机构的数量上，在机构类型、性质、服务方向以及机构督导的提供等方面也都可以满足实习学生的需求。一般情况下，院校在选择和确定实习机构时，需要考虑该机构是否满足以下几个条件：首先，能够提供有效的督导和专业指导的工作人员；其次，有对社会工作伦理、价值和社会工作专业人员培训的承诺；再次，具有和学校教育目标相协调的各种不同的、内容广泛的项目；最后，能够向学生提供必要和充足的物质设施，如桌椅、电话、电脑等。除这些条件外，机构在社区中的声誉、机构的领导能力、创新性以及机构的氛围，尤其是机构是否有益于学生的学习等因素也要考虑进去。

就中国的现实情况来看，目前以及今后一段时期，能够满足教育性实习要求的社会服务机构，在上述几个方面，都还存在相当大的差距。尽管如此，院校在选择实习教学机构时，还是需要坚持一个基本的原则，那就是所选择机构必须具有社会工作性质，并承诺提供给学生参与机构工作和学习的机会，尽可能使学生有机会在实务中整合社会工作的理论、知识、价值和方法技术，并受到机构的专业督导，而不是将学生的专业实习变成简单的打水扫地、抄写稿件等简单劳动。

可供社会工作专业实习的机构可以分为如下几类：第一类是属于社会工作行政性质的机构，如与人群服务有关的民政、工青妇、司法、残联、救助站等部门；第二类是院舍照顾机构，如老人院、儿童福利院、精神健康康复中心、少年劳动教养所等；第三类是社区服务中心；第四类是个人辅导及家庭服务机构，如向不同类型的服务对象系统提供服务的热线和辅导中心、精神健康机构、医务社会工作机构、学校、家庭服务中心、妇女庇护中心、戒毒所、艾滋病防治中心、癌症病人自助协会等；第五类是发展性的社会工作服务机构，如少年宫、青少年活动中心、城市农民工学校等。①

3. 机构与学生匹配

在将学生与机构进行匹配时，院校实习指导教师一般要参考三种因素：第一个方面来自学生，即学生们往往有不同的兴趣和偏好、专业能力、已有经验、组织能力、性格特点等。第二个方面来自机构，机构对实习学生也有要求，一些是普遍的要求，如强烈的助人意愿、诚实、成熟的情感等，还有一些是特别要求，如在一个特

---

① 王思斌：《社会工作概论》，北京：高等教育出版社，2006年，第395～396页。

定的场合活动的兴趣和能力等。第三个方面来自院校，院校专业教育强调专业实习的教育性目的，即学生们要有机会学习新的知识和技术并得到成长。因此，院校实习指导教师要综合平衡三个因素，在不违背实习教育的宗旨下，协调学生意愿和机构要求，将实习学生和实习机构进行匹配。

（二）实习实施

学生在机构实习的过程，是一个获得督导的过程，因此将学生与实习机构进行匹配，也就意味着要给学生匹配实习督导。社会工作专业发达的国家，对督导的资格要求是比较高的。以学院为主体的实习模式中，实习督导来自院校，属于学校教学人员，他们都拥有至少二至三年的一线社会工作经验，并接受过督导训练；以机构为主体的模式中，督导来自机构，一般由机构的执行官和院校实习联络员共同决定。机构督导一般要具备以下条件：有社会工作硕士学位，在给定的实习领域中有2～3年的研究生专业经历，至少有六个月的实习经历，或是有经验的社会工作学士。除这些基本要求外，督导还被要求是学识渊博、灵活的人，要有兴趣、能力、时间来指导学生，并和院校实习联络员合作。督导要能展现专业价值和伦理，能够成为学生的表率。需要说明的是，中国国内社会工作教育中实习督导的遴选与实习机构的遴选一样，也有不尽人意的地方，要么是院校督导具备系统的专业素养但缺乏实务经验，要么是机构督导缺乏系统的专业素养但实际经验丰富。因此，鉴于这种实际情况，有些院校在安排学生实习时，既为学生安排学院督导，也请机构为学生配备机构督导，以便发挥各方所长，达到实习教育的目的。

学生的正式实习是从制定实习合同（或称实习契约）开始的，实习合同要由学生、院校实习指导教师、机构实习督导三方共同签订。实习合同一般要由学生来准备，内容包括学生希望从实习中获得什么（也叫实习目标）、实习的职责或任务、将要接受的督导数量或程度，以及在机构实习的时间等。学生将草拟的合同提交院校指导教师和机构督导，三方中任何一方都可以修订，最后由三方签署接受合同。由于有不同的实习形式及实习模式，院校实习指导教师和机构督导在学生实习过程中所起的作用和分量会有所不同，但要保证一个基本的要求，即实习的教育性质。实习督导要为学生提供接触各种服务对象系统的机会，并监督学生们对所分配任务的完成情况。督导可以采用个别督导的方式（一般来说，个别督导应该每周不少于1或2小时），也可以采用小组督导的方式。学生要在机构中完成适当的任务，完成相应的功课，如机构导引报告、实习日志、实习周记、最后的实习总结报告等，并得到包括行政性、教育性和支持性的全方位的督导，获得专业上的成长。

(三) 实习评估

强调了实习的教育性质和学习性质,也就强调了实习评估的重要性。实习评估包括两个环节:机构对实习学生的评估和院校对学生的评估。不同的机构或不同的项目所使用的评估程序可能会有所不同,但总的说来,实习指导者将会主要看学生在实习安排期间所取得的成绩。实习结束后,机构实习督导会给实习学生一个书面评价,一般还会和学生们讨论对他们所作的书面评价,这也是一个总结、指导和教育的过程。最终的实习成绩通常由院校实习指导教师根据学生的实习文件给定,这些实习文件主要是指要求学生完成的实习功课,如实习合同、机构导引报告、实习日志、实习周记、最后的实习总结报告等。此外,机构督导的书面评价也是一份重要的参考文件。

用于实习评估的工具一般是事先制定好的表格或量表,这些表格或量表用来评估学生实习过程中在专业知识、技能、社会工作价值方面获得专业成长的程度。除了被期望获得的知识和技能外,机构督导还会评估学生在其他一些方面的表现,如出勤情况、按时赴约情况等。此外,机构和机构督导喜欢实习生具备这样一些品质:工作意愿(助人兴趣)、愉快地工作、幽默感、整洁和有条理、能够控制自己情绪、平静而客观(即使在压力情况下)、良好的判断力、适度自信。机构认为具有以上品质的学生会很容易与合作者及服务对象相处,会成为勤恳的、尽职和负责任的优秀雇员。

一份社会工作学院学生的实习表现评价表(使用李克特量表进行测量)[①]就包含了以下一些内容,实习督导要给实习学生在每一个小项上的表现打分,分值为1～7,分值越高表示学生在这方面的表现越好。

1. 实习要求的完成方面

(1) 出勤;

(2) 学习合同的完成。

2. 专业行为及其发展方面

(1) 与实习/机构标准相关的专业面貌;

(2) 督导的利用,包括请求实习指导者的反馈;

(3) 自主学习的能力;

(4) 在计划和安排工作职责方面的效率。

3. 自我意识和专业成长方面

---

① 根据戴维·罗伊斯等著、屈勇译《社会工作实习指导》第四版第184～185页提供的"肯塔基大学社会工作学院学生实习评价表"编写。

(1) 对服务对象和服务对象系统的个人情感以及对其做出反应的能力；

(2) 对服务对象和服务对象系统的个人情感以及反应的影响行使有意识控制的能力(专业性的自我控制)；

(3) 认识并清楚地说明有必要继续专业成长的能力。

4. 社会工作技能的运用方面

(1) 在实习机构的目标、结构、管理和制约之内工作的能力；

(2) 识别和使用社区资源的能力；

(3) 问题解决的技巧,包括和服务对象系统有关的问题识别和问题解决的能力；

(4) 在实习中执行基本的社会工作角色的能力,包括照顾者、经纪人、倡导者、外联社会工作者、个案管理者、咨询者、社区组织者等；

(5) 与服务对象系统的移情能力；

(6) 访谈技能,包括倾听的能力和识别、解释非言语沟通的意义的能力；

(7) 书面沟通的技能,包括准确和清楚地记录和报告的能力；

(8) 关系技能,包括和服务对象与同事(包括其他同学)发展和维持专业关系的能力。

5. 专业价值和伦理方面

(1) 接纳和使用基本的社会工作价值、伦理和准则；

(2) 对个人价值及其在微观/宏观层次的潜在影响的意识；

(3) 尊重服务对象的自决权；

(4) 解释和维护服务对象信息的适宜的机密性的能力；

(5) 表现出对服务对象和同事的尊重,而不论年龄、社会经济地位、教育水平、种族、民族、性别、性取向、信仰和文化方面是否存在差异。

第二节　社会工作督导

谈到社会工作督导,一般是在两个层面上理解的:一是社会服务机构中的督导,一是社会工作专业教育中的实习督导。前文已提到,由于专业教育中的实习环节具有教育性和学习性特点,因此实习督导就其对象和目标会与机构中的督导有所不同,但在方式和内容方面还是有许多共同点的。社会工作专业实习督导在上文已有涉及,这里所介绍的社会工作督导主要是针对机构中的督导。社会工作一向重视督导工作,以确保社会工作者和未来的社会工作者能为服务对象提供充分、有效的服务。

一、社会工作督导的含义及历史

(一) 社会工作督导的含义

督导(supervision)一词源自拉丁语的 super(遍及)和 videre(查看),督导被定义为监督者,督导要对他人的工作质量负责。美国社会工作协会出版的《社会工作百科全书》中认为,督导是社会工作专业的传统方法,通过这种方法,机构内训练有素的社会工作者把社会工作知识和技术传授给新的社会工作者或实习生。一般认为,社会工作督导是由社会工作机构内资深的工作者,对机构新进入的工作人员、一线初级工作人员、实习学生以及志愿者,通过一种定期的和持续的监督、指导,传授专业服务的知识与技术,以增进其专业技巧,进而促进其成长并确保服务质量的活动。[①] 督导的终极目标是向当事人提供充分而有效的社会工作服务。督导的内容和功能体现在行政性、教育性和支持性三个方面。

督导是社会工作专业训练的一种方法,它发生在社会工作机构中。督导一般由机构中资深的社会工作者担任,他们接受过正规的社会工作专业训练,具有丰富的专业知识和实务经验,拥有良好的督导技巧,尤其是具有对社会、对专业负责的精神。督导属于机构中的行政管理人员,该行政管理人员有权对他(她)所主管的受督导者的工作表现进行指导、协调、监督和评估。受督导者主要包括:机构新进入的已接受过专业教育的工作人员;服务年限较短、经验不足的初级社会工作者;在社会服务机构实习的社会工作专业学生;未接受过专业教育的社会工作从业人员以及社会服务机构的非正式人员,主要是志愿者。[②] 在行使督导这一职权(也是职能)的过程中,督导与受督导者要建立积极的关系,并通过彼此的互动来实现督导的行政性、教育性和支持性功能。督导的终极目标是奉行机构的政策,遵循机构的处理方案,为机构的当事人尽力提供在数量上尽量多的、在质量上更好的服务。督导不向当事人提供直接的服务,然而他们却通过对直接服务的工作者施加影响,来间接地调节服务水平。

---

① 全国社会工作者职业水平考试教材编写组编:《社会工作综合能力(第一版)》,北京:中国社会出版社,2007 年,第 307 页。

② 由于对志愿者的督导往往只是临时性的而不是机构的常规工作任务,故本书中有关督导的论述只针对另外四种工作人员。有关对志愿者的督导可参阅全国社会工作者职业水平考试教材《社会工作综合能力(第一版)》,北京:中国社会出版社,2007 年。

(二) 社会工作督导的历史

现代意义上的督导起源于19世纪的慈善组织会社运动，在慈善组织中，为救助对象提供直接服务的是“友善访问员”，他们是入户服务的志愿者，是慈善组织机构中最基层的员工。由于“友善访问员”的志愿者性质，所以人员的流失率较高，机构不得不经常招募新的访问员，新招募的访问员就需要培训和指导，否则就不能承接机构分派的服务工作。对“友善访问员”进行培训和指导的任务是由慈善组织中为数不多的“拿薪金的工作者(paid agents)”来完成的。这些拿薪金的工作者就是现代督导的前身。在实际工作中，工作者督导对访问员的督导包含了旨在保证机构服务的有效管理的行政性督导，增进社会工作者实务方面的知识与技能的教育性督导，以及对社会工作者提供情感支持的支持性督导。行政性、教育性以及支持性的功能在社会工作督导中的平衡关系可能随着机构内外环境的变化而有所变动，有时可能是比较剧烈的。

二、 社会工作督导的功能与目标

(一) 社会工作督导的功能

关于社会工作督导的功能，来自社会工作的文献回顾显示，“督导”一词基本上是从行政和教育这两个方面来定义的，只是随着作者的不同，强调的内容各有侧重。[①] 罗宾森(Robinson)将“督导”定义为在某一领域掌握较多知识和技能的人负责培训在这一领域掌握较少知识和技能的人的一个教育过程。美国《社会工作百科全书》第一版将督导定义为一个教育过程。该书认为，“督导”是传授知识的传统方法，它通过实务工作，由训练有素、经验丰富的社会工作者向未经训练和缺乏经验的学生与社会工作者传授社会工作技能。其16版(1971)和17版(1977)强调的则是督导的行政功能。这两版都将督导定义为一种行政功能，认为督导是一个确保工作完成并维持组织管理与责任的过程。也有一些作者认为，督导的概念兼有行政和教育两方面的内容。如托厄尔(Towle)将社会工作督导定义为一个有教育性目的的行政过程，波恩斯(Burns)则认为督导的职责兼有行政的和教育的性质。

社会工作自身发展的历史还显示，除教育和行政功能外，督导还表现出了一种领导者的支持性功能。督导要负责维持工作者的士气，帮助他们解决与工作相关的情绪低落和不满，给予工作者作为专业人士的价值感、对机构的归属感以及工作中的安全感。美国《社会工作百科全书》第19版(1995)中，就将社会工作督导定义

---

① 〔美〕阿尔弗雷多·卡杜山，丹尼尔·哈克尼斯著，郭名倞等译：《社会工作督导(第四版)》，北京：中国人民大学出版社，2008年，第16页。

为兼有行政、教育和支持三项功能，并认为这三项功能相辅相成，不可或缺。①

总体来看，社会工作督导的三个方面分别针对了不同的问题，完成了不同的功能。行政性督导针对的问题是如何正确、有效和恰当地贯彻实施机构的方针政策并按程序办事，要求督导者在被督导者的招募与选择、被督导者的引导与安置、工作计划与分配、工作监督、回顾与评价、工作授权与协调等方面担负指导责任，其功能则是坚持机构的方针政策不动摇，并坚定不移地按照程序办事。教育性督导针对工作者在业务知识、业务态度和业务技巧方面存在的蒙昧无知和不足，要求督导者对被指导者完成任务时所需的价值观、知识与技能给予指导，其功能就是使被督导者增进知识，掌握与时俱进的业务技巧，达成专业上的成长。支持性督导针对工作者的士气和工作满意度，要求督导者向被督导者提供心理上和情感上的支持，促使被督导者感到自我的重要性与价值感，让被督导者能轻松面对工作，其功能就是提高士气和工作满意度。

（二）社会工作督导的目标

阿尔弗雷多·卡杜山和丹尼尔·哈克尼斯将社会工作督导的目标分为短期目标和长期目标。教育性督导的短期目标是使工作者提高实务能力，以便有效地开展工作。这一目标旨在帮助工作者在专业上不断成长与进步，使他们的临床知识和技巧可以达到在没有督导的情况下也能独立开展工作的水平。行政性督导的短期目标是为工作者有效开展业务提供一个工作环境。支持性督导的短期目标则是帮助工作者对自己以及自己所做的工作感觉良好。

就督导的短期目标和长期目标的关系来看，阿尔弗雷多·卡杜山和丹尼尔·哈克尼斯认为，督导的短期目标只是实现长期目标的手段。督导的长期目标就是由机构向当事人代行提供有效而充分的特定服务，因此督导的终极目标也就是向当事人提供充分而有效的社会工作服务。为了达成这一目标，督导就要在行政上对受督导者的工作与机构中其他人的工作进行整合与协调，教会工作者运用更加娴熟的技巧开展工作，调动并保护工作者的工作积极性。

三、社会工作督导的内容

（一）督导在机构中的地位

社会工作督导的目标是由社会工作机构的目标来确定的。为了实现机构目

---

① 〔美〕阿尔弗雷多·卡杜山，丹尼尔·哈克尼斯著，郭名倞等译：《社会工作督导（第四版）》，北京：中国人民大学出版社，2008年，第16页。

标，机构要做出合理的组织设置。塔尔科特·帕森斯(Talcott Parsons)将组织级别划分为三个不同的层面：(1) 机构层面(在机构与外部社会间建立关系)，(2) 管理层面(在组织与任务环境之间进行协调)，(3) 技术层面(指导为组织的当事人提供的服务)。其他人也提出了类似的政策、管理以及服务三个层面。① 按照这种划分方法，管理层负责机构的政策和机构的规划，督导负责机构的管理，而工作者负责机构的服务。督导通常都是从提供直接服务的员工中遴选出来的，因为从事督导工作需要具备提供直接服务的实践知识。此外，督导一般也需要较高的教育文凭如社会工作硕士学位(或有社会工作学士学位，且有丰富经验)。一般来说，督导都年长些，受过更好的教育，更富有经验而且比受督导者工资高，在其担任督导的机构内工作的时间也要比受督导者长。督导在机构中处于中层管理者的位置，既要主管提供直接服务的工作者，又要听命于行政管理者。在机构中，督导是日常与直接服务工作者直接打交道的唯一的管理人员。督导在机构组织结构中的位置决定了督导是一种间接服务。督导通过工作者与当事人间接地发生接触，通过帮助工作者向当事人提供帮助。②

(二) 督导的内容

由上述关于督导在机构中的地位和角色可以看出，督导在完成机构使命中处于举足轻重的位置。督导要通过在行政、教育和员工支持方面的督导工作达到督导的行政性、教育性和支持性三种功能，进而实现督导的短期和长期目标。

1. 行政性督导的内容

(1) 招募与甄选员工。人员的招募与甄选涉及为一个特定的职位物色合适的人选。一般情况下，招募和聘请员工是机构人事部门的职责。不过，由于督导在机构与工作者之间的纽带位置，不仅最了解机构工作的具体情况，知道要做哪些工作，也了解完成这些工作所需要的知识、技术和态度，因此，督导要参与制定招募员工的标准，并应用这些标准对求职者进行面试。面试以后，督导要对是否决定聘用提出意见和建议。即使督导没有最终的决定权，他们的意见和建议也毫无例外地受到重视。

---

① 〔美〕阿尔弗雷多·卡杜山，丹尼尔·哈克尼斯著，郭名倞等译：《社会工作督导(第四版)》，北京：中国人民大学出版社，2008 年，第 18 页。

② 关于督导在机构中的地位，阿尔弗雷多·卡杜山和丹尼尔·哈克尼斯还提供了一些形象又传神的描述：承上启下的人；一脚踏在工作者队伍里，一脚插在管理层中，但是却没有明确归属哪一方；其下属的领导，机构领导的下属；最高级别的雇员，最低级别的管理人员；低级管理者，高级工作者；既是管理层的成员，又是工作者队伍中的一分子，是连接两者的一座桥梁。

(2) 引导与安置工作者。求职者一旦被聘用，机构就要为其安排督导。被指定的督导要负责引导和安置新来的工作者。新员工需要了解他们在机构组织结构中的位置，清楚地了解谁是他们的上级或者下属。通过督导对机构各部门的介绍，尤其是对其所分配的部门的职能的介绍，新员工就可以在机构和所在部门的人际关系网络图中找到自己的准确位置，融入机构的组织结构中，获得归属感。另外，引导和安置还包括诸如安排办公室和办公桌等一些具体的事宜，或者为新员工挑选一些机构的阅读资料，以便他们能更快地了解机构。

(3) 拟定工作计划及分派工作。提供直接服务的新员工一经聘用并被安排到工作岗位上，督导就要为他或她在机构中的工作进行规划，包括服务的个案数量、完成工作的时间跨度等。为了保证新员工能够按时、按质、按量地完成任务，获得专业成长，督导要为其分配合适的人力和其他服务资源。在分派任务的过程中，督导要考虑到各种因素，包括需要完成的任务量、个案的特点和复杂程度、工作者的能力以及经验等，有时还要考虑到在年龄、性别、种族或民族方面，工作者与当事人的搭配问题。为了使工作者能够获得满足感和自信心，保持工作者的积极性，并促进他们的专业成长，督导在分派工作时也会考虑到工作种类的多样性、挑战性和刺激性。

(4) 工作授权。工作分派指出了工作者需要完成什么工作，而工作授权则指出了工作者要如何完成工作。督导要向工作者讲清楚，为了完成任务，工作者所要采取的行动。任务授权要根据工作者的工作能力和经验，也就是员工的成熟程度，采取相应的方式。对于缺乏工作经验和实务能力的新手可以采取指示型的督导方式，督导要提供一连串清楚和详细的指引；对于有一定经验和能力的工作者，督导可以采取指导型的督导方式，督导只提供一般性的准则，而细微之处则给予工作者较大的弹性；对于那些训练有素、经验丰富的工作者，督导可以采取放任型的督导方式，放手由工作者自己去决定如何完成工作以及工作中的细节。

影响工作授权决策以及社会工作者工作自主性大小的因素主要包括：任务的复杂程度；社会工作者的技能与感兴趣的程度；社会工作者的个案工作量大小（既包括个案性质，也包括个案的数量）；当事人的脆弱程度以及当事人可能承担的风险；问题的敏感性；失误被曝光的可能性；督导与受督导者承担风险的意愿，以及对督导失败的行政处罚等。①

(5) 监控、检查和评估工作。完成任务分派，进行适当授权后，督导还要负责

---

① 〔美〕阿尔弗雷多·卡杜山，丹尼尔·哈克尼斯著，郭名倞等译：《社会工作督导（第四版）》，北京：中国人民大学出版社，2008 年，第 49 页。

对分派出去的任务进行监控，检查其是否在规定的时间内完成，完成的方式是否符合机构规定的政策和程序。监控和检查一般是通过听取工作者的口头汇报、阅读工作记录以及审查统计报告的方式来完成，其最低目标是确保工作不造成任何伤害。除监控和检查外，督导还要评估工作者所完成工作的效果和质量。通过监控、检查和评估，督导还可以发现分派给工作者的工作量是否合适。

（6）协调工作。在机构中，督导的位置决定了他是协调工作的承担者。通过协调工作，督导可以使工作者之间建立起一种互惠互利、彼此支持、优势互补的工作关系，使不同的工作者为着机构目标走到一起。除对本部门的工作进行协调外，督导还要协调和整合他所在部门与机构其他部门之间以及其他社会福利机构之间的关系。因此，督导不仅在垂直的职级关系中占有一席之地，而且还与其他行政部门的同级之间存在着平行关系。例如，一个供职于社区综合服务中心家庭服务部的督导，为了给他的受督导者开展工作，要与家庭服务部门、就业部门、日间照顾部门以及保护性服务部门进行协调。

（7）沟通工作。如前所述，督导在机构组织结构中处于承上启下、联结管理层和工作者的桥梁位置，是机构中行政沟通的枢纽。督导要对上级和下级的信息进行收集和处理，既要负责上情下达又要负责下情上传。上情下达的信息需要被理解和接受，而下情上传的信息却未必有类似要求。由于缺少与管理层的直接接触，受督导者只有通过督导代表他们的利益对管理层施加影响，促成必要的改变。因此，督导必须充当受督导者利益的代言人，而为受督导者的利益代言离不开好的沟通。通过垂直沟通和水平沟通，督导奔走于管理层、机构的其他部门以及其他机构之间，为员工的利益鼓与呼。督导通常可以采取多种渠道与受督导者进行沟通，如面对面、电话、电子邮件、便笺、备忘录或报告等。

（8）充当行政管理的缓冲器。在机构中，处理与服务相关的问题要依赖于督导，这是由督导在机构中的地位决定的。督导要充当机构与机构当事人之间、机构当事人与受督导者之间、受督导者和服务机构之间、机构内各部门之间的缓冲器。如果当事人对工作者的决定不满意，并想向上级反映，督导要随时接受他的投诉。如果没有这样的渠道，提供直接服务的工作者就会不堪重负，要花费相当多的时间来处理当事人的满腹牢骚。督导不仅充当着当事人投诉与机构之间的缓冲器，也充当着工作者和机构之间的缓冲器，如，督导可以拒绝接受管理层强加给工作者的不合理的工作量，充当工作者的“保护伞”。有时候工作者也有可能在价值观念上与机构规范的理念相冲突，有可能会违反机构规范，督导就要在为机构的政策进行辩护和给予工作者支持方面取得平衡。

（9）充当机构的改变媒介和社区联络员。督导充当机构行政管理的缓冲器，实际上就是在履行其行政性督导中维护组织稳定的功能。不仅如此，督导还有另一项与之同等重要的行政性功能，那就是充当组织的改变媒介。督导居于管理层和工作者之间，处在一个充当改变媒介的重要的职位上，因此既可以对管理层施加影响，促使其发生改变；也可以对工作者施加影响，让他们接受这些改变。

除对促成机构内部的变迁负有责任，督导也要保持对社区中其他机构的敏感度，因为这些机构的运作影响着受督导者的工作。在检查、协调和规划工作时，督导可能发现一些社区居民需求而社区服务体系中欠缺的服务，如果是这样的话，督导可以向本机构，也可以在社区中倡导开展社区所需要的服务。这样一来，就既丰富了当事人的资源网络，也丰富了受督导者的资源网络。

2. 教育性督导的内容

通常可以用五个“P”来概括每项社会工作，那就是一个当事人(可以是个人、家庭、群体、社区或组织，即 people)遇到了社会功能方面的问题(problem)，来到社会服务机构(place)寻求帮助的一个过程(process)，而提供帮助的人则是一个社会工作者(personnel)。为了更好地开展工作，社会工作者都应该熟悉他所提供帮助的过程，熟悉他工作的机构，熟悉他的服务对象及所遇到的问题，还要对作为主要实施帮助手段的自身有所了解。督导对受督导者的教育性督导也就定位在这几个要素上，也就是说，督导要通过对受督导者的教育性督导，使受督导者对于上述关于社会工作描述的人(或集体)、问题、地点、过程和社会工作者本身，在知识、态度和技术方面都要达到专业要求。① 具体来说，督导要在如下几个方面进行指导：

(1) 向工作者介绍机构情况。督导关于机构的教育内容，一般包括机构的组织情况，行政管理情况，机构的工作目标，机构可以提供的服务，机构内部的规章制度及其制订过程和修改程序，机构的法律地位和拥有的权力，机构与其他机构的关系以及它在当地社区服务网络中的地位，等等。此外，督导还要向工作者介绍与本机构有关的本地区的其他社会服务机构的情况，以及该机构所处地区的社区情况。

(2) 指导工作者对社会问题进行分析。虽然每个机构的服务领域有所不同，因而不同机构面对的社会问题会有较大差异，但是督导都要把社会问题作为教育的一项重要内容。这些教育包括，社会问题产生的原因，所涉及的社会心理学的一些问题，社会问题对社区不同人群的影响，社区对于某些特殊的社会问题的反映，某些特殊问题对于社会工作者和人们的生活的影响，以及机构所提供的服务与该机构所致力解决的社会问题之间的关系，等等。此外，尽管工作者所服务的当事人

---

① 〔美〕阿尔弗雷多·卡杜山，丹尼尔·哈克尼斯著，郭名倞等译：《社会工作督导(第四版)》，北京：中国人民大学出版社，2008 年，第 106 页。

群体会有不同,督导都必须把人们面对当事人所遇到的社会问题时可能产生的行为变化作为教育的一项内容。为了让受督导者了解哪些有问题的个人和群体在面临社会压力时会出现哪些反应,督导也需要讲授"正常"的个人和群体的变化和行为反应。

(3) 教授工作者助人的方法和技术。做社会服务工作需要把所有学到的知识进行综合运用,要将学到的关于人、机构、问题的所有知识运用到具体的工作中,并让它们发挥应有的作用。督导要教会社会工作者在他们帮助个人、群体和社区解决遇到的问题时,应该做什么和怎么去做。督导要从理论上阐述该社会服务机构为什么要选择这种服务技术和方法,而且为什么只有这些方法才最可能是有效的。

(4) 教授工作者具体的助人过程。一个完整的助人过程往往包括接案、预估、计划、实施干预、评估和结案六个步骤。督导要指导工作者了解每一个步骤所需要的方法和技术。

(5) 培养工作者的专业意识和专业价值观。社会工作机构是通过机构内的社会工作者解决受助者所遇到的问题的,因此,社会工作者是机构最重要的资源。社会工作者个人的能力和技术、他们的个人魅力和行为在与当事人的交流中起着重要的和决定性的作用。为此,督导要帮助工作者培养有助于加强和保持与当事人之间有效的工作关系的态度、感觉和行为,纠正诸如在年龄、性别、性取向等方面的偏见,建立起尊重、个别化、自我决定、保密、非评判等专业价值观,自觉地用专业自我开展工作。

3. 支持性督导的内容

行政性督导所提供的是有助于工作者开展工作的组织结构和机构资源;教育性督导所提供的是开展工作必备的知识和技能;支持性督导则是通过营造一种有利的心理氛围和人际关系环境,以使社会工作者焕发精神,富有成效地开展工作,并从工作中获得成就感。

支持性督导的工作内容主要有四个方面:(1) 协助被督导者适应和处理服务工作中的负面情绪,增强被督导者的自我功能;(2) 给予关怀和支持,让被督导者在工作过程中有安全感,并愿意尝试新工作;(3) 协助被督导者发现工作成效,并能自我欣赏,激发被督导者的工作情绪和士气,并对机构逐渐产生认同感和归属感;(4) 给予被督导者从事专业的满足感和价值感,促进其对专业的认同,进而愿意持续投身社会服务工作。这些工作内容集中表现在帮助员工应对压力上。

面对同样的压力源,有的工作者会产生职业倦怠,有的则不会,不同的工作者所表现出的职业倦怠程度也不相同。职业倦怠可以定义为由职业压力而造成的"心力交瘁的症状",这些症状包括:负面的自我概念不断加强,工作态度越来越消极，并逐渐失去对当事人的关心和关注。处于职业倦怠中的工作者，会出现萎靡不振、长期疲惫的症状，很容易患上感冒、头痛、消化不良和睡眠障碍；在情绪上会感到对工作不抱任何幻想，对工作越来越疏远，对所从事的工作感到气馁、失望、悲观、心力交瘁。职业倦怠在行为上表现为：不愿意上班，请假、迟到、缺勤次数增加；对当事人挑剔、冷漠、敷衍、刻板化；不再把当事人看成活生生的人；工作者精疲力竭，已经无力再为同理、理解以及因人而异的工作方法呕心沥血了。职业倦怠也是一个自我强化的过程。职业倦怠带来的行为会降低使服务对象取得满意效果的几率，这样一来又强化了无助感和绝望感，这种无助感和绝望感反过来又会进一步加重职业倦怠。在职业倦怠形成的过程中，士气涣散是会传染的。一名工作者的忧郁和苦闷会感染其他的工作者，并打击他们的工作热情。

督导要对职业倦怠和引发职业倦怠的因素有清醒的了解，他有责任应对这一问题，以防止压力和紧张的产生，并减少压力和紧张造成的影响。行政性督导、教育性督导和支持性督导是并行不悖的，有益的行政性督导和教育性督导对于为受督导者所提供的工作安排和技巧都具有支持性。在支持性督导中，督导可以通过一系列具体的介入方法，应对社会工作者所产生的压力和紧张以及最终形成的职业倦怠问题。为此，督导可以采取如下行动：

(1) 将压力和紧张消弭于萌芽状态，做到防患于未然。通过运用精确的信息进行职务描述，可以使工作者对自己的预期有一个清楚的认识，能够面对工作现实，少一些幻想和失望，这样可以使工作者离开压力源。

(2) 督导可以暂时减少工作者的工作量，或安排其暂时为一个问题较轻的当事人开展工作，或参加会议、讲习班和工作坊，放假，制定富于想象力的弹性工作时间、丰富工作内容、变换工作，让工作者暂时离开一线服务领域，在办公室从事行政事务。

(3) 降低压力的影响。督导开办压力管理工作坊，督导与工作者坦诚分享自己在工作中遇到的困难，鼓励工作者宣泄负面情感。外化，公开表达焦虑感受以减少焦虑，在遵守职业道德规范的前提下，支持性地允许有负面感受，如愤怒、不耐烦和挫折感，分担相应的义务与责任，为工作者独立开展工作和成功完成任务提供机会。

(4) 帮助工作者适应压力。通过使用现实主义语汇改变社会工作者的期望，使他们少些理想主义，多些现实主义，遇到失败的时候，就不会完全怪罪自己。通过传递某些信念，督导可以帮助受督导者更加现实地对待工作，包括“尽力而为，量力而行”，“人非圣贤，孰能无过”，认识到不管是什么样的人，其能力和工作效果都是有局限的。

（5）积极呼吁管理层为员工增加工资。合理的薪酬水平与福利待遇对增加工作满意度和减少压力有着重要作用。

四、社会工作督导的方式

（一）个别督导

个别督导，是社会工作督导训练中较常用的一种方式，也是最早使用的一种督导训练方式。该方式是督导和受督导者一对一、面对面地定期举行讨论会的方式进行的督导。用个别方式进行的督导，其过程一般有三个阶段：开始阶段、中间阶段、结束督导。以教育性督导为例，一次好的督导要具备以下特点：督导和受督导者都要有所计划和准备；要有达成共识的一致目标；督导的中心内容是受督导者的临床工作；要以工作者表现严格的自我分析为主，辅之以督导从旁献计献策和指导帮助；要向工作者提供旨在提高工作质量的清晰无误、切中问题的反馈；督导要在有助于学习的氛围中进行；遵循正确的学习原则和教育原则；每一次督导既要自成一体，又要与下一次督导相衔接。

（二）小组督导

小组督导，顾名思义，就是机构的督导运用小组形式进行的督导，通过小组的方式来达到对所负责的工作者的教育性、行政性和支持性功能。一般是由一位督导者与一些受督导者组成一个小组，通过定期、持续地举行讨论会的形式进行。有鉴于此，适用于小组工作的一般程序也适用于小组督导。

机构中的督导，除个别督导外，小组督导也是常用的方式。由于个别督导和小组督导都有特定的优势，也有特定的劣势，而且这两种方式又或多或少地适合于处理某些不同的情况和需要，所以一般来说，机构和学院都会把这两种方法结合起来使用，以使其优点能够相互补充，而缺点也尽量相互抵消。小组会议安排的内容一般是个人面谈时反复出现的、需要讨论的问题；而小组讨论的结果又会被转用到个人性的个案督导面谈中。督导有义务视情况决定如何恰当地使用哪种督导方式，以便满足受督导者学习的需要。

（三）同辈督导

同辈督导包括同辈小组督导和同辈咨询两种形式。同辈小组督导可以理解成没有领导者（指督导）的小组活动。小组成员是来自同一机构的专业人士，往往具有类似经历、培训时间和背景，他们定期会面，交流实务工作经验，分享专业知识和技巧，相互评论，传播新知，促成自身及相互之间的专业成长，相互支持，防止出现职业倦怠，承担保证机构服务质量的责任。同辈小组督导可以使工作者在没有权威人士的情况下，更加独立自主地开展工作。同辈咨询可以理解成两个工作者之间的相互交流，前来咨询的一方向在某一方面更有经验的一方取经学习，以提高自己的业务水平。由于机构中的工作者各有所长，因此同辈咨询往往是相互的。总体来看，同辈督导，不管是同辈小组督导还是同辈咨询，都还属于非正式咨询的范畴，都不具备督导工作中必不可少的行政性功能，只能作为传统督导的一种补充，不能取代传统督导。

A 本章小结

1. 实习是社会工作专业教育课程计划的有机组成部分，在社会工作专业教育中占有十分重要的地位，学习性和教育性是它的基本特性。

2. 从社会工作实习的历史来看，社会工作实习经历了一个从注重经验学习的学徒模式到注重将学院系统培养和机构实习有机统一的阶段。

3. 社会工作实习的形式主要有集中实习和并行实习两种。这两种形式各有优缺点，采用哪种形式要综合考虑教学进度、教学目标、实习指导教师资源和实习机构资源等情况。

4. 社会工作实习的模式可以分为以机构为主导的模式和以学院为主导的模式，中国国内的实际情况更需要机构和学院结成伙伴关系。

5. 社会工作实习一般包括实习准备、实习实施和实习评估三个环节。选择实习机构时既要考虑到机构的性质、服务方向等因素，更要求机构须有合格的督导，满足实习的教育目的。

6. 社会工作督导是社会服务机构中行政工作的一部分。督导一般由机构中资深的社会工作者担任。受督导者主要包括：机构新进入的工作人员；服务年限较短、经验不足的初级社会工作者；在社会服务机构实习的社会工作专业学生；社会服务机构的非正式人员，主要是志愿者。

7. 督导不向当事人提供直接的服务，他们是通过对直接服务的工作者施加影响，间接地调节服务水平。

8. 社会工作督导就内容和功能上来说主要表现在三个方面，即教育性、行政性和支持性功能。

9. 社会工作督导通常采用个别督导、小组督导和同辈督导三种形式，这三种督导形式各有优点，机构常常会鼓励督导和员工灵活使用，以确保督导的效果。

B 主要术语

社会工作实习（Fieldwork in Social Work）：指社会工作专业学生通过具体的服务践行课上所学社会工作的理论、知识、方法技巧以及价值伦理，达至专业成长的活动。

集中式实习（Block Placement）：是指实习时间与其他课程学习的时间分开，学生先在课堂上学习价值观、理论、知识和方法，然后单独集中一段时间进入服务机构实习。

并行式实习（Concurrent Placement）：也叫同步式实习，是指学生在社会服务机构里的实习时间和课堂教学时间一致，每周一部分时间在学校上课，一部分时间在机构里实习。

社会工作督导（Supervision in Social Work）：是由督导者对受督导者的一种定期和持续的监督、指导，通过行政性、教育性和支持性的督导活动，使受督导者获得专业成长并确保服务质量的活动。

个别督导（Individual Supervision）：督导者和受督导者通过一对一、面对面地定期举行讨论会的方式进行的督导。

小组督导（Group Supervision）：一般是由一位督导者与一些受督导者组成一个小组，通过定期、持续地举行讨论会的形式进行。

同辈小组督导（Peer Group Supervision）：指机构内具有类似经历、培训时间和背景的社会工作者，定期会面，交流实务工作经验，分享专业知识和技巧，促成自身及相互之间的专业成长。

同辈咨询（Peer Consultation）：也叫同事咨询，是指机构中两个工作者之间的相互交流，前来咨询的一方向在某一方面更有经验的一方取经学习，以提高自己的专业水平。

C 练习题

1. 李阳实习的第一天，当他来到机构时，发现机构没有对服务对象开放。因为要重组，整个机构正处于调整期。李阳找到自己的实习督导，督导让他和她一起参加一系列员工工作会议。会议上的讨论非常热烈，年轻的工作者似乎对他们的督导有意见。这种情况让李阳觉得困惑，怀疑是不是自己选错了机构。不过，到下午3点，情况有了好转，员工之间似乎达成了一致意见，出现了一种团结、和谐的气氛。事实是，员工们一致同意利用星期六的休息时间到机构做大扫除、整理办公室。在过去的三年里，机构削减了维修和改善费用，因此他们决定自己动手粉刷办公室并清洗门窗。

讨论：

(1) 你认为李阳应该换一个实习机构吗？为什么？

(2) 李阳也应该在星期六来机构与员工一起工作吗？

(3) 在非正式的场合了解机构员工有什么好处呢？

(4) 如果李阳原本计划星期六与同学外出郊游，他该怎么办？

(5) 粉刷办公室、清洗门窗是否降低了李阳作为一个实习学生的尊严呢？

2. 下面这段文字描述了一位工作者对一个怀有敌意的当事人进行面询之前的感受。这位工作者约好要对一位母亲进行家访，这位母亲的孩子被从家里转移到了别处，她希望孩子们回来。

我对将要进行的家访十分害怕。P夫人的敌意和对抗令我苦不堪言，我估计她对我会很不友好的。在将要进行家访的那天早晨，我的焦虑越来越严重。我尽可能地赖在办公室不走，希望能和其他工作者多待一会儿。最终，我还是出发了，开车去了P夫人家。我到她的居住区时还是太早了。我步履沉重地爬上山丘，真希望自己去的是另一个方向，我希望P夫人忘记了我们约定的面询而不在家。可是她却在家，给我开了门。我感觉自己仿佛是一个引项就戮的罪犯一般。

讨论：

(1) 这位工作者出现了什么状况？

(2) 造成这位工作者这种状况的原因可能是什么？

(3) 如果你是这位工作者，这时你最需要从督导那里得到哪些帮助？

(4) 与另外一个同学一起进行模拟训练，一个扮演工作者，一个扮演机构督导，模拟一个个别督导的场景。

D 思考题

1. 什么是社会工作实习？实习课程与其他专业课程之间的关系是怎样的？

2. 社会工作实习的意义是什么？

3. 什么是社会工作实习形式？主要的实习形式有哪些？你所在学校都有哪些实习形式？

4. 社会工作的实习模式有哪些？你所在学校采取的是什么样的实习模式？

5. 什么是社会工作督导？什么样的人会成为督导和受督导者？

6. 教育性、行政性、支持性督导分别有哪些内容？

7. 社会工作督导有哪些具体形式？他们分别有哪些优缺点？

E 阅读文献

1. 史柏年、侯欣编：《社会工作实习》，北京：社会科学文献出版社，2003 年。

2. 王思斌主编：《社会工作概论》，北京：高等教育出版社，2006 年。

3. 库少雄：《社会工作实习》，武汉：华中科技大学出版社，2003 年。

4. 童敏等：《社会工作实习指南》，北京：高等教育出版社，2008 年。

5. 全国社会工作者职业水平考试教材编写组编：《社会工作综合能力（第一版）》，北京：中国社会出版社，2007 年。

6.〔美〕戴维·罗伊斯等著，屈勇译：《社会工作实习指导（第四版）》，北京：中国人民大学出版社，2005 年。

7.〔美〕阿尔弗雷多·卡杜山，丹尼尔·哈克尼斯著，郭名倞等译：《社会工作督导（第四版）》，北京：中国人民大学出版社，2008 年。

第十三章　社会工作研究

社会工作研究是社会工作的重要组成部分，也是发展社会工作专业知识与实践技巧的重要途径。本章主要介绍社会工作研究的概念、必要性、功能、伦理、步骤和类型等内容。

第一节　社会工作研究的含义与功能

社会工作研究于18世纪源于英国，始于对罪犯、贫民等问题的调查研究，19世纪以后流行于美国，初期以心理保健、住宅及社区环境卫生、儿童福利、少年犯罪等的研究为主，后来以种族问题、贫穷问题、精神病防治、儿童及老人安养、社会福利行政及政策分析等为重点。[①] 如今，社会工作研究已成为社会工作的重要组成部分。

一、社会工作研究的含义

（一）社会工作研究的内涵

关于社会工作研究的内涵，国内外学者有不同的看法，大致可以归纳为两种理解。

第一种理解，社会工作研究就是关于社会工作问题的研究。这一理解把社会工作当做一种社会现象进行研究。例如，台湾学者李增禄认为，社会工作研究是将一般社会研究的方法或技术应用到社会工作领域里，从事有关社会工作问题的调查研究。佛英克(Fink)认为，有系统地寻求尚未知悉的答案，或有系统地验证某些假设，而这些过程用于社会工作领域的，就是社会工作研究。[②] 显然，他们二者是将社会工作研究作为社会研究的一部分来看待的，认为社会工作本身并无独特的

① 李增禄主编：《社会工作概论》，台北：巨流图书公司，1995年，第251页。

② 同上书，第250页。

研究方法。

第二种理解，社会工作研究就是为了推进、发展社会工作而开展的研究。波兰斯基(Polansky)称社会工作研究是将社会福利工作计划、组织或机构的功能与方法的效力，加以精密的探索与科学的检定，寻求一般原理与法则以发展社会工作的学识、技能、观念与理论。它是一种应用或实用的技术，能针对社会问题，使解决问题的社会工作的学识及技术更为有效与更为科学化。[①] 这一界定也是把社会工作当做对象进行研究，但开展研究的主要目的是为了发展社会工作的学识、技能、观念与理论。

简言之，上述两种理解角度有差异，但同时也有相互交叉的地方。我们倾向于把这两种理解综合起来进行概念的界定，认为社会工作研究就是关于社会工作问题的研究，目的是为了推进、发展社会工作。因为社会工作的核心内容是助人和提供社会服务，发展个人潜能，改善个人生活，并增进社会福利。而开展社会工作研究就是为了使社会工作者掌握科学的知识、理论和方法，助人自助，达成社会工作的目标。

(二) 社会工作研究的主要内容

社会工作既是一门科学，又是一种专业方法，也是一项有效的社会制度安排。社会工作领域涉及广泛，包括家庭、社区、学校、医院、司法部门以及各种社会弱势群体、边缘群体等。因此，社会工作研究的内容亦非常广泛。简春安认为社会工作研究包括以下内容：第一，研究与社会工作相关的主题，关注社会弱势边缘群体、关注社会工作三大工作方法等主题；第二，研究要从社会工作角度探讨问题，从需求评估到干预与评估；第三，从“做”的角度来评价社会工作的创新、修正与实验，社会工作研究不在于对各类社会问题的分析，而是针对问题提出处置解决问题的方法，将研究成果回馈到专业，使问题减少到最低程度或为社工专业提升作贡献；第四，社会工作研究强调取之实务用之实务，通过研究方法可重新审视实务的内涵，干预过程中收集资料审视干预效果，并以具体、可观察、可测量的项目描述服务对象系统的问题、干预过程、目标及结果，“问题解决”是社会工作研究的主要逻辑。[②]

(三) 社会工作研究的目标

社会工作的学科性质决定了社会工作研究应该为实务服务。实务社会工作者

---

① 李增禄主编：《社会工作概论》，台北：巨流图书公司，1995年，第251页。

② 简春安，邹平义：《社会工作研究法》，台北：巨流图书公司，2004年，第16～20页。

需要许多类型的知识，他们掌握知识的目的是为了准确决策与成功干预。但从历史上来看，研究与实务相分离，社会工作研究以一种体制化的方式由实践中分离出来，社会工作者们也不如其他专业人士那么强调研究知识在决策中的重要地位。如1979年辛普森(Simpson)指出，实务工作者往往规避抽象知识，并转而依赖于人道主义动力、职业惯例和一般感受。他也看到，社工实务决策所用的大部分知识都来自其他学科。如今，社工们已经认识到知识在决策过程中的必要性，也认识到了社会工作研究对获取知识的重要意义。研究是实务的逻辑外延，因此，从最一般的意义上来讲，研究者就是实务工作者，实务工作者就是研究者。社会工作者可以在研究中发挥三种相互重叠的作用，这些作用包括研究的使用者、知识的创造者和传播者，以及作出贡献的合作者。[①] 为消除实务与研究之间的紧张关系以及提高研究结果的利用率，科克(Kirk)提出社会工作研究具有四大目标：第一，研究结果应该与实务相联系。第二，研究报告中应包含应用于实务的具体方法。第三，研究人员应该有效地散播他们的研究结果。第四，实务人员应该拥有技巧和动机，根据研究知识来评估和改变实务行为。[②]

二、 社会工作研究的必要性

开展社会工作研究是否有必要？有些人认为，社会工作是一种助人活动，有爱心，就可以帮助人。而且服务对象千差万别，情况各异，实践情境复杂多变，很难采取通用的模式和方法来帮助他们解决问题。因此，根本不需要进行社会工作研究。这实际上是对社会工作研究的一种误解。社会工作的本质是运用科学的方法进行的助人服务活动，它十分重视实务和操作。助人服务是一项非常复杂的社会互动活动，如果没有专业的知识、理论、方法，也不去分析影响互动过程的各种个人、文化、社会、心理等因素，只凭个人的经验判断，势必会降低服务的效果，对社会工作目标的达成产生不利影响。

在1955年成立的美国社会工作者协会(National Association of Social Workers)的附属条例中，已列明研究是社会工作者扩展知识、界定社会工作目标及改善社会生活条件的途径。社会工作者通过科学探讨的方法建立专业本身的知识基础，使社会工作成为一门受到更充分认可的专业。

显然，科学的助人服务，要求社会工作者们必须掌握科学的专业知识、理论和

---

① 转引自〔美〕Bonnie L. Yegidis，Robert W. Weinbach 著，黄晨熹，唐咏译：《社会工作研究方法》，上海：华东理工大学出版社，2004年，第4～10页。

② 同上书，第6页。

方法，以进行更准确的决策。在这种情况下，社会工作研究是发展社会工作专业知识与实践技巧的重要途径，它以人类的普遍经验为基础，应用科学的方法来研究专业服务中的相关问题，推动社会工作科学助人目标的实现。因此，社会工作研究作为一种科学研究，对包括社会服务计划和项目的选择、制定、实施、效果评价等，社会工作的整个过程都十分重要。

三、社会工作研究的功能

社会工作研究的功能与社会工作的功能紧密联系在一起。社会工作的本质功能在于预防和解决社会问题，实现和维护个人与社会之间的和谐关系，提升个人、家庭和社区的生活质量，推动社会的文明和进步。社会工作研究具有以下功能：

（一）了解服务对象需求，提供社会服务

发现问题、评估需求是服务项目和计划建立的首要基础和前提。通过对服务对象的状况及社会福利需求的调查研究，可以更清楚地了解服务对象的需求，发现在需求满足时存在的主要问题，然后针对需求为服务对象提供最合适的社会服务。例如对城市外来低收入家庭、老年公寓实况的调查及社区居民参与需求的调查研究等。

（二）分析服务对象面临的问题，探讨解决问题的对策

有什么样的问题归因就会有什么样的解决问题的方案。通过对服务对象的调查研究，分析问题产生的原因或影响因素，在此基础上对症下药，提出相应的解决方案和建议。例如对中学存在的青少年偏差行为进行调查研究，分析青少年偏差行为的主要表现，以及问题产生的个人、环境、文化、社会等方面原因，或进行统计分析建立因果关系模型，在此基础上探讨学校社会工作在国内的介入模式。

（三）发展、完善社会服务方案，改善社会关系

任何社会政策和服务方案的发展、完善必须以对当前社会服务情况的科学认识和评价为基础，这就需要社会工作研究。通过科学的调查研究，客观、全面地反映社会现实，进一步推动社会改革运动。例如通过对某些城市开展的针对失业女性再就业与创业小额信贷服务的调查研究，探讨其在帮助失业女性解决就业难题方面的主要做法、服务方案实施过程中存在的主要问题和原因，并提出具体的服务方案完善措施，真正帮助失业女性顺利实现再就业。

(四) 进行社会服务评估,提高服务效果

社会服务项目和计划的执行情况直接影响服务的效果,同时社会环境的复杂性决定了服务的开展经常会遇到一些之前没有预料到的新问题。为提高社会服务项目和计划的服务效果,改进社会工作者的方法和技术,必须进行服务评估研究,包括投入评估、过程评估、产出评估等内容。例如研究城市养老机构服务的工作方式和效果,或评估老年人社会福利服务方案,从而改进对老年人服务的内容、方法、技巧和模式。

(五) 建立、检验和发展社会工作实务理论

社会工作理论来源于对社会工作实践的总结,通过社会工作实践,可以研究分析概念建立各种社会工作方法的实务理论模式,同时从实地工作经验资料验证理论。例如由研究分析社区发展的概念,而归纳出基于计划变迁理论的四种社区发展实务理论模式,即创新改革模式、改变习俗模式、行为改变模式及过程取向模式等,此等模式可由实地工作经验资料加以验证。

四、 社会工作研究中的伦理议题

任何一种研究都会面临伦理议题,社会工作研究也不例外。在研究中,伦理问题通常围绕着两个相关问题:第一,谁应该从研究者的行为中获益或受损?第二,谁的权利应该先于其他人?作为社会工作研究来说,研究的参与者常常是社会弱势边缘群体,如穷人、儿童、老人、越轨者、精神病患者等。为了保护研究参与者,在社会工作研究过程中,研究者需要遵守以下伦理守则:

(一) 知情同意下的参与

大多数的社会工作研究包含行动、态度以及面对面的接触,参与研究必须是自愿的,是主动同意,使研究参与者了解研究内容并征求其同意,这是建立良好的研究关系、获取准确资料的基础,也是研究者需要遵守的最重要的伦理守则。在研究过程中,知情同意下的参与原则是指研究参与者在被告知研究的性质和意图并且在了解研究情况下完全自愿地选择同意参与研究,而不是因为强迫或因为承诺给予报偿。这里,自愿表示这是研究参与者自己选择的结果,知情表示对即将参与的研究有相对比较清楚的了解。这个原则与社会工作实务中的自主理念相一致,也有利于研究者与参与者之间建立平等的研究关系,而非传统意义上的研究者握有高于研究参与者的权力与权威。

避免强迫和扭曲性的同意。强迫他人参与研究是不合乎伦理的，对社会工作者来说，当研究参与者是自己的服务对象时，更容易面临这样的问题。举例来说，一位主管可能会想在自己的机构执行一项研究，或是老师要求学生参与他的研究方案。即使我们尽量小心处理，然而打断原有与服务对象或学生的专业关系，还是可能让对方觉得有被强迫的感受。显然，这种情况下，即便是告知后的同意，实际上也会变成扭曲性的同意。

（二）不伤害研究参与者

遵守职业伦理守则的社会工作研究者有责任和义务确保研究参与者免受任何可能的伤害，包括生理伤害、心理伤害、法律伤害等。在真正开始调查研究之前，研究者就要事先想到可能会出现的各种风险与问题，并做好应对的心理准备。如果参与者因参与调查而对自己或家人造成了伤害，那么研究者将负有不可推卸的道德与法律责任。

与参与调查对研究参与者造成的生理伤害相比，在社会工作研究过程中，创伤、情绪等心理伤害可能会经常被谈到。因为很多调查可能会涉及参与者痛苦的生活事件与经历，例如离异、疾病、过去被遗弃的经验、死亡和家庭暴力等。尽管参与者是知情而自愿地参与，但在研究者面前回忆、陈述这些痛苦的生活事件与经历，研究者有时可能会产生心情压抑甚至情绪崩溃的状况。相对于其他学科的研究者对参与者可能造成的无法挽回、挥之不去的伤害，社会工作研究者开展的研究对参与者产生心理伤害的可能性较小。而且大部分参与调查的社会工作者都进行了专业培训，加上他们的专业价值观，对这些问题应该能够恰当地处理。但我们也要敏锐地意识到，某些特殊的生活经历与事件对个人自尊心产生的负面影响。因此，对于特别敏感的主题，研究者必须小心处理。

（三）匿名与保密原则

在社会工作研究过程中，如果参与者的身份有意或无意地与所收集到的资料相关联，他们可能就会受到伤害。因此，遵守职业伦理守则的社会工作研究者有责任通过匿名和保密来确保他们的隐私，保护研究参与者免受各种伤害。当研究者无法辨识某个回答的研究参与者时，这个研究参与者可以说是匿名的。保密是指研究者知道参与者的身份及其回答，但保证不透露这些资料。

在实际的研究中，参与者一旦同意参与调查研究，事实上已经牺牲了自己的隐私。为了使参与者免受伤害，参与者提供资料的最理想方式就是匿名，尤其在问卷调查中，对问卷不使用任何的记录号码或标记。一个更实际并被普遍认同的原则就是保密工作。特别是当资料通过面对面访谈收集的时候，研究者能明白和记起那些透露自己情况的人，但是，在保密原则下，研究者有道德责任不能透露参与者的身份，或不能以任何方式把所提供的任何资料和其中的参与者联系起来。维护私密性要求在公布研究结果之前要一丝不苟地修改资料，以消除任何标识性的信息。有道德感的研究者愿意放弃一些可能有用的资料以保护参与者的隐私权。从另一个角度来说，坚持保密原则可以使研究者与参与者之间构筑亲密、信任的关系，正是这样的关系，参与者才能把个人私密的经历向研究者显露出来，才能够使研究者获得他所追求的丰富而深入的材料。

第二节　社会工作研究的过程

社会工作研究与一般的社会研究一样，有一定的步骤或阶段。一般说来，社会工作研究包含以下六个步骤。

一、确定研究题目

所有的社会工作研究都应该从选择和确定研究题目入手。研究题目表明了研究的性质与范围。题目不能太简单，也不宜太冗长。研究者通常依个人的兴趣、个人的观察或体验去发掘可以研究的问题，有时经由参阅有关文献、参考专家学者的意见，而后深思熟虑，提出所欲研究的问题。

研究题目的选择会受到研究目的的影响。研究目的指这个研究最终的目的是什么？想要对什么问题有所启发？影响什么实践？为什么要做这个研究？我们为什么要关心此研究的结果？此研究为什么值得做？研究目的可分为个人目的、实践目的或者社会、政治目的、研究或学术目的，而且这三种目的通常同时并存，只是有的时候比重有所不同。个人目的包括实现改变现状的热情、满足对特定现象的好奇心、从事某一类型研究的渴望等，实践目的或者社会、政治目的是为了改变社会现况、达到目标或满足需求，研究或学术目的是了解并对社会现象产生见识。[①] 另外，研究题目的确定还要看时间、经费、人力、物力、需求以及研究伦理等因素的考量。

研究题目的界定通常先定个大领域的问题，然后逐步将人、地、时、事、物及特质等的范围缩小，不断地明细化，最后形成具体明确的研究主题。界定研究问题的领域或范围并无固定的标准，但大体上，有意义而值得研究的问题，可归纳为三种：

---

① 毕恒达：《教授为什么没告诉我——论文写作枕边书》，北京：法律出版社，2007年，第15～16页。

第一类问题是在社会上实际需要解决的难题，得经调查研究而提出解决问题的途径、方案或措施。例如青少年犯罪问题、社区精神伦理建设问题等。第二类问题是在社会上争论中的社会议题，例如同性恋合法化等。第三类问题是有关建立理论与验证理论方面的问题，这是一些理论上的探讨或学术研究上的问题，为建立理论模式或验证某种理论的研究。例如建立社区发展实务理论模式、验证成本效益分析评估模式问题等。

二、文献研究

研究题目确定之后，还要作进一步的文献研究，使选定的研究题目更加科学、合理。文献研究是指查阅、评述已有的相关研究成果、学术论述、统计资料等。为什么要进行文献研究？文献研究可以帮助研究者了解研究议题已经有多少既有研究，别人已经研究到怎样的地步。一方面避免重复别人已经做过的研究，一方面站在别人的研究基础上继续向前，让研究者知道自己的研究如何使既有知识更为精致、修正、前进，知道用何种理论观点来看待研究者的研究问题，才知道怎么问问题，问对问题，问有意义、关键的问题。读者也才知道研究者的研究和既有研究之间的关联。另外，有了别人的经验，也可以找到比较适当的研究方法，节省研究的经费与时间。[①]

最常用的文献来源包括以下几部分：著作、专业期刊论文、工具书（如社会工作百科全书）、电脑数据库、国际互联网、对权威人物的个人采访、研究报告和专题研究、学术会议和研讨会报告、工作坊资料、政府文件和政府会议记录、报纸、广播和电视等。查阅完文献之后，研究者要在此基础上完成文献评述，如何写？要坚持5C原则，亦即全面（comprehensive）、精简（concise）、一致（coherent）、累积（cumulative）与批判（critical）。[②] 尤其重要的是，在这一阶段，研究者的作用应描述成读者的导读，是帮助读者综合现有的知识并从中得出结论。

三、研究设计

研究设计阶段的主要任务就是制订一个完整、详细的研究方案，它是对研究的具体程序和操作的规划，即制订研究计划，分解研究课题，然后将所要研究的概念具体化、操作化，并说明研究中的各种细节以及所采取的各种策略。研究方案的内

---

① 毕恒达：《教授为什么没告诉我——论文写作枕边书》，北京：法律出版社，2007年，第33～34页。

② 同上书，第68页。

容包括：第一，阐明研究课题和研究目的；第二，确定研究类型和研究方法；第三，确定分析单位和研究内容；第四，制定抽样方案；第五，制定问卷、观察表格或访问提纲；第六，确定调查的场所和时间计划；第七，研究经费和物质手段的计划、安排。[①]研究设计方案的最后确定实际上是在各种研究手段和策略之间进行选择的结果。

如果为申请经费资助而事先研拟一个研究计划，则该研究计划应该包括更多的项目，具体包括：研究题目；问题陈述（选题的理由）、文献探讨、研究目的、变量及操作性定义、研究假设、研究设计/搜集资料的方法、统计分析资料的方法、进度及经费预算、设备及人事安排、参考文献及附录等。

四、搜集与整理资料

资料是研究的基础，搜集尽可能丰富的、能反映问题的资料是社会工作研究的关键。搜集资料是调查研究者同研究参与者直接进行社会互动的过程。互动过程将决定所获资料的丰富和真实程度，所以调查研究者一定要同提供资料者处理好关系。

根据调查研究的设计，搜集资料时可以采用观察法、问卷法、访谈法、文献法等。访谈法也称访问法，是访问者通过口头交谈等方式向被访问者了解社会事实情况的方法。访谈可以采用多种形式，如结构式访谈和无结构式访谈、个别访谈和专题小组访谈、直接访谈与间接访谈等。观察法是指研究者在实地研究中，有明确目的地，以感觉器官或科学仪器，去记录人们的态度或行为。观察法可分为参与观察和非参与观察两种类型。[②] 相对而言，在知识有限的探索领域中，采用参与观察的方式常常是最佳方法，因为这是研究者在自然情境下进行的系统观察，能反映在那种环境下被观察者的实际行为和真实表现。问卷法是以预先设计好的问卷为测量工具，系统地、直接地从一个取自总体的样本那里收集量化资料，并通过对这些资料的统计分析来认识社会现象及其规律。问卷法分为自填问卷法和结构访问法两种基本类型。文献法是一种通过收集和分析现存的，以文字、数字、符号、画面等信息形式出现的文献资料，来探讨和分析各种社会行为、社会关系及其他社会现象的研究方式。常用的文献法包括内容分析、二次分析和现存统计资料分析等。[③]

资料搜集完成以后，对调查所获得的资料还要进行初步的整理，检查、审核原始资料是否完整、准确。这里需要说明的是，搜集资料的选择方法本身并不具有绝

---

① 袁方主编：《社会研究方法教程》，北京：北京大学出版社，1997年，第157～159页。

② 林聚任，刘玉安主编：《社会科学研究方法》，济南：山东人民出版社，2008年，第199～208页。

③ 风笑天：《社会学研究方法》，北京：中国人民大学出版社，2009年，第233页。

对的优先性，只有知道研究题目之后，才能够比较不同方法的适切程度。方法的考量，最重要的当然是它回答你的研究问题最好的方法，但是方法的选择也受到研究伦理、个人特质、资源、外在条件等的限制。

五、分析资料

对于搜集的资料进行初步的审核与整理后，需要将资料加以进一步的整理与深入分析，对于数据型资料，首先要审核修正资料，然后分类编码输入电脑，应用各种统计软件进行统计分析。统计分析可繁可简，如果是描述性研究，可计算出频次分布、百分比、均值、中位值、众值、交互分类统计等。如果是分析性研究，则可使用各种检定法，计算出相关系数，并做相关分析、回归分析、路径分析等。对于文字资料，需要从原始资料中发展出译码与主题，进行资料编码登录，继而从资料中发掘意义。需要注意的是，经验研究的发现及其分析是整个研究最核心的部分，除了资料的呈现外，一定要对资料进行深入分析，切忌出现只有资料堆积而没有分析的状况。

六、撰写研究报告

社会工作研究的最后一个阶段是撰写研究报告。在对研究的结果加以分析与阐释的基础上形成研究报告，在专业期刊或在研讨会上发表。研究报告是对研究成果的总结与展示。一般正式的书面研究报告的总体结构是：

(1) 标题页。标题页包含标题、作者姓名、从属机构名称和日期。标题要能够确切反映研究项目。(2) 致谢。这一部分是答谢那些有助于调查研究顺利执行的个人和组织，还要特别感谢所有在资料搜集阶段的参加者。(3) 目录。主要是列出报告中的主要章节，以及各章节和各类标题对应的页码。(4) 图表索引。在一个独立的索引中列出报告中所有的表格和图形，并标出各自对应的页码。(5) 摘要。简明扼要地介绍研究的问题、方法论取向、具体方法、主要结论。(6) 导言。简要介绍研究的问题、预期目标、研究假设等。(7) 文献回顾。概述前人的研究成果并作总结。(8) 研究方法。需要详细叙述研究中涉及的所有技术层面的问题，包括研究方法、方案设计、概念及其使用、抽样方法、资料搜集、数据和资料分析。(9) 研究结果。研究结果详细陈述所搜集到的资料。(10) 讨论。讨论的重点应放在回答研究要解决的问题上。(11) 结论。简单阐明研究的主要发现、讨论部分的争议以及未来研究方向的建议。(12)注释。(13)参考书目。(14)附录。如一份调查问卷等。[1]

第三节 社会工作研究的方法

与社会工作研究的内容、目标和功能相适应,目前社会工作研究的方法主要包括以下几种。

一、个案研究

个案研究是社会工作研究中最常用的方法之一。所谓个案研究是对某一特定对象为研究单位的深入的研究。研究对象可能是个人、家庭、社区、机构等。个案研究适用于满足一定条件的情形如对研究领域知之不多,具有代表性的样本无法获取,被研究的对象通常涉及非法行为或至少是不符合社会规范的行为方式等。

在个案研究中,除获取研究参与者的信任外,访谈者还必须掌握良好的访谈技巧和能力。如访谈者必须具有很强的接受能力,而且尽量不发表个人的观点、想法和建议,同时必须会观察和诠释各种不同的语言和非语言的交流方式。

个案研究的特质表现在以下三个方面:重视服务对象的感受,个案研究者不仅要关心服务对象的各种资料,更为重要的是要关心服务对象本身的感受;强调应用性的研究,期望透过深入的个案研究,提出具体而有效的干预、处置或治疗的策略与方案;注重改变行为的模式,经个案研究探讨改变行为的过程,希望建立一些原理或模式,并且应用到其他的社会工作实务中。

个案研究使研究者有可能深入考察那些用定量方法无法做到的事物(例如人们对某些现象的感受和经历是怎样的)。但个案研究也有缺点,其最大缺陷是产生确定性知识的能力有限。[2] 因为研究参与者的数量较小,也不具有代表性,因此研究者无法把个案研究的结论推论到其他没有参与研究的人。

二、民族志研究

关于民族志,在这里引用约翰·布鲁尔的界定,认为民族志研究是在自然发生的情境或"田野"的情况下,通过捕获社会生活内涵和常规行为的资料的方式对人

---

① 〔美〕Matthew David and Carole D. Sutton 著,陆汉文等译:《社会研究方法基础》,北京:高等教育出版社,2008 年,第 353～354 页。

② 〔美〕Bonnie L. Yegidis, Robert W. Weinbach 著,黄晨熹,唐咏译:《社会工作研究方法》,上海:华东理工大学出版社,2004 年,第 166～172 页。

们进行的一种研究。[1] 民族志研究方法有两个内在的不同视角，即“主位”视角和“客位”视角。主位视角是指局内人的角色，即这些人属于被研究团体的本土成员。客位视角是局外人视角，就是通常由研究其他文化的研究者担当的角色。民族志研究试图让局外观察者来担任局内人的角色，通过参与性观察和其他方法来提高对文化背景的认识，从而使两种视角相辅相成。在民族志研究中，最常用的资料搜集方法就是参与式观察。

高森—劳斯(Goodson-Lawes)阐述了民族志方法在社会工作研究中的特别用处。研究者运用民族志研究对墨西哥和越南移民家庭进行了研究。研究者和这些家庭一起生活，以理解迁移对家庭功能和家庭结构所造成的后果。他们学习移民家庭的语言，参与他们的日常生活，他们成了这些家庭中的常客。事件、反应、情感以及互动都被仔细地记录下来，而且在一些期刊中也有详细的阐述。

三、扎根理论

扎根理论是社会工作研究中一种常用的研究方法，它是由格拉泽(Glaser, B.)和斯特劳斯(Strauss, A.)两位学者在1967年《扎根理论的发现》一书中提出的。扎根理论方法是“一种用于发展理论的研究方法，它根植于系统收集和分析的资料之中”。研究者不是一开始就有一种理论并试图去验证它，相反是从一个特定的研究领域出发，并将与此有关的研究实体围绕着特定的领域呈现出来。在这一方法中，概念和理论最初从资料中发掘出来，然后这些概念和理论再从精心设计而收集的资料中，得到进一步的阐释和修正。[2] 这一研究取向的中心特征就是一种“不断比较分析”的方法。即在资料与资料之间、理论与理论之间不断进行对比，然后根据资料与理论之间的相关关系提炼出有关的类属及其属性。这一比较和归纳过程是通过三级编码和分析程序来完成的。

例如，考虑到关于华人社会支持和支持行为的本土化概念和理论的缺乏，阮曾媛琪采用“扎根理论”的方法，在北京市一个居民住宅区开展资料的收集工作，共选取了27名在居民区内居住的就业妇女作为研究对象。在研究过程中，她采用了多种定性资料收集的具体技术，包括深入访问、焦点小组和参与观察。研究过程中收集到的资料成为研究者探索中国妇女社会支持网络概念的一个基础。

---

① 转引自〔美〕Matthew David and Carole D. Sutton著，陆汉文等译：《社会研究方法基础》，北京：高等教育出版社，2008年，第106页。

② 转引自阮曾媛琪著，熊跃根译：《中国就业妇女社会支持网络研究——“扎根理论”研究方法的应用》，北京：北京大学出版社，2002年，第20页。

扎根理论的前提基础是人们赋予其生活事件的意义，对理解他们对这些事件的反应和达观(resilience)具有十分重要的作用。它的主要理论基础是符号互动论，即认为人们为自己构建了事件的意义，而这又是以和别人的互动为基础的。因此，扎根理论旨在领会人们给予自己生活事件的内涵，它特别适合于获取社会工作者所需的知识类型，而且进行扎根理论研究所需要的许多技巧正是我们所拥有的特质(访谈技巧、建立关系的能力等)。

四、 口述史

口述史作为历史学的一门分支学科创建于1948年，是一种口头叙述记录历史的方法，主要用来了解参与者对事件的描述和解释。这种方法特别适合下列情况：参与研究的人属于没有书写能力的弱势群体，他们的声音很难被正统的历史文本记录下来；有关某研究课题的历史文献比较缺乏，需要研究者自己到实地去收集资料。口述史不仅可以为文字史料提供佐证，而且可以使研究者在“看”到历史的同时“听”到“活生生的历史”。[①]

口述史作为一种依赖于熟练的访谈技术的资料收集方法，首先要求研究者在具体调查之前做好充足的准备工作。包括与可能的访谈参与者见面，和他们建立起友好和互相信任的关系，并决定在进行口述史记录的时候问哪些问题最合适；准备好访谈设备，包括录像机、录音笔。口述史的访谈一般要进行很多次才能完成，要求每一次都要做好记录。在对参与者进行访谈时，研究者既是观察者又是参与者，需要通过与对方的互动理解对方的叙述方式和经历体验。研究者既可以把口述史当做是对个人的个案研究，也可以当做是对一些有共同生活和经历的许多人的研究，还可以提供给机构和团体，作为历史资料以备将来研究之用。口述史有时被用于民族志研究。

五、 实验法

实验法是社会工作研究中，是比较严谨而且不易实施的一种研究方法，它是指一种经过精心的设计，并在高度控制的条件下，通过操纵某些因素，来研究变量之间因果关系的方法。实验的基本目标是决定两个变量是否具有因果关系。[②] 相对于其他研究方法，实验研究设计是一种最令人信服的、能证实变量之间存在因果关

---

① 陈向明：《质的研究方法与社会科学研究》，北京：教育科学出版社，2000年，第211～212页。

② 风笑天：《社会学研究方法》，北京：中国人民大学出版社，2009年，第205页。

系的方法。真正的实验设计必须满足以下极其严格的条件，包括研究者要一次引入或操作一个自变量；要有一个或多个控制组未受到自变量的影响；实验组和控制组的研究对象要随机分配。全部真正的实验性设计都要求在一定条件上实施严格控制，所以有时由于伦理因素而难以实施。

根据实验设计的不同，实验设计可分为标准实验设计和准实验设计。一个完备的标准实验设计应具有一些必备的条件，如随机指派实验对象以形成两个或多个相同的组，前测和后测，实验环境的封闭，实验刺激的控制和操纵等。社会研究的对象和内容常常在许多方面限制了这种严格的实验设计在现实社会中的应用。各种缺乏实验设计中一个或多个"条件"或"部分"的实验，被称做准实验设计。准实验设计的常见类型包括：具有不等同组的仅有后测的设计，有前测和后测的单组设计，仅有后测的单组设计等。在社会工作实践中，准实验设计常被使用。

六、行动研究法

行动研究是20世纪70年代以来逐步发展起来并在教育研究、社会工作研究中日益得到重视和广泛运用的研究方法。行动研究的积极倡导者、英国学者艾略特(J. Elliot)认为，行动研究是对社会情境的研究，是以改善社会情境中行动质量的角度来进行研究的一种研究取向。在行动研究中，研究的参与者不再是研究的客体或对象，他们成了研究的主体之一。通过"研究"和"行动"这一双重活动，参与者将研究的发现直接运用于社会实践，进而提高自己改变社会现实的能力。

卡尔(Carr)和克米斯(S. Kemmis)将行动研究分为三种类型，三种研究类型都以提高实践活动的效率和专业发展为目标，但在推进者扮演的角色、推进者与参与者的关系方面有所不同。第一，技术性的行动研究。"局外的"专家扮演着推进者角色，但也形成作为"研究者"的推进者同作为被研究对象的实践活动参与者的合作。参与者在研究中带有明显的被动性。第二，实践性的行动研究。研究的推进者启发和鼓励共同行动者的参与并进行自我反省。第三，无束缚性的行动研究。研究的推进者们摒弃传统的、先定式的命令约束，而以与参与者共担责任和完全的合作作为改善实践的手段。①

例如，从2001年开始，香港理工大学与云南大学等高校的社会工作专业的师生，深入云南平寨，尝试探索一种以能力建设为重点的农村社区综合发展的农村社会工作模式。经过十多年的不懈努力，培育出多名具备自主开展工作能力的村民

---

① 王思斌主编：《社会工作概论》，北京：高等教育出版社，2006年，第417页。

骨干，发育出各种村民自助组织，当地农民通过互助合作的方式独立自主地实施各种生计、文化和性别等项目，当地民众的民族自豪感和凝聚力也得以提升。

克米斯认为，行动研究是一个螺旋式上升的发展过程，每一个螺旋发展圈包括四个相互联系、相互依赖的环节：第一，计划。计划包括研究的总体计划和每一个具体的行动步骤。第二，行动。按照目的实施计划，行动应该是灵活的、能动的，包含有行动者的认识和决策。第三，考察。对行动的过程、结果、背景和行动者特点进行考察。第四，反思。对观察到和感受到的与制订和实施计划有关的各种现象进行归纳，描述出本循环的过程和结果并作出判断，对现象和原因作出分析解释，指出计划和结果之间的不一致性，形成基本设想、总体计划和下一步行动的计划。[①] 对于行动研究的具体操作方法，既可以采取定量研究方法，也可以采取定性研究方法。

七、 评估研究法

评估研究法是评估研究者（评估者）运用社会研究方法，研究、评估，并帮助改善社会项目的所有重要方面，包括社会问题诊断、概念化与设计、实施与管理、产出及其效率。评估的目的就是使政策决策、资源利用、项目设计、项目实施和延续变得更加有利于人的发展。彼得·罗希（Peter H. Rossi）等学者根据评估问题把评估研究分为如下五种类型：第一，需求评估。回答项目运用所需的社会条件以及项目需求程度等问题。第二，项目理论评估。评价项目构思质量的概念和方法。第三，项目过程评估。证明项目是什么和是否按照预期被送达给既定的接受者。第四，影响评估。也称为产出评估，这一类型主要是评估项目获得产出的程度。第五，效率评估。回答项目的成本和成本—收益问题。方法可分为成本—收益和成本—绩效分析两种。[②]

评估研究在程序上与其他社会研究的基本程序一样，先确定评估研究的题目和内容，然后按照评估方案收集所需要的资料，通过对资料的分析，最后得出结论。作为社会工作研究中的一种常用方法，评估研究在程序上也有其自己的特点与要求。例如，澳大利亚新南威尔教育部研究和评估支持、服务机构提出了如下一套进行评估研究的基本步骤。第一，先确定评估的项目是什么？第二，确定为什么要对这个项目进行评估？第三，分析人们是会如何对待这项评估的？第四，确定评估将

---

① 陈向明：《质的研究方法与社会科学研究》，北京：教育科学出版社，2000 年，第 455 页。

② 〔美〕彼得·罗希，马克·李普希，霍华德·弗里曼著，邱泽奇，王旭辉，刘月译：《评估：方法与技术》，重庆：重庆大学出版社，2007 年，第 3～232 页。

要解决的主要问题是什么？第五，确定谁将做什么？第六，考虑为评估研究提供的资源有哪些？第七，确定需要搜集的资料有哪些？第八，确定如何分析资料？第九，撰写评估研究报告。第十，如何实施报告？①

一般来说，对于不同类型的评估可以采用不同的方法。评估研究的方法可分为一般方法和具体方法两种，一般方法包括定量评估法、定性评估法、比较评估法等。具体方法也有多种类型。

A 本章小结

1. 社会工作研究具有四大目标：研究结果与实务相联系，研究报告中包含应用于实务的具体方法，研究人员有效地散播研究结果，实务人员能根据研究知识来评估和改变实务行为。

2. 社会工作研究的功能主要表现在：了解服务对象的需求，提供社会服务；分析服务对象面临的问题，探讨解决对策；发展、完善社会服务方案，改善社会关系；进行社会服务评估，提高服务效果；建立、检验和发展社会工作实务理论。

3. 为了保护研究参与者，在社会工作研究过程中，研究者需要遵守以下伦理守则：知情同意下的参与，不伤害研究参与者，匿名与保密原则等。

4. 一般说来，社会工作研究包含确定研究题目、文献研究、研究设计、搜集与整理资料、分析资料和撰写研究报告六个步骤。

5. 社会工作研究的类型包括个案研究、民族志研究、扎根理论、口述史、实验法、行动研究法、评估研究法等。

B 主要术语

社会工作研究（Social Work Research）：是关于社会工作问题的研究，目的是为了推进、发展社会工作。

访谈法（Interview Method）：也称访问法，是访问者通过口头交谈等方式向被访问者了解社会事实情况的方法。

观察法（Observational Method）：指研究者在实地研究中，有明确目的地，以感觉器官或科学仪器，去记录人们的态度或行为。

个案研究（Case Study）：是对某一特定对象为研究单位的深入的研究。

---

① 林聚任，刘玉安主编：《社会科学研究方法》，济南：山东人民出版社，2008年，第359页。

民族志研究(Ethnographic Research):是在自然发生的情境或"田野"的情况下,通过捕获社会生活内涵和常规行为的资料的方式对人们进行的一种研究。

扎根理论(Grounded Theory):是一种用于发展理论的研究方法,它根植于系统收集和分析的资料之中。

口述史(Oral History):是一种口头叙述记录历史的方法,主要用来了解参与者对事件的描述和解释。

评估研究法(Evaluation Research):是评估研究者运用社会研究方法,研究、评估,并帮助改善社会项目的所有重要方面。

行动研究法(Action Research):行动研究是对社会情境的研究,是以改善社会情境中行动质量的角度来进行研究的一种研究取向。

C 练习题

1. 对以下研究者可能遇到的伦理困境进行思考,并说明对该问题的解决办法。

(1) 一个研究者为其研究需要运用访谈法收集资料,每三个月进行一次访谈,共访谈六次,参与者是研究者所在城市的几个家庭。在第二次访谈结束之后,参与者告诉研究者,他们不愿意再继续参与研究了。你会怎么做?

(2) 研究者在对服刑人员进行访谈时,服刑人员告诉研究者,当晚他准备越狱逃跑。你会怎么做?

2. 试运用评估研究法对某社区开展的反家庭暴力项目进行评估。

3. 依据行动研究法的步骤和方法,对某中学的青少年偏差行为作出一项研究设计。

D 思考题

1. 社会工作研究的必要性及其功能。
2. 社会工作研究的步骤有哪些?
3. 简述评估研究法的一般程序。
4. 试举例说明行动研究法的过程。

阅读文献

1. 王思斌主编:《社会工作概论》,北京:高等教育出版社,2006 年,第二十二章。

2. 李增禄主编:《社会工作概论》,台北:巨流图书公司,1995 年,第九章。

3. 〔美〕Bonnie L. Yegidis, Robert W. Weinbach,黄晨熹,唐咏译:《社会工作研究方法》,上海:华东理工大学出版社,2004 年,第 1～13 章。

4. 〔英〕梅拉尼·莫特纳,玛克辛·伯奇,朱莉·杰索普,蒂娜·米勒著,丁三东,王岫庐译:《质性研究的伦理》,重庆:重庆大学出版社,2008 年,第 1～8 章。

5. 〔美〕彼得·罗希,马克·李普希,霍华德·弗里曼著,邱泽奇,王旭辉,刘月译:《评估:方法与技术》,重庆:重庆大学出版社,2007 年,第 1～12 章。

6. 〔美〕诺曼·K. 邓津,伊冯娜·S. 林肯著,风笑天等译:《定性研究:策略与艺术》,重庆:重庆大学出版社,2007 年,第 16～22 章。

7. 阮曾媛琪著,熊跃根译:《中国就业妇女社会支持网络研究——"扎根理论"研究方法的应用》,北京:北京大学出版社,2002 年。

附录一

关于加强社会工作专业人才队伍建设的意见

为深入贯彻党的十七大精神，全面落实《中共中央关于构建社会主义和谐社会若干重大问题的决定》和《中共中央、国务院关于加强和创新社会管理的意见》要求，努力造就一支高素质的社会工作专业人才队伍，为构建社会主义和谐社会提供有力的人才支撑，现就加强社会工作专业人才队伍建设提出如下意见。

一、加强社会工作专业人才队伍建设是构建社会主义和谐社会的一项重大而紧迫的战略任务

1. 充分认识加强社会工作专业人才队伍建设的重要性和紧迫性。构建社会主义和谐社会是党中央从中国特色社会主义事业总体布局和全面建设小康社会全局出发提出的重大战略任务。实现这项战略任务，必须在经济发展基础上，加快推进以保障和改善民生为重点的社会建设，加强和创新社会管理，大力发展社会事业，培养造就一支数量充足、结构合理、素质优良的社会工作专业人才队伍。社会工作专业人才是具有一定社会工作专业知识和技能，在社会福利、社会救助、慈善事业、社区建设、婚姻家庭、精神卫生、残障康复、教育辅导、就业援助、职工帮扶、犯罪预防、禁毒戒毒、矫治帮教、人口计生、纠纷调解、应急处置等领域直接提供社会服务的专门人员。充分发挥他们在困难救助、矛盾调处、人文关怀、心理疏导、行为矫治、关系调适等个性化、多样化服务方面的专业优势，对解决社会问题、应对社会风险、促进社会和谐、推动社会发展具有重要基础性作用。

改革开放尤其是党的十六届六中全会以来，我国社会工作专业人才队伍建设取得重要成绩，社会工作专业教育初具规模，人才培养力度逐步加大，制度建设稳步推进，实践探索不断深入；社会工作专业人才在提高社会服务水平、解决群众困难、化解社会矛盾、减少不和谐因素等方面作用日益显现。但总体看，社会工作专业人才队伍发展滞后，还存在体制机制和政策制度不完善，人才数量缺口很大、能力素质不高、结构不合理等问题，与人民群众日益增长的社会服务需求不相适应，与构建社会主义和谐社会的要求相比尚有较大差距。要从深入贯彻落实科学发展观、构建社会主义和谐社会、提高党的执政能力、夯实党的执政基础的全局和战略高度，充分认识加强社会工作专业人才队伍建设的重大意义，进一步解放思想，更新观念，采取有力措施，加快推进社会工作专业人才队伍建设。

二、加强社会工作专业人才队伍建设的指导思想、工作原则和目标任务

2. 加强社会工作专业人才队伍建设的指导思想。高举中国特色社会主义伟大旗帜，以邓小平理论和“三个代表”重要思想为指导，深入贯彻落实科学发展观，立足于我国经济社会发展的客观需要，适应加强和创新社会管理的现实需求，按照实施人才强国战略的总体部署，以人才培养为基础，以人才使用为根本，以人才评价激励为重点，以政策制度建设为保障，努力建设一支高素质的社会工作专业人才队伍，为构建社会主义和谐社会和巩固党的执政基础提供有力的人才支撑。

3. 加强社会工作专业人才队伍建设的工作原则。坚持党的领导，确保社会工作专业人才队伍建设的正确政治方向；坚持政府推动，各级政府切实履行依法规范、政策引导、资金投入等方面的职责；坚持社会参与，鼓励社会组织、企事业单位和社会公众支持社会工作专业人才队伍建设；坚持突出重点，优先培养为有特殊困难的群体、家庭和个人服务的社会工作专业人才，推动各地区、各行业、各领域、各层次社会工作专业人才队伍协调发展；坚持立足基层，加强基层社会服务平台建设，引导社会服务资源向基层倾斜，鼓励社会工作专业人才到基层服务；坚持中国特色，对国(境)外社会工作专业人才队伍建设形成的优秀成果进行有益的借鉴，着力建设符合中国国情、体现时代精神、适应社会需要的社会工作专业人才队伍。

4. 加强社会工作专业人才队伍建设的目标任务。当前和今后一个时期，要大规模开展专业培训，大幅度提升现有从事社会服务人员的专业素质和职业能力，逐步扩大社会工作专业人才队伍规模；深化社会工作专业教育改革，完善社会工作专业培训体系，初步形成适合我国国情的社会工作专业人才培养模式；逐步建立社会工作专业人才培养、选拔、使用、流动、评价、激励等方面的政策法规体系；着力加强中国特色社会工作专业人才理论研究和宣传普及，提升社会工作专业人才的认知度和认可度；加大社会工作专业人才使用力度，形成各地各部门共同推进社会工作专业人才队伍建设的总体态势。到 2020 年，建立较为完善的社会工作专业人才队伍建设运行机制和工作格局，使社会工作专业人才队伍的数量、结构和素质能力适应构建社会主义和谐社会的需要，满足广大人民群众不断增长的服务需求。

三、大力加强社会工作专业教育培训

5. 统筹规划社会工作专业教育培训。根据社会工作专业人才队伍现状和经济社会发展趋势，研究制定社会工作专业人才教育培训规划，建立教育培训长效机制。合理配置教育培训资源，明确不同地区、不同领域、不同层次社会工作专业人才教育培训重点任务和保障措施，加快建立不同层次教育协调配套、专业培训和知识普及有机结合的社会工作专业人才培养体系。

6. 切实加强社会工作专业人才职业道德建设。以社会主义核心价值体系为基础，按照马克思主义指导思想、中国特色社会主义共同理想、以爱国主义为核心的民族精神、以改革创新为核心的时代精神和社会主义荣辱观的基本要求，研究制定社会工作专业人才职业道德守则和专业行为规范，构建中国特色的社会工作专业人才职业道德体系。积极开展社会工作专业人才队伍职业道德教育，强化社会工作专业人才的社会责任感和职业认同感。加强社会工作专业人才队伍作风建设，促使他们践行以人为本、为民解困、为民服务的工作理

念，培养扎根基层、注重实践、务实进取、甘于奉献、诚信友爱的良好作风。

7. 大力开展社会工作专业培训。建立健全社会工作专业培训制度。组织实施社会工作服务人才职业能力建设工程，重点对城乡基层居(村)民自治组织、社区服务组织、公益服务类事业单位、公益慈善类社会组织、基层社会服务部门直接从事社会服务的人员进行大规模、系统化的社会工作专业知识培训，切实提高其职业素质和专业水平。实施高层次社会工作专业人才培养工程，培养一批高层次社会工作专业人才，发挥他们在社会工作专业教育、研究与督导等方面的重要作用。实施社会工作管理人才综合素质提升工程，重点加大社会福利、社会救助、社区服务、残障康复、婚姻家庭、职工帮扶等社会服务机构管理人才培养力度，提高社会工作服务管理的科学化水平。对涉及社会管理和公共服务工作的党政部门、人民团体、相关事业单位、部分执法单位的干部特别是领导干部有计划、有步骤地进行社会工作基础理论、专业知识和方法技能培训，提高其开展社会服务、管理社会事务、协调利益关系、做好群众工作、构建和谐社会的能力。对下派基层锻炼的党政部门、人民团体、相关事业单位、部分执法单位的干部和选聘到村、社区任职的大学毕业生要普及社会工作专业知识。依托有条件的高校、干部学院、科研院所、培训机构、社会服务机构开展培训工作。分领域研究、开发社会工作培训课程和教材。加大社会工作培训师资队伍建设，打造一支专兼职结合、理论与实务水平较高的培训师资队伍。制定社会工作培训质量评估政策和指标体系，加强对培训机构的评估和监督。

8. 大力发展社会工作专业教育。加强社会工作学科专业体系建设，制定科学的专业设置标准，完善社会工作专业教学规范。支持社会工作专业学士、硕士、博士学位授权点基础建设，积极推广社会工作硕士专业学位教育，促进社会工作硕士专业学位教育与社会工作专业人才职业水平考试相衔接。推动社会工作学科重点研究及人才培养基地建设。发展社会工作高等职业教育，改善职业教育结构，逐步形成完善的职业教育体系。改革、完善社会工作专业人才培养模式，提高实践教学在学校教育中的比重，健全实习督导制度，加大实践教学和实习基地建设力度。组织实施社会工作教育与研究人才培养引进工程，适应社会工作专业人才培养和专业发展需要，重点培养和引进一批高素质社会工作教育与研究人才。建立教师参与社会工作实践制度，鼓励一线优秀社会工作专业人才到高校授课。系统总结中国社会工作经验和做法，借鉴国外社会工作专业理论和方法，建构中国特色的社会工作专业理论、课程和教材体系。通过国家社科基金项目、国家软科学研究计划等，支持社会工作专业相关研究。促进社会工作学术团体和平台建设。加强对高校相关专业学生的社会工作通识教育。

四、积极推动社会工作专业岗位开发和专业人才使用

9. 研究制定社会工作专业岗位开发设置政策措施。与我国加强社会建设的进程相适应，深入研究城乡社区、相关单位和社会组织使用社会工作专业人才的政策措施。按照精简效能、按需设置、循序渐进的原则，研究社会工作专业岗位设置范围、数量结构、配备比例、职

责任务和任职条件，建立健全社会工作专业岗位开发设置的政策措施和标准体系。

10. 以基层为重点配备社会工作专业人才。城乡基层特别是城市社区要注重配备和使用社会工作专业人才，提高社会服务专业水平，促进社会服务业发展。适应社会主义新农村建设要求，加大为农村特殊群体和困难群众提供服务的社会工作专业人才培养力度，在乡镇和有条件的农村社区探索吸纳和使用社会工作专业人才。创造条件引导和鼓励社会工作专业人才到农村社区开展服务。在少数民族聚居和信教群众较多的社区，可根据需要配备政治立场坚定、熟悉民族和宗教事务的社会工作专业人才。

11. 明确相关事业单位社会工作专业岗位。要根据事业单位社会功能、职责任务、工作性质、人员结构等因素，分类设置社会工作专业岗位。对老年人福利机构、残疾人福利和服务机构、儿童福利机构、收养服务机构、妇女儿童援助机构、困难职工帮扶机构、婚姻家庭服务机构、青少年服务机构、社会救助服务和管理机构、优抚安置服务保障机构等以社会工作服务为主的事业单位，可将社会工作专业岗位明确为主体专业技术岗位。对学校、医院、人口计生服务机构等需要开展社会工作服务的单位，要将社会工作专业岗位纳入专业技术岗位管理范围。

12. 引导相关社会组织吸纳社会工作专业人才。适应政府职能转变、建设服务型政府的要求，按照培育发展和管理监督并重原则，完善培育扶持和依法管理政策，积极发展民办社会工作服务机构。采取财政资助、提供服务场所等方式支持民办社会工作服务机构更好地开展工作。加强对民办社会工作服务机构的管理监督，建立健全专业评估机制，指导民办社会工作服务机构加强自身建设，促进民办社会工作服务机构健康发展。通过政府购买服务等方式，引导和鼓励公益慈善类社会组织和民办非企业单位吸纳社会工作专业人才。

13. 加大相关行政部门和群团组织使用社会工作专业人才力度。承担社会服务职能的相关行政部门和群团组织要根据事业发展需要逐步使用社会工作专业人才，提高社会服务管理能力。注重培养选拔熟悉社会工作、社会政策的优秀人才进入地方及有关部门和单位领导班子。县（市、区）、乡（镇、街道）行政机关、人民团体中直接面向人民群众提供社会服务的相关岗位，鼓励充实社会工作专业人才，现有人员要善于运用社会工作专业知识和方法，提高社会管理和服务水平。

14. 建立社会工作专业人才流动机制。按照社会主义市场经济规律，打破行业、地域、身份、所有制界限，放宽视野，拓宽渠道，完善社会工作专业人才选拔、流动机制。各级党政机关招录社会服务相关职位公务员时，在同等条件下可优先录用具有丰富基层实践经验、善于做群众工作的社会工作专业人才。实施社会工作专业人才服务新农村建设、社会工作专业人才服务边远贫困地区、边疆民族地区和革命老区等计划，鼓励社会工作专业人才到基层建功立业。

15. 建立社会工作专业人才和志愿者队伍联动服务机制。志愿者队伍是社会工作专业人才开展服务的重要补充力量。建立健全面向全社会的志愿服务动员系统，进一步完善志愿服务体系，普及志愿理念，强化志愿意识，弘扬志愿精神，倡导志愿行为，完善激励机制，培育一支参与广、功能强、作用好的宏大志愿者队伍。建立健全社会工作专业人才和志愿者相互协作、共同开展服务的机制，通过社会工作专业人才的引领，规范志愿者招募注册与管理，提升志愿者服务水平，丰富社会工作专业人才资源，拓展社会工作专业服务范围，增强社会工作专业服务效果。

五、切实推进社会工作专业人才评价和激励工作

16. 建立健全社会工作专业人才评价制度。建立以岗位职责要求为基础，以品德、能力和业绩为导向，科学化、社会化的社会工作专业人才评价机制。完善社会工作专业人才职业水平评价制度，将取得职业水平证书的社会工作专业人才纳入专业技术人员管理范围。支持城乡基层居(村)民自治组织、社区服务组织、公益服务类事业单位、公益慈善类社会组织、基层社会服务部门相关人员参加社会工作专业人才职业水平考试，不断提高职业素质和专业水平。鼓励用人单位根据工作需要聘用持有职业水平证书的社会工作专业人才。

17. 做好社会工作专业人才薪酬保障工作。建立健全社会工作专业人才薪酬保障机制，切实提高基层社会工作专业人才薪酬待遇水平。在事业单位工作的社会工作专业人才，工资待遇按照国家有关规定执行；在城乡社区、公益慈善类社会组织、民办非企业单位工作的社会工作专业人才，由所在单位合理确定薪酬水平。重视解决社会工作专业人才的社会保障问题，按照国家有关规定办理社会保险事宜。

18. 建立社会工作专业人才表彰奖励制度。以党委、政府表彰奖励为导向，以用人单位和社会力量为主体，按照国家有关规定开展表彰奖励活动。将符合条件的社会工作专业人才纳入享受国务院政府特殊津贴范围。按照国家政策表彰奖励业绩突出、能力卓著、群众认可的优秀社会工作专业人才，大力宣传社会工作专业人才队伍建设方针政策和优秀社会工作专业人才的先进事迹，形成关心支持、理解尊重社会工作专业人才的良好社会氛围，激发广大社会工作专业人才的工作热情和创造潜能。

六、加强党对社会工作专业人才队伍建设的领导

19. 建立健全领导体制和工作格局。坚持党管人才原则，切实加强党对社会工作专业人才队伍建设的领导，建立组织部门牵头抓总，民政部门具体负责，机构编制、发展改革、教育、公安、司法、财政、人力资源社会保障、卫生、人口计生、信访、扶贫等部门以及工会、共青团、妇联、残联等组织密切配合，社会力量广泛参与的工作格局。组织部门要做好社会工作专业人才队伍建设的宏观指导、综合协调；民政部门要加强社会工作专业人才管理机构和队伍建设，切实履行好推进社会工作专业人才队伍建设的有关职能；有关部门要在各自职责范围内积极推进社会工作专业人才队伍建设；工会、共青团、妇联及残联等组织要充分发挥自身优势，大力加强本系统、本领域社会工作专业人才队伍建设，提高其联系群众、服务群众、教育群众、维护群众合法权益等工作的水平和效果。将社会工作专业人才队伍建设纳入国民经济和社会发展总体规划，制定社会工作专业人才队伍建设中长期发展规划，形成推进社会工

作专业人才队伍建设长效机制。将社会工作专业人才队伍建设作为人才队伍建设的重要内容，纳入地方和有关部门领导班子考核。加强社会工作行业性组织建设。

20. 加快推进社会工作专业人才政策法规和制度建设。逐步建立健全法律法规、部门规章和政策性文件相配套的社会工作专业人才政策法规体系。研究制定社会工作专业人才管理条例，建立健全社会工作专业人才信息披露、专业督导、服务评估、行业自律、继续教育、违纪处置、职业道德规范等配套制度。根据社会工作专业人才不同服务领域、服务对象的特点和规律，逐步制定行业服务和管理标准，建立科学合理、协调配套的标准体系，加快实施社会工作服务标准化建设示范工程。将社会工作专业人才队伍建设内容纳入社会建设相关法律法规、部门规章和政策性文件制定和修订范围。

21. 加大社会工作专业人才队伍建设投入。各级政府要将应由政府负担的社会工作专业人才队伍建设经费纳入财政预算，加大财政投入。符合条件的社会工作服务机构按国家税收法律法规的统一规定享受相关税收优惠政策。研究制定政府购买社会工作服务政策，引入竞争机制，规范购买程序，完善购买方式，建立综合绩效评价体系。逐步加大民政部门使用的彩票公益金支持社会工作专业人才队伍建设力度。大力拓宽社会融资渠道，鼓励和支持有条件的企业和个人设立非公募基金会，引导社会资金投向社会工作服务领域。

22. 充分发挥基层党组织的领导作用。社会工作专业人才广泛分布在基层。要切实加强对基层社会工作专业人才队伍建设的领导，充分发挥基层党组织的政治优势和组织优势，为推进社会工作专业人才队伍建设提供坚强保障。认真研究新形势下思想政治工作和群众工作的特点和规律，运用社会工作专业知识和科学方法，提高基层党组织和党员干部解决社会问题、推动社会建设的能力。切实加强党对社会工作服务机构的领导，在各类社会工作服务机构建立健全基层党组织。进一步强化社会工作专业人才思想政治工作，把广大社会工作专业人才团结凝聚在党组织周围，协助党和政府做好化解社会矛盾、协调社会关系、落实惠民政策等工作。注重把政治素质好、业务水平高的社会工作专业人才吸纳进党员干部队伍，选拔进基层领导班子，支持有突出贡献的社会工作专业人才进入人大、政协参政议政。热忱关心爱护社会工作专业人才，为他们开展工作和成长发展营造环境、创造条件。

附录二

关于印发《社会工作者职业水平评价暂行规定》和《助理社会工作师、
社会工作师职业水平考试实施办法》的通知
国人部发[2006]71号

第一章　总则
第二章　考试
第三章　义务与职业能力
第四章　登记
第五章　附则

为加强社会工作专业技术人员队伍建设，规范社会工作专业技术人员职业行为，提高社会工作专业技术人员素质，现将《社会工作者职业水平评价暂行规定》和《助理社会工作师、社会工作师职业水平考试实施办法》印发给你们，请遵照执行。

人事部　民政部
二〇〇六年七月二十日

社会工作者职业水平评价暂行规定

第一章　总则

第一条　为规范社会工作者职业行为，提高社会工作者专业能力，加强社会工作者队伍建设，根据国家职业资格证书制度的有关规定，制定本规定。

第二条　本规定适用于在社会福利、社会救助、社会慈善、残障康复、优抚安置、卫生服务、青少年服务、司法矫治等社会服务机构中，从事专门性社会服务工作的专业技术人员。

第三条　国家建立社会工作者职业水平评价制度，纳入全国专业技术人员职业资格证书制度统一规划。

第四条　社会工作者职业水平评价分为助理社会工作师、社会工作师和高级社会工作师三个级别。高级社会工作师职业水平评价办法另行制定。

助理社会工作师、社会工作师英文分别译为：

Junior Social Worker

Social Worker

第五条　通过职业水平评价，取得社会工作者职业水平证书的人员，表明其已具备相应专业技术岗位工作的水平和能力。

第六条　人事部、民政部共同负责社会工作者职业水平评价制度的组织实施工作，并按职责分工对该制度的实施进行指导、监督和检查。

第二章　考试

第七条　助理社会工作师、社会工作师职业水平评价实行全国统一大纲、统一命题、统一时间、统一组织的考试制度，原则上每年举行一次。

第八条　民政部负责组织专家拟定考试科目、考试大纲，组织命题，研究建立考试试题库，提出考试合格标准建议。

第九条　人事部负责组织专家审定考试科目、考试大纲和试题，会同民政部确定考试合格标准，并对考试实施等工作进行指导、监督和检查。

第十条　凡中华人民共和国公民，遵守国家法律、法规，恪守职业道德，并符合助理社会工作师或社会工作师报名条件的人员，均可申请参加相应级别的考试。

第十一条　助理社会工作师考试报名条件：

（一）取得高中或者中专学历，从事社会工作满 4 年；

（二）取得社会工作专业大专学历，从事社会工作满 2 年；

（三）社会工作专业本科应届毕业生；

（四）取得其他专业大专学历，从事社会工作满 4 年；

（五）取得其他专业本科及以上学历，从事社会工作满 2 年。

第十二条　社会工作师考试报名条件：

（一）取得高中或者中专学历，并取得助理社会工作师职业水平证书后，从事社会工作满 6 年；

（二）取得社会工作专业大专学历，从事社会工作满 4 年；

（三）取得社会工作专业大学本科学历，从事社会工作满 3 年；

（四）取得社会工作专业硕士学位，从事社会工作满 1 年；

（五）取得社会工作专业博士学位；

（六）取得其他专业大专学历，其从事社会工作年限相应增加 2 年。

第十三条　助理社会工作师、社会工作师职业水平考试合格，颁发人事部统一印制、人事部和民政部共同用印的《中华人民共和国社会工作者职业水平证书》。该证书在全国范围有效。

第十四条　凡以不正当手段取得社会工作者职业水平证书的，由发证机关收回证书，2 年内不得再次参加社会工作者职业水平考试。

第三章　义务与职业能力

第十五条　社会工作者应严格遵守国家法律法规和社会工作职业守则。

第十六条　社会工作者在社会服务工作中，应当与服务对象建立良好平等的沟通关系，维护服务对象权益，倾听服务对象诉求，尊重服务对象选择，保守服务对象隐私。

第十七条　助理社会工作师应具备以下职业能力：

（一）熟悉与社会工作业务相关的法律、法规、政策和行业管理规定，掌握基本的社会工作专业知识；

（二）能够与各类服务对象建立专业服务关系，对服务对象的问题做出预估，制定服务计划和服务协议，独立接案、结案并提供跟进服务；

（三）能够根据服务计划，运用专业方法和技术协助服务对象解决问题。

第十八条　社会工作师应具备以下职业能力：

（一）能够熟练运用社会工作业务相关的法律、法规、政策和行业管理规定，具备较丰富的社会工作专业经验；

（二）能够综合运用各种社会工作方法，为服务对象提供专业服务，处理各类复杂问题，并对所提供的专业服务质量与效果进行评估；

（三）能够指导助理社会工作师开展专业工作，帮助其提高专业工作水平和能力；

（四）能够制定科学合理的工作方案和发展规划，整合、运用相关社会服务资源，拓展服务领域，保证服务质量。

第十九条　取得社会工作者职业水平证书的人员，应当接受继续教育，更新知识，不断提高职业素质和本专业工作能力。

第四章　登记

第二十条　社会工作者职业水平证书实行登记服务制度。具体工作由民政部或其委托的机构负责。

第二十一条　民政部或其委托的机构定期向社会公布社会工作者职业水平证书登记情况，并为用人单位提供查询取得社会工作者职业水平证书人员的信息服务。

第二十二条　在社会工作职业活动中，违反有关法律、法规、规章制度或职业道德，造成不良影响的，由登记机关取消登记，并由发证机关收回职业水平证书。

第五章　附则

第二十三条　通过考试取得社会工作者职业水平证书的人员，用人单位可根据工作需要聘任相应级别专业技术职务。具体办法另行规定。

第二十四条　香港、澳门居民申请参加社会工作者职业水平考试的，报名时应提交本人身份证明、国务院教育行政部门认可的学历或学位证书、从事本专业工作实践证明。台湾地区的专业技术人员参加考试的办法另行规定。

外籍人员申请参加社会工作者职业水平考试的具体办法另行规定。

第二十五条　社会工作者职业水平评价有关机构，在开展社会工作者职业水平评价等工作中，因工作失误，使专业技术人员合法权益受到损害的，应依据国家有关规定给予相应赔偿，并向有关责任人追偿。

第二十六条　社会工作者职业水平评价有关机构的工作人员，不履行工作职责、监督不力、借机为自己或他人谋取利益，以及有其他违法违规行为的，由其主管部门责令改正，造成不良影响或者严重后果的，对直接负责的主管人员和直接责任人员给予相应处分；构成犯罪的，依法追究刑事责任。

第二十七条　本规定自2006年9月1日起施行。

助理社会工作师、社会工作师职业水平考试实施办法

第一条　人事部、民政部共同成立“社会工作者职业水平评价办公室”，办公室设在民政部，负责研究社会工作者职业水平考试相关政策和考试日常管理工作。具体考试考务工作委托人事部人事考试中心组织实施。

各省、自治区、直辖市的考试工作，由当地人事部门会同民政部门共同负责，具体职责分工由各地协商确定。

第二条　民政部组织成立社会工作者职业水平评价专家委员会，负责编写考试大纲、命题，研究建立考试试题库。

第三条　助理社会工作师考试科目为《社会工作综合能力(初级)》、《社会工作实务(初级)》。社会工作师职业水平考试科目为《社会工作综合能力(中级)》、《社会工作实务(中级)》和《社会工作法规与政策》。

第四条　参加助理社会工作师考试的人员，应在一个考试年度内通过全部科目的考试。

社会工作师考试成绩实行两年为一个周期的滚动管理办法，参加考试的人员应在连续两个考试年度内通过全部科目的考试。

第五条　报名参加助理社会工作师、社会工作师职业水平考试的人员，应符合《社会工作者职业水平评价暂行规定》中规定的相应报名条件。由本人提出申请，按规定携带有关证明材料，到指定的考试管理机构报名。经考试管理机构审查合格后，向申请人核发准考证。申请人凭准考证及有关身份证明，在指定时间、地点参加考试。

第六条　参加助理社会工作师考试的本科应届毕业生，在报名时应提交能够证明其在考试年度可毕业的有效证件(如学生证等)和所在学校出具的应届毕业生证明。

第七条　助理社会工作师、社会工作师职业水平考试原则上每年举行一次。考点设在省会城市和直辖市的大、中专院校或高考定点学校。如确需在其他城市设置考点，应经人事部、民政部批准。

第八条　坚持考试与培训分开原则。凡参与考试工作(包括命题和组织管理等)的人

员，不得参加考试和参与或举办与考试内容有关的培训工作。应考人员参加相关培训实行自愿原则。

第九条　助理社会工作师、社会工作师考试有关项目的收费标准，应经当地价格主管部门核准，并向社会公布，接受公众监督。

第十条　考试考务工作要严格执行考试工作的有关规章制度，切实做好试卷命制、印刷、发送过程中的保密工作，遵守保密制度，严防泄密。

第十一条　考试工作人员要严格遵守考试工作纪律，认真执行考试回避制度。对违反考试纪律和有关规定的，按照《专业技术人员资格考试违纪违规行为处理规定》处理。

附录三

民政部关于印发社会工作者继续教育办法的通知

民发〔2009〕123号

各省、自治区、直辖市民政厅(局),新疆生产建设兵团民政局:

《社会工作者继续教育办法》已经2009年9月1日部长办公会议通过,现印发给你们,请遵照执行。

二〇〇九年九月七日

社会工作者继续教育办法

第一条　为推进社会工作者继续教育工作,根据人事部、民政部《社会工作者职业水平评价暂行规定》(国人部发〔2006〕71号)要求和国家有关专业技术人员继续教育规定,制定本办法。

第二条　本办法所称社会工作者,是指通过全国社会工作者职业水平评价取得《中华人民共和国社会工作者职业水平证书》的人员,包括助理社会工作师、社会工作师和高级社会工作师。

第三条　社会工作者继续教育的目的是使社会工作者保持良好的职业道德,不断更新、补充知识,提高专业水平和能力,提高服务质量。

助理社会工作师、社会工作师和高级社会工作师应当按照本办法要求接受继续教育,在申请社会工作者职业水平证书再登记时提交有效的继续教育证明。

第四条　民政部负责全国社会工作者继续教育管理工作。其主要职责包括:

(一)制定社会工作者继续教育政策和管理办法;

(二)组织社会工作者继续教育示范培训;

(三)指导各省、自治区、直辖市社会工作者继续教育工作。

第五条　各省、自治区、直辖市民政厅(局)和新疆生产建设兵团民政局负责本地区社会工作者继续教育的组织管理工作。其主要职责包括:

(一)制定本地区社会工作者继续教育实施方案并组织实施;

(二)对本地区社会工作者继续教育培训机构实施继续教育情况进行指导和监督检查。

第六条　社会工作者所在单位应当鼓励社会工作者参加继续教育,并在时间、经费等方面给予保障。

第七条　助理社会工作师在每一登记有效期(3年)内接受社会工作专业继续教育的时间累计不得少于72小时。社会工作师、高级社会工作师在每一登记有效期(3年)内接受社会工作专业继续教育的时间累计不得少于90小时。

第八条　社会工作者继续教育内容要适应其岗位需要，以提高社会工作者的理论水平和分析、解决实际问题的能力为主，注重针对性、实用性和科学性。社会工作者继续教育的主要内容包括：

（一）专业价值观和伦理；

（二）相关法律、法规、规章及政策；

（三）社会工作实务；

（四）相关理论知识。

第九条　社会工作者可以自愿选择参加以下形式的继续教育：

（一）在社会工作者继续教育主管部门备案并予以公布的社会工作者继续教育机构所组织的社会工作培训；

（二）社会工作者继续教育主管部门组织的社会工作培训；

（三）国家承认的社会工作专业学历教育；

（四）社会工作者继续教育主管部门认可的其他形式。

第十条　社会工作者接受继续教育的时间计算方法如下：

（一）参加社会工作培训并取得合格证明的，接受继续教育时间按实际培训时间计算；

（二）参加社会工作专业学历教育，取得学历或者学位的，一次性记90小时；未取得学历或者学位的，接受继续教育时间按考试合格的专业课程实际授课时间计算。

第十一条　参加社会工作培训的继续教育时间，由举办单位出具相关证明。参加社会工作专业学历教育，取得学历或者学位的，以学历（学位）证书作为证明；未取得学历或者学位的，以单科成绩单和学校出具的面授课时表作为证明。

第十二条　社会工作者继续教育机构应符合下列条件：

（一）有相应的组织机构和管理制度，开办社会工作专业教育或者开展社会工作职业培训3年以上；

（二）具有承担培训工作所需的专业师资队伍，其中，社会工作实务经验丰富的教师应占1/3以上；

（三）具备承担培训工作所需的教学场所和设施；

（四）符合法律法规和国家政策规定的其他条件。

第十三条　社会工作者继续教育机构应当根据社会工作者继续教育要求，科学开发继续教育培训课程，合理设置培训内容，有效改进培训方式，提高继续教育培训质量。

第十四条　社会工作者继续教育机构应保存培训记录至少3年，培训记录包括被培训人员名册、培训内容、培训时间、考试或者考核成绩等材料。

第十五条　社会工作者继续教育机构应当按照有关规定合理收取培训费用并公开收费项目，不得以营利为目的。

第十六条　社会工作者继续教育主管部门应当定期对社会工作者继续教育机构开展继

续教育情况进行检查、评估，并将检查、评估结果以适当的方式向社会公布。

第十七条　社会工作者继续教育机构有下列情形之一的，由社会工作者继续教育主管部门责令限期整改；逾期不改正的，由社会工作者继续教育主管部门予以通报批评并取消备案：

（一）采取虚假、欺诈等手段招揽生源的；

（二）出具虚假继续教育学时证明的；

（三）以社会工作者继续教育名义组织境内外公费旅游或者进行其他高消费活动的；

（四）违反本办法的其他行为。

第十八条　本办法自 2009 年 10 月 1 日起施行。

附录四

美国社会工作伦理守则①

（2006 年 7 月 28 日）

本守则基于专业社会工作者的基本价值，这包括了人类价值、尊严、独特性、利益和机会，同时也基于社会工作的本质，那就是致力促进并培养这些价值。

依据这些守则，社工人员应负起各种情境所要求的道德责任与判断，在提供服务过程中，不仅要考虑到特殊的道德原则，也要考虑到全部守则及其精神。引用本守则条文时不能断章取义，在现有情境中的道德行为，不能只凭社工人员一己的判断，而要靠所有专业人员无私的裁定。

以下所列的道德守则提供社工人员不同角色和关系暨专业功能上不同的责任，这些原则亦作为全国社工人员协会在道德伦理上的评判基础。社工人员要力行守则内的各项规则及接受守则的制裁，也应采取各种方法来阻止、预防和纠正违规行为。最后，当社工员受到不公正的行为，不当的指控时，应本正义感给予声援及支持。

一、社工人员应有的行为与态度

（一）品格——社工人员在其能力上应具有高水准的个人操守

1. 除非行为危害刊专业责任执行时，社工人员的个人行为如同其他人一样是私人的行为。

2. 社工人员不应参与姑息、不诚实、欺骗、虚伪或假冒等情事。

3. 社工人员对单纯的私人言行及专业及团体的代表应有明确的辨认。

（二）资格与专业发展——社工人员应努力维持适当的专业能力。

1. 社工人员应在具有合格许可或即将获得资格的情况下才可以接受约聘或负起责任。

2. 社工人员对于专业资格、教育、相关经验等不可做错误的陈述。

3. 社工人员不应该让自己个人的问题影响到专业判断和案主的利益。

4. 社工人员应该寻求专业治疗和工作内容、工作量的调整，以保护案主的权益。

（三）服务——社工人员应将社会工作的专业性视为首要的服务目标。

1. 社工人员应该对所承担的、被指派的、或所提供的服务品质与范围负起完全责任。

---

① 参见中国社会工作协会网站，http://www.cncasw.org/。

2. 社工人员应阻止不人道或歧视任何团体或个人的事情。

(四) 正直——社工人员的行为应符合职业道德和公正的最高原则。

1. 社工人员对危害专业的行为应予以防止与警告。

2. 社工人员不可利用专业关系来图获个人私利。

(五) 学识与研究——社工人员从事研究时须依循学术上的要求。

1. 社工人员从事研究时,需谨慎考虑到对人类所产生的影响。

2. 社工人员从事研究时,需确定参与者是志愿的,且得到他们的同意,对于拒绝参加者不应予任何剥削或惩罚,对参与者的个人隐私及人格尊严予以尊重。

3. 社工人员从事研究时,需保护参与者使之免受身体或精神上之不安、伤害、危险及损害。

4. 社工人员从事于服务或个案之评估时,只能与直接有关的专业人员在专业目的下进行讨论。

5. 参与研究的资料应视为机密。

6. 社工人员仅能将直接从事学术研究的结果归功于己,而将其他相关的成果归功于别的有关人员。

二、社工人员对案主的伦理道德责任

(六) 案主利益至上——社工人员的首要任务便是对案主负责。

1. 社工人员应以挚爱、热忱、果决的态度以及专业技巧及效率为案主服务。

2. 社工人员不得利用专业关系图谋个人利益、或为私人情事有所索求于案主。

3. 社工人员对案主不可因种族、肤色、性别、年龄、宗教、国籍、婚姻状况、政治信仰、精神或身体残障等个人因素而有差别待遇。

4. 社工人员应避免涉入与案主利益产生冲突的关系。

5. 社工人员绝不许与案主发生性方面的行为。

6. 社工人员对案主应提供有关服务性质与范围正确和完整的资料。

7. 社工人员应告诉案主该服务所可能遭受的风险、权利、机会与义务。

8. 为求案主获得最大利益,社工人员应咨询同僚和督导员的意见。

9. 当服务不再需要或下能满足案主的需求或利益时,社工人员应终止与案主的专业关系与服务。

10. 社工人员唯有在不寻常的情况下始得撤销服务,且需予以谨慎的考虑到各因素,同时减少可能的反效果。

11. 社工人员准备终止或中断服务时,应先行告知案主,且需就案主的需要及喜好,寻求转介至其他机构,使服务得以继续。

(七) 案主的权利和特别考虑

1. 当案主被合法宣判为无行为能力时,社工人员应保卫其利益和权利。

2. 当其他人合法被授权代表案主时，社工人员也应本着案主的权益与代表人交涉。

3. 社工人员不应有任何有损案主公民权或其他合法权益行为。

（八）机密与隐私——社工人员应尊重案主的隐私，且对于专业服务过程中所获得的资料应予保密。

1. 社工人员只有在不得已的专业理由下，才可以不经案主同意，与其他专业人员分享案主的秘密。

2. 社工人员应清楚地告诉案主关于机密性的限制，也就是所获得的资料可能如何被运用及其目的何在。

3. 社工人员应予以案主合理的方便以取得案主本身的社会服务记录。

4. 当案主提供有关记录时，社工人员应保护其记录中涉及有关他人事务的机密性。

5. 社工人员在录音、记录或有第三者介入观察时，应取得案主的同意。

（九）费用——当制定费用时，社工人员应确定此一决定是公平、合理且相称于所提供的服务，同时也要考虑到案主的负担能力。

社工人员在转介时，不能收受任何财物。

三、社工人员对同僚的伦理道德责任

（十）尊重、公正和礼貌——社工人员应尊重、礼貌、公正和信心对待同僚。

1. 社工人员应与同僚为促进专业的成长共同合作。

2. 在专业关系的交往中，社工人员应彼此尊重对方的信任。

3. 社工人员应创造并维持同僚有效行使专业工作的条件。

4. 社工人员对于同僚的资格、观点、见解及发现应予以尊重，在引用时须以正确的字汇与公正的态度，在评论时采用适当的途径。

5. 在专业实务上，社工人员代替同僚或被替代时，所有作为应考虑到该同僚的利益、特性和名誉。

6. 社工人员不应利用同僚与雇主间的争执获取职位或图谋本身的利益。

7. 社工人员与同僚在处理个案的见解上有冲突时，应寻求调职或仲裁。

8. 社工人员对于其他专业服务人员，应一如社工同僚般予以尊重及合作。

9. 社工人员当身为同僚的雇主、督导或顾问时，应基于同僚们彼此间专业关系的情况予以明确的分担责任。

10. 当社工人员负有雇用、评监其他工作人员的责任时，应依据明确的指标，以公正、慎重和公平的态度来处理处理。

11. 当社工人员评监雇员、部属或学生的工作成绩时，应让被评监者参与讨论。

12. 社工人员不能利用职位上的权力行使个人利益。

13. 当社工人员知道同事因个人问题、心理社会压力或精神健康的困难阻碍他提供服务时，应该与该位同事谈谈，并帮助他接受治疗。

（十一）与同僚案主的相处——社工人员有责任与同僚案主发生关系时，应本着专业谨慎的态度。

1. 在没有与其他机构或同僚有适当联系前，不得擅自对其所属案主建立专业关系。

2. 当同僚在短期的缺席或因急事而由社工人员代为服务时，替代者对案主应一视同仁予以关切。

四、社工人员对于雇主与服务机构的道德责任

（十二）对机构的信约——社工人员应信守机构的守则。

1. 社工人员应致力于执行服务机构的政策与提升服务品质的过程，以及促进服务效率与功效。

2. 社工人员不得违背社会工作专业人员协会对于安置实习学生标准、设限的要求。

3. 社工人员在服务机构中应防止并消除雇用政策与工作分配的歧视。

4. 社工人员惟有基于达成机构的目标，才可使用机构资源。

五、社工人员对专业社会工作的伦理道德

（十三）维持专业的信度——社工人员应遵守并进而提高专业价值、道德、智识与使命。

1. 社工人员保护并进而加强专业的尊严及信实、对专业的讨论和批评应热烈参与并负起责任。

2. 社工人员对于其他专业人员的不道德行为，需采取适当的行动予以抑制。

3. 社工人员应避免未经许可与不合标准的实务措施。

4. 社工人员对于资格、能力、服务或成就不得做错误的宣介。

（十四）社区服务——社工人员应将社会工作的服务普及于一般大众。

1. 社工人员应贡献时间与专业技术于促进专业社会工作的充实、扩充以及有效运用于实际的措施中。

2. 社工人员对有关专业性社会政策的设计、发展、条例和实施应予支持。

（十五）知识的发展——社工人员在专业实务上应负起认定、发展与充分运用知识的责任。

1. 社工人员应在实物上运用有关社会工作的专业知识。

2. 社工人员对于与社会工作有关的知识应予以检讨，使之符合现代潮流。

3. 社工人员对于社会工作的知识应有贡献，而且与同僚共享研究知识和实务上所得的智慧。

六、社工人员对社会的伦理道德责任

（十六）增进一般的福祉——社工人员应增进社会的一般福利。

1. 社工人员要致力于歧视的消除，不可因种族、肤色、性别、年龄、宗教、国籍、婚姻状况、

政治信仰、精神或身体残障或其他个人喜好、个性、状况及地位而予以差别待遇。

2. 社工人员应确保人人可平等获得所需要的资源、服务和机会。

3. 社工人员应为增进每个人的机会和选择而努力，尤其是对残障者或受压迫的个人或团体。

4. 社工人员应鼓励人们尊重组成美国社会的各种不同文化。

5. 社工人员在大众危急时应提供适切的专业服务。

6. 社工人员应倡导在政策及立法上的改变，来改进社会状况及促进社会正义。

7. 社工人员应鼓励公众参与社会政策与制度的制订。

参考文献

1. 邓伟志，张钟汝等主编：《社会管理与社会政策》，上海：上海人民出版社，2007年。

2. 丁建定主编：《社会政策概论》，武汉：华中科技大学出版社，2006年。

3. 丁少华：《小组工作》，北京：社科文献出版社，2003年。

4. 范志海，阎更法编：《社会工作行政》，上海：华东理工大学出版社，2004年。

5. 甘炳光等编：《社区工作：理论与实践》，香港：香港中文大学出版社，1994年。

6. 顾东辉主编：《社会工作概论》，上海：复旦大学出版社，2008年。

7. 何雪松：《社会工作理论》，上海：上海人民出版社，2007年。

8. 黄晨熹编：《社会政策》，上海：华东理工大学出版社，2008年。

9. 黄黎若莲著，岳经纶等译：《边缘化与中国的社会福利》，香港：商务印书馆，2000年。

10. 黄维宪，曾华源，王惠君：《社会个案工作》，台北：五南图书出版公司，1985年。

11. 景天魁等：《当代中国社会福利思想与制度》，北京：中国社会出版社，2011年。

12. 库少雄：《社会工作实习》，武汉：华中科技大学出版社，2003年。

13. 李迎生主编：《社会工作概论》，北京：中国人民大学出版社，2004年。

14. 李增禄主编：《社会工作概论》，台北：巨流图书公司，1995年。

15. 林崇德：《发展心理学》，北京：人民教育出版社，1995年。

16. 林孟平：《小组辅导与心理治疗》，上海：上海教育出版社，2005年。

17. 林万亿：《当代社会工作：理论与方法》，台北：五南图书出版公司，2002年。

18. 刘梦主编：《小组工作》，北京：高等教育出版社，2003年。

19. 马伊里，吴铎主编：《社会工作案例精选》，上海：华东理工大学出版社，2007年。

20. 彭华民等：《西方社会福利理论前沿——论国家、社会、体制与政策》，中国社会出版社，2009年。

21. 全国社会工作者职业水平考试教材编写组编:《社会工作综合能力》,北京:中国社会出版社,2010 年。

22. 史柏年,侯欣编:《社会工作实习》,北京:社会科学文献出版社,2003 年。

23. 宋丽玉,曾华源等:《社会工作理论——处遇模式与案例分析》,台湾:洪业文化事业有限公司,2002 年。

24. 苏景辉:《社区工作:理论与实践》,台北:巨流图书公司,1997 年。

25. 隋玉杰:《社会工作:理论、方法与实务》,北京:中国社会科学出版社,1996 年。

26. 童敏等:《社会工作实习指南》,北京:高等教育出版社,2008 年。

27. 童敏:《社会工作实务基础:专业服务技巧的综合运用》,北京:社会科学文献出版社,2008 年。

28. 童星:《社会转型与社会保障——社会保障与社会政策研究》,北京:中国劳动社会保障出版社,2007 年。

29. 王瑞鸿主编:《社会工作项目精选》,上海:华东理工大学出版社,2010 年。

30. 王思斌主编:《社会工作导论》,北京:高等教育出版社,2004 年。

31. 王思斌主编:《社会工作概论》,北京:高等教育出版社,2006 年。

32. 王思斌主编:《社会行政》,北京:高等教育出版社,2006 年。

33. 夏建中主编:《社区工作》,北京:中国人民大学出版社,2005 年。

34. 许莉娅主编:《个案工作》,北京:高等教育出版社,2004 年。

35. 徐勇,陈伟东:《社区工作实务》,北京:高等教育出版社,2003 年。

36. 徐震,林万亿:《当代社会工作》,台北:五南图书出版公司,1986 年。

37. 徐震:《社区与社区发展》,台北:正中出版社,1992 年。

38. 杨伟民编:《社会政策导论(第二版)》,北京:中国人民大学出版社,2010 年。

39. 岳经纶,陈泽群等主编:《中国社会政策》,上海:格致出版社,2009 年。

40. 曾群:《社会工作行政》,上海:格致出版社,2007 年。

41. 翟进,张曙编:《个案社会工作》,北京:社会科学文献出版社,2001 年。

42. 张洪英主编:《小组工作》,济南:山东人民出版社,2012 年。

43. 张雄编:《个案社会工作》,上海:华东理工大学出版社,2000 年。

44. 张秀兰等编:《中国发展型社会政策论纲》,北京:中国劳动社会保障出版社,2007 年。

45. 周沛:《社区社会工作》,北京:社会科学文献出版社,2002 年。

46. 朱眉华,文军主编:《社会工作实务手册》,北京:社会科学文献出版社,

2006 年。

47.〔英〕安东尼·哈尔,詹姆斯·梅志里著,罗敏等译:《发展型社会政策》,北京:社会科学文献出版社,2006 年。

48.〔美〕彼得·罗希,马克·李普希,霍华德·弗里曼著,邱泽奇,王旭辉,刘月译:《评估:方法与技术》,重庆:重庆大学出版社,2007 年。

49.〔美〕Bonnie L. Yegidis, Robert W. Weinbach 著,黄晨熹,唐咏译:《社会工作研究方法》,上海:华东理工大学出版社,2004 年。

50.〔美〕查尔斯·H. 扎斯特罗著,孙唐水等译:《社会工作与社会福利导论(第七版)》,北京:中国人民大学出版社,2005 年。

51.〔美〕查尔斯·扎斯特罗等著,晏凤鸣译:《社会工作实务应用与提高》,北京:中国人民大学出版社,2005 年。

52.〔美〕查尔斯·H. 扎斯特罗,卡伦·K. 柯斯特一阿什曼著,师海玲,孙岳译:《人类行为与社会环境》,北京:中国人民大学出版社,2006 年。

53.〔美〕戴维·A. 哈德凯瑟等著,夏建中等译:《社区工作理论与实务(第二版)》,北京:中国人民大学出版社,2008 年。

54.〔美〕戴维·罗伊斯等著,屈勇译:《社会工作实习指导》,北京:中国人民大学出版社,2005 年。

55.〔英〕德怀尔著,蒋晓阳译:《理解公民身份:政策与实践的主题和视角》,北京:北京大学出版社,2011 年。

56.〔英〕迪安著,岳经纶,温卓毅,庄文嘉译:《社会政策学十讲》,上海:格致出版社,2009 年。

57. Frederic G. Reamer 著,包承恩,王永慈主译:《社会工作价值与伦理》,台北:洪叶文化事业有限公司,2000 年。

58.〔美〕弗里曼·罗勃维兹著,[新西兰]艾普斯顿著,田文惠译:《儿童叙事治疗》,北京:世界图书出版公司,2009 年。

59.〔美〕克莱格·史密斯,大卫·奈仑德著,朱眉华,吴播译:《儿童青少年叙事治疗》,上海:同济大学出版社,2007 年。参考文献社会工作概论。

60.〔美〕拉尔夫·多戈夫等著,隋玉杰译:《社会工作伦理——实务工作指南(第七版)》,中国人民大学出版社,2005 年。

61.〔美〕雷克斯·A. 斯基德莫尔著,张曙等译:《社会工作行政:动态管理与人际关系》,北京:中国人民大学出版社,2005 年。

62.〔美〕Leon H. ,Ginsberg 著,黄晨熹译:《社会工作评估——原理与方法》,上海:华东理工大学出版社,2005 年。

63.〔英〕丽娜·多米内利著,刘梦等译:《社会工作社会学》,北京:中国人民大学出版社,2008年。

64.〔美〕Robert L.,Berger, James T. McBreen, Marilyn J. Rifkin 著,陈怡洁译:《人类行为与社会环境》,台北:台湾扬智文化公司,1998年。

65.〔澳〕迈克尔·怀特,〔新〕大卫·爱普斯顿著,廖世德译:《故事、知识、权力——叙事治疗的力量》,台北:心灵工坊出版社,2001年。

66. Matthew David, Carole D. Sutton 著,陆汉文等译:《社会研究方法基础》,北京:高等教育出版社,2008年。

67.〔英〕梅拉尼·莫特纳,玛克辛·伯奇,朱莉·杰索普,蒂娜·米勒著,丁三东,王岫庐译:《质性研究的伦理》,重庆:重庆大学出版社,2008年。

68.〔美〕Neil Gilbert, Paul Terrell 著,黄晨熹等译:《社会福利政策导论》,上海:华东理工大学出版社,2003年。

69.〔美〕诺曼·K.邓津,伊冯娜·S.林肯著,风笑天等译:《定性研究:策略与艺术》,重庆:重庆大学出版社,2007年。

70.〔美〕O.威廉姆·法利,拉里·L.史密斯,思科特·W.博伊尔著,隋玉杰等译:《社会工作概论(第九版)》,北京:中国人民大学出版社,2005年。

71.〔美〕Paula Allen Farley, Scott W. Boyle 著,隋玉杰等译:《社会工作概论(第九版)》,北京:中国人民大学出版社,2005年。

72.〔美〕乔斯·B.阿什福德等著,王宏亮等译:《人类行为与社会环境》,北京:中国人民大学出版社,2004年。

73.〔美〕唐纳德·A.舍恩著,夏林清译:《反映的实践者——专业工作者如何在行动中思考》,北京:教育科学出版社,2007年。

74.〔美〕O.威廉姆·法利,拉里·L.史密斯,斯科特·W.博伊尔著,隋玉杰等译:《社会工作概论(第九版)》,北京:中国人民大学出版社,2005年。

75.〔英〕希尔著,刘升华译:《理解社会政策》,上海:商务印书馆,2003年。

后　记

伴随着中国内地社会工作专业教育的发展，身为同步成长的专业教师，能够有机会为社会工作教育发展做一点事情，是值得高兴和欣慰的。这本《社会工作概论》是山东省首套高等教育社会工作专业系列教材之一。非常感谢编委会和出版社对我们的信任。

社会工作概论是高等学校社会工作专业的一门基础主干课程，涵盖了社会工作理论、价值、方法与实务诸多内容。在遵照系列教材统一规范与要求的基础上，如何体现内容的系统与完整，同时彰显概论的基础与核心；如何把握概念的清晰与准确，同时保持适当的开放与包容，是本书编写的指导思想，我们力求在这些方面做得更好。

特别要说明的是，参与本书的编写人员大都是多年从事社会工作概论教学的专业教师，他们有着丰富的教学经验和对社会工作深入的理解，使得在整个编写过程中表现出较好的驾驭和整合。在这本《社会工作概论》付梓之时，感谢各位同仁的通力合作；特别要感谢山东大学高鉴国教授的大力支持和专业方面的点拨，他严谨的治学态度，令人钦佩与尊重；感谢为本书审稿的各位专家学者；另外，感谢出版社王海玲女士、马洁女士的辛勤工作，正是大家的共同努力，才使得本书如期完成、交付出版。

由于时间仓促以及水平有限，书中还有不少需要改进的方面，希望各位老师和同行不吝赐教。

本书各章分工如下：

第一章　于晶利　青岛理工大学

第二章　杨洪斌　济南大学

第三章　张剑　山东女子学院

第四章　李晨光　泰山医学院

第五章　王冠　山东师范大学

第六章　张剑　山东女子学院

第七章　张联君　青岛大学（其中叙事治疗由杨洪斌撰写）

第八章　李洁　鲁东大学

第九章　陈为智　青岛科技大学

第十章　孙静琴　山东建筑大学

第十一章　赵秀丽　青岛农业大学

第十二章　刘培茜　山东大学威海分校

第十三章　张银　济南大学

于晶利

2011年12月

于青岛理工大学

图书在版编目(CIP)数据

社会工作概论/于晶利主编．—济南：山东人民出版社，2012.2（2019.8 重印）
ISBN 978-7-209-05772-1

Ⅰ.①社… Ⅱ.①于… Ⅲ.①社会工作—高等学校—教材 Ⅳ.①C916

中国版本图书馆 CIP 数据核字(2011)第 098986 号

出版策划:王海玲
责任编辑:马　洁
封面设计:蔡立国
版式制作:侯地霞

社会工作概论
主　编　于晶利
副主编　杨洪斌　张　剑

山东出版传媒股份有限公司
山东人民出版社出版发行
社　址:济南市英雄山路 165 号　邮　编:250002
网　址:http://www.sd-book.com.cn
发行部:(0531)82098027　82098028
新华书店经销
山东华立印务有限公司印装
规　格　16 开(169mm×239mm)
印　张　20.75
字　数　355 千字　插　页 2
版　次　2012 年 2 月第 1 版
印　次　2019 年 8 月第 4 次
ISBN 978-7-209-05772-1
定　价　36.00 元

如有质量问题,请与印刷厂调换。　电话:(0634)6216033